Über das Buch Nach fünfzehnjähriger Tätigkeit als Redakteur und Theaterkritiker zieht C. Bernd Sucher Zwischenbilanz: Der vorliegende Band versammelt ausgewählte Aufsätze und Rezensionen aus den Jahren 1980 bis 1994, die einen ausführlichen Einblick in die jüngste deutschsprachige und französische Theatergeschichte gewähren. In Erinnerung gerufen werden dabei nicht nur Inszenierungen etablierter Regisseure wie Luc Bondy, Peter Brook, Klaus Michael Grüber, Claus Peymann, Peter Stein, George Tabori, Peter Zadek – C. Bernd Sucher reflektiert auch über die Arbeit der jüngeren Regiegeneration – Frank Castorf, Leander Haußmann, Christoph Marthaler beispielsweise – und zeichnet die künstlerischen Entwicklungen zeitgenössischer Theatermacher nach. Durch diese Auswahl werden in eingehender Weise die unterschiedlichen Tendenzen, die die Theaterlandschaft in den letzten anderthalb Dekaden prägten, dokumentiert. Kulturpolitische Essays zur Lage des subventionierten Theaters in Deutschland komplettieren C. Bernd Suchers Bild vom Theater der achtziger und neunziger Jahre. Anhand der Artikel wird deutlich, daß Inszenierungen Geschichte machen und nicht so leicht in der historischen Versenkung verschwinden: Bilder und Szenen der beschriebenen Produktionen erscheinen (wieder) vor dem geistigen Auge des Lesers; Namen von Autoren, Regisseuren, Schauspielern, Bühnen- und Kostümbildnern bleiben präsent.

C. Bernd Sucher beläßt es nicht allein bei der Dokumentation: Er bezieht pointiert Stellung und spart gezielte Kritik nicht aus. Auch wenn diese mitunter vehement ausfällt, ist die vorliegende Sammlung aber vor allem eines: Sie ist ein liebevolles Plädoyer für das Theater.

Im Anhang zeigt ein umfangreiches Personen- und Werkregister Querverweise auf.

Der Autor C. Bernd Sucher, Studium der Germanistik, Theaterwissenschaft und Romanistik in Hamburg und München, Promotion 1976 in München. Seit 1980 ist er verantwortlicher Redakteur und Theaterkritiker der *Süddeutschen Zeitung*. Publikationen u.a.: 1988 ›Theaterzauberer 1. 40 Schauspieler-Porträts‹, 1990 ›Theaterzauberer 2. 20 Regisseure‹, 1993 ›Nichts als Theater‹ (Hrsg.), 1995 ›Theaterlexikon‹ in zwei Bänden (Hrsg.).

C. Bernd Sucher

Das Theater der achtziger und neunziger Jahre

Fischer Taschenbuch Verlag

Theater
Eine Reihe des Fischer Taschenbuch Verlags

Originalausgabe
Veröffentlicht im Fischer Taschenbuch Verlag GmbH,
Frankfurt am Main, Juni 1995

Gesamtherstellung: Clausen & Bosse, Leck
Printed in Germany
ISBN 3-596-12690-8

Gedruckt auf chlor- und säurefreiem Papier

Inhalt

1987

1988

1989

1990

Meinen Eltern

Eine Liebeserklärung

Die Achtziger und die ersten fünf Jahre der Neunziger, sie sind im deutschsprachigen Theater kein Aufbruch zu neuen Ufern. In diesen fünfzehn Jahren gab es nichts, was die Öffentlichkeit ähnlich verschreckte, erregte wie das Theater von Claus Peymann, Peter Zadek, Peter Stein, Hans Neuenfels, Hansgünther Heyme und ihrer Epigonen in den Siebzigern. Dennoch: Es waren spannende Jahre.

In der in diesem Buch dokumentierten Zeitspanne konsolidierten sich ästhetische und politische Haltungen. Die ehemaligen Rebellen kultivierten ihren Stil. Das heißt: Einige Regisseure wendeten ihren wütenden Protest in restaurative Schönheit. Andere verloren bloß die Wut und produzierten die Wiederholungen der immergleichen Wir-sind-links-also-gut-Spektakel.

Claus Peymann zum Beispiel brachte zwar noch stolz Thomas Bernhards *Heldenplatz* heraus, eine Anti-Österreicher-Demonstration ohnegleichen, aber schon viel früher hatte er sich verabschiedet von seiner jugendlich-enthusiastischen Idee, mit dem Theater die Gesellschaft zu verändern. Als Direktor des Burgtheaters wollte er das Gute, Schöne, Wahre feiern und bat seine Kritiker, ihm doch bitte seine Träume zu gönnen.

Ähnlich entwickelte sich Peter Stein. Doch Stein will nicht träumen, er will Richtung vorgeben. Ein wenig später als Botho Strauß – der schon 1984 begann, seine linke Position in Frage zu stellen – kehrte sich der ehemalige Schaubühnenchef ab von der eigenen Vergangenheit, dem eigenen Denken. Als Schauspieldirektor der Salzburger Festspiele machte er dann deutlich, daß die Auseinandersetzung mit unserer Gegenwart ihn wenig interessiert. Mit den ästhetischen Mitteln der zwanziger und dreißiger Jahre versuchte er, das Festspiel wieder zu installieren. Deklamation statt Provokation. Statt Dialektik – Menschengleichmacherei. Der »selbstbewußten Nation« gibt Stein das Bühnenweihfestspiel zurück.

Andere machten weniger Veränderungen durch. Sie verabschiedeten sich nicht von ihren Ideen, sie dachten sie aber auch nicht weiter. Sie taten so, als passierte nichts, als seien ihre Mittel weiter tauglich: Hans Neuenfels zum Beispiel, Jürgen Flimm, Dieter Dorn, Hansgünther Heyme, Robert Wilson – sie suchten nicht etwa nach ihrem Altersstil – sie schlitterten hinein in den Manierismus ihrer erprobten, bekannten Mittel. Ihrer aller Stern begann zu sinken. Wenngleich, zugegeben, der Fall jeweils sehr individuelle Geschwindigkeiten hatte. Heyme diskreditierte sich als Theaterleiter und als Regisseur sehr rasch. Flimm und Dorn haben ihre Häuser, das Hamburger Thalia Theater und die Münchner Kammerspiele, fest im Griff. Künstlerisch waren beide schon einmal weiter.

Doch diese fünfzehn Jahre waren ja keine theatrale Durststrecke. Zum einen arbeiteten George Tabori und Peter Zadek weiter. Zum anderen hielten Klaus Michael Grüber und Luc Bondy, was sie in den siebziger Jahren versprochen hatten. Und schließlich bemerkten die alternden Großmeister, daß es ohne Nachwuchs vielleicht nicht gehen würde.

Die Jungen aber, sie mußten entdeckt werden. Sie randalierten sich nämlich nicht in den Vordergrund, wie ihre Vätergeneration es getan hatte. Es gab sie also nicht, die zweite Theaterrevolution. Diese Jungen wollten sich nicht anlegen mit den alten Pfeffersäcken, sie nicht stürzen. Sie arbeiteten ehrgeizig, karrieristisch, überlegt am Erfolg – und warteten darauf, entdeckt zu werden. Anselm Weber, Jens-Daniel Herzog, Matthias Hartmann, Amelie Niermeyer, Hans-Ulrich Becker wurden bemerkt, und sie inszenieren heute an den sogenannten ersten Häusern. Einige von ihnen sind die Yuppies des deutschen Theaters. Leander Haußmann, der Senkrechtstarter aus Weimar, zählt gleichfalls zu ihnen.

Ganz unyuppyhaft und auch keineswegs mehr jung sind zwei Entdeckungen dieser Jahre: Christoph Marthaler, der Schweizer Zeitdehner, und Frank Castorf, der anarchistische Clown vom Rosa-Luxemburg-Platz.

Aber damit nicht genug, es gibt noch einen Regisseur, ohne den das deutschsprachige Theater arm wäre. Thomas Langhoff, Intendant des Deutschen Theaters in Berlin. Er ist – wie kein anderer deutschsprachiger Regisseur – Garant dafür, daß das Schauspiel seine Aufgabe als Ort der Aufklärung, als moralische Anstalt wahrnimmt und dabei keineswegs darauf verzichtet, ästhetisch zu reagieren. Langhoff, kein junger Mann mehr mit seinen knapp sechzig Jahren, er überrascht fast immer. Er entdeckt in den selten gespielten alten Texten die verblüffendsten, verstörendsten Gegenwärtigkeiten. Er macht sie nicht mit, die Theatermoden.

Er widersetzt sich Castorfschen und Marthalerschen Dekonstruktions- und Dekompositionsmodellen und den Schauspieler-Text-Vergewaltigungen von Einar Schleef. Er will eine gute Geschichte gut erzählen. Und das heißt auch: Ihm liegt an Texten. Nie würde er, da bin ich sicher, Peter Handkes stummes Stück *Die Stunde da wir nichts voneinander wußten* inszenieren; nie sich verlieren in einer Wilsonschen Bilderopulenz.

Am Ende der siebziger Jahre mußte man vermuten, daß das nonverbale Schauspiel von nun an auf dem Vormarsch, daß die Guckkastenbühne out und die gammelige alte Halle – also der »alternative Spielort« – Trumpf sein würden. Es kam anders. Nicht zuletzt, weil die jungen Regisseurinnen und Regisseure eine große Sehnsucht haben nach diesen Traditionsstätten. Sie wollen Einzug halten in die großen Tempel der Schauspielkunst. Und zwar mit den großen Texten der Weltliteratur. Wenn sie Vorbilder für ihre Arbeit haben, dann sind es nicht Peymann, Zadek & Co. Nein, sie schwärmen von Kortners, von Fehlings, von Lietzaus künstlerischer Arbeit. Freuen sich an Schiller und Shakespeare und Kleist.

Die Hoffnung, daß in den achtziger und neunziger Jahren zu Thomas Bernhard, Peter Handke, Franz-Xaver Kroetz, Botho Strauß neue begabte Autoren sich gesellen würden, hat sich nicht erfüllt. Sie alle, die zuvor Unbekannten, deren Werke von mutigen Regisseuren uraufgeführt wurden, sie blieben trotz einiger Erfolge bislang ohne nachhaltige Bedeutung: Rainald Goetz ebenso wie Werner Schwab, Elfriede Jelinek, Harald Kislinger, Gundi Ellert und die anderen. Und Tankred Dorst, der Vielschreiber, schrieb weiter viel. Dem Zeitgeist rasch hinterher. Er landete mit dem *Herrn Paul* einen (verdienten) Erfolg.

Das Theater ist weniger politisch in diesen Jahren als zuvor.

Selbst als die Vereinigung der beiden Staaten zeigte, daß Deutschland mehr und größere Probleme hat, als es die Politiker zugaben, waren die Reaktionen auf Fremdenhaß, Rassismus und die neue Armut eher schwach. Zu jener Zeit drehte ich einen Film und befragte die wichtigsten Theatermacher, ob und wie das Theater reagieren könnte. Während Castorf und Thomas Langhoff, Frank Baumbauer und Jürgen Flimm die Notwendigkeit sahen, mit Texten, also mit einer bewußten Spielplanpolitik, gegen diese Tendenzen anzuarbeiten, dazu mit Lesungen und Vorträgen, beschied mich die jetzige Schaubühnendirektorin Andrea Breth mit einer Absage. Schrieb, daß sie dieses Thema überhaupt nicht interessiere und das Theater sich mit Politik nicht zu befassen habe. Der Rückzug ins Private, ins Gefühlige, kaum eine andere Bühne hat sich so konsequent verabschiedet von seinen Gründungsideen wie dieses Haus.

Das deutschsprachige Theater in den letzten fünfzehn Jahren zeichnet die Vielfalt aus. Es gibt nicht den einen Trend wie zu Beginn der siebziger Jahre. Heute ist alles erlaubt. Ästhetisch, politisch.

Es gibt sie also immer noch und wieder: die Regisseure, die alles banalisieren, auch die Moral. Es gibt die Zerstörer. Und – in erstaunlich großer Zahl – die ernsthaften Erzähler. Sie, die nicht mehr theoriebegeistert Texte auf ein Inszenierungsziel sich einrichten lassen, sie setzen wieder auf Phantasie und nicht auf Dramaturgen. Hartmann spricht von der Phantasie als dem wichtigsten Muskel in unserem Hirn; und Haußmann will die Zuschauer wieder das Sehen lehren.

Ähnliches soll dieser Band leisten. Er soll erinnern an die großen Schauspielabende dieser Zeit. Soll wieder ins Gedächtnis rufen die Aufführungen von Peter Brook, Patrice Chéreau, Hans Lietzau und dem hierzulande noch viel zu wenig bekannten Simon McBurney. Darüber hinaus, so hoffe ich, erklären die hier publizierten Aufsätze, daß die Theaterkunst denen am meisten Freude bereitet, die, durch (Seh-)Erfahrung klug und gewitzt geworden, das Dechiffrieren gelernt haben. Diese Zuschauer und Leser wissen, daß das Theater der Wahrheit – und die suchen wir letztlich in jeder Aufführung – selbst dann auf der Spur ist, wenn der Abend uns enttäuscht. Es gibt keinen Ersatz für das Theater. Und deshalb ist es ziemlich geistesschlicht von (einigen wenigen) Theatermachern, konkurrieren zu wollen mit Video, Film, Fernsehen. Die meisten indes haben bemerkt, daß die Zukunft des Theaters nicht im »Noch-mehr« zu finden ist, sondern in der Reduktion. McBurneys, Brooks, Langhoffs Produktionen beweisen dies. Und die Inszenierungen der Jungen wenden sich entschieden gegen den Fernsehspielrealismus; es sind manchmal gar gespielte Essays zu den Thesen Baudrillards.

Mag sein, daß das Theater der Bundesrepublik sich vor dem Mauerfall zu viel mit sich selbst beschäftigt hat; danach, das ist sicher, beschäftigte es sich zu sehr mit Deutschland. Überhaupt ist der deutschen Theatermacher und Kritiker Neugier auf das theatrale Leben in Europa nicht sonderlich ausgeprägt. Genau deshalb enthält dieser Band eine Reihe von Rezensionen und Porträts französischer und englischer Aufführungen und Regisseure, auch eines des Malers und Dramatikers Valère Novarina.

Das Theater ist die Kunst, die den Augenblick feiert. Er ist fort, wenn die Aufführung endet. Aber diejenigen, die dabei waren, können ihn erinnern, diesen »present moment«, den McBurney immer wieder beschwört. Und die Leser dieser Texte hoffentlich auch. Wenn der Schlaf der Vernunft Ungeheuer gebiert, so schafft Erinnerung Aufklärung. Und manchmal finden wir erinnernd auch die Schönheit wieder, die uns einst berauschte. Jeanne Moreau, die »Terroristin der Liebe«, sie verführt auch noch den Leser, der die Moreau nicht gesehen hat.

Vielleicht waren diese fünfzehn Jahre mager – für das Schauspiel in Europa, in Deutschland. Allein, bei der Suche nach geeigneten Texten für diese Auswahl stellten sich so viele Glücksmomente wieder ein, daß ich mich weigere zu glauben, früher war alles viel besser. Was mich nicht hindert zu hoffen, daß die nächsten Jahre glücklichere werden. Die jungen Regisseure werden bald Intendanten sein – wie Haußmann noch in diesem Jahr in Bochum. Sie werden beweisen können, ob sie es ernst meinen mit dem Theater als »phantasiebildende Waffe«. Sie werden Kraft brauchen – es gilt viele Kämpfe zu bestehen. Gegen Kulturpolitiker, die dem Theater den wirtschaftlichen Garaus machen wollen; für ein Publikum, das man verführen muß zum stundenlangen Vergnügen, weil es immer kürzere Filmchen vorgesetzt bekommt; gegen Kritik, die zynisch, gelangweilt dem Theater schadet. Kritiker müssen kritisieren. Eines dürfen sie indes nicht: lieblos umgehen mit dem Medium und die Menschen verachten, die sich (immer!) mühen um Texte und Figuren. Um Wahrheit. Die Theaterzauberer und die Theaterkritiker muß die Liebe zu dieser Kunst einen.

Dieser Band ist eine Liebeserklärung an das Theater.

Ich bedanke mich bei Uwe B. Carstensen, der diese Publikation möglich machte; bei Stefanie von Lieven, die die Auswahl entscheidend mitbestimmte und das Register erstellte; bei Ursel Paal und Hanna Leitgeb, die beide auf Fehlersuche gingen; und bei Wolfgang A. Rehmann, der das Vergnügen (und den Frust) am Theater mit mir teilte.

München im März 1995

1980

Wundersames, poetisches Theater

Ernst Wendt inszeniert Luigi Pirandellos *Die Riesen vom Berge* an den Münchner Kammerspielen

Marta Abba, Luigi Pirandellos Lebensgefährtin und Verwalterin seiner Stücke, behauptete auch bei ihrem Münchner Besuch wieder, daß die Werke des Maestro, selbst *Die Riesen vom Berge*, leicht verständlich, »molto facile« seien. Sie hat recht und unrecht zugleich. Es stimmt zwar, daß dieser unvollendete zweiaktige Mythos vom Zuschauer eigentlich nur Offenheit verlangt und den Verzicht auf Erwartungen, die das Theater oft so leicht zu erfüllen bereit ist: eine fertige, nachvollziehbare, verständliche Geschichte vorzuführen mit einer Moral oder zumindest einem deutlichen Denkanstoß. Aber wie schwer ist es – und deshalb stimmt Signora Abbas Einschätzung nicht ganz –, einen Abend lang Seh- und Denkgewohnheiten abzulegen.

Wer in diesem Pirandello hinter jedem Satz Sinn vermuten will; wer analysieren möchte, warum Figuren so und nicht anders reden oder handeln; wer vom Geschehen auf der Bühne schnell auf das Leben schließen; wer aus Geschichte lernen, durch Fehler anderer vorsichtiger werden will und erwartet, nach dem Besuch des Theaters klüger oder doch wenigstens informierter zu sein, der wird arge Schwierigkeiten haben, den Weg in diese Welt der Phantasie zu finden. Der wird *Die Riesen vom Berge* albern finden oder schwierig. Er wird enttäuscht sein. Und wenn er den Text nicht kennt, wird er vorschnell die Schuld für sein Unwohlsein beim verfügbaren, vermeintlichen Übeltäter suchen: dem Regisseur. Die Buhs, die Ernst Wendt entgegenschlugen, galten gewiß zum großen Teil dem Stück, das nicht angenommen wurde.

Wer sich jedoch der Traumwelt, diesem Land zwischen Schein und Sein, hingibt, schauend, hörend; wer sich – willenlos fast – überwältigen läßt von der Magie der Sprache und der Bilder; wer vom Verstand einmal die Last des Zensors nimmt, der wird bei Pirandello-Wendt reich. Diese Hürde aber muß genommen, der Mut aufgebracht werden, sich Zauberer Cotrone anzuschließen. Er sprengt nicht nur für seine Freunde in der »Villa Pechvogel« die »Grenzen des natürlich Möglichen«. Cotrone will auch die Schauspieler der Wandertruppe verzaubern, die bei ihm zu Gast sind. Vor allen die Prinzipalin Gräfin Ilse; sie, die überall aufopferungsbereit die Fabel vom vertauschten Sohn aufführen möchte: Und schließlich gilt seine Phantasie-Attacke dem Publikum, das, verschreckt, Schwierigkeiten hat zu verstehen.

Seltsamerweise wird dem, der dieses Hindernis überwunden hat, sogar Aufregendes zum Nachdenken beschert. Daß wir, während unsere Körper im Bett schnarchen, träumend leiblich an anderen Orten etwas tun sollen, wozu uns der Mut fehlt, ist eine Überlegung wert. Und warum die Gräfin ihr Stück nicht in dieser Zaubervilla für die Schauspieler und die Unglücksraben spielen will, die bei Wendt doch stark an beruhigte Neurotiker erinnern, warum sie Entbehrungen auf sich nimmt, ihren Mann, den Grafen, zum finanziellen Bankrott treibt, auch darüber ließe sich sinnen. Denn Pirandello beantwortet keine Fragen, er stellt sie: spielerisch, versteckt.

Ernst Wendt macht aus wundersamer Poesie wundersames Theater – mit hervorragenden Schauspielern, die kleine Rollen zu großen, aufregend sinnlichen Auftritten emporspielen; mit Bühnenbildner Johannes Schütz, der die Kammerspielbühne zu einem heruntergekommenen Zauberschloß umbaute, in dem ein Flügel an die Decke schwebt (und von dort tönt), wo die Wände durchsichtig werden und die Schritte lautlos sind; mit dem Komponisten Kevin Volans, dem allerlei Beruhigendes, Auftrumpfend-Lautes und für den Schluß Anklänge an afrikanische rituelle Tänze gelungen sind.

Wendt macht mit vielen Tricks aus Erwachsenen wieder Kinder. Sie sehen und nehmen an, was da passiert, sie reißen die Augen und Ohren auf, um ja alles mitzubekommen, ruhig und abwartend, gespannt, aber nicht neugierig in Gedanken vorwärtseilend. Wendts Bilder, in blaues, lila, rotes und gelbes Licht getaucht, verführen dazu, an das Unmögliche, an die erfundene Wahrheit zu glauben, so wie Cotrone und seine Pechvögel. Hätte Wendt Peter Lühr nicht dazu angehalten, Cotrones Weisheiten, und das sind Pirandellos letzte Gedanken zur Poesie und seine Vorstellung von den Aufgaben der Dichtung, so vorzutragen wie Sinnsprüche zum Mitschreiben, dann wäre das Spiel manchmal zügiger, nie langweilig gewesen. Und vor allem hätte er diejenigen im Publikum, die den Spinnereien einen Sinn abgewinnen wollten, damit nicht auf die falsche Fährte gelockt. Denn in diesen Sätzen gibt es ja noch etwas, worüber unmittelbar reflektiert werden kann, gerade dann, wenn diese Sentenzen aus Pirandellos »literarischem Testament« (so Ettore Cella) so isoliert stehenbleiben.

Des Dichters Hinweise auf Aufführungspraktiken sind für keinen Regisseur verbindlich, er muß sie nicht einmal kennen. Dennoch sei hier erwähnt, wie sehr sich Pirandello gegen das tiefschürfende Auseinanderziehen des Textes ausgesprochen hat. »Es ist wahr«, bekannte er einem französischen Journalisten, »daß alle Schauspieler es für wichtig erachten, Pausen einzulegen, gerade was ich am meisten verabscheue. Als ob es notwendig wäre, das Publikum nachdenken zu lassen. Natürlich ist das Nachdenken nötig, aber erst, wenn man das Theater verlassen hat.«

Doch was wiegt dieser kleine Einwand gegenüber den Imaginationen Wendts, dem sogar ein akzeptabler Schluß eingefallen ist, der weder Signora Abba noch die Familie Pirandello ärgern dürfte. Der Dichter, der nur die ersten zwei Akte beenden konnte, diktierte auf seinem Sterbebett seinem Sohn Stefano den Verlauf des dritten. Danach wird die Gräfin von dem Volk, dem die Riesen den Besuch der Vorstellung erlaubt haben, also von dem Publikum, das sich Ilse immer gewünscht hat, umgebracht. Signora Abba hingegen beruft sich auf Briefe und Pirandellos kurzes Exposé. Danach sind allein die Riesen Zuschauer und Mörder. Ob Volk oder Herrscher, diese Menschen verstehen den Text nicht, zum einen, weil Ilse wohl unverständlich verzückt rezitiert, zum anderen fehlt ihnen der Zugang zur Kunst überhaupt.

Zu dieser Schwierigkeit kommt eine andere: Niemand weiß so recht, wer die Riesen eigentlich sind. Cotrone beschreibt sie im zweiten Akt als muskelstarke, harte Menschen, die den Mut aufbrachten, »um mit all den Risiken und Gefahren fertig zu werden, die ein so gewaltiges Unternehmen – wie Ausgrabungen und Befestigungen, Umleitung von Wasser für Talsperren, Fabriken, Straßen, landwirtschaftliche Kulturen – mit sich bringt«. Wendt hat diese Erklärungen gestrichen und läßt Cotrone die Riesen nur noch als stark und größenwahnsinnig beschreiben. Damit hat der Regisseur am Schluß, im Spiel fast ohne Worte, alle Freiheiten. In München sind die Riesen unkultivierte Barbaren, die ein grausam wildes Hochzeitsritual feiern. Sie trinken und fressen aus Schüsseln, sind Tieren ähnlicher als Menschen. Als Ilse zu rezitieren beginnt, schlafen sie ein, und erst, als sie sie weckt mit ihrem »Stupida! Stupida!«-Geschrei, werden diese schwarzgekleideten Männer und Frauen böse, schleifen sie, den jungen Liebhaber Spizzi und die alternde Schauspielerin Diamante, die Ilse zu Hilfe eilten, durch den Raum und erdrosseln die Gräfin schließlich.

Wendt zieht sich mit dieser Lösung geschickt aus der Affäre. Letztlich aber scheint er die Schuld für den Mord bei den Mächtigen (und nicht beim Volk) zu sehen, die dieser Dichtung mit totalem Unverständnis entgegentreten, weil sie ähnliches (noch) nicht erlebt haben. Und ein Zweites macht Wendt deutlich, daß die überlebenden Schauspieler zwar entsetzt sind über diese Tat, den Untergang der Truppe aber nicht schwernehmen. Der Tod Ilses erlöst sie von einer Bürde. Nur einer von ihnen bleibt auf der Bühne: Battaglia, der junge Schauspieler, der so gern eine Frau wäre. Er setzt sich neben Cotrone auf eine Kiste. Battaglia hat eine Krone auf dem Kopf, er sollte wohl den Prinzen, einen der vertauschten Söhne, spielen. Dieser Prinz ist in der Fabel irre. Battaglia ist es auch. Cotrone wird ihn bei seinen Unglücksraben aufnehmen, für diesen Neuling neue Wahrheiten erfinden und ihn damit beruhigen, wie die anderen Menschen in der Villa. Cotrone, der ist bei Wendt auch eine Art Psychiater.

Peter Lühr spielt ihn. Gutmütig-hinterlistig zaubert er, mit Freude an Effekten; väterlich beschwichtigt er; unverschämt genial gestaltet er den Wundermann, daß nichts bleibt als staunende Verehrung für diesen Schauspieler. Barbara Petritsch stellt die Gräfin Ilse dar, die als einzige der Wanderschauspieler wirklich Angst hat, daß die Erscheinungen in der Villa zum Wahnsinn führen könnten, und sie will wohl auch deshalb aus dem Haus. Barbara Petritsch liefert sich aus, den Lachern und den Unverständigen. Unbeirrbar ist sie das kämpfende, wohl auch den Tod suchende Weib, das liebt und lebt für jemanden, den zu lieben sie sich nicht traute: den Dichter der Fabel.

Diese beiden und die Schar der großen Schauspieler, die oft nur wenige Sätze zu sagen haben – Maria Nicklisch, Lambert Hamel, Doris Schade, Romuald Pekny, Markus Boysen, Edwin Noël, Charles Brauer, Irene Clarin, Lisi Mangold, Barbara Freier, Sunnyi Melles, Richard Beek, Peter Herzog, Karl Renar und Wolfgang Bauschmid –: Sie alle machen diese Gratwanderung zwischen Wirklichkeit und Phantasie zum Ereignis. Pirandellos *Théâtre pur* wird ein Fest.

Wahrscheinlich muß nun noch die Frage beantwortet werden, ob man mit diesen Schauspielern, diesem Regisseur, diesen Mitteln nicht ein anderes Stück erarbeiten sollte, das weniger ›verrückt‹, vielleicht mehr ›bringen‹ könnte. Die Antwort: Pirandello hat die Aufführung verdient, und München sollte sich solch einen genialen Luxus, sollte sich solche Exotika der Literatur auf der Bühne leisten dürfen. Nein, es muß sie sich leisten.

1982

Nicklisch, Mond und Sterne

Robert Wilson inszeniert *Die goldenen Fenster*
an den Münchner Kammerspielen

Sicher können Robert Wilsons plays wie *Die goldenen Fenster* nicht Vorbild sein für die Theaterarbeit der kommenden Jahre. Seine Collagen werden auch nicht das traditionelle Sprechtheater, die theatrale Auseinandersetzung mit Literatur ersetzen können. Und daß diese Theaterform eskapistisch ist, Wilson sich in einen Kunstraum flüchtet, die Verantwortung eines Künstlers für die Gesellschaft nicht tragen will, ist gleichfalls deutlich. Doch Wilson entdeckt und zeigt, daß die Mittel des Theaters einen eigenen, unabhängigen Wert besitzen, der nur zu selten erkannt wird, weil die Regisseure Bühnenbild, Licht und Musik meist sehr sparsam und ausschließlich zur Dekoration oder zur Erklärung benutzen. Wilsons Theater fasziniert, weil es von selten erlebter Sinnlichkeit ist.

Die goldenen Fenster, die Wilson öffnet, geben den Blick frei auf Wundersames: auf eine Komposition aus Wortfetzen, vielleicht in der New Yorker U-Bahn, bei Ausstellungseröffnungen oder beim Arzt aufgeschnappt, aus Gesprächen, aus von Wilson erfundenem Lust- und Angstvollem, aus Musiken von Christopher Pepusch, Gavin Bryars und Tania León, aus Licht und Schauspielkunst.

Vier Schauspieler, zwei Frauen und zwei Männer, stehen einzeln oder gemeinsam auf einem kleinen Hügel, abends, mitternachts, morgens, neben oder vor einem winzigen viereckigen Gebäude, das einem Wachhäuschen ähnelt und von Aldo Rossi entworfen sein könnte. Aus diesem Haus, durch dessen geöffnete Tür zuweilen grelles Licht ins Dunkel fällt, kommen sie, da hinein verschwinden sie. Nur einer der Männer, der jüngere, wird einmal an einer

Schlinge um den Kopf aus dem Schnürboden herabgelassen. Diese vier sind sehr häufig zusammen, sprechen abwechselnd, manchmal auch durcheinander oder im Chor, verstärkt und einige Male entstellt durch Lautsprecher. Aber diese Menschen begegnen sich nicht, tönen nie aus den gleichen Boxen, kommunizieren nicht, sprechen und bewegen sich meist so, als sähen sie einander gar nicht.

Wilsons Stück ist ein düsterer Traum und die Aufforderung zu träumen – beides zugleich. Die bis auf eine Ausnahme ausschließlich schwarz-weißen Bilder, die er auf der Bühne entwirft, sind Assoziationsstoff, sie sind phantastisch und brauchen gleichzeitig die Phantasie des Zuschauers. Wer nur sieht, wie das Haus vor dem Sternenhimmel in den drei Akten von rechts nach links wandert; wer nur konstatiert, daß plötzlich aus einer Spalte im Bühnenboden, die aussieht wie ein Blitz, gleißendes Licht und Dampf steigen; wer nur die Auftritte und Abgänge zählt; wer immer auf der Lauer ist nach einem Sinn, einer Logik, einer Meinung; wer eben nicht bereit (oder fähig) ist, Wilsons Herausforderung anzunehmen, das Stück im eigenen Kopf erst herzustellen, der muß sich alleingelassen oder genarrt fühlen. Der begreift nicht, daß in der beschriebenen Erdbebenszene der Himmel auf die Erde fällt: Die Gestirne hinterlassen Verletzungen im Boden, die Gesteinsbrocken, die lautlos und sehr langsam herabfallen, verschwinden indes, ohne Schaden anzurichten.

Die goldenen Fenster fordern nicht den Intellekt des Zuschauers, denn er muß ja diesmal nicht über psychologische Mechanismen brüten, nicht schwierige Argumentationsketten verfolgen oder des Regisseurs Interpretationskonzept aufspüren. Trotzdem wird das Vergnügen an diesem Stück für jenen besonders groß sein, dem für seine Assoziationen neben der Lebenserfahrung auch die lebendigen Erinnerungen an Kunstwerke zur Verfügung stehen. Wer Hopper, Schlemmer, Cunningham und Cage gesehen und erlebt hat; wer Ubu, Anna Livia Plurabelle und l'Astéroïde B 612 kennt: Der muß sich freuen an Wilsons Opern-Schauspiel-Ballett-Licht-Performance.

Jenen Zuschauern, die zwischen den Akten verschwanden, fehlte nicht nur die Lust, diesem Spiel zu folgen, sie waren wohl auch nicht bereit, vier großartigen Schauspielern bei der Arbeit zuzusehen. Für

Maria Nicklischs fahriges und dennoch so präzise gleichartig wiederholtes Huschen der Hände, für ihre »Schrrrraubenzieherr«-Arie, für ihr Gurren und ihr Lachen; für Peter Lührs Blick, der minutenlang währte, ohne daß ein Wort, ein Geräusch davon ablenkte; für dieses rätselhafte Schauen und Lächeln; für Edgar Selges Text-Presti und Irene Clarins unergründliche Tristesse hätte ich gern ein gerüttelt Maß an Langeweile hingenommen. Allein: Es gab sie nicht.

Als Peter Lühr am Schluß »in ordnung« sagte, wieder allein auf der Bühne wie zu Beginn, wiederum im Dunkel, da schien er sich damit eine Antwort zu geben auf die erste Frage in diesem Stück: »wo liegt denn die schwierigkeit?«. Als die Schwärze Lühr umnachtete, da hoffte ich, er würde noch einmal von vorn beginnen. Der Wunsch, Wilsons Lichtmalerei ein zweites Mal und gleich anschließend zu sehen, den Rhythmus der Worte und Geräusche noch einmal zu verfolgen, die Motorik der Bewegungen noch bewußter aufzunehmen, diese vier nochmals zu beobachten, dieser Wunsch überraschte mich. Die Neugier, was es wohl beim zweiten Blick durch die Fenster zu sehen geben könnte, war sehr groß. Wilson hatte sie erst entfacht.

Keine Heimat für Viola und Richard

Ariane Mnouchkine inszeniert William Shakespeares
Was ihr wollt und *Richard II.*
beim 35. Festival d'Avignon

Zu den Höhepunkten des diesjährigen Festivals im provencalischen Avignon zählt sein Leiter, Bernard Faivre d'Arcier, vor allem Ariane Mnouchkines Inszenierung von *Was ihr wollt* und *Richard II.* Das Publikum, das die Mnouchkine und ihre Truppe seit *1789* und *Molière* auch vom Fernsehen her kennt, stimmt mit ihm überein. Längst vor Festspielbeginn waren die wenigen Aufführungen des Théâtre du Soleil ausverkauft; und keiner von denen, die durch die

Café-Reihen auf dem Platz vor dem Papstpalast strichen – ein kleines, handgeschriebenes Schild mit den Kartenwünschen gut sichtbar vor sich hertragend –, war erfolgreich. Denn wer ein Billett erstanden hatte, wollte trotz Hitze und Mistral in den Cour d'Honneur des Palastes hinein.

Und alle 2000 Zuschauer hielten dort bis zum frühen Morgen durch, ließen sich ihre erhoffte, programmierte Begeisterung über die Mnouchkine und ihr Ensemble nicht nehmen, obwohl es wenig Anlaß gab, sich an diesen exotisch-fremden, plakativen, zuweilen groben, manchmal länglich-faden Aufführungen zu freuen. Ariane Mnouchkine ist bei ihrer Suche nach neuen Theaterformen, abseits aller realistischen und psychologischen Darstellungsweisen, zwar fündig geworden, doch Shakespeare hat sie kaum entdeckt. Ihre Erklärung, dieser Dichter sei »nicht unser Zeitgenosse und sollte deshalb auch nicht so behandelt werden«, macht kaum begreiflich, warum sie die Komödie im Orient bei den Muselmanen, das Historiendrama in Japan bei den Samurai spielen läßt.

Beiden Werken nähert sie sich auf ähnliche Weise. Sie will die schöne, ungewöhnliche Form, die Überraschung durch neuartige, rituelle Bilder- und Bewegungsabläufe, will – so nennt sie es – ›Hyperrealismus‹. Das bedeutet nun in der Aufführung: ausschließlich direkt zum Publikum orientiertes Spielen und Sprechen; die Verwendung von Masken und fremdartigen Kostümen auf einer unmöblierten, großen Spielfläche. Für *Was ihr wollt* werden Anleihen bei Marionettentheater und Tausendundeiner Nacht genommen, für *Richard II.* Nô und Kabuki verwertet.

Bei der Komödie führt diese Arbeitsweise ausschließlich zu Verlusten. Nicht allein, weil Ariane Mnouchkine alle Nebenfiguren zu dummen Clowns, albernen Hanswursten degradiert und so in den Vorderen Orient auch noch ein bißchen Commedia dell'arte aus Bergamo importiert, wie wir sie vor Jahren mit Vergnügen in der Produktion *L'Age d'Or* bewundert haben, sondern weil Liebesschwüre und Liebesentzug von den Betroffenen kaum noch wahrgenommen werden; und wie sollten sie dann darauf reagieren? Noch selten habe ich in so aufwendigen Kostümen (von Jean-Claude Barriera und Nathalie Thomas) so seelenlose, emotionsleere Wichte stecken sehen – außer in der Oper.

Die Aufführung zerfällt, ganz früh schon. Die Farce, die bei Shakespeare das Verwirrspiel nur begleitet, die kommentiert, wie sehr diese Menschen (und eben nicht nur sie) sich täuschen, täuschen lassen und getäuscht werden wollen, sie wird zur dominierenden, aufdringlichen Zirkusrevue aus mehreren Nummern. Die Handlung, auch ihre Zartheit: vernichtet. Enttäuschend ist, wie unsensibel diese doch erfahrene Regisseurin an einem untauglichen Inszenierungsmodell festgehalten hat; wie rücksichtslos sie es dem Text überstülpte, ohne Gespür für die Verletzbarkeit gerade dieser, der letzten romantischen Komödie Shakespeares. Und dies, obwohl die Mnouchkine beide Werke ins Französische übersetzt hat.

Schließlich hat Ariane Mnouchkine nicht bemerkt, oder nicht bemerken wollen, daß die mehr als hundert Quadratmeter große, rechteckige, an der Rückwand mit riesigen, verschiedenfarbig bemalten Tüchern dekorierte Spielfläche äußerst ungeeignet ist für dieses Kammerspiel. So verendet *Was ihr wollt* in lautem Gezeter und Geheule, wenig Bewegung und einer immerwährend orientalisch sich gebärdenden Musikuntermalung, die die vielen Worte, die wenigen Gesten, die exaltierten Gefühle vielleicht verstärken, vielleicht interpretieren soll – und doch nur stört.

Am nächsten Abend stürmte es immer noch; das Bühnenpodest stand unverändert da; die Kostüme waren ebenso bunt und teuer wie am Vortag; Tücher gab's auch wieder, wenngleich andersfarbige und weniger ornamental gestaltete; und auch Trommeln, Xylophone, Tamtams und Glockenspiele fehlten nicht.

Doch *Richard II.* hielt Mnouchkines extremes Experiment aus. Fast fünf Stunden lang wirbelt eine fremde Welt vorüber: grell, laut, faszinierend exotisch. Für Massenauftritte, für schnelle Szenenwechsel taugt diese Bühne, und Ariane Mnouchkine ist in der Verwirklichung von Bewegung auf der Bühne Meisterin. *Richard II.* wird zu einem frappierenden Spektakel, zu einem großen, einheitlichen Wurf, was die Form, die ritualisierte Darstellungsweise der äußerst beherrschten Schauspieler angeht. Doch auch hier bleibt die Form letztlich leer. Mnouchkines *Richard II.* ist viel zu häufig schön verlogen falsch. Es gibt nur wenige Momente, in denen zu sehen, zu hören ist, daß es ihr wohl doch darum geht, mit ihrer Inszenierung zu kommentieren. Dann scheint es, als wolle sie ihn zeigen und kritisieren: den grausamen Mechanismus, den Shakespeare in seinen Geschichtsdramen darstellt, diesen Mechanismus zwischen Machtübernahme und Entmachtung. Manchmal legt sie nämlich die Grausamkeit bloß, die in der Arroganz dieser schönen Mächtigen und der auf dem Opfergang noch überheblich Schönen steckt.

Der überzeugendste dieser wenigen Augenblicke ist die Schlußszene: Bolingbroke hält den ermordeten Richard in den Armen wie Maria den Leichnam Christi. Nach wenigen Minuten bettet er die fast gänzlich entblößte Leiche unter den niedrigen Tisch, auf den er sich, gekleidet mit einem reichen Königsgewand, dann selbst legt. Der Besiegte unter dem Thron, der Herrscher darauf. Bolingbroke faltet die Hände und erstarrt. In dieser Szene wird auf einfache Weise deutlich, was es (für Shakespeare) heißt, König zu sein: auf dem Höhepunkt der Macht sich bereits als Opfer zu wissen, weil der Mechanismus, in Gang gehalten durch den Gegensatz von Tat und Moral, keinen Stillstand kennt.

Mnouchkine und ihre Schauspieler wurden umjubelt, ein bißchen nostalgisch wohl. Denn so groß der Erfolg auch war (vor allen anderen und verdient für den Richard-Darsteller Georges Bigot), daß Ariane Mnouchkine (noch) nicht die Nachfolgerin jener Künstlerpersönlichkeiten ist, die den Ruf des Festivals von Avignon einst prägten, bemerkte selbst die ihr sehr wohl gesonnene Zeitung *Le Monde* und nannte die Namen Maria Casarès, Jean Vilar und Gérard Philipe. Auf die Casarès wartet man jetzt in Avignon. Heute und am Samstag steht sie zum erstenmal auf der Bühne, wenn die Compagnie Denise Llorca de Centre Dramatique National de France-Comté ihre zweiteilige Dramatisierung von Dostojewskis Roman *Die Dämonen* zeigen wird.

Warten in Avignon heißt Entdeckungen machen – welche auch immer.

Rettung? – Warten auf den Untergang

Claus Peymann inszeniert Heinrich von Kleists *Die Hermannsschlacht* am Schauspiel Bochum

Kleist selbst hielt seine *Hermannsschlacht* für ein aktuelles Stück. »In die Mitte der Zeit« falle es und sei »allein auf diesen Augenblick berechnet«. Der Augenblick, das Jahr 1808, bedeutete für Napoleon die erste Krise in seinem Machtstreben. Nach dem erfolgreichen Aufstand der Spanier faßten nun auch deutsche Patrioten Hoffnung, der Widerstand gegen den Usurpator werde wachsen, das noch selbständige Österreich den bevorstehenden Befreiungskampf gewinnen. Kleist wollte diese Aufbruchstimmung schüren. Nicht nur mit politischen Aufsätzen, sondern, ganz gezielt, mit diesem Drama, in dem die Germanen unter Hermanns Führung die römischen Okkupanten besiegen und vertreiben.

In der Literaturgeschichte wird Kleists Drama als »zeitbezogenes Tendenzstück« etikettiert; die Bühnen der Bundesrepublik haben es bislang gemieden. In der DDR wurde es schon in den 50er Jahren gespielt. Daß während der nationalsozialistischen Herrschaft sich das Theater kräftig des Kleistschen Patriotismus bedient hatte, störte dort weniger. Im Programmheft zur Bochumer Aufführung steht unter einem Foto applaudierender Zuschauer, wie einfach es sei, hinter den Masken der Römer einen neuen Feind propagandistisch vorzuführen. Der Bochumer Schauspieler Till Hoffmann, der 1957 in einer Aufführung im Harzer Bergtheater Thale den Dagobert spielte, berichtet: »Motto der Aufführung war: Die Römer sind die Amerikaner, der Aristan ist Adenauer.«

Wenngleich wohl niemand argwöhnte, Peymann würde bei seiner Inszenierung den Rivalen schlicht neue Feindmasken aufsetzen und den Antiamerikanismus in der Republik stärken, die Solidarność-Bewegung, die Palästinenser – daß er dieses Stück ausgegraben hatte, blieb überraschend, seltsam. Noch in der Pause, da waren die ersten sieben Szenen des vierten Aktes bereits gespielt, war unklar, wie Peymann seine Gratwanderung fortsetzen würde. Irgend etwas mußte er unternehmen, um Hermann, diesem kühlen Kopf mit Führereigenschaften, den Nimbus des Retters zu nehmen.

Und es geschah etwas. Peymann stellt Gert Voss, den Bochumer Hermann, in der Schlußszene ganz allein auf die große leere Bühne. Jubel, Gewehrsalven, Musikdröhnen, und Hermanns Schatten, das lebendige Denkmal, wächst an der Bühnenrückwand, je weiter sich der Fürst von seinem Volk entfernt. Dann reißt sich Voss den Wikingerhelm vom Kopf. Ärgerlich, enttäuscht. Darunter trägt er noch immer die Che-Guevara-Mütze. Der Revolutionär, der listig Subversive, der handelt, während die anderen reden und lamentieren, hat gesiegt. Aber er weigert sich, als Kriegsheld gefeiert zu werden, weil er weiß, daß er keinen Schritt vorangekommen ist auf dem Weg, die Freiheit zu retten.

Auf dem Gipfel der Macht ist er Shakespeares Königen verwandt, wie groß die Unterschiede zwischen Kleists und Shakespeares Menschen, beider Auffassung von Geschichte auch sein mögen. Peymanns Hermann ahnt, daß ihm ein neuer Kampf bevorsteht, in dem ihm sein Taktieren, Manövrieren nichts nützen wird, der Gegner nicht so einfach auszumachen ist. Hermann, der auf dem Piedestal erhöhte, vereinnahmte Revolutionär, weiß 1982, daß die drohende Gefahr nicht länger lokalisierbar, nicht länger mit einer Regierung, einem Namen zu bezeichnen ist. Die Mächtigen der Welt können sich noch so heftig gegenseitig der Kriegstreiberei, des schamlosen Wettrüstens bezichtigen, längst ist offenbar, daß die Menschheit widerstandslos sich freiwillig der Kriegstechnik ausgeliefert hat, abhängig geworden ist von den Waffensystemen, über die sie befehlen wollte. Über unseren Fortbestand, nicht über den Frieden, entscheidet ein Knopfdruck, eine Computer-Eingabe. Es ist einerlei, wer drückt, wer einspeichert.

Hermann steht mit Thusnelda auf dem Theater, Gert Voss mit Kirsten Dene, zwei grandiose Schauspieler, die wissen, was sie spielen, und meinen, was sie zeigen. Dem Mann sind die Huldigungen der falschen Verehrer zuwider, der Frau die Erinnerung an geile, haßerfüllte Selbsterniedrigung. Nicht den Rhein wollen die beiden überqueren, nicht nach Rom aufbrechen. Sie wollen weg – und müssen bleiben, abwarten.

Für Peymann gibt es keinen Sieger in diesem Drama, keinen strahlenden König, kein Davonkommen. Voss, Kirsten Dene im Arm, dreht sich zum Publikum und spricht die sechs Schlußzeilen, die von den Sieger-Reden übriggeblieben sind: »Wir oder unsre Enkel, meine Brüder! / Denn eh doch, seh ich ein, erschwingt der Kreis der Welt / Vor dieser Mordbrut keine Ruhe, / Als bis das Raubnest ganz zerstört, / Und nichts, als eine schwarze Fahne, / Von seinem öden Trümmerhaufen weht!« – Das Ausrufezeichen verwandelt Voss in ein Fragezeichen. Der Untergang ist sicher. Nur der Zeitpunkt ist es nicht.

Nichts ist in dieser Inszenierung übrig von Kleists Propaganda, von »Deutschlands großer Sache«. Mit den Römern sind nicht mehr die Franzosen, mit den Cheruskern nicht die Preußen mehr gemeint, wenngleich auch in dieser, von Peymann und den Dramaturgen Hermann Beil und Stephan Bock sehr konsequent gestrichenen, das Stück jedoch nicht verfälschenden Fassung hier und dort die Anspielungen noch immer zu hören sind.

Durch Ursula Renzenbrinks Kostüme, durch wenige, sehr kurze Musikzitate (Heiner Goebbels), wenige Requisiten auf der sehr kargen, die Aufmerksamkeit allein auf die Schauspieler konzentrierenden Bühne von Vincent Callara fügt Peymann viele Deutungsmöglichkeiten hinzu. Diese Vielfalt, die den Zuschauer zwingt, historische und aktuelle politische Konflikte mitzudenken, also eben auch Polen, Südafrika, Auschwitz, Bauernkrieg und das Geheimnis der Pershing-II-Basen, führt indes nicht zur Beliebigkeit. Peymann benutzt diese den Text weitenden szenischen Zeichen, um zu bedeuten, daß das vorgeführte und mitgedachte Gemetzel für Freiheit und Eigentum doch nur Vorstufe ist zum Untergang.

Nichts ist in dieser Inszenierung auch übrig von Kleists Zeitgebundenheit. Peymann gelingt es (wieder einmal), die hehre Fürstensphäre durch alltägliche Bürgerlichkeit zu ersetzen. Hermann und Thusnelda, die Germanen und auch die dekadenten Römer-Snobs werden zu Zeitgenossen. Kirsten Denes Thusnelda flirtet mit dem römischen Legaten Ventidius (Urs Hefti), der die neueste Mode, weißen Frack, trägt wie der Verräter Aristan und ihr mit hohlen Phrasen schmeichlerisch den Hof macht. Ebenso bereitwillig nimmt diese Frau später die Geschenke des Varus (Ulrich Pleitgen) an, mit dem sich Hermann zum Schein verbündet hat, freut sich über die neue, fremde Kultur und imitiert sie. Die plumpe, biedere Frau fällt also rein auf die Römer-Lügen.

Hermann ist klüger. Für Peymann und Voss ist er ein Intellektueller, ein Gedankenspieler. Seiner Frau erteilt er die politischen Lektionen sehr kindgerecht. Über die Motorik des Krieges spricht er, als erklärte er die Mechanik eines Fahrrads. Dieser Hermann fordert Nachdenken von seinen Freunden, nicht Gefolgschaft. Immer wieder zwingt er sie zu Nachfragen, zu Bestätigungen, zu Neugier, zum richtigen Ausdruck, weil er weiß, daß (Kleists) Worte die Eindeutigkeit verloren haben. Nur deshalb doch muß dieser Cherusker-Fürst seinem Vorschlag an Marbod (Branko Samarovski), gemeinsam mit ihm die Römer zu schlagen, als Pfand der Ehrlichkeit seine Kinder mitschicken. Was aber wäre für unsere Zeit das Sprechen und Schreiben von Politikern, bezeichnender als die Pervertierung von Sprache. Diplomatie, so sagt man, sei es, mit vielen Worten wenig zu sagen. Politisch ist es, zwischen Denken und Benennen, Meinen und Bedeuten eine Kluft zu schaffen, mit Worten.

Auch Peymanns bildhafte Metaphern sind überzeugend. Wenn die Cherusker, gebückt und krumm, vor dem von einem Römer geschändeten, von seinem Vater und den Brüdern getöteten Mädchen stehen und es auf Hermanns Wunsch auseinanderreißen, indem sie an den Tauen ziehen, die an den Gliedmaßen dieser Hally befestigt sind, so mögen die geschundenen Wesen Nornen sein, in diesen Nornentagen, doch sie handeln frei. Das Schicksal bleibt abwesend, auch in Peymanns Interpretation. Nicht Unfall ist, was in diesem Drama geschieht, sondern – wie der Gilles-Deleuze-Schüler Mathieu Carrière in seinem brisanten Kleist-Essay schreibt – der Wille zur Macht, der wie eine Maschine niederreißt, was sich ihm in den Weg stellt, er löst diese Affekte, diese Raserei aus.

Eine andere Bildmetapher: Das untergehende Römerheer wankt wie ein Schiff über die Bühne, ein Schiff voller Rüstungen, das an der Rampe zerschellt. Doch dort beginnen die toten Soldaten zu singen, Ruhmeslieder wahrscheinlich, und sie stehen da, schön wie ein Denkmal. Nur in einer Szene wird der abstrakte Realismus der Bühne verlassen: Als die beleidigte Thusnelda sich an Ventidius rächt, der die Locke, die er ihr abschnitt, nur als Muster für die Qualität germanischer Blondheit seiner Kaiserin schickte. In einem gemalten Parkbild mit Kulissen tapst die Bärin herum, die sich später auf den Römer stürzen wird. Thusnelda inszeniert den Mord als Bühnentod.

Im Theater also wird die Lüge, wird der Politiker, der Heuchler, der ehrgeizige Mörder gemordet. Nie leugnet Peymann in seiner Inszenierung, daß er die bürgerliche Institution Stadttheater braucht, um sich zu artikulieren; daß er die Vieldeutigkeit bürgerlicher Kunst schätzt. Das Theater ist ihm (und seinem Ensemble) Ort, jene Affekte, jene Verletzungen von Empfindungen umzusetzen: Krieg zu führen. Doch daß dieser Krieg mit den Waffen der Kunst erfolgreich sein wird auf einem Schlachtfeld der Politik, daran glaubt er nicht. Und auch nicht mehr an den Erfolg von List und Klugheit. Auf die Fragen, wer uns, was uns noch retten kann, weiß Peymann keine Antworten. Er hat sie bei Kleist gestrichen.

1983

George Taboris Chuzpe

George Tabori inszeniert *Jubiläum*
am Schauspiel Bochum

Claus Peymann und sein Ensemble haben sich in ihren künstlerischen Arbeiten kontinuierlich auseinandergesetzt mit unserer jüngsten Vergangenheit und mit der Gegenwart, die durch die Naziherrschaft geprägt worden ist.

Tabori, der ungarische Jude, dessen Vater in Auschwitz umgebracht worden ist, dessen couragierte Mutter der Deportation entkam, kreist in seinen Produktionen mit seiner Gruppe immer wieder um sein Lebensthema, das Leid des jüdischen Volkes. Er versucht, die Beziehungen zwischen Deutschen und Juden, »die der Mord bindet«, zu erklären. Überzeugt davon, daß »es keine jüdische Wahnvorstellung gibt«, weil »unsere Ängste real sind, sie sitzen in unseren Eingeweiden« (1978), bemüht sich Tabori auch in *Jubiläum* um ein sinnliches Erinnern. »Unmöglich ist es«, schrieb er in einem 1979 in der *Süddeutschen Zeitung* publizierten Aufsatz, »die Vergangenheit zu bewältigen, ohne daß man sie mit Haut, Nase, Zunge, Hintern, Füßen und Bauch wiedererlebt hat«.

Im Foyer der Bochumer Kammerspiele stehen wenige alte Stühle aufgereiht. Der Zuschauer, der Platz gefunden hat, blickt durch die Glasfront hinaus auf die Königsallee, auf einen Taxistand, ein gelbes Telefonhäuschen und häßliche Wohnblöcke auf der anderen Straßenseite. Es ist kalt drinnen, und es riecht nach Moder. Auf brauner Erde, zwischen Gebüschen versteckt, fünf Menschen: ein jüdisches Ehepaar (Stanley Walden und Eleonore Zetzsche); zwei Männer, ein homosexuelles Paar (Franz Boehm und Wolfgang Feige); ein junges Mädchen, eine Spastikerin (Ursula Höpfner).

Draußen im Schneeregen brennt ein Feuer, mit Büchern geschürt von einem Clown, dem Totengräber Wumpf (Robert Giggenbach), der, auf den jüdischen Grabsteinen sitzend, sein Brötchen verschlingt. Ein Auto rast an, ein junger, großer blonder Mann in einem dunklen Nappamantel (Klaus Fischer) steigt aus. Mit roter Farbe pinselt er ein Hakenkreuz, einen Judenstern und die Parole »Juda verreke« an die Fenster. Das »c« vergißt er. Die fünf beobachten ihn. Sie sind Tote und Lebendige; sie sind Opfer und Täter; sind die gehängten Kinder und die Kindesmörder; sind die Psychiater und die Patienten, die Angeklagten und die Staatsanwälte. Auch die Lebendigen, der Totengräber und der Neonazi, sie sind tot, während sie leben.

In Taboris *Jubiläum* verschmelzen Vergangenheit, Gegenwart und Zukunft wie im Traum. Wie im Traum fehlt diesen Szenen das Ende. Immer dann, wenn ein weiteres Wort, vielleicht das letzte, Klarheit stiften, Einsicht bringen könnte, also eine Lösung des Konflikts, immer dann bricht das Bild auseinander. Im braunen Sand entsteht sofort ein neues.

Bis zum Tag der Uraufführung hat Tabori die verschiedenen Textteile umgestellt. Das ist leicht möglich, denn sein Traum hat wie die meisten unserer Träume keine Entwicklung, kein Ziel. Aber einen Schluß: Tabori, der draußen auf einem der Grabsteine hockt, reicht den Hungernden einen Laib Brot. Der alte Jude verteilt es an alle, auch an die Gojim, betet und singt ein jiddisches Lied. Sie feiern. Feiern sie? Das Jubiläum?

Tabori erklärt nicht. Er zeigt, was ihn ängstigt, was ihn verwundert: die Lust der Jungen an der Gewalt und die Furcht der Alten, sich diese Lust ebenfalls einzugestehen und sie auszuleben; die Austauschbarkeit der Opfer und Täter; die latente Gewalt also; die Gefahr, daß die Nazi-Greuel sich wiederholen an den Juden oder anderen »Kanaken«; der masochistische Wunsch der Homosexuellen, aufzusteigen zu einer geachteten Gruppe der Verfolgten, also Juden zu werden; die musikalische Schönheit des »Erlösung-dem-Erlöser«-Motivs und der eklige Antisemitismus des *Parsifal*-Komponisten.

Taboris Alptraum – grotesk, obszön, sentimental und grausam – enthält von vielem wenig. Er dauert zwei Stunden. Gäbe es in dieser

Zeit nicht die Passanten, die vor der Glaswand stehenbleiben und sich wundern, auch mit dem Totengräber-Clown sprechen, gäbe es nicht den Autolärm und die erleuchteten Wohnungen gegenüber: Ohne je aus diesem Traum gerissen zu werden, hätte ich mitgeträumt, hätte an dieser Assoziationskette hilflos gehangen, als böte sie die Rettung vor dem Fall ins Wachen. Aber Tabori erstrebt gerade dieses Wachen im Traum, das nachhaltig verunsichert. Die Straße draußen gleicht dem herbstlichen Friedhof in der Kassenhalle (Bühnenbild: Kazuko Watanabe). Die Lebendig-Toten benehmen sich wie wir, nutzen das Angebot der Großstadt, die Busse, das Telefon, das Auto, sie hören die Musik der Neuen Deutschen Welle, und sie kennen die deutschen Polizisten genau.

»Jeder dieser Witze (oder Berichte) beruht auf Fakten«, schreibt George Tabori in den Anmerkungen zu seinem Stück. Auch er verwendet, wie Kipphardt im *Bruder Eichmann*, authentisches Material, Aussagen von Hitlers Mordgehilfen. Doch was Kipphardt sich so sehr wünschte und nicht erreicht hat, die »Betroffenheit« beim Publikum, Tabori erlangt sie: Nicht mit Pietät und nachgestellter historischer Wirklichkeit, sondern mit jüdischer Chuzpe, mit »talk und show, Gerede oder Sprache und Schau oder Spiel« (Tabori zu seinem Stück *Talkshow*, 1976). *Jubiläum* ist nicht realistisch, nicht gerecht, nicht ausgewogen und schon gar nicht wahr. Stück und Aufführung sind Magie, sind Kunst, »befreit von der Lüge, Wahrheit zu sein« (Adorno).

Nur wenige Zuschauer applaudierten. Niemand zischte sie nieder, denn Bochum ist nicht Bayreuth. Allein, so gern wohl die meisten den Darstellern gedankt hätten, Stanley Waldens *Kiss-Me-Kate*-Variation, seine Frage »Wann kann ich Euch trauen?«, konnte nicht mit Begeisterungsstürmen beantwortet werden. So warteten wir, bis Tabori und seine Gruppe verschwunden waren, schwiegen und starrten auf die braune Erde und den roten Judenstern darüber. Dann gingen wir hinaus, an den Grabsteinen vorbei, durch die Straßen einer toten Stadt, und trauten uns endlich, über manch einen von George Taboris verrückten Witzen laut zu lachen.

1984

Die Fledermaus im Park

Peter Stein inszeniert Botho Strauß' *Der Park*
an der Berliner Schaubühne

Die Spannung in der Berliner Schaubühne war riesig: Würde es Peter Stein gelingen, Botho Strauß' episodenreichen, ausufernd langen, fünfaktigen *Park* einzunehmen? Würde er es schaffen, was (auch) Dieter Dorn in seiner Münchner Inszenierung mißlang: die Mission Oberons und Titanias in unsere aufgeklärte Republik mit ihren vielen unfreiwilligen Komikern in *einer* Geschichte zu erzählen? Würde Stein dieses Stück, das sich nach den ersten Aufführungen als für die Bühne ungeeignet schwierig, zuweilen geschwätzig-assoziationsüberfrachtet, erwiesen hat, für das Theater gewinnen?

Peter Stein und sein Bühnenbildner Karl-Ernst Herrmann spielen mit dem *Park*. Scheuen nicht, alles einzusetzen, was sie haben: viel Geld, einige großartige Schauspieler, aufwendige Bühnentechnik. Peter Fischer lieferte die Musik dazu, mischte geschickt Eigenes mit Gefundenem, lieh bei Wagner und Offenbach zum Beispiel.

Es gibt faszinierende Momente in dieser Inszenierung. Wenn Jutta Lampe, die schöne Titania, wie eine Operettenfürstin aus dem Bühnenhimmel herabrauscht und ihren Oberon sucht. Wenn die gerade noch erträglich kapriziöse Libgart Schwarz als schon unerträglich zickige Helen ihre Haßtiraden auskotzt und dann geil auf dem schicken Plexiglasstuhl herumrutscht, die Beine und Arme von sich räkelnd wie eine wollüstige, angriffslustige Spinne. Deutlich gibt sie Laut, wo Not an der Frau ist – und der schüchterne, lange Peter Simonischek, der in seinem weißen Anzug und dem weißschwarzen Hemd aussieht wie ein Vertreter und eigentlich allen gleicht wie alle ihm, begreift. Endlich übermannt's den Schwächling, der immer auch das Gegenteil denkt von dem, was er denkt, damit er ausgewogen urteilen kann. Er fällt über seine Frau her. Gern hat sie's.

Bei Libgart Schwarz, die ihre Manierismen nie und in keiner Rolle loswerden wird (und will), wahrscheinlich auch nicht beim Bestellen eines Salats, begriff ich, deutlicher als in den Aufführungen zuvor, daß Helen, diese Rassistin, mit ihrem kruden Denken und ihren Vorurteilen, so fern dem Autor wohl nicht steht. Sie ist, auch in ihren noch so monströsen Wünschen, eine positive Figur. Weil sie sagt, was sie will; weil sie will, was keiner zu wollen sich noch traut. Diese Frau offenbart, wie dünn das Eis ist, das die schwelende Glut versteckter Begierden und verheimlichter Gedanken deckt: Cool tun ist nicht cool; zivilisiert erscheinen bedeutet nicht gebildet sein.

Doch weiter mit den aufregenden Augenblicken dieser Aufführung. Mit Einkaufstasche, ganz gelassen, schlendert Helma (enttäuschend: Martina Krauel) über die Bühne, am blattlosen Gebüsch vorbei. Plötzlich sieht sie die nackte Titania. Helma erstarrt und glotzt. Erst als Titania verschwindet, kreischt die Überraschte auf, rennt zu Oberon, um Beistand bittend. Doch während sie ihre Befürchtungen herunterhaspelt – »wenn das Kinder sehen!« –, wendet sie den Blick zur Hecke, zitternd vor Begierde. Oberon ruft nicht die Polizei, sondern zitiert Shakespeare. Helma taumelt: Der Zauber wirkt. Nur hätte Oberon es mit dem leichten Gift zunächst bewenden lassen sollen, sein schwarzer, erigierter Penis jagt die junge Frau nämlich in die Flucht.

Auch die Figur des Cyprian wird in Berlin schärfer als in Freiburg und München gezeichnet. Walter Schmidinger spielt den Künstler, der von Oberon ebenso wie von den Käufern seiner Plastiken benutzt wird – nicht geachtet. Erschlagen von dem schwarzen Jungen, den er liebte und den er nicht einmal kaufen konnte, liegt er am Boden, wird höhnisch verlacht. Ein Ausgestoßener zeit seines Lebens.

Immer wieder verblüfft auch Karl-Ernst Herrmanns Phantasie. Aufwendige Parkbilder sehen wir. Mit einer schicken Veranda rechts bei Wolf (Roland Schäfer) und Helma; mit einer offenen, teuren Wohnlandschaft bei Helen und Georg; mit Zauberpfaden aus blauem Licht. Für Helens Begegnung mit dem Tod läßt Herrmann ihr eine Dependance bauen, die wir gleich zweimal sehen: an der Rampe, hausgroß, ohne die vierte Wand; in der Tiefe als Modell mit beleuchteten Türchen, Fensterchen, Püppchen, als sei's ein Entwurf von Wilson. Und für Titanias Silberhochzeit, den Monolog ihres mit dem Stier gezeugten Sohnes (Udo Samel) entwarf er gar einen großbürgerlichen Salon mit Oberlicht. Hinter einem roten Vorhang, vor dem während des Umbaus im Orchestergraben die Paare und Passanten bei Salat und Wein stritten; zwei Liebende einander fanden: Titania und der gebrochene Oberon, der den Namen Mittentzwei angenommen hatte.

Herrmann spielt in diesem letzten Raum noch einmal mit dem Bild »Theater«. Spielt mit dem Zeichen Vorhang. Vor ihm jammerte in der ersten Szene die Trapezkünstlerin Helen. Hinter ihm schlich sich der Stier zu Titania und befreite sie aus dem Netz, das die Punker um das ihnen fremde Wesen geworfen hatten. Das Theater, so der Schluß, holt sie alle ein, birgt sie. Rettet sie?

Stein hat die jungen Leute zu Nina-Hagen-Epigonen gemacht, hat Oberons Zauber in einem Bild gebannt, denn er läßt den Spuk während einer einzigen Mondnacht spielen. Hat Oberon (Bruno Ganz hölderlint arg), den Nachtalb, in ein Fledermauskleid gesteckt und ihn damit, da dieser Vogel auf der Erde sich nicht bewegen kann, zugleich zu jenem Rimbaudschen Albatros stilisiert, dem gottgleichen Dichter, der sich unter Menschen nur linkisch, unverstanden zu bewegen vermag. Und Stein hat sich festgedacht und -inszeniert an Straußens Hinweisen, daß diese bundesrepublikanische Gesellschaft müde, träge die Zeit verschlafe und deshalb nicht(s) erkenne.

Doch dieser Inszenierung fehlt Konsequenz, leider auch im Denken. Vieles ist Spielerei. Warum, wenn vom »Irrtum und seinem grünen Licht« geredet wird, in den Büschen gleich ein grünes Licht blitzen muß; warum der Tod durch Titanias Villa schwebt; warum Titania und Oberon, längst auf Menschenniveau gesackt, noch immer herabfahren können aus dem Himmel, weiß ich nicht. Bis weit nach Mitternacht: aufwendige Theatercoups, die Flucht sind. Aber nicht Rettung.

Botho Straußens *Park* ist nicht zu retten für die Bühne, schon gar nicht mit Gags, enthält der Text doch genügend davon. Selbst Streichungen werden diesem Werk kaum nützlich sein. Disparat sind Straußens Assoziationen, manchmal zufällig. Weit ärger als in München zerfiel aber in Berlin nicht bloß das Stück, sondern Strauß' Gedankengebäude. Kaum war zu verstehen, daß das Bemühen der Götter um die lieblos-lustlosen ruhiggestellten Vierzigjährigen und die selbstzerstörerisch-wilden vereinsamten Kinder scheitern muß, weil die Menschen ihr Ohr verloren haben für (Oberons) Shakespeare-Verse; ihr Auge verloren haben für (Titanias) natürliche Schönheit; ihr Hirn verloren haben. Verspricht Strauß' Kritik an den Bundesbürgern, die geschichtslos, sich selbst eher rätselhaft und ohne Neugier, dieses Rätsel zu lösen, funktionieren. Angepaßt, ausgewogen – und von Botho Strauß für zu leicht empfunden.

Der Park ist kluges Aus-Erlesenes zum Lesen, kein Material für das Theater. Töricht wäre es deshalb, nach Dorns und Steins Inszenierungen Brook, Strehler oder Chéreau in den *Park* zu wünschen. So wichtig Strauß' Beschreibung unserer Gegenwart ist, um die Verluste zu beschreiben und die wenigen Augenblicke von Gewinn – Zärtlichkeit, Vertrauen, Glück –, es gibt bessere Dichter und Dichteres, um uns die Augen zu öffnen. Der *Sommernachtstraum* ist ein trefflich Mittel gegen unseren Schlaf. Gegen den Schlaf der Liebe, der Vernunft und der Phantasie. Kein Zweifel: Der gebiert Ungeheuer.

1985

Lassen wir die Präsidentin sterben

Patrice Chéreau inszeniert Heiner Müllers *Quartett*
am Théâtre des Amandiers in Nanterre

Gewiß war es kein Zufall, daß Patrice Chéreau ganz rasch hintereinander Marivaux' *Fausse Suivante* und Heiner Müllers *Quartett* im Théâtre des Amandiers inszeniert hat und nun nebeneinander in den beiden großen Sälen spielen läßt. Doch wer vermutete, er habe diese Stücke gewählt, um spielerisch den Krieg der Liebe zu beschreiben, auf dessen Eskalation zu reagieren, sah sich getäuscht – auch von den wenigen Inszenierungsnotizen im Programm.

Lüge, Verstellung und Verrat – bei Marivaux noch Mittel, der Liebe oder der Menschenverachtung auf die Spur zu kommen, sind bei Müller zum Selbstzweck, zum Überlebens-Mechanismus geworden. Dies aufzudecken, nennt Müller seine »Zerstörungsarbeit«, die, lange vor ihm, auch noch vor de Laclos, dessen *Liaisons Dangereuses* der Deutsche variiert, Marivaux begann. Er zweifelte daran, daß die Gesellschaft so wohlgeordnet-ruhig ist, wie sie zu sein vorgibt. Marivaux und Müller haben ein gemeinsames Thema. Doch gerade dies: daß die beiden Autoren Komplicen sind; daß der kurze Dialog des Franzosen in seinem Stück *La Colonie* – »Abolir le mariage! Et que mettra-t-on à la place?« – »Rien!« – von Müller aufgenommen wird – »Ah, das Nichts in mir. Es wächst und verschlingt mich« –; daß die Verzweiflung über den bürgerlichen Schein; daß die Suche nach Wahrhaftigkeit in der Liebe, wie niedrig und gemein sie auch ausfallen mag, sowohl Marivaux als auch Müller leitet und sie zu einer ungeheuren Radikalität im Denken und Formulieren, zu großer Klarheit, ohne jede Sentimentalität führt, ist in der moderaten Pariser *Quartett*-Aufführung kaum deutlich.

Nach der kühlen Künstlichkeit, mit der Chéreau die verzweifelt hilflosen, in den Netzen von Eiden, Pakten und Verträgen gefangenen Marivauxschen Menschen zeichnete und sie alle, sehr realistisch, als betrogene Betrüger überführte, inszenierte er nun *Quartett* groß, schön, doch ein wenig fern. Also keine grelle Lust, keine brutale Anarchie der Lüste, keine gegenseitige Zerstörung über den Tod hinaus. Da masturbiert es nicht mehr mit den Würmern, hier lebt das Theater, die Oper, der Schauspieler!

Auf der Bühne, recht nah an der Rampe, steht jene graue, riesig hohe Reliefmauer, die Richard Peduzzi für Chéreaus *Lucio Silla*-Inszenierung gebaut hat. Von hier aus führt ein schmaler Steg über den menschenleeren Orchestergraben, einem roten hellen Loch, möbliert mit einem Cembalo und vielen erleuchteten Pulten, in den Zuschauerraum. Aus diesem Graben steigen die Merteuil und Valmont, zur Bühne, wie Lemuren. Dort spielen sie, wechseln die Rollen: Valmont verwandelt sich in die Präsidentin Tourvel, seine Geliebte und deshalb die Rivalin der Merteuil, und diese spielt den Valmont. Ein andermal stellen die beiden das Treffen von Merteuils naiver jungfräulicher Nichte mit Valmont nach. Dann ist sie das Mädchen. Ein Duett, ein Quartett. Spiel, Theater, zwei Schauspieler schlüpfen in Rollen – professionell und ein wenig manieristisch.

Doch kaum haben sie diese Szene hinter sich, fliehen die beiden, Menschen ohne Masken, zur Brücke, fallen unglücklich weinend, zuweilen zärtlich, machmal aggressiv, einander in die Arme. Schläge werden zu Liebkosungen. Der Wunsch nach Nähe ist stärker als jener nach Erniedrigung und Verletzung des anderen, Wunden, die nicht heilen können, reißen sie sich nur auf der Bühne.

Der Orchestergraben wird zur Bühnenmetapher: Er ist das Loch, das kurzes Glück und langes Elend gebiert. (»Was sonst haben Sie gelernt, als Ihren Schwanz in ein Loch zu manövrieren, dem gleich, aus dem Sie gefallen sind, mit dem immer gleichen mehr oder weniger kurzweiligen Resultat.«) Er ist das Grab, in das sich die Merteuil, auf der schmalen Brücke sitzend, den Oberkörper tief hinuntergebeugt, hinabsehnt: »Nur der Tod ist ewig, das Leben wiederholt sich, bis der Abgrund gähnt.« Er ist »das Loch in der Schöpfung, die ganze Menschheit paßt hinein«. Er ist der Trost beider, tönt aus ihm nur Musik, Mozart, wenige Takte Klavier, ein

Orchesterstück – immer *Lucio Silla*. Diese Harmonien reißen Merteuil und Valmont von der Bühne ins Leben und damit wieder in die erbärmliche Wahrheit, die keine Verstellung, keine Lüge, kein Spiel um Macht mehr zuläßt. Und schließlich ist es dieser Graben, der beiden auch Distanz schafft zu ihren (Schau)Spielen.

Was bei Müller schon angelegt – die Rollenspiele als Theaterauftritte –, arbeitet Chéreau heraus. Er zerlegt den Text in Szenen, die »Madame Tourvel, die Jungfrau in der Oper« und »Jetzt wollen wir die Präsidentin sterben lassen« heißen könnten, gespielt auf dem Bühnenboden; und er verlegt die Dialoge dazwischen auf den Steg und in den Zuschauerraum.

Immer bleiben die beiden Akteure dabei allein. Die Requisiten besorgen sie sich selbst, das Licht macht eine Maschinerie, die Musik kommt vom Band. Müllers Zeitraum »Salon vor der Französischen Revolution / Bunker nach dem dritten Weltkrieg« wird zu einem Theater nach dem Krieg. Von außen dringen nur das Heulen des Windes und ganz kurz Vogelgezwitscher, wie es die fast ebenso hermetisch eingeschlossenen Marivauxschen Unglücklichen auch zu hören bekommen.

Doch Chéreau begreift Merteuils Aufforderung »Spielen wir weiter« nicht als Befehl einer Lustmaschine, wieder in Gang gesetzt zu werden, sondern als Wunsch einer verletzten Frau, die ihre Attraktivität, ihre Jugend, ihre Kraft, ihre Macht wiederzufinden hofft. Auf der Bühne gelingt ihr dies für Momente. Aber sie sieht auch, während sie auf dem schmalen Mäuerchen vor dem Orchestergraben Valmont beim Spielen bewundert, die eigene Vergänglichkeit, ihre Schwäche: das Theater als Ort des Erkennens und der Erkenntnis.

Es fehlt dieser Inszenierung die Radikalität, die Schärfe, die etwa Ulrich Heisings Münchner Aufführung auszeichnete. Sie verstört kaum, Chéreau tröstet, während er verletzt. Er will Verzauberung, eher als Erschrecken. Und Michelle Marquais und Roland Bertin folgen ihm, ritualisieren die Sprache, rhythmisieren die sehr genaue Übersetzung von Jean Jourdheuil und Béatrice Perregaux wie Versmusik. Es gibt viele wunderschöne Augenblicke in dieser sehr asketischen, bilderfeindlichen (und deshalb richtigen) Müller-Inszenierung. Wenn Michelle Marquais, im blauen langen Spitzenkleid bei fahlem Licht wie ein Skelett, sich in Musik verliert, am Boden liegend Töne liebkost, als seien sie ihr Geliebter. Wenn die beiden Alten im Spiel übereinander herfallen, zum Shakespeareschen Tier mit den zwei Rücken werden und man darin nicht die sexuelle Gier entdeckt, sondern die liebevolle Sehnsucht, endlich eins zu werden. Ihre brutalen Worte sind dann nur Schutz, sich dem anderen, ihm ausgeliefert schon mit dem Körper, nicht auch noch mit Worten der Hingebung preiszugeben. Und schließlich die letzte Szene. Valmont, gestorben als Tourvel, an jenem vergifteten Wein, den die Merteuil ihm/ihr gereicht hatte, liegt hingestreckt neben einem Opferstein. Sie, allein gelassen, steigt hinab in den roten Abgrund. Nein, sie legt sich nicht zum Sterben, sie setzt sich ans Cembalo, musiziert. Langsam erlischt währenddessen das Licht, das von der Seite die Mauer erhellte wie ein strahlender Sonnentag. Kein Ton mehr, kein Licht. Allmählich verglimmt eine kleine blaue Glühbirne. Das Notlicht bei einer Theaterprobe? Das Warnsignal in einem Atombunker? Die Blaue Blume? Sicher ist nur: Valmont lebt noch. Er wird weiterspielen. Merteuil wird vom Cembalo zurückkehren über den Steg, sie wird dem Schauspieler, dem Geliebten vom Boden aufhelfen. Und eine alte Szene wird wieder neu gespielt werden. Vielleicht heißt sie »Valmont. Mein Geliebter«. Es wird ihnen etwas einfallen müssen. Das Theater muß leben.

Triumph des Theaters

Luc Bondy inszeniert Marivaux' *Triumph der Liebe*
an der Berliner Schaubühne

Die Zuschauer rasten, als wollten sie mit ihren Bravo-Rufen, mit Applaus und Getrampel ein Dacapo oder zumindest eine kleine Zugabe ertrotzen. Als weigerten sie sich, aus diesem Kunsttraum geweckt zu werden. Doch Marivaux' *Triumph der Liebe* war zu Ende. Glücklich strahlte Luc Bondy, der mit dieser Inszenierung seinen Einstand ins Direktorium der Schaubühne gegeben hat, nahm mal Jutta Lampe, mal Libgart Schwarz in den Arm. Das war kein üblicher Premieren-Erfolg; Bondy, seinem Bühnenbildner und dem Ensemble war Außergewöhnliches gelungen: Verzauberung *und* Aufklärung, ein wundersam-böses Liebesmärchen.

Karl-Ernst Herrmann ließ im Saal A der Schaubühne einen französischen Garten anlegen: In der Tiefe eine meterhohe, halbrunde Hecke, davor, in einem großen Kreis, drei absteigende schwarze Stufen. Sie führen zu einem künstlichen kreisrunden See, in dessen Mitte ein Inselchen, wiederum rund, emporsteigt, mit einer malerischen Ruine, zwei Säulen. Dieser Bühnenraum ist trotz des Wasserbeckens nicht realistisch, keine Filmkulisse. Die dichte Hecke grünt nämlich unecht und kaschiert eine Tapetentür neben der anderen: eine Theatermauer, Ort mit vielen Verstecken für Lügner, Intriganten und Fallensteller. Der See – nach zu langer, vierzigminütiger, die Spannung mächtig drückender Abpump- und Trockenlegepause – taugt vor allem als Symbol für den Zeit- und Lebenskreis. Und die Insel ist Bildmetapher wohl für Kythera, Ziel der Wünsche aller und doch unerreichbar für alle. Menschenleerer Glücksort.

Auch die Inszenierung ist nicht realistisch, weil Bondy die von Herrmann angelegte und von Gemälden Watteaus inspirierte mythische Atmosphäre nutzt, um Marivaux' Figuren dem Zuschauer durch Ironie zu entrücken und ihn durch Distanz hellsichtig zu machen. So wird deutlich, worauf es Marivaux ankommt, nämlich zu zeigen, »daß es in jedem Menschen sozusagen zwei gibt: einen, der sich zeigt, und einen, der sich verbirgt«.

Wie diesen Menschen die Masken vom Gesicht gezerrt werden und was sie alles anstellen, um wenigstens noch – während sie verlieren – Reste der Seelen- und Gedankenverkleidungen zu retten, bis sie dann nackt dastehen, schutzlos, darin steckt die Faszination der Marivauxschen Komödie, darin steckt die Aktualität dieser Verstellspiele. Und dies ist auch der Grund, weshalb diese Werke – früher einmal als geistreiche Boulevard-Komödien verunglimpft und nicht gespielt – wiederentdeckt werden. Nach den Liebeskomödien, von Patrice Chéreau schon in den siebziger Jahren inszeniert, später von Peter Stein und Luc Bondy auch in Deutschland gezeigt, folgen nun die Intrigenstücke. Auch das kein Zufall: Sie sind bösartiger, verletzender als die anderen. Sie sind amoralisch. Selbst diejenigen, die Gutes wollen, handeln grausam schlecht, weil die Gesellschaft sie dazu zwingt. Es gibt nicht einmal mehr die Zofen, die früher die Heldinnen, meist junge, intelligente Frauen mit starkem Drang nach Selbstverwirklichung, auf die Ungeheuerlichkeit ihrer Ränke aufmerksam machten.

Nach Chéreaus *Fausse Suivante*, vor wenigen Wochen in Nanterre aufgeführt, nun der *Triumph der Liebe* in Berlin. Hier wie dort: als Jungen verkleidete Mädchen, Männer und Frauen, die mißtrauisch, eifersüchtig, erstarrt in Eigenliebe und Eitelkeit, leicht verführbar sind und bald geopfert werden. Die Verführten in dieser Komödie sind der Philosoph Hermokrates und seine Schwester Leontine, die einsam abgeschiedenen Bücherwürmer, die gott- und selbstgerecht die Welt meiden und niemanden zu sich lassen. Das junge Mädchen, die Hosenrolle, heißt Prinzessin Leonida und nennt sich Phokion. Zusammen mit ihrer Freundin Corinna, auch behost, seilt sie sich eines Nachts über die Hecke ab in den Philosophen-Park. Leonida sucht Agis, einen jungen Schönen, den Zögling der beiden Alten und Sohn Cleomenes', dem Leonidas Vater einst die Herrschaft raubte.

Leonida liebt Agis, aber seine Rachegelüste erleichtern nicht eben die Aufnahme zwischenmenschlicher Beziehungen. List ist erforderlich. Bis die Prinzessin den Prinzen freien und ihm die Herrschaft zurückgeben kann, muß ein weiter, schwindelerregender Weg genommen werden, zumal Hermokrates' Haus eine »schlechte Herberge ist für die Liebe«. Doch Leonida, wohlpräpariert, wagt alles, um ans Ziel zu gelangen. Sie verführt den Philosophen (als Mädchen namens Aspasia), flüstert der Schwester als liebender Knabe Koseworte, bis schließlich beide, wirr vor Liebe zum Mädchen/ Knaben, sie/ihn heiraten wollen. Wenn zwei sich streiten, freut sich – bei Racine zum Beispiel – kein Dritter, da entsagen sie alle. Bei Marivaux macht der Dritte Hochzeit: Agis und Leonida werden ein Paar.

Bondy aber traut diesem Happy-End nicht: So darf Liebe nicht beginnen. Als endlich die Wahrheit ans Licht gekrochen, die Masken abgelegt, die Seelen bloß sind, rast Agis durch ein riesiges Heckenportal ins gleißende Licht zur Macht. Langsam schließt sich das Heckenrund zum Kreis, wird zum Gefängnis für die beiden Alten. Gebeutelt, zerzaust, heruntergekommen, verraten, bleibt ihnen nicht einmal der Trost des Geistes: Hermokrates hatte nämlich einen Teil seiner Bücher im ersten Liebestaumel in den See geworfen. Und den Rest verbrannt. Leonida steht vor der Hecke, auch sie allein. Jutta Lampe zieht ihre Schuhe, ihre Jacke aus und seufzt leise »Uff«. Nicht »Ach!« wie sooft zuvor, als dieser Ausruf – wie Klaus Michael Grübers Pariser »Hélas« – von Entsagungsnot und Liebesschmerz tönte. Das »Uff« kündet anderes: Leonida ist froh, daß das Ränkespiel vorüber, und ahnt wohl zugleich, daß das Glück, eben errungen, schon wieder verloren ist.

Das Fallenstellen war Trick, der Triumph der Liebe ein Spiel. Alles Theater. Denn so wie Wahrhaftigkeit nur Demaskierung war, so braucht es die Maske des Theaters, um die Gesellschaft und ihre Lügen bloßzustellen: Der Zweck heiligt nicht die Mittel!

Die Gesellschaft, das sind bei Marivaux jene Menschen, die ihre Kämpfe, vor allen anderen die Liebe, nicht offen austragen, sondern sie hinter der Scheinwand von Sprache und Konvention führen. Die verlogenen Worte sind Spiegel der Situation der Verlogenheit. Nur Arlequins und Bauern – in diesem Stück zwei Philosophen-Knechte, ein Diener (Paul Burian) und ein Gärtner (Mathias Gnädinger), die Bondy zu Brüdern der Shakespeareschen Narren gemacht hat, zu Theaterweisen, die in der Parodie die Wahrheit finden – sagen klar, was sie begehren, sind unverschämt und undiplomatisch.

Eigentlich erzählt diese Aufführung nicht vom Triumph der Liebe. Sie ist eine Groteske, eine amüsante Verunsicherung. Sie ist eine Reise wert. Man muß die philosophierenden Geschwister Thomas Holtzmann und Libgart Schwarz erlebt haben. Endlich gibt es eine Rolle für den Manierismus der Schwarz. Endlich stimmt alles. Wie sie sich aus dem Bücherwurm zum rosa Seidenfalter entpuppt, nach der ersten nächtlichen Begegnung mit Phokion; wie sie sich ihr Ei nach jedem Löffel nachsalzen läßt, so verliebt ist Leontine; wie die Schwarz gurrt, wenn sie Liebe säuselt, wie sie von einer Lüge zur anderen sich stelzt, weil sie verheimlichen will, daß sie dem Laster der Liebe, einer ganz fleischeslustigen noch dazu, verfallen ist; wie ihr nach Phokions ersten geheuchelten Worten der Zuneigung ein Blatt Papier, dann ein angebissener Apfel zu Boden fällt; wie sie – die Scheune brennt lichterloh – ins Wasser steigt, um sich zu kühlen, die Gier zu löschen; wie sie Wort für Wort auf der Zunge zergehen läßt, Liebe und Lüge heuchelt: Das macht Libgart Schwarz zur Zeit wohl keine andere Schauspielerin nach.

Und er, der Hermokrates, der ebenfalls verschönt nach der ersten Begegnung mit Phokion/Aspasia braun-grün-gold schillernd, gut geschminkt und frisch gelockt daherschreitet wie ein Pfau, später wild vor Leidenschaft zum Gockel sich erniedrigt, ist nicht minder komisch. Wie ein Pennäler, dem Liebesworte schwer von der Zunge gehen, erklärt er Agis, er werde heiraten: Stotternd, eitel, spitzbübisch tut er's. Holtzmann entwickelt bei seinem (Gast)Debüt an der Schaubühne den Münchner Malvolio weiter: Der selbstherrliche Gefoppte gewinnt französische Gelassenheit, geht nicht mickrig, sondern weltmännisch unter.

Ernst Stötzners Agis: ein Junge, der gelehrig, unverdorben, langsam die Liebe lernt und schweigt, wenn er nicht lügen will; er leidet, täuscht man ihn. Corinna Kirchhoff, eine verläßliche Freundin der Intrigantin, mischt kräftig mit und freut sich über jeden Coup, als gelte es, die ganze Welt zu täuschen.

Bleibt Jutta Lampe. Ich kann mir keinen anderen Phokion vorstellen, der einen Fremden so artig zum Freund gewinnt und so unartig eine Frau verführt; keine Leonida, die so liebend rückhaltlos dem Geliebten sich preisgibt; keine Aspasia, die so draufgängerisch gezügelt, so planmäßig einen Mann vom Buch zur Brust lockt. Leonida/Phokion: ein Cherubino d'amore. Nur klopft der jetzt nicht an jede Tür, damit man ihm, dem narzißtischen Kind, das Herz öffne; listig, zielstrebig will dieser nur ein Herz. Stellen sich andere wie Hürden auf dem Weg dorthin ihm entgegen, so springt er nicht darüber hinweg, sondern reißt sie um und tritt sie nieder. Jutta Lampe hat Charme, Chuzpe, Witz. Eine grandiose Komödiantin, eine große Schauspielerin.

»Im Grunde sind wir zum Lieben geschaffen«, resümiert Agis. Und doch wird niemand glücklich in dieser Komödie: Keiner kommt an in Kythera, auf der Insel der vollkommenen Glückseligkeit.

Das wundersame Märchen vom Untergang

Peter Brook inszeniert *Le Mahabharata*
beim 39. Festival d'Avignon

Ausverkauft sind allein die Aufführungen des offiziellen, des 39. Festival d'Avignon, erstmals geleitet von Alain Crombecque, dem ehemaligen künstlerischen Mitarbeiter von Patrice Chéreau in Nanterre. Dieses Festival bietet nämlich nicht nur viel, es bietet Außergewöhnliches: hochsubventioniertes Staats- und Stadttheater. Vor allem anderen, über das später noch berichtet werden wird: *Le Mahabharata.*

Seit zehn Jahren arbeiten Peter Brook und Jean-Claude Carrière daran, das große indische Sanskrit-Epos, das in seiner heutigen Form bereits im fünften Jahrhundert vor Christus vollendet war, für das Theater zu bearbeiten. Carrière, Drehbuchautor von Buñuel, Godard (zuletzt: *Sauve qui peut la Vie*) und anderen Regisseuren, mußte das *Mahabharata* nicht nur dramatisieren (was schwierig genug), er mußte sich zunächst von dem allergrößten Teil des Werks, von vielen hundert Episoden und philosophischen Auseinandersetzungen, trennen, ist doch dieses Epos, das in einer 1961 erschienenen deutschen Ausgabe auf mehr als 300 Druckseiten zusammengefaßt wurde, mit 100000 Doppelversen fünfzehnmal so umfangreich wie die Bibel.

Doch wozu lange über die Vorlage schreiben, es gibt die Aufführungen: drei Nächte im Steinbruch Callet bei Boulbon, fünfzehn Kilometer von Avignon entfernt. Wenn Festspiele sich auszeichnen durch einen besonderen Ort, eine besondere Atmosphäre, eine besondere Kunst, so gibt es neben dem Festival von Avignon jenes von Boulbon.

Auf einer schmalen Straße entlang der Rhône erreicht man den abgelegenen Ort. Hat man eine Billett-Kontrolle passiert und jene vielen Hoffnungsvollen enttäuscht, die einem ihre mit großen Lettern geschriebenen Kartenwünsche entgegenstrecken, so gelangt man auf einem steinigen Sandweg zu einem Parkplatz. Von dort führt ein schmaler Pfad zu Brooks neuem Zauberort (vor fünfzehn Jahren war es Persepolis). Es duftet nach Rosmarin, nach Thymian, die Rhône fließt schwer und schwarz in der Tiefe, umsäumt von Weinfeldern und Pfirsichhainen. Endlich: der Steinbruch. Eine riesige, beinahe halbrunde Felsenmauer, mit einem karg bewachsenen Vorsprung auf halber Höhe. Heller, lehmiger Sand am Boden. Und zwei Rinnsale: ein schmales niedriges Flüßchen, über das ein Brett gelegt wie eine Brücke, und eine Pfütze, ein kleiner See. Hier in der Einsamkeit, an einem kargen, baumlosen Ort zeigt Brook sein *Mahabharata*. Vor ungefähr tausend Zuschauern, die auf einer steil ansteigenden, halbrund angelegten Tribüne sitzen.

Mahabharata erzählt die Geschichte der Bharata-Dynastie; erzählt vom Kampf der verwandten, aber verfeindeten Königsgeschlechter, der Kauravas und der Pandavas, um das Reich, um die Weltherrschaft überhaupt; erzählt vom Streit, der endet mit der Vernichtung aller. Doch, wie nah ist uns das Schicksal dieser Menschen. Carrières Texteinrichtung, Brooks Inszenierung suggerieren Indien, aber gemeint ist die Welt, heute.

Carrière arbeitet mit einfachen Mitteln. Er hat als Erzähler jenen Dichter Vyasa ins Spiel integriert, der den Indern als Autor des *Mahabharata* gilt. Vyasa also stellt im ersten Teil, ›La Partie de Dés‹ (Das Würfelspiel), die Personen vor, berichtet von der Geburt, der Jugend der Helden und davon, was die Pandavas, die ihr Reich beim Würfelspiel ihres Ältesten an die Kauravas verloren hatten, im Exil erleben, bis sie, nach dreizehn Jahren Demütigung, bereit sind, ihr Reich, ihre Macht zurückzuerobern (zweiter Teil: ›L'exil dans la Forêt‹). Und Vyasa kommentiert das Massaker, den Krieg (›La Guerre‹).

Der Dialog ist von Carrière in einem sehr klaren, schlichten Französisch geschrieben und doch voller metaphernreicher Poesie. Carrière baut Spannungen auf und weiß sie zu lösen; Trauer setzt er den Witz gegenüber, die Ironie; er entwickelt aus der Erzählung Vyasas immer wieder rasch und geschickt das Spiel. Was aber das Theater nur albern realistisch, zudem unvollkommen hätte leisten können, was man also dem Film anvertrauen müßte, hat Carrière, vielen Vorbildern folgend, in Berichten, Träumen, Geschichten untergebracht. Der ruhige Fluß des Epos bleibt erhalten.

Allein, was wäre dieser Text ohne Peter Brook, ohne seine fünf Musiker, ohne seine 22 Schauspieler vom Centre International de

Créations Théâtrales, sie sind außerordentlich: anmutig, komödiantisch, intensiv. Erst durch die Inszenierung, die ritualisierend, zurückgenommen, den Realismus westlichen Theaters meidet, erst durch die Kraft der Darsteller, die aus sechzehn Ländern zusammengekommen sind und das Französisch mit sehr verschiedenen Akzenten sprechen, wird *Le Mahabharata* Menschheitsgeschichte, Menschheitselend.

Peter Brook schätzt nicht die indischen Dekorationen wie Ariane Mnouchkine bei ihren Shakespeare-Spektakeln. Er abstrahiert. Nur wenige Andeutungen genügen ihm: Die Kostüme rot, blau, weiß, schwarz, meist aber erdfarben, der Schmuck (Ausstattung: Chloé Obolensky) wirken östlich. Alles andere ist von ungewöhnlicher Schlichtheit, pur, rein. Es gibt kaum Requisiten. Nur ein paar Teppiche, Sitzkissen, Wandteile aus Rohr. Brook braucht keine Elefanten, keine Wagen, keine Häuser. Tiere und Gespenster sind bei ihm Töne: Eine lüstern pfeifende Flöte wird zur Schlange; das traurige Klagen der gestrichenen Veena zum Tod; Trommelhiebe wachsen zu Armeen. Die Krummhörner, die zum Kampf rufen, fordern zum Jüngsten Gericht. Ein Wagenrad in der Linken, eine Peitsche in der Rechten: der Lenker des Streitwagens.

Der Zauber und die Gewalt dieser Aufführung beruhen in ihrer Verweigerung. Brook liefert Assoziationsmaterial, Zeichen: den Fels, das Feuer, das Wasser; er bietet Licht und Farben, Töne, Gesang, Gesten, Tanz (selbst der Krieg ist choreographiertes Ritual) und Sprache. Wort, Musik und die Szene, gleichberechtigt, gleich stark, sie werden eins im Spiel – und in der Phantasie der Zuschauer entstehen die Bilder, entstehen Ideen.

Nichts darf fehlen in diesen neun Stunden, und es scheint nicht zu fehlen. Denn Carrière und Brook haben nicht nur die Aktionen des Epos, also die vordergründige Handlung, gerettet, selbst das philosophische Kernstück, die Bhagavad Gita, vermochten sie zu transponieren: die Lehre Krishnas. Er tritt im Stück wie im Epos als menschlich-kühner Gott, als göttlich-weiser Mensch auf und lehrt Arjuna, den stärksten, mutigsten der fünf Pandava-Brüder, der kurz vor der entscheidenden Schlacht aufgeben will, um die Opfer, die dieser Krieg fordern wird, zu schonen – Krishna lehrt Arjuna den Sinn des Durchhaltens, des Weitermachens.

Er fordert die Ergebung in den göttlichen Willen, was allerdings nicht bedeutet, daß der Mensch tatenlos auf sein Geschick warten darf. Er muß, so Krishna, die Pflichten, die ihm durch seine Geburt, seinen Stand auferlegt sind, erfüllen. Arjuna gehorcht, kämpft, siegt – und verliert. Seine Nachkommen nämlich sind ermordet, die Kinder seiner Brüder auch. Und sie alle, die ruhmreichen Helden, die rechtens – die Kauravas betrogen beim Würfelspiel – für ihr Reich zu kämpfen glaubten, enden in der Hölle. »Kein guter Mensch ist nur gut, kein schlechter nur schlecht«, hatte Krishna erklärt und hinzugefügt, daß der göttliche Wille undurchschaubar, es ungewiß sei, ob eine gute Tat auch eine reiche Frucht trage.

Am Ende allerdings steht, was Vyasa »la dernière illusion« nennt: die friedliche Vereinigung aller im Paradies; bei Musik, Getränken und Leckereien finden die beiden Familien zueinander, in weißen Kleidern unter dem Sternenhimmel, auf den niedrigen Wassern treiben kleine Kerzen.

Wundervolles, märchengleiches, rätselhaftes Theater. Wer es in Avignon nicht mehr erleben wird, erlebt diesen Zauber vielleicht anderswo – beim herbstlichen Theaterfestival in Frankfurt soll Brooks *Le Mahabharata* gastieren. Man wird mit Brook und seinen Schauspielern durch Wälder streifen und in Königshöfen zu Gast sein, wird erfahren, wie Verachtung Haß schürt und Hingabe Liebe gewinnt. Man wird die Ruhe spüren, den Rhythmus dieses Stücks. Aber eines wird allen fehlen, die nicht (noch) nach Avignon kommen: die Nächte im Steinbruch. Das Licht, das den Fels – den Himalaja? – aufrauht, das dämmert und gleißt, das langsam erstrahlt und plötzlich erlischt, das totenfahl und lebendig-frisch, gülden scheint. Dazu an den Felswänden die langen Schatten, die Spiegelungen des Wassers, das Flirren der Hitze, aufsteigend aus den Lagerfeuern. Die kleinen Kerzen im Wasser, auch sie erlöschen am Ende.

Es ist Nacht. Krishna ist tot. Gott ist tot. Es wird ein neuer Tag. Brooks und Carrières *Mahabharata* ist nicht Flucht in indische Mythologie, in die Vergangenheit. Die beiden Künstler beschwören mit ihrem Theater die Vernunft. Denn die Zauberwaffe, jener helle, leuchtende, qualmende Feuerball, der Stunden zuvor am Fels verglühte, die Pandavas und mit ihnen die Menschheit zu töten, sie steht – nicht Zauber, sondern Perfektion – vielleicht überall bereit. Vyasa weiß: »Nicht der Tod tötet die Menschen, sie töten sich selbst.«

Lustvolle Zerstörungsarbeit

Claus Peymann inszeniert Thomas Bernhards *Der Theatermacher* bei den Salzburger Festspielen

Immer wieder und überall, in seinen Prosawerken, seinen Dramen, selbst in Briefen, beschimpft Thomas Bernhard die Schauspieler als schwach- und stumpfsinnige Antikünstler. Dieser ausgeprägte Haß hindert ihn allerdings nicht, einigen dieser Kunstzerstörer Stücke zu widmen. Minetti hatte dieses Vergnügen schon; inzwischen sind auch Ilse Ritter, Kirsten Dene und Gert Voss in des Österreichers Schauspieler-Olymp aufgenommen. So verhaßt also können Schauspieler diesem Bernhard gar nicht sein. Würde er sonst für die Despoten (männliche wie weibliche) riesige Monologe und für die Unterdrückten beredt-widerständlerische, stumme Haltungen erfinden?

Auch in dem schon 1984 publizierten Vier-Szenen-Stück *Der Theatermacher* gibt es nur eine große Rolle: die des Theatermachers Bruscon. Der längst gescheiterte Staatsschauspieler zieht als Schmierenkomödiant durch die Lande, gastiert in 200-Seelen-Dörfern mit Selbsterdachtem, Selbstgedichtetem, einem groben Geschichtsverschnitt. Bruscons Ensemble ist klein und bedauerlich abhängig vom Herrn Direktor: Frau Bruscon, die Kinder Sarah und Ferruccio (Bruscon ist Busoni-Verehrer). Diese drei Unterdrückten, Malträtierten, deren Begabungen, sollten sie je welche gehabt haben, ihnen längst von Bruscon ausgetrieben wurden, sind verstummt.

Die Frau verweigert sich, indem sie diverse Krankheiten vortäuscht, vor allem ein Lungenleiden. Kirsten Dene hustet in ihren kurzen Auftritten, daß es Gott und die Zuschauer erbarmt – nur

Bruscon nicht. Sie findet Gesten der aggressiven Obsession wie einst Edith Heerdegen gegenüber Minetti im *Weltverbesserer*.

Die Kinder, vom Vater zu debilen Marionetten abgerichtet, zu grinsenden Anzieh- und Ausziehpuppen fürs »Rad der Geschichte«, so der Titel des Brusconschen Werkes, bäumen sich gleichfalls nur noch selten auf. Wie Tiere in einem Käfig, verängstigt, nach einem verhuschten Streicheln sich sehnend, schleichen sie um den Vater, versuchen, sich ihm nützlich zu machen, oder proben – zuvor mißhandelt – den Aufstand. Dann strecken sie die Zunge aus, spielen mit Masken, bringen dem Vater statt der »Römerquelle für Geistesmenschen« Leitungswasser.

Man muß Josefin Platt und Martin Schwab gesehen haben, wie sie, gebeugt, fast krumm, sich Bruscon bei den kurzen Sprechproben nähern, die der nutzt, um die beiden Würmer im Staub der Wirtshausbühne zu zertreten. Zitternd vor Furcht zu mißfallen, deklamieren sie. Nach jedem Tadel zucken sie zusammen; allmählich staut sich in ihnen Aggressivität, ihr Blick wird zornig, die Stirn zerfurcht, die Lippe schmal, das Standbein trotzig. Endlich signalisiert der Körper Kampf, doch ihm fehlt die Sprache.

Manchmal gönnt Bruscon – so schlau wie menschenverachtend – den Kindern Erfolgserlebnisse, unverdiente. Sarah wird gelobt fürs Füßemassieren und Ferruccio für ein völlig mißratenes Vorsprechen. Längst ist Schwab, müde vom langen, erfolglosen Proben, zusammengesackt, kraftlos wie ein entbeinter Hahn, als ihn der Vater plötzlich preist. Schwab reagiert wundervoll: Der Kopf schnellt nach vorn, die Knochen werden wieder eingezogen, die Augen aufgerissen, der Mund lächelt – überrascht, erfreut. Für Sekunden wirkt der Junge glücklich, doch rasch holt ihn die Scham ein, unverdient gelobt worden zu sein.

Aber Bernhard hat dem großen Bruscon nicht nur die Familie zur lustvollen Zerstörungsarbeit zugesellt. Bruscon ist abgestiegen im ›Schwarzen Hirsch‹ von Utzbach, Österreich. Und auf den Wirt hat er's abgesehen. Dessen Theatersaal ekelt ihn nämlich an. So gern man sich als Zuschauer auf die Seite des Beschimpften schlüge, die Spielstätte läßt sich kaum verteidigen. Karl-Ernst Herrmanns Saal sieht nicht bloß unwirtlich aus, er ist schäbig. Zwar dampft kein veritabler Misthaufen odelscharf im Landestheater (wie angekündigt); auch die 800 Fliegen, die sich Claus Peymann gewünscht hatte, gibt's nur als getrocknete Fossilien an den schmutzig weißen, unten madig grün angefaulten Wänden, aber an Dreck und Verwesung fehlt's trotzdem nicht.

Spinnweben vor den Fenstern, über den Geweihen, einigen Landschaftsbildern und einem Hitler-Porträt. Auch den Hirschkopf, der in der Saaltiefe über der klitzekleinen Beißlbühne in die Leere starrt, haben die fleißigen Tiere schon eingesponnen. Dazu schmutzige Maßkrüge, Staub, zentimeterdick und grau. Über der Tür, die von der Bühne ins Freie führt, zum Misthaufen, der Segen von C + M + B, zuletzt erteilt im Jahr 1945. Vor der Kapitulation, versteht sich. Statt der Lampe, die einst sogar von Stuckringen umgeben war, baumelt ein geleimter Fliegenfänger von der Decke, Neonröhren beleuchten den Theatersaal des ›Schwarzen Hirsch‹ und auch die ersten Parkettreihen des Landestheaters. Die Schäbigkeit macht nicht an der Rampe halt.

Bruscon monologisiert und schimpft, der Wirt läßt sich beleidigen und schweigt. Es locken Saalmiete und der Umsatz nach der Vorstellung. Aber er reagiert. Hugo Lindingers Gesicht, feist und gutmütig wie das einer gealterten Putte, wird furchig, als braue sich zwischen den Stirngraben und dem geöffneten Karpfenmaul ein Gewitter zusammen. Die Augen stechen, bohren, Arme und Beine erstarren geradezu soldatisch, als Bruscon alle Österreicher als Nationalsozialisten beschimpft. Und dann wieder – herrlich! – löst sich dieses Gesicht, wird heiter. Lindinger prustet leise in sich hinein, dann aus sich heraus: Der Bauch hupft, Freude quillt aus den Augen, tränenreich. Dieser Mann lacht nicht nur über Bruscons Sottise, begabte Schauspieler seien so selten wie ein »Arschloch im Gesicht«, der weiß, daß Bruscon zu diesen seltenen Exemplaren gerade nicht gehört.

Hugo Lindinger macht diese stumme Rolle zum Ereignis. Nachdem er halsstarrig, unterwürfig, triumphierend, clever und gelassen Bruscons Philippika und sein spinnertes Schauspielergehabe überstanden hat, serviert er mit Frau (Bibiana Zeller) und geistesgestörtem Kind (Crescentia Dünßer) heiße Frittatensuppe. Außerdem bietet er – von Bernhard noch in den Text aufgenommen – Bruscon ein Gläschen an. Entrüstet weist der österreichischen Wein von sich.

Bruscon: Das ist Traugott Buhre. Ein Schauspiel-Künstler. Kein Ersatz für Minetti, der ursprünglich diese Rolle spielen sollte, sondern diesem – so verschieden die beiden Darsteller sind – ebenbürtig. Er vollbringt das Allerunmöglichste: Wir verachten, und wir entschuldigen diesen Bruscon. Natürlich mißfällt der Despot, das herrische und größenwahnsinnige Scheusal, das seine Überlegenheit ausspielt, hemmungslos gemein feixt, wenn seine Opfer in die Falle gehen. Theatermacher sind Fallensteller. Aber zugleich tut er uns leid, weil er weiß, wie sehr er die Lüge lebt, wieviel er sich vormacht, um weiterleben zu können.

Selbstgefällig und arrogant hält Buhre die Proben mit seiner Familie ab, spricht vor, als trenne er sich vor diesen Säuen nur ungern von den Perlen, die rund und groß und glänzend aus seiner Kehle, von seinen Lippen fallen. Kritisiert er die untalentierten Nachahmer, dann erstarrt er, wie vom Blitz getroffen, reißt die Augen auf, zieht die Augenbrauen hoch, die Halbglatze in Falten. Buhre verwandelt sich zu einem seltsam exotischen Zwitterwesen: Pfau und Diva und Despot in einem Leib.

In der letzten Szene verliert Buhres Bruscon schließlich die Selbstlüge vom Dichtergenie, vom Shakespeare-Goethe-Nachfolger. Hinter dem Vorhang der Wirtshausbühne, die Herrmann jetzt an die Rampe verlegt – der ›Hirschen‹-Saal ist also jetzt spiegelverkehrt in die Tiefe gebaut –, freut sich ein kindlich-tumber Komödiant über die vielen Zuschauer. Dem Größenwahn folgt der Schauspielerwahn, der Lüge vom verkannten Genie die Lüge vom anerkannten Theatermacher. Buhres Bruscon ist froh. Bis zum Blitzschlag. Der trifft zwar nicht das Wirtshaus, sondern bloß den Pfarrhof, aber der brennt wie eine alte Scheune, und die Utzbacher rennen, löschen und gucken. Buhre philosophiert ermattet: »Als ob ich es geahnt hätte.«

Bernhards *Theatermacher* ist ein neues Stück – und doch ein altes. Eine weitere Variation des Übertreibungsspezialisten über das bekannte Thema: die Absurdität, weiterzumachen. »Wenn wir ehrlich sind / können wir überhaupt nichts mehr tun / außer uns umbringen / da wir uns aber nicht umbringen / weil wir uns nicht umbringen wollen / ... / versuchen wir es immer wieder mit dem Theater.« Bernhard wiederholt in dieser Komödie, die auch eine

Tragödie ist oder umgekehrt, seine Leitmotive, seine Satzstrukturen (die inzwischen berühmten Chiasmen), schafft Wortphrasierung nach musikalischen Vorbildern.

Der Theatermacher, dieses neue Selbsttäuschungs-Spiel, gefällt und verärgert. Die Selbst-Zitate und -Parodien sind amüsant. Natürlich ist Bruscons »Rad der Geschichte« ein ähnliches Machwerk wie Moritz Meisters *Tetralogie*; natürlich spielt Bruscons Forderung, das Notlicht zu löschen, auf den Skandal bei den Salzburger Festspielen 1972 an, als für *Der Ignorant und der Wahnsinnige* das Licht nicht gelöscht werden durfte. Ärgerlich und auch fad, ablenkend wirken die Wiederholungen der Wiederholungen der Wiederholungen. Doch diesen Ärger, diese Monotonie muß Bernhard wohl provozieren, um schmerzhaft deutlich zu machen, wie sinnlos dieses Weitermachen ist. Das klingt hoffnungslos. Doch solange Bernhard und Buhre und Claus Peymann, dessen unauffällig-genaue Arbeit in der Sensibilität und der Präsenz seiner hervorragenden Schauspieler sichtbar wird, Kunstfallen stellen, solange wir sie uns ansehen: Solange begehren wir alle noch auf gegen diese Welt, wie sie ist. Erst das Schweigen wäre die endgültige Niederlage.

Von Schuld und Angst und Traurigkeit

Rainer Werner Fassbinders
Der Müll, die Stadt und der Tod
als Probe am Frankfurter Schauspiel

Eine chassidische Geschichte: Der junge Rabbi Menachem Mendel sucht – in den zwanziger Jahren des vergangenen Jahrhunderts – für sich und seine Getreuen eine Bleibe. Nirgendwo finden sie einen gastlichen Ort, um sich niederzulassen. Endlich erreichen sie Kozk, eine kleine Stadt in Wolhynien, wo Juden und Christen sie mit Steinwürfen empfangen: »Das ist ein prächtiges Vorzeichen«, freut sich der Rabbiner, »hier sind die Leute wenigstens nicht gleichgültig.«

Die Wächter sind unerbittlich. Wer nicht auf der Gästeliste steht, wird nicht durch die spalteng geöffnete Glastür ins Foyer des Schauspielhauses gelassen; wer auf der Kartenliste fehlt, darf nicht weiter: über die Bühne des großen Hauses, durch Gänge und Treppenhäuser ins Kammerspiel. Nur mit Billett kann man die letzte Kontrolle passieren, darf Platz nehmen unter blauen Lampions. Etwa 150 Kritiker hat Günther Rühle, Intendant des Schauspiels in Frankfurt, eingeladen, in einer geschlossenen Vorstellung sich »ein Bild« der Aufführung jenes umstrittenen Stückes zu machen, über das längst nicht mehr nur Theatermacher, Politiker und Kulturkritiker diskutieren.

Günther Rühle hat mit seinem Entschluß, Fassbinders *Der Müll, die Stadt und der Tod* uraufzuführen, gegen alle Proteste seinen Intendantenwillen durchzusetzen, großen Schaden angerichtet. Die Juden – und nicht nur die in Frankfurt – sind verunsichert, verhöhnt, erinnern sich voller Angst an die deutsche Vergangenheit; die antisemitischen Wanzen, die bisher auf der Mauer auf der Lauer saßen, glauben, bald wieder zubeißen zu können. Und wer die Freiheit der Kunst verteidigen möchte, sieht sich in einer höchst unangenehmen Position. Die dünne Eisdecke, auf der in Deutschland lebende Juden und Deutsche miteinander ihren Weg wagen, beide hoffend, der Grund möge sicherer werden, nicht so zerbrechlich bleiben wie noch vor zwanzig Jahren – sie hat tiefe Risse bekommen. Fassbinders »reicher Jude«, eine Figur in diesem Stück, ängstigt die einen und empört die anderen. Über die künstlerische Qualität dieses Textes wird schon lange nicht mehr gestritten, gefragt wird: Ist das *Stück* antisemitisch?

So ungewöhnlich, gespenstisch-konspirativ diese Kritiker-Veranstaltung auch war, sie mußte sein. Können doch zumindest einige für sich die Frage beantworten, ob die *Aufführung* antisemitisch ist.

Fassbinders Stück spielt »auf dem Mond, weil er so unbewohnbar ist wie die Erde, speziell die Städte«. Johannes Leiacker hat die kleine Bühne im Kammerspiel in einen unwirklichen Raum verwandelt, der alles bedeutet: Bordell mit vielen Spiegeltüren, die in die

Chambres séparées führen; schwule Lederkneipe; Transvestiten-Nachtclub; Wohnküche; Straße und Appartement in einem Hochhaus, durch dessen hohe Fenster man auf eine nächtliche Stadt sieht, auf die bunten Lichter vieler Straßen (oder auf die Startbahn West?).

Hier treffen – in ganz unrealistischer Welt, in ganz unrealistischen Szenen – Fassbinders Figuren aufeinander; das Personal, das wir auch aus seinen Filmen kennen: Huren, Zuhälter, Homosexuelle und Ganoven, die, als feine Herren verkleidet, ihre Geschäfte machen. Einer von ihnen ist der »reiche Jude«, der in der Frankfurter Fassung (die ungekürzt, ohne jede Textveränderung, das Original ist) jetzt einen Namen bekommen hat: A., eine Individualisierung, die mir wenig bedeutsam erscheint. Dieser Jude, ein profitgieriger Spekulant, moderne Variante von Scholem Alechems Spekulanten, der auch schon wucherte und seine Kundschaft belog, wird von Edgar M. Böhlke gespielt. Groß, hager, mit schütterem grauem Haar: ein gepflegter Herr in blauem Cashmere-Anzug und ebensolchem Mantel.

Wer einen »dicken, häßlichen Juden« erwartet, das *Stürmer*-Klischee gefürchtet hatte, sah auf der Bühne einen anderen, sah einen Menschen ohne die Eigenschaften, mit denen Antisemiten Juden dämonisieren: zum Beispiel mit einer ungewöhnlichen sexuellen Potenz. Roma B., die schwindsüchtige Hure, die sich A. ausgewählt hat – zum einen, weil er ihren Vater, einen unbelehrbaren Nazi-Henker, der nachts in einer heruntergekommenen Transvestitenbar singt, demütigen will, zum anderen, weil er ihren Schmerz, ihre Einsamkeit, ihre Todessehnsucht teilt –, diese Roma beschreibt den Juden nur als häßlich und geil, um ihren Mann, den Zuhälter Franz B., zu täuschen, seine Eifersucht nicht zu reizen.

In Wahrheit hat Roma mit dem Juden nicht geschlafen, der wünscht ganz anderes von ihr: ihre Aufmerksamkeit. Der Jude will sprechen.

Was er sagt, gibt – zumindest in der Aufführung – keinen Anlaß, Fassbinder zu unterstellen, er habe ihn als politisch allmächtig (auch ein beliebtes Argument, die Juden zu diskriminieren) charakterisiert. Wenn Böhlkes Jude seine Freunde beschreibt, zum Beispiel den Polizeipräsidenten, und hinzufügt: »was man so Freund nennt«, dann ist die Vermutung zulässig: Der Jude hat Angst, daß ihm der Schutz, den er genießt, weil er für die »Freunde« die »Dreckarbeit« macht, schon bald entzogen werden könnte. Er weiß, daß jene, die sich Freund nennen, Feinde geblieben sind. (»Aus Feinden werden Freunde, wenn sie müssen.«)

Der Regisseur Dietrich Hilsdorf und der Darsteller legen den reichen Juden also nicht als ein Monster an, sondern vielmehr als einen etablierten Gauner unter etablierten Ganoven, der, verletzlicher als die Menschen in seiner Umgebung, unter seiner Rolle leidet. Leidet auch unter dem Leben in dieser Stadt. Er ist gewiß eine Negativ-Figur – und doch sympathischer als die anderen. Ist A. antisemitisch gezeichnet?

Es gibt zwei weitere Komplexe in diesem Stück, die für den antisemitischen Charakter des Stückes herangezogen wurden: den Monolog des Hans von Gluck und das Gespräch Romas mit ihrem Vater.

Hans von Gluck, ein alter Nazi, besucht und bezahlt Roma für den gleichen Dienst wie der Jude. Beide laden ihren Seelenmüll bei dem melancholisch-traurigen Freudenmädchen ab: der Jude seine Angst und sein schlechtes Gewissen, der Nazi seinen Haß, seinen Neid, sein Unglück. Nur bei der Hure kann Gluck sagen, daß man vergessen habe, den Juden zu vergasen. Nur bei ihr kann er, der erfolglose Spekulant, über den Vorsprung der Juden geifern: »Der Jud versteht sich auf sein Gewerbe, Angst scheint ihm fremd, der Tod kann ihn nicht schrecken, ihn, der kein Leben hat.« Kein Zweifel: Gluck ist einer von Fassbinders Antisemiten – und bei Hilsdorf spielt Werner Schwuchow einen feisten, kurzgeschorenen Endfünfziger mit Donnerstimme und Marschschritt. Dieser Mann muß den Zuschauern widerlich sein. Und wer fürchtet, daß seine Judenhetze Antisemitismus schüren, daß umgekehrt nur der positive Jude, die Muster-Juden sozusagen, dem Antisemitismus Einhalt gebieten könne, dem ist ein Gedanke Adornos entgegenzuhalten.

In seinem Aufsatz *Was bedeutet: Aufarbeitung der Vergangenheit* weist er darauf hin, wie wenig bei dem primär objektiv-gesellschaftlich begründeten Antisemitismus jüdisch-deutscher Freundschaftsveranstaltungen oder gar Vorzeigen von guten bis brillanten Juden nützen: »Man geht dabei allzusehr von der Voraussetzung aus, der Antisemitismus habe etwas Wesentliches mit den Juden zu tun und könne durch konkrete Erfahrungen mit Juden bekämpft werden, während der genuine Antisemit vielmehr dadurch definiert ist, daß er überhaupt keine Erfahrungen machen kann, daß er sich nicht ansprechen läßt.«

Bestes Beispiel für diesen Typ in Fassbinders Stück ist Roma B.'s Vater Müller: Unbelehrbar (»Es ist keine Last, der Mörder der Juden zu sein, wenn man die Überzeugungen hat, die ich habe.«) wartet er darauf, daß »meine Rechte auch wieder Rechte werden«, daß der »Faschismus siegen wird«. Müller mag wie ein gefährlich-aufrührerischer neuer alter Nazi reden, aber diese Figur ist lächerlich. Fassbinder gibt Müller den Körper und die Bewegungen eines Transvestiten; Hilsdorf steckt ihn/sie in ein schwarz-weiß-kariertes Kostüm. Dem fehlt viel zum Rattenfänger und alles zum Anführer der Wanzenschar. Zudem entmenschlicht ihn Hilsdorf noch zusätzlich: Wütend hängt Müller der traurig-verletzten Roma (Ellen Schulz) ein Pappschild um: »Ich bin das allergrößte Schwein, ich lasse mich mit Juden ein.«

Heftig diskutiert wurde vor der Aufführung auch der Tod der Roma B., wird sie doch vom Juden erdrosselt. Verständlich, daß eine solche Tat den Juden, so hieß es, für Antisemiten leicht angreifbar mache. Aber wer liest nicht, wer sieht jetzt nicht, wie Roma B. winselnd, bettelnd sich von jedem ihrer Freier den Tod wünscht, endlich erlöst sein will von dem Leid in dieser Stadt. Die Tat des Juden ist nicht Rache – Liebe ist's.

Der Jude ist also im moralischen Sinn unschuldig. Auch er sehnt sich letztlich nur nach dem Ende, hat aber nicht die Kraft, Selbstmord zu begehen. Der jüdische Schriftsteller Elie Wiesel, der mit der chassidischen Geschichte zu Anfang zitiert wurde, weist in fast allen seinen Büchern darauf hin, daß die Überlebenden der Konzentrationslager nie ein wirkliches Leben werden leben können, sich – unbewußt – nach der Erlösung, dem Tod, sehnen.

Schuldig wird er durch anderes: durch den Häuserbau, durch die Spekulationen, durch sein Einverständnis, Romas Mann, der inzwischen homosexuell geworden und mit Oscar von Leiden abgezogen ist, als Mörder zur Verantwortung ziehen zu lassen. Es ist schäbig von ihm, den Mord an seinem Adlatus, dem Kleinen Prinzen, der ihn verraten wollte, um ihn zu beerben, nur zynisch zu kommentieren mit einem: »Schade, wirklich. Er war an sich ein fleißiges Kerlchen.« All dies zieht den Juden A. in den Sumpf der anderen: als erfolgreichen Mitmacher, cleveren, skrupellosen Geschäftsmann. Er wirkt nicht sympathisch, aber er hat den anderen, denen er sich angeglichen hat, etwas voraus: Er allein weiß, daß er Unrecht tut, sieht, was aus ihm geworden ist. Traurig klagt er: »Diese Städte! Was machen die nur aus uns.« Er lacht über seine Einsicht, und alle anderen lachen mit. Nur sein Lachen klingt falsch.

Fassbinders Stück ist eine krude, obszöne, nachexpressionistische Szenenfolge, die alles sein und viel bedeuten will: eine Musical-Operetten-Parodie (Hilsdorf mag diesen Kitsch), ein schwules Emanzipationsstück, Trauergesang auf die armen Huren und Haßtirade über eine Gesellschaft, die ihre Minderheiten – eben auch die Juden! – ausgrenzt, nur Mitmacher überleben läßt. *Der Müll, die Stadt und der Tod*, ein schwaches, wirres, uneinheitliches Gebilde, ist es nicht wert, aufgeführt zu werden. Selbst die größten szenischen Bemühungen helfen ihm nicht auf: nicht die Gags, die Distanz schaffen, nicht die Masken, nicht das Spiel im Zuschauerraum, nicht die Lichteffekte und schon gar nicht die simplen Anspielungen: Rühle führt seinen Privatkrieg mit der *FAZ*, deren Feuilletonchef er war und die ihn jetzt angreift, von der Bühne perfide weiter. Vieles in der Inszenierung bleibt unverständlich: Warum zum Beispiel heftet der Zwerg, des Juden moderner böser Hofnarr, in einer Traumsequenz dem Herrn einen gelben Judenstern aufs Revers; sehnt sich A. nach Erniedrigung?

Doch das Stück ist da, die Inszenierung fertig. Nach meiner Meinung ist *sie* nicht antisemitisch.

Vielleicht ist die Zeit für eine freundschaftliche Auseinandersetzung noch nicht reif, vielleicht hat Wiesel recht. Er war empört und verletzt, als der amerikanische Präsident und der deutsche Bundeskanzler hintereinander Konzentrationslager und deutschen Soldatenfriedhof besuchten. Traurig sagte er in die amerikanischen

Kameras, daß er nie geglaubt habe, man könne versuchen, in einer Viertelstunde zu schaffen, was Jahrhunderte braucht.

Nur eines ist nach dieser Aufführung wirklich sicher. Etwas Erfreuliches, würde der Rabbiner von Kozk sagen: Die Juden sind den Deutschen nicht gleichgültig.

1986

Environment mit Boxern

Klaus Michael Grüber inszeniert Eduardo Arroyos *Bantam* am Bayerischen Staatsschauspiel in München

Hält Frank Baumbauer *Bantam*, das erste Stück des Malers und Bühnenbildners Eduardo Arroyo, wirklich für so gut, wie er im Programmheft behauptet? (»Wir lasen es – und sofort war uns klar: Das wollen und müssen wir zur Aufführung bringen.«) Oder war Arroyos Boxerdrama – eine Variation seines Buches über Al Brown – von Anfang an nur Köder, Klaus Michael Grüber nach München zu locken?

Gewiß kann der Residenztheater-Intendant jetzt stolz sein, daß so viele prominente Neugierige dieser Uraufführung durch ihre Anwesenheit den Hauch von Spektakulärem verliehen haben. Und seine Freude über diesen Coup – auch über die Freigebigkeit einiger Sponsoren, die statt des »Vereins der Freunde des Residenztheaters«, der sich verweigerte, diese Aufführung mitfinanziert haben – wird wohl kaum geschmälert durch den Zuschauerprotest am Premierenabend.

Nicht immer aber ist, was auf Ablehnung des Abonnements stößt, deshalb schon besonders großartig. Mit den Grüberschen Sternstunden, die von Ignoranten ausgebuht, verlacht, geschmäht wurden, mit seinem Pirandello, einer grandiosen Deutung, mit seiner *Bérénice* in der Comédie Française, darf die Münchner Arbeit (in drei Wochen rasch hingeworfen als Freundschaftsdienst für Arroyo, der ihm diese zwei Akte auch gewidmet hat) nicht verglichen werden. Doch sie ist, gemessen an den Aufführungen, die wir in diesem Haus zu sehen gewöhnt wurden, mehr als respektabel. Und bewundernswert sind die Schauspieler, die sich durchsetzen gegen jene aggressiven Störer, die jeden Satz, der auf der Bühne gesprochen wurde, nur darauf prüften, ob er sich für ein Hohngelächter eignete.

Diese Inszenierung verlangt ein angestrengt-aufmerksames Zusehen und -hören. Wer allen Sinn, alle Entdeckung bei einer Aufführung im Text oder in Aktionen sucht, der muß gerade bei diesem Stück enttäuscht werden. Arroyos Boxermonologe, Erinnerungen an Kämpfe, Siege, K. o., sie sind weder besonders aktions- und variantenreich, noch besitzen sie jene Kraft, die Arroyo in ihnen vermutet. In diesen Männererlebnissen, diesen wehmütigen Kurzbiographien von Sporthelden läßt sich nur schwer der alltägliche Kampf eines jeden Menschen entdecken. Genausowenig taugt diese kämpferische Männerwelt – im zweiten Akt beklagt sich ein antiker Hirte über den Verfall der Kriegs- und Sporttauglichkeit – als »Metapher für jedes absolute Leben, das eines Künstlers, das eines Literaten«.

Anderes als der Text macht die Qualität der Aufführung aus.

Die Bühne: ein Environment. Kein fixierter Ort. Alles ist Zeichen. Für Männlichkeit: zwei Hydranten. Für den Boxsport und den Tod: eine riesige nackte Faust am Boden und daneben ein Gigantenarm mit Boxhandschuh. Für das Theater, das Kino: in der Tiefe der Bühne, in einer hohen dunklen Ziegelwand ein offenes Tor, durch das man rote Vorhänge sieht, auf denen ein helles Licht flackert wie bei Filmvorführungen. Für die Großstadt: eine Holzwand, Stacheldraht, zwei Telefonzellen. Für das Boxspektakel: vorn ein kleiner Ring, einige Requisiten und ein Kiosk für den Kartenvorverkauf. Dieser Raum, von Gilles Aillaud und Antonio Recalcati, er ist mythisch, unwirklich. Ein Gehäuse für Erinnerungen und Schicksale.

Hier beweint die Kartenverkäuferin – Nicole Heesters – den Tod eines Boxers, der wohl ihr Geliebter war (zu wundervoll trister Bandonion-Musik von Fiorenzo Carpi). Hier verkündet der Milchmann – Michael Altmann im weißen Spenzer mit grünen Seidenaufschlägen mixt wohl nachts im Sportpalast die Pausen-Drinks – die Spiel- und Überlebensregeln für Boxer. Hier philosophiert der blinde Milou (David Bennent, Grübers Berliner Narr): »Was wären wir alle ohne den Boxsport?« Hier erinnert sich Tigerkatze (Heinz Kraehkamp), wie er auf Milous verletzte Augen zielte, um ihn endlich »fertigzumachen«. Hier schließlich erzählt die Schauspielerin, die Billettverkäuferin, an Stelle von Eugène Metallkiefer, der, in weißglänzenden Boxer-Shorts, sich einölt, aber nicht mehr sprechen kann, dessen Lebensgeschichte.

Nicole Heesters, in rotem Rock, bunter Bluse und übergeworfenem Pelzmantel, schlendert über die Bühne, nimmt sie in Besitz, füllt sie aus mit Spannung, während sie, als sei sie Eugène, seine Rechte preist, die »Kanonenkugel, das Gold, das Schnellfeuergeschütz«, die Linke sei das »Bargeld, das Jagdgewehr mit kleinen Schrotkugeln«.

Der ganze Körper der Heesters ist gespannt wie ebenjene Waffe. Die Kraft sprengt die Enge: Der Mantel wird von der Schulter geschoben, das linke Bein preßt den Schuh in den Boden, bohrt sich hinein, bis der Fuß frei, sie barfuß weiterlaufen kann. Die Handflächen reiben aneinander, als kämpften sie gegeneinander um den Sieg, die Armmuskeln arbeiten. Doch Eugène/die Schauspielerin hält diesen Überdruck nicht lange aus, die Geschichte vom erfolgreichen Boxerleben endet – in Tränen. »Jetzt, da ich mich endgültig im Alter und im Mangel eingerichtet habe, möchte ich mich nicht mehr an die schönen Stunden der Vergangenheit erinnern.« In dieser Passage ist Arroyos Text – das einzige Mal – von großer Schönheit, und man spürt, was der Autor wohl meinte, als er von der *Metapher* Boxkampf sprach.

Der zweite Akt, der Epilog des Hirten, des Olympioniken, das Preislied auf Sport und Kriegsgeist, auf Körperertüchtigung, wider die Verweichlichung, ist Arroyo dagegen geschwätzig geraten, erinnert zuweilen auch ärgerlich an »Hart wie Kruppstahl«.

Die Bühnenbildner und Grüber verwandeln den Raum. Er wird zur griechischen Lichtidylle, in der aber immer noch Platz ist für Telefonzelle und Boxring. Vor der Fassade eines weißen Hirtenhauses, in dem wiederum hinter dem Eingang der rote Theatervorhang hängt, steht ein überlebensgroßer Männertorso mit einem Boxhandschuh als Kopf – das *Gegenbild* zur Verherrlichung des Kraftmeiers? Heinz Bennent schwelgt zufrieden in den Erinnerungen dieses Hirten, spricht von Erfolgen auch zu seinem weißen Hirtenhund Janosch. Die besseren Zeiten sind diesem Mann die vergangenen.

Deshalb steigt er zum Sterben in den Ring. Während er in diesem blutrot ausgeleuchteten Raum niedersinkt, taucht aus der Dunkelheit ein Ephebe auf, »Freund der Disziplin und Pflicht«. Dem Kämpfer zu Ehren legt der Junge einen Kranz nieder, bestimmt für das Haupt des Alten. Bevor sich noch der schwarze Vorhang senkte, brach das Geheul los.

Jetzt werden wieder die Diskussionen beginnen, wie laut Schauspieler sprechen müssen – und kaum jemand wird fragen, wie ruhig Zuschauer sein sollten. Es wird hämisch gefragt werden, was ein Staatsschauspiel sich alles erlauben darf für Steuergelder – und dabei wird vergessen werden, welch mythische Kraft die Grübersche Inszenierung (oft) hat. Wie stark der Bogen ist, den der Regisseur für seine Schauspieler gespannt hat, so stark, daß die Monologe – Varianten nur eines Themas – fast zu einem dramatischen Ganzen sich fügen.

Bantam heißt Hahnengewicht. Wer diesen Abend deshalb, sich dabei womöglich noch geistesschnell wähnend, für »zu leicht« befindet, hat nichts gesehen.

Wie in der Erbärmlichkeit überleben?

Patrice Chéreau inszeniert Bernard-Marie Koltès'
Quai Ouest am Théâtre des Amandiers in Nanterre

Warum sollte es den Franzosen besser gehen als uns? Auch ihnen fehlen die jungen, begabten Theaterautoren, deren Stücke nicht nur uraufgeführt und dann vergessen werden, sondern sich einen Platz auf den Spielplänen erobern. Selbst die freundschaftliche Protektion von Patrice Chéreau, der nun in seinem Théâtre des Amandiers nach *Combat de Nègre et de Chiens* Bernard-Marie Koltès' neueste Szenenfolge inszenierte, hat dem Schriftsteller bisher weder den Erfolg auf Frankreichs Bühnen noch gar europäischen Ruhm eingebracht. Vermutlich wird der auch nach *Quai Ouest* ausbleiben (Burgtheater-Direktor Claus Peymann plant die deutsche Erstaufführung in Wien).

Dabei hatte Koltès, der in einem Interview die Regisseure kritisierte, sie würden durch den Boykott der Autoren die Entwicklung von Talenten behindern, jene idealen Bedingungen für die Aufführung gehabt, die er allen seinen Kollegen wünscht. Allein sein Schluß, »die Autoren unserer Epoche« seien »so gut, wie es die Regisseure unserer Epoche sind«, ist Trug. Chéreaus Arbeit wertet den Text entscheidend auf.

Koltès präsentiert »les misérables« von New York in einer Lagerhalle auf verlassenen Hafendocks am Ufer des Hudson. Hier läßt er sie aufeinanderprallen. Wer sie sind, erklärt Koltès kaum. Es hat uns wohl nicht zu interessieren. Sicher ist bloß: Sie sind arm, unglücklich und träumen bei ihren kleinen miesen Geschäften immer davon, diesem Leben zu entkommen.

Zwei alte Männer – ein jetzt bankrotter, ehemals reicher Herr namens Koch (Jean-Paul Roussillon) und der debile Kriegsverletzte Rodolfe (Jean-Marc Thibault) suchen hier den Tod. Und finden ihn nach einigen Mißgeschicken. Ein junger Mann, Fak (Hammou Graia), nimmt sich nach zwei eindeutigen, zweideutig abgewehrten Anläufen das Mädchen Claire (die kindlich-junge, sehr direkte, aber nie neckische Marion Grimault), das er, an einen Container gepreßt, schnell entjungfert und dann, nach getaner Lust, von sich wirft.

Die anderen sehnen sich erst einmal danach, reich zu werden. Jedes Mittel, an Geld zu kommen, scheint ihnen recht. Die Jungen schließen sich zu Gangs zusammen und machen fifty-fifty. Cécile, Frau von Rodolfe, Mutter von Claire und Charles, dem Ober-Macker der Bande, will, nachdem ihr niemand hilft, im Alleingang an die großen Scheine, aber auch dieser Coup schlägt fehl. Alle bleiben sie in dem Drecksloch, in der »merde«. Bloß der Tod ist Erlösung. Auch für Charles (Jean-Philippe Ecoffey), der, fast nur noch in den Traum vom Glücklichsein versunken, die Realität gar nicht mehr wahrzunehmen gewillt ist und schließlich vom stummen Abad (stark: Isaach de Bankole), der sich hintergangen, betrogen fühlt, erschossen wird.

Der Autor wünscht sich sein Werk ironisch gespielt. Nichts wäre schlimmer, schreibt er in seinen Regieanmerkungen, als wenn man »*Quai Ouest* sentimental, *nicht* ironisch« spielte. Zu den langen Monologen seiner Figuren bemerkt er, man könne sie streichen,

»denn das Stück ist geschrieben worden, um gelesen und gespielt zu werden«.

Der Regisseur hat das Lese-Stück inszeniert und zudem »das Schlimmste« begangen: den Sumpf der Gesellschaft keineswegs komisch inszeniert, sondern – wenngleich nicht sentimental – sehr klar, ernst. In Richard Peduzzis Kunstraum, auf der breiten Bühne, zwischen bunten Containern, die während der Szenen auf Schienen verschoben werden, ebenso wie drei hohe graue Wände, so daß immer neue Bilder entstehen vor dem weißen Vorhang in der Tiefe, entfaltet Chéreau ein realistisches Drama. Die Diskrepanz zwischen künstlichem Theaterraum und realistischer Darstellung – sie wird gesteigert noch durch unwirkliche, verängstigende Geräusche und ein Licht, das mal die Halle in einen grauen Nebel hüllt, in dem man die Menschen kaum ausmachen kann, mal sie einer weißen grellen Helligkeit aussetzt –, sie unterscheidet *Quai Ouest* von Chéreaus *L'Homme blessé*. Das Thema aber bleibt das nämliche: Leben als Geschäft, Menschen als Ware.

Chéreau setzt Koltès' Sprache, die, zuweilen poetisch, zuweilen witzig, eigentlich nie auf jene Ebene fällt, in der die Figuren leben, in sparsame szenische Aktionen um, als wolle er damit, stärker noch als es der Text tut, die Enge dieser Hafenwelt sprengen und auf Allgemeines verweisen: »Wir werden mit Bernards Stücken versuchen, die Welt zu verstehen, unsere Welt, und davon zu erzählen.«

Wenn Maria Casarès – Mutter Cécile, eine gepflegte Schlampe im blauen Kostüm – Charles beschwört, ihr doch zu helfen bei ihrem Plan, Koch und seiner Freundin Monique (Catherine Hiégel) Geld abzuknöpfen (das die beiden gar nicht mehr haben), dann steht sie wie angewurzelt da. Aber ihre Arme fliegen durch die Luft, aufgeregt; aus ihrem Mund krächzt, brüllt, spuckt sie häßliche Wünsche und Verwünschungen. Wenn die Casarès der Sonne befiehlt, unterzugehen, weil nur die Nacht ihr die Träume läßt; wenn sie, in stechend gelbes Licht getaucht, das den Augen schmerzt, in den Wahnsinn sich hineinstürzt, nur mit Worten, spanischen – denn Cécile ist Einwanderin –, sich dem Tod entgegenwirft: Aus keiner dieser Szenen wird die große Theatergeste mit Lammermoor-Effekt.

Zurückgenommen ist ihre Darstellung auf wesentliche Körper-Zeichen beschränkt. Ebenso wie bei den anderen. Wenn die jungen

Männer einander bedrohen, trippeln sie wie Sportler über die breite Bühne oder lungern herum, bemüht ruhig, in gespannter Haltung, wie auf dem Sprung. Drohung und Angst sind eins. Wenn sich das Paar, das keines wird, anmacht, läuft Junge hinter Mädchen, Mädchen hinter Junge her.

Chéreau reduziert klug, wo Koltès (zu) groß wird, nimmt sich dieser Gescheiterten, deren Sehnsucht die Nacht, deren Glück der Traum ist, liebevoll an. Denn er mag sie, diese Gestrauchelten, die schon in ihrer Vergangenheit no future hatten und deren Hoffen auf bessere Zeiten so kindlich schön wie vergeblich ist. Chéreau fragt wieder einmal, wie man überleben kann, umgeben von Lüge und Erbärmlichkeit, und weiß wieder einmal nur eine Antwort: Die Phantasie mag diese mörderische Welt erträglich machen, Rettung aber verspricht nur »die lange Reise«: der Tod.

Leidenschaft, die tötet

Peter Brooks Adaption von Bizet und Mérimée,
La Tragédie de Carmen, auf Deutschland-Tournee

»Wenn es Hexen gibt: Dieses Mädchen war eine!« In der Gefängniszelle, kurz vor seiner Hinrichtung, begreift José, daß er durch Carmen zum Schurken, zum vielfachen Mörder geworden ist, ohne seinen Fall überhaupt bemerkt zu haben. Ihr Lachen, dem kein Mann je zu widerstehen vermochte, richtete ihn zugrunde. Und tötete sie; denn er ertrug ihre Lust an der Freiheit und an den Männern nicht, nicht ihren Hochmut: »Ich liebe dich nicht mehr; du dagegen liebst mich noch, und deshalb willst du mich töten. Du hast das Recht, aber Carmen wird immer frei sein«, trotzt sie José. Er erlöst sich und sie: Mit dem Messer des einäugigen Garcia, Carmens Mann, ersticht er die Geliebte. So steht es in Prosper Mérimées Novelle.

Im roten Sand einer kleinen Arena: Säcke. Einer davon, genau in der Mitte, bewegt sich, während ein Cello traurig Motive aus Bizets

Habanera und dem Karten-Lied klagt. Das Wesen unter dem groben, schmutzigen Leinen legt Karten; schaut José hinterher, der den Raum durchschreitet; bettelt die hübsche Micaëla an, die nach dem Sergeanten José fragt, aber es redet nicht, antwortet nicht, liest statt dessen dem Mädchen aus der Hand. Endlich kehrt José zurück, Micaëla reicht ihm den Brief seiner Mutter.

Während sich beide an das Dorf erinnern, in dem sie gemeinsam aufgewachsen sind, während sie die unschuldigsten Zärtlichkeiten tauschen, streift das Wesen plötzlich die entstellende Hülle ab. Carmen erscheint: Dunkelhäutig und wild und schön und – man sieht's ihr an – gemein in des Wortes zweifacher Bedeutung. Kokett wirft sie José eine rote Nelke zu, dann singt sie, ebenso gelassen wie lüstern, das dreifache »l'amour« aus der Habanera.

Wie ein Schuljunge glotzt José sie an, mit offenem Mund. Angewurzelt steht er da, betroffen, verzaubert, behext. Doch er vermag sich zu lösen, kehrt zurück zu Micaëla, die auf ihn wartete. Carmen aber läßt nicht locker: Sie legt sich in den Sand, als sei er ihr Bett und sie mit José allein. Ungeheuer langsam rollt sie eine Zigarre an ihrem ausgestreckten rechten Bein hinauf, steckt sie sich schließlich zwischen die feuchten glänzenden Lippen und geht – natürlich schaut José schon längst nicht mehr die junge Freundin aus dem Heimatdorf an – auf den Mann zu, den sie haben will. Provokativ stellt sie sich vor ihn, fordert Feuer und meint Unterwerfung. Nur einen Blick später hat sie ihm mit ebendieser Zigarre den gierig offenen Mund gestopft.

Noch einmal schafft es José, sich loszureißen, widmet sich, schon besiegt, ein letztes Mal der Unschuld vom Lande. Allein, Carmen ist noch nicht zufrieden. Sie, für die Verführung Spiel, Liebe flüchtige Leidenschaft, stürzt auf die Rivalin und schneidet ihr mit einem Messer ein blutiges Kreuz auf die Stirn. Liebevoll verbindet José die Verletzte, verabschiedet sie dann aber flink mit einem Küßchen. Den Kuß, jeder weiß es, wird er von Carmen haben wollen.

Von dem Biest, das bei dem anschließenden Verhör, wieder lüstern am Boden liegend, Zuniga ihr »tralalala – mach mit mir, was du willst« entgegensingt und währenddessen mit dem verdreckten Schuh des rechten Fußes langsam sein Bein hinaufrutscht, über das schwarze Leder des Stiefels, den schwarzen Stoff, zum Hosenschlitz: »Mach mit mir, was du willst.« Zuniga wird Carmens zweites Opfer sein; Garcia, Carmens Mann, das dritte; Escamillo das vierte. Carmen, eine spanische Lulu, die in den Karten immer nur den Tod entdeckt, macht nicht halt. Sie will frei sein, frei in ihren Wünschen, in ihrem Besitzanspruch, ihrer Leidenschaft, selbst noch im Tod. Dorthin folgt sie José. Das Licht wird duster, der Sand färbt sich braun. Nebeneinander knien sie nieder. Die Habanera-Pauke dröhnt Tod. »Hier ist es«, sagt Carmen, José antwortet nicht. Er rammt ihr das Messer in den Rücken.

Peter Brook und Jean-Claude Carrière haben Bizets *Carmen* zurückgeführt zu Prosper Mérimée, zur Kargheit, zur Brutalität, zur Genauigkeit, nach Spanien, haben Carmen weitergeführt zu uns. In dieser (Kammerspiel-)Fassung ist nichts mehr sentimental, nichts dekorativ vereinfacht.

Brook verzichtet auf den Chor, auf Frasquita und Mercédès, auf Moralès und die Schmuggler. Dafür wertet er den Wirt, Lillas Pastia, auf als Carmens Vertrauten, der an ihren Leidenschaften Geld verdient, und Brook führt Garcia wieder ein. Seine Adaption konzentriert das Geschehen – und alle Spannung – auf Carmen und José. Wir erleben eine Frau, die rücksichtslos sich selber lebt, die immer wieder Bestätigung ihrer Schönheit in der Liebe der Männer sucht, aber selbst nicht lieben kann. Narzißtisch will sie immer nur verführen, siegen. Grausam vernichtet sie jede Frau, die es wagt, sich ihrem Begehren in den Weg zu stellen; wie Don Giovanni macht es ihr Freude, Paare zu trennen. Zugleich aber, wiewohl frei, glaubt sie sich einem unerbittlichen Schicksal ausgeliefert, weil die Karten ihr immer wieder den Tod, den Tod mit José verheißen.

Wir erleben einen Mann, der, schwach aus Liebe, das eigentliche Opfer ist. Zugleich aber wird er zu einem gefährlichen, gefährdeten Helden, der alle seine Nebenbuhler mordet, weil er nicht sehen mag, daß Carmen gar nicht anders leben kann, weil er nicht zu verzichten bereit ist. Bis zum Ende glaubt er, Carmens Liebe wiedergewinnen zu können. Alleingelassen, kauert er im Sand, fragt sich, was er seiner Carmencita angetan haben mag, daß sie ihn so hart straft – da kehrt sie noch einmal aus Pastias Schänke zurück, streicht ihm zärtlich, mitleidig übers Haar. José will sie umarmen, sie läßt sich's gefallen. Aber ihre Liebkosung ist leidenschaftslos, ohne Feuer.

Opernfreunde, die Carreras, Baltsa, Karajan, Schneider-Siemssen und die Berliner Philharmoniker erwarten, werden das Fünfzehn-Mann-Orchester unter Marius Constant, von dem auch die musikalische Einrichtung stammt, als mickrig empfinden; werden sich die Ohren verstopfen, wenn am Ende des dritten Aktes der Marsch vom Band zugespielt wird; werden gewiß auch mäkeln an der bezaubernd-hexischen Carmen von Patricia Miller, an ihrem kräftig-voluminösen Mezzosopran, der an die junge Grace Bumbry erinnert; werden am Tenor James Hoback, dem die Höhe der José-Partie manchmal fehlt, vielleicht sogar an der strahlend hellen Klarheit der Micaëla von Véronique Dietschy etwas auszusetzen haben – aber was vermögen solche Einwände angesichts dieser Aufführung. *La Tragédie de Carmen* ist ein Gesamtkunstwerk. Dichtung, Musik, Gebärde und Raum werden eins. Die Trennung zwischen Schauspieler und Sänger ist aufgehoben. Das Singen erscheint als eine ganz natürliche Ausdrucksform, so als müsse, wem das gesprochene Wort nicht mehr genügt zu äußern, was ihn bewegt, bedrückt, vernichtet, Sprache in Gesang verwandeln.

Die kurzen musikalischen Zwischenspiele sind leitmotivische Ankündigungen, Kommentare zu dem Geschehen. Das Spiel, das ohne Rücksicht auf einen Dirigenten (der steht hinter der Holzwand von Pastias Schänke), ohne Rücksicht auf eine Rampe sich ereignet, will vor allem wahrhaftig sein – und ist es. Der Ort schließlich bedeutet ein karges Überall, nur die Kostüme weisen nach Spanien. Totales Theater.

Man muß weder Bizets noch Mérimées *Carmen* kennen, nicht einmal des Französischen mächtig sein, um zu verstehen, warum diese Frau, die Freiheit, und dieser Mann, der Besitz will, nicht glücklich werden. Und wenn Patricia Millers Carmen lächelt, lacht, lockt, weiß man, warum José am Ende die Geliebte morden muß: »Ich bin es müde, alle deine Liebhaber zu töten – dich will ich töten«, sagt er bei Mérimée. »Wir müssen aufbrechen«, heißt es in Brooks genialer Inszenierung. Aufbrechen in den Tod. Aufbrechen in die Erlösung von Leidenschaft und Liebe.

Zum Traum wird hier das Ende

Frank-Patrick Steckel inszeniert Friedrich Hebbels *Die Nibelungen* am Schauspiel Bochum

Ein Kampf ohne Sieger: Die Burgunder erschlagen, die Heunen ermordet. Kriemhild, Siegfrieds Rächerin, färbt ihr weißes Totenkleid im Blut Hagens, den sie eigenhändig enthauptet hat. Etzel bittet Dietrich, ihm die Krone abzunehmen. Doch bevor der Diener den Herrn erlöst von der Bürde des Amtes, auch von der Verantwortung für zukünftiges Gemetzel, bückt sich Dietrich und ergreift Balmung, Siegfrieds Schwert, das Hagen sich durch feigen Mord erbeutet hatte. Dietrich wirft es fort, hinunter vom breiten, dunklen Steg, der von den ersten Parkettreihen rechts diagonal bis zur linken Ecke in der Bühnentiefe ansteigt und an den Seiten jäh abfällt (Bühne: Susanne Raschig). Er wirft es vom Totenfloß hinab, aus der Welt hinaus. Dann erst ergreift er Etzels goldenen Reif und fügt an die Bitte des Königs, er, Dietrich, möge die Welt von nun an auf seinem Rükken weiterschleppen, die christliche Heilsbotschaft: »Im Namen dessen, der am Kreuz erblich.«

Vor dreizehn Jahren in Köln sprach Dietrich zwar die gleichen Worte, aber zuvor hatte er – und nicht Hildebrant, dem Hebbel diese Tat aufbürdet – Kriemhild erschlagen. Hansgünther Heymes Zeichen war deutlich: Das Morden geht weiter. Jetzt im Namen Christi, im Namen der Kirche. Heyme mußte für diesen Interpretationscoup auch die Figur des Kaplans opfern.

Dieser Mahner nimmt nun in Frank-Patrick Steckels *Nibelungen*-Inszenierung, mit der er seine erste Spielzeit als Peymann-Nachfolger in Bochum eröffnete, einen zentralen Platz ein. Steckel strich zusammen mit seinem Dramaturgen Urs Troller Hebbels elf Akte radikal, aber höchst intelligent zusammen, scheute nicht, den Text zu verändern. Und er beginnt mit einer Predigt des Kaplans. Inmitten der Burgunder, die, eingehüllt in schwere, dunkle, kuttenähnliche Filztücher, müde, kraftlos, gedankenversunken am Boden kauern, sich langweilen, abwarten, daß auch dieser Tag vergeht, weist der Kaplan, im abgerissenen Kleid, ein hölzernes Kruzifix vor sich hertragend, den Männern einen Weg, »zum Himmel aufgezückt« zu werden, und »wär's nur für so lange, als der Blitz auf Erden weilt«. In Zurückhaltung und Demut müßten sie sich selbst *verlieren*.

Ein Kampf ohne Kämpfer. Traumverloren, kraftlos, emotionslos, willenlos fügen sich die Burgunder *und* die Heunen in ihr Geschick. Sie scheinen alle ihr Ende bereits zu kennen wie Volker, der Sänger, der Seher (Wolfgang Michael), oder es zumindest zu ahnen. Sie können aber – wie in einem Traum – nicht eingreifen in ihr Geschick. Alles geschieht ihnen. Sie wollen – wenn überhaupt – diesen Untergang nur noch hinauszögern. Steckels Inszenierung zeigt dieses Zögern. Mit Peter Handkescher Langsamkeit treten diese Männer und Frauen aus dem schwarzen Tor bei den Burgundern, aus dem offenen Zelt der Heunen, aus den sechs Nischen an der Rampe, um auf dem Steg ihren eigenen Weg zu gehen – und doch bloß ihr bereits vorgezeichnetes Los zu erleiden. Wie in einer Prozession schreiten sie ihre Leidensstationen ab, bewegen sich und sprechen, als wäre Wagners *Parsifal*-Vorspiel ihr Maß. Zu Zeit wird hier das Leid. Zum Traum wird hier der Untergang. *Die Nibelungen* als Nachtmahr (deshalb sind alle Traumerzählungen in dieser Fassung erhalten geblieben).

Verrat und Mord erschrecken diese Menschen nicht, trauernd nur bemerken sie, wie kurz die Frist, die sie noch trennt vom Tod. Es kommt zu keinen Ausbrüchen. Brunhild (Hildegard Kuhlenberg) rast nicht, wenn sie ihren Gürtel in Kriemhilds Hand sieht; Kriemhild (Annelore Sarbach) triumphiert nicht über Siegfrieds Kebsweib. Fast stimmlos, so als fürchte sie Brunhilds Antwort, die sie längst schon weiß, fragt Kriemhild: »Kennst du den Gürtel?« Gefaßt, schlicht bekennt Brunhild: »Es ist der meine.« Die Frauen schauen sich an. Dann schlurft die eine ab, die andere ruft die Rächer mit müder Stimme. Gekränkt beide, einig beide in ihrer Trauer darüber, daß nun (schon) der letzte Kampf beginnen wird; daß sich Hagens Richterspruch erfüllen muß, den er fällt ohne Haß, nur entschlossen, endlich ans Ende zu kommen: »Der Mann muß sterben.«

Hebbel wollte mit diesem Trauerspiel »den dramatischen Schatz des Nibelungen-Liedes für die reale Bühne flüssig machen, nicht aber irgendein modernes Lebens-Problem illustrieren«. Steckel interessierte weder die Dramatik noch die Aktualität, so muß man vermuten. Zwar hat er in seinen Ankündigungen zu dieser Produktion aus jener Festrede zitiert, die Reichsdramaturg Rainer Schlösser 1939 zur Eröffnung der Bochumer Hebbel-Woche gehalten hat, jene Sätze nämlich, in denen *Die Nibelungen* gefeiert werden, weil sie den »Ewigen Deutschen« zeigten und die Deutschen deshalb »befähigten, selbst ganz deutsch zu sein«, aber Steckel hat sich nicht eingelassen auf die Frage, wieweit diese reaktionären Heldenbilder, dieser penetrante, längst anrüchig gewordene Nationalismus und diese sehr deutsche Eigenschaft der Treue, die zum Morden auf dem Feld und in den Gaskammern führte, mitverantwortlich sind für unsere jüngste Vergangenheit, unsere Gegenwart, die Zukunft. Steckel stellt keine Fragen, wie sollte er Antwort geben können? Verhandelt wird nicht der deutsche Fall, der Weltuntergang allgemein wird düster bebildert, als deterministische Zwangsläufigkeit interpretiert, eingebettet in mythische elektronische Urklänge (Ronald Steckel). Ein stilisierter, choreographischer, ritualisierter Traum, dem der politische Sturz ebenso fehlt wie der erotische, obwohl doch in dieser Tragödie aus Liebe und Eifersucht gemetzelt wird.

In manchen Augenblicken – bei Kriemhilds letztem Gericht, dem zeitlupenlangsamen Mord an Gunther und Hagen (nur in dieser Szene ist der Steg hell, nur hier kommt zum Grau und Braun und Schwarz das Rot von Blut) – hat diese Aufführung eine Intensität, die an jene Kraft heranreicht, die Robert Wilson in seinen besten Arbeiten gelang. Viel häufiger aber sind die Pausen, die während der extrem langsam gesprochenen Dialoge, der fast statischen Bilder entstehen, nur Spannungslöcher. Die Stille ist tot. Ihr fehlt jene Vieldeutigkeit, jene Schärfe, die Grübers Bildvisionen auszeichnen.

Gewiß, Steckel denunziert diesen Text nicht (ein Vorwurf, den Kritiker Heyme einst machten), doch er läßt sich auch nicht auf ihn ein. Er reflektiert auf der Bühne mit den *Nibelungen* Hebbels Idee vom Konflikt zwischen Individuum und Weltwillen, inszeniert die Unvermeidlichkeit des Scheiterns. Aber wenn zu Beginn schon alles klar; wenn das Ende im Anfang; wenn es für den Zuschauer keine Fallen, keine Zweifel gibt: Wozu dann der lange vierstündige Weg?

Die Inszenierung wirkt eigentümlich unfertig, ein wenig so, als habe der Regisseur während der Arbeit zwar seine Stilmittel, eine durchgehaltene Form gewonnen (auch einige Zitate aus Fritz Langs *Nibelungen*, aus Claus Peymanns *Hermannsschlacht*) und sie kultiviert, gleichzeitig jedoch die Gründe verloren, die die Wahl des Textes einmal bestimmt haben müssen. Es fehlt das gedankliche Interpretations-Ziel. Denn daß wir alle nur auf unseren Untergang warten sollen im Namen dessen, der am Kreuz erblich; daß wir hinnehmen müssen, was Welt- oder Gottes Wille, kann doch nicht Steckels (Ein-)Sicht sein? Der Regisseur wird – alle seine Äußerungen zu dieser Inszenierung, alle Programmhefttexte zeigen ja, wie ernst er diese Arbeit nimmt – einen Kommentar zu jener grimmigen Sage, die noch immer Widerhall im Gemüt des Volkes (so Thomas Mann in *Doktor Faustus*) findet, versucht haben. Bloß zynisch-nihilistisch sollte diese Aufführung wohl nicht werden. Und nur schönes Traumspiel hoffentlich auch nicht.

Die Schauspieler, von vielen deutschen Bühnen jetzt in Bochum zusammengekommen, schlugen sich in dieser ersten, noch dazu heikel-gefährlichen Inszenierung wacker. Aber sie wirkten alle dressiert, unfrei, auch Wolf Redl als Hagen Tronje. Jubel im Großen Haus. Das kleine Buh für Frank-Patrick Steckel verlor sich in den Bravos. Der schöne Schein vom häßlichen Sterben, das ästhetisierte Grauen gefiel.

Einen Abend zuvor: Heiteres Geplänkel in den Kammerspielen. Eine stürmische Überfahrt, kein Untergang. Das Schiff, auf dem zwei Autoren, ein Komponist, zwei Schauspieler und ein Steward, den nichts erschüttern kann (die Entdeckung: Armin Rohde), über die Liebe und das Theater, über die Lüge im Leben und in der Kunst improvisieren, diese *Italian Castle* sinkt nicht. Tom Stoppards *Stürmische Überfahrt* (nach Molnárs *Spiel im Schloß*) wird die Bühnen erobern – zumindest in einer gekürzten Fassung, denn der zweite Akt zieht sich mächtig hin – wie zuvor Frayns *Nackter Wahnsinn*. Was dem die Sardine war, ist Stoppard der Cognac. Also: Seichtes in der Brandung, ein Boulevard-Spektakel, ein Kassenfüller. Hübsch von B. K. Tragelehn inszeniert.

»Bo bleibt Bo« verheißt die Programmvorschau des Schauspielhauses. Die Theatermacher versprechen Kontinuität und meinen

Peymann. Die Zuschauer der ersten beiden Aufführungen jubilierten zwar, als sei Bo Bo geblieben; Zweifel sind vorerst noch angebracht: Der Anfang sollte nicht schon das Ende sein.

Jeanne, unvergeßbare Zerline

Klaus Michael Grüber inszeniert Hermann Brochs *Die Schuldlosen* am Théâtre des Bouffes du Nord in Paris

Mitten in den Proben hatte sie die Rolle hinwerfen wollen, geängstigt von der großen Freiheit, die Klaus Michael Grüber ihr gelassen hatte. Doch dann machte sie weiter, suchte mit ihrem Regisseur nach der »Metamorphose des Lebens«. Die »schmerzensreiche Arbeit« – so die Moreau – hat sich gelohnt. Sie wußte es gewiß, als sie sich, einen Blumenstrauß im Arm, fast schüchtern verbeugte; wußte, daß sie es geschafft, daß sie gefunden, was sie gemeinsam mit Grüber gesucht hatte: »die Terroristin der Liebe«, Zerline, Hermann Brochs Geschöpf aus dem Roman *Die Schuldlosen.*

Tout Paris – Schauspieler, Regisseure, Intendanten, Festivalchefs, selbst Kulturminister Léotard, dessen Absetzung viele französische Theatermacher zwei Tage zuvor während einer Demonstrationsveranstaltung gegen die Subventionskürzung gefordert hatten –, sie alle, dazu die Witwe Brochs, Edith Clever und Hans Jürgen Syberberg, sie feierten die triumphale Rückkehr von Jeanne Moreau zum Theater.

In das Halbrund im Théâtre des Bouffes du Nord, zu Füßen der Zuschauer im ansteigenden Parkett und in den Rängen, in einen, einer Apsis nicht unähnlichen Raum, strömt aus der Tiefe, einem mit einer Jalousie verdunkelten Fenster, Proustsches Mittagslicht. Auf ein Bett und eine Chaiselongue, auf Monsieur A., der gedankenverloren döst, und auf einen runden Tisch. Darauf ein Tuch, dessen Farben – weiß, rot, schwarz – wie Wellen ineinanderfließen und schon Zerlines Geschichte erzählen, die Geschichte der schönen Magd, die, rein, sich durch ihre Liebe schuldig macht, verletzt und tötet. Auf dem Tuch eine Vase mit wenigen langstieligen Blumen, ein Kartenspiel, ein Teller mit grünen Äpfeln, ein Aschenbecher. Wir kennen diese Fleurs-et-Pommes-Motive, diese Stilleben der Impressionisten.

Ein heißer, fauler Tag. Die Glocken schlagen Mittag. Plötzlich öffnet sich die Tür, herein schleicht Zerline, fragt, ob Monsieur A. schlafe. Hanns Zischler verneint. Langsam nimmt Jeanne Moreau den Raum ein, geht zu dem Tisch, wischt, als wäre sie nur gekommen, nach dem Rechten zu schauen, mit einem Tuch über die Rükkenlehne des Stuhls. Dann setzt sie sich, streicht den Rock des schwarzen Kleides und die weiße Schürze gerade. Vorsichtig, während sie welke Blätter vom Tisch aufsammelt, einige andere von den Stielen zupft, beginnt sie zu sprechen.

Nein, Jeanne Moreau hat keine Ähnlichkeit mit dem von Broch beschriebenen »Altweiberkopf«. Eine schöne Sphinx ist sie. Jedes Lächeln birgt ein anderes Geheimnis; doch ihr Körper gibt die Gedanken preis. Sie denkt an den einen Mann, den sie liebte, und an den anderen, den sie begehrte. Und an die Frau, die sie haßt, die sie zerstören will. Zum einen, weil diese Frau – »elle«, raunt die Moreau angewidert und herablassend – ihr den Mann weggenommen hat, eben jenen Baron, der für sie unerreichbar war, sich nicht einmal zu einem Abenteuer mit ihr herabließ. Zum anderen, weil Zerline anstelle des Barons Rache üben will für Verrat. Die Baronin nämlich hat von Juna, einem Don Juan (so simpel ist Brochs Verschlüsselung), ein Kind empfangen, eine Tochter, die der Baron zeitlebens für sein Geschöpf hielt. Solange bis Zerline, Geliebte des Juna, ihm die Korrespondenz ihres Liebhabers mit der Baronin zuspielte. Doch der verratene, zur Erkenntnis gezwungene Baron, Gerichtspräsident, macht davon keinen Gebrauch. Er, inzwischen Richter über den des Mordes an seiner Dauergeliebten, einer dritten Frau, angeklagten Juna, nutzt Zerlines Beweise, weder den Nebenbuhler dem Henker auszuliefern, noch rächt er sich an seiner Frau. Er stirbt einfach. »An gebrochenem Herzen«, wie Zerline nun weiß. Sie selber hält noch der Haß und die Liebe am Leben. Nur ein Ziel bleibt ihr, die Tochter der Baronin zumindest zum wahrhaftigen Kind des Barons zu erziehen: »So habe ich sie erzogen zur Schuldabbüßung.«

Zerline steht auf. Ihre Beichte ist zu Ende. Die Visionen einer großen Liebe erloschen. Ein wenig müde setzt sie Fuß vor Fuß, stellt Monsieur A. noch einen geschälten, geviertelten Apfel auf die Chaiselongue und verabschiedet sich lächelnd. Höflich wie eine Zofe.

Breitbeinig, die Hände im Schoß, lächelt Jeanne Moreau, wenn die Bilder der Vergangenheit vor Zerlines Augen wiedererstehen. Fast lüstern benäßt sie mit der Zunge ihre Lippen, wenn sie von Juna spricht. Insistierend, als könne sie sich nicht abfinden mit dem Lauf ihres Lebens, klopft sie mit dem Zeigefinger an die Mauer ihrer weißen Zähne, als verlange sie Einlaß in die Höhle ihres Mundes. Manchmal beißt sie sich auf die Lippe, als brauchten die schmerzlichen Bilder körperliche Folter. Oft zieht sie die leicht herabgefallenen Mundwinkel hinauf. Dieses Schmollen signalisiert bei Jeanne Moreau Triumph, Genugtuung, einmal gar Ekstase. Sie erinnert sich an den Moment, als sie auch noch die Scham vor Juna abstreifte wie ein Kleid: »Am Abgrundsrand sind wir gemeinsam als einziges Wesen gestanden während jener Nächte und Tage«, sagt sie und zieht gleich darauf aus dem langen Ärmel ihres Kleides ein Taschentuch. Zerline schneuzt, sie will nicht weinen: »Und doch hab ich gewußt, daß es schlecht war.«

Klaus Michael Grüber hat mit Jeanne Moreau einen Rhythmus für diesen, von Monsieur A. nur ganz selten unterbrochenen Monolog gefunden, der kein Weghören, Sich-weg-Denken möglich macht, so dicht und so gespannt ist er. Niemand kann aus Zerlines Leben fortschleichen, Jeanne Moreau hält uns bei dieser Frau, weil sie selbst ganz bei Zerline ist. Nicht etwa so wie russische Starschauspielerinnen, die ihre Rolle annehmen bis zur Selbstentäußerung, die Moreau spielt bewußt noch die Zerline, aber sie vermag daneben auch sich selbst zu zeigen: Wir ahnen – und vielleicht war dies das Schmerzhafte bei der Arbeit –, daß Jeanne Moreau auch so eine Terroristin der Liebe ist. Niemals aber wird dieser Monolog melodramatisch, wozu er rasch verkommen könnte. Die Künstlichkeit des Raumes (Francis Biras) und Jeanne Moreaus Distanz verhindern, daß aus dieser Erzählung ein Dreigroschenroman wird.

Den Kopf in die rechte Hand gestützt, in der linken die Spielkarten, schaut Jeanne Moreau in die Vergangenheit und findet, als grabe sie in ihrem Hirn Schneisen zum Herzen, die Gewalt der Liebe. Die braunen Augen schauen groß nach innen. Der geschlossene Mund lächelt traurig. Sie denkt wahrscheinlich »oh, les beaux jours« und sagt: »Mit dem Vergessen füttern wir die Zeit, füttern wir den Tod, aber das Unvergeßbare ist ein Geschenk des Todes an uns, und in dem Augenblick, da wir es empfangen, sind wir zwar noch hier, wo wir gerade stehen, und sind doch schon zugleich dort, wo die Welt ins Dunkle stürzt.« – Jeanne Moreau und Klaus Michael Grüber stürzen uns in dieses Dunkel. Hinab in ein Zukunftsstück. Hinab in die Liebe.

Tränen in den Augen, steht sie vor uns. Den Blumenstrauß an die Brust gedrückt, dem Jubel ausgesetzt. »Merci«, flüstert sie und macht einen Zofenknicks. Jeanne Moreau als Zerline: auch dies ein Geschenk des Todes an uns.

1987

Frauenkämpfe als Schau-Spiele

Thomas Schulte-Michels inszeniert die deutschsprachige Erstaufführung von Jane Bowles' *In the Summer House* am Bayerischen Staatsschauspiel in München

Tennessee Williams und Harold Pinter halten sie »für den größten englischschreibenden Autor unseres Jahrhunderts«, und Williams fügt in seinen Memoiren hinzu, daß es sich bei Jane Bowles' »merkwürdigerweise unterschätztem Theaterstück *In the Summer House* um ein dramatisches Werk von tiefem Gefühl« handelt, »durchsetzt mit Janes treffsicherem, nie versiegendem Humor«.

Die wie Wölfe aufheulenden Buh-Rufer, die Regisseur Thomas Schulte-Michels nach der deutschsprachigen Erstaufführung des *Gartenhauses* im Münchner Residenztheater niedermachen wollten, ihm auch noch ihren Zorn auf die 1973 gestorbene Autorin zumuteten, sie mögen vielleicht gut zugehört, aber gewiß nicht hingesehen haben. Zwar ist dieser Text nicht so großartig, wie Williams beteuert (was nicht an der Übersetzung von Friederike Roth liegt), doch für dieses wütende Geschrei gab es nach den bejubelten Desastern in diesem Theater, nach vielen anderen widerspruchslos hingenommenen Seltsamkeiten dieser Spielzeit am Bayerischen Staatsschauspiel wirklich keinen Grund.

»Frauen sind unergründlich, mysteriös – und unanständig«, schrieb die Bowles, die, verheiratet mit dem Komponisten und Schriftsteller Paul Bowles, Frauen liebte und ihre Leidenschaften und Wünsche exzessiv lebte, in New York, Tanger und anderswo. Wen wundert's, daß sie immer wieder Geschichten von Frauen erzählt. Auch in ihrem einzigen Theaterstück *Im Gartenhaus.* Sie zeigt darin Stationen von Frauen, nicht deren psychologische Entwicklungen; stellt tumbe Männer vor und Frauen, die es nicht sind; demonstriert in fünf Szenen, daß sie recht hat. Auch was das »Unanständig« angeht. Bewußtlos, dumm vegetieren, fressen und träumen die beiden einzigen Männer in diesem Text vor sich hin, während um sie herum Mutter-Tochter-Kämpfe und Frauen-Clinchs um Liebe, Abhängigkeit und Freiheit (auch von Männern) wüten. Wir wissen früh schon, daß hier alle irgendwie aneinandergekettet sind, in einer seltsamen Haßliebe voneinander abhängig. Nichts ändert sich daran bis zum Schluß. Keine Frage, eine Aufführung könnte arg langweilig werden.

»Es gab viele Dinge, die ich dir sagen wollte, bevor du gingst, und nun werde ich sie nie mehr sagen«, schrieb Paul Bowles 1975 in einem Gedicht. Ein Bekenntnis, das alle Frauen in diesem Stück einander machen könnten. Denn sie alle äußern nicht, was sie denken, was sie wirklich wünschen – zumindest nicht mit Sprache. Vielleicht weil die Welt ohnehin in Worten erstickt, verweigert Jane Bowles ihren Frauen Dialoge. Sie reden nur dann, wenn sie trunken sind wie Mrs. Constable, die nach dem Tod ihrer Tochter sich im Alkohol verliert und dabei findet.

Statt der Worte haben diese Frauen Zeichen, Haltungen, die Jane Bowles genau beschreibt und die die Figuren erklären. Und das kann eine Aufführung spannend machen. Ihre Sehnsucht nach Liebe, nach Zuneigung, die zu erfüllen sie nicht die Männer suchen, die ihnen nicht mehr bedeuten als Geld oder Flucht vor unangenehmer Arbeit, sondern beieinander, miteinander: Diese Sehnsucht wird Haltung. In zärtlichen Blicken zum Beispiel, die Erwiderung heischen und nicht gewinnen. In Händen, die streicheln wollen, aber zurückgewiesen, in Küssen, die wie eine Strafe geduldet werden. Manchmal giert der ganze Körper dieser Frauen danach, liebkost zu werden. Aber die Angst, in diesem gefährlichen Spiel Verliererin zu werden, Scham auch, verhindern Liebe. Es gibt nur Lieb-Haben. Besitz, Macht, Kampf. Schließlich warten alle allein noch auf das Leben, während es an ihnen vorbeizieht. Sie versäumen es, die Jungen und die Alten.

Es ist nicht wichtig, wie sie heißen, wer sie sind, was sie machen. Und daß Molly, Gertrude Eastmanns Tochter, Vivian, die Tochter von Mrs. Constable, vom Felsen ins Meer wirft, weil sie in diesem lebenshungrig aufgeweckten Mädchen eine Nebenbuhlerin bei ihrer Mutter sieht, ist auch nicht wichtig. Jane Bowles' Dramaturgie ist offen, die Geschichte unfertig. So sehr, daß es drei Versionen für den Schluß gibt: Molly verläßt die Mutter, die von ihrem Mann und dessen mexikanischem Familien-Clan zurückkehrt, und zieht mit ihrem schwachen Lionel fort. Die zweite Version: Molly begeht Selbstmord. Und die dritte: Molly geht mit ihrer Mutter. Die erste Version ist die endgültige. Doch Thomas Schulte-Michels spielt auch diese nicht, das Ende bleibt seltsam unklar. Molly läuft Lionel hinterher. Erst nach langem Zögern und ohne ihn zu rufen. Vielleicht sucht sie den Tod im Meer.

Überhaupt läßt der Regisseur dem Zuschauer viel Freiheit. Er legt nur Fährten, denen zu folgen sich lohnt. Er webt ein Netz, in dem die Frauen wie Spinnen auf ihre Beute lauern, tückisch, egoistisch und »unanständig«. Das Netz hält, die Inszenierung hält das Stück aus.

Zum einen, weil Schulte-Michels' Bühnenbildnerin Susanne Thaler ohne Realismus auskommt. Sie gestaltete eine ansteigende Spielfläche mit einem Rundhorizont, einen großen offenen Raum. Dieser Platz ist Garten mit Sommerhaus (nicht mehr als ein Versteck hinter einem riesigen Plakat), Strand und – sparsam möbliert – die Lobsterbar auf einem Schiff, auf dem Lionel und Molly hausen, Karten spielen und die Zeit vertrödeln; auf dem Mrs. Constable ihr Leben wegwirft, »nur so«.

Zum anderen, weil die Schauspielerinnen Schulte-Michels' Netz mitspinnen. Ganz dicht. Susanne Barth als Constable ist großartig zickig bei ihrem ersten Auftritt, als sie sich noch sorgt um ihr »Vögelchen«, die Tochter Vivian (Christine Scherer). Mondän und doch verklemmt, unsicher. Nichts ist echt an dieser Frau. Erst nach Vivians Tod entdeckt sie sich. Die Barth schimpft und philosophiert, immer ein Glas und eine Flasche in der Hand oder am Mund; sie sieht in Abgründe, bettelt um Zuneigung, verkommt in Einsamkeit. Nie wird aus all dem und der schamlosen Angst eine Nummern-Revue. Die Barth ist immer ohne Falschheit.

Christine Buchegger spielt die Gertrude Eastmann: eine herrische, kontrollierte Frau, die von sich selbst behauptet, sie schlage ihrem Vater nach und kenne keine Gefühle. Dabei verbietet sie sie sich nur. Sie bemerkt sehr wohl die Zeichen der anderen, den aggressiven Blick der Tochter Molly, Esther Hausmann: schnippisch, stark wie ein Junge, verletzlich, sensibel wie ein Mädchen. Im großkarierten Männerhemd wartet sie fast lüstern darauf, von der Mutter gerufen zu werden. Ebenso wie das Hüftwippen von Vivian am Strand, erotisches Zeichen an Gertrude. Sie sieht, bemerkt all das – und schaut rasch weg.

Was schließlich zwischen der Barth und der Buchegger geschieht, zwischen diesen grundverschiedenen Bowles-Frauen, ist aufregend, manchmal ungeheuerlich. Schau- und Machtkämpfe werden zu einem Ereignis.

Gewiß kann man von *In the Summer House* sagen, was Gertrude zu dem großen Luftballonpferd bemerkt, das ihr späterer Mann Solares (gefräßig-amüsante Mexikaner-Karikatur: Edgar Walther) und seine Sippe (wundervoll fett und frech: Jenny Lattermann) an den Strand bringt: »Es ist groß, aber ich weiß nicht, was das Ganze soll.« Gewiß verwundert Schulte-Michels' Stückwahl, sieht man darin nicht nur das Wagnis, einmal auszuprobieren, ob aus diesem Unstück ein Schauspiel werden kann. Allein, es bleibt trotz aller Einwände die Freude an diesen Schauspielerinnen und an vielen Momenten großer Spannung, in denen wir sogar die Bowles verstehen: »Ich hatte solche Angst«, sagt Mrs. Constable, »ich weiß nie, wo sie enden wird.«

Triumph der Technik

Robert Wilson inszeniert den zweiten Teil von *Death Destruction* & *Detroit* an der Berliner Schaubühne

Diesmal hatten wir den Applaus wirklich verdient. Robert Wilson, seine Choreographin Suzushi Hanayagi und die 14 Schauspieler der Berliner Schaubühne (darunter Libgart Schwarz, Elke Petri, Peter Simonischek, Branko Samarovski und Ernst Stötzner) dankten uns. Bewunderten uns gar. Wir hatten ausgehalten, vier Stunden, 47 Minuten lang. Hatten uns nicht gedrückt vor den zehn Szenen des 2. Akts, waren nicht in der Pause schon gegangen, obwohl die kleinen Hocker unbequem hart drückten; obwohl die Eisengeländer, die den fast quadratischen Zuschauerraum in viele unregelmäßig, sich durch den Raum schlängelnde Reihen trennten, sich in den Rücken bohrten; obwohl die Zeit lang wurde.

Letzteres erlebten wir oft bei Wilson. Und freuten uns darüber. Diesmal aber nervten die Langsamkeit und die Dauer.

Wilson benutzte die ganze Technik der Schaubühne, doch sie nützte ihm nicht. Im Gegenteil. Drei Bühnen und eine steil ansteigende Treppenwand, einem buddhistischen Tempel nicht unähnlich, läßt er bespielen, so daß der Zuschauer in Not gerät und sich ärgert, daß das Sitzchen sich nicht auch noch drehen läßt. Denn was soll er machen, wenn auf der Tempelseite ein Mann in einem gläsernen Aufzug – Admetos' (*Alkestis*) und Schneewittchens Sarg, technisiert – herunterfährt, ein anderer, auf der obersten Stufe stehend, zu bellen beginnt, während auf den beiden schmalen, einander gegenüberliegenden Seitenbühnen rechts ein kleiner Dicker mit Koffer und im Raincoat (auch das hatten wir schon) über ansteigende und abfallende Stege jongliert und links ein langer Dünner sich von einer Schaukel zur anderen robbt, wobei eine jede, verhängt mit dunklem Stoff, aussieht wie eine Vogelscheuche? Zuerst versucht man, die Halsmuskulatur trainierend, den Kopf über die 180 Grad hinaus zu drehen. Dann gibt man auf, nimmt die 360 Grad in mehreren Etappen mit dem Po, denn schließlich ist auf der Hauptbühne auch viel los:

Eine Frau wühlt auf einer wunderbar geschwungenen Brücke

(oder ist es eine Terrasse oder gar ein überdimensionierter Nierentisch der Fünfziger?) in ihrer großen gelben Tasche. Sie verliert daraus alles, gerade weil sie, was ihr rausfällt, umständlich wieder reinzuschaufeln versucht. Dann schauen zwei Männer von dort herunter, geheimnisvolle Ganoven; einer sieht aus wie Humphrey Bogart auf dem nebligen Flughafen von *Casablanca*. Später liegen hier, wie Schneewittchens Zwerge, zehn gleich, Menschen in langen weiten weißen Nachthemden auf schmalen Pritschen. Sie stehen auf, nehmen jeder eines der zehn Lämpchen, die zu ihren Kopfenden hängen, gehen langsam suchend durch den Raum und legen sich wieder hin. Steh-auf-Zwerge, oder: Das Leben ist eine enervierend banale Wiederholung. Zwischen ihnen, wie versteinert, ein Mensch, auf einen Stock gestützt. Der Herr ist mein Hirte?

Im gleichen Raum baumeln später vom Schnürboden Scheinwerfer herab, die auf- und abblenden, stufenlos, versteht sich. Aus Lautsprechern dröhnt Straßenlärm. Ein chinesischer Drachen, der auf seinem langen, weißen Körper nur Schriftzeichen trägt, nicht so schön bunt ist wie die Neujahrsungeheuer in Hongkong, drängt sich währenddessen hinter den fast regungslosen Schauspielern vorbei, die sich vielleicht in der Taubstummensprache unterhalten. Hin zu dem chinesischen Kaiser, der, viele Speere in seinem Oberkörper, tot umgefallen war. Ein Drache trauert.

Keinem Drachen, sondern einem koketten Panther, wahrscheinlich der Primadonna ihrer Gattung (Greger Hansen), nähert sich ein Ritter, in einer Rüstung, geschlossenen Helmes: Wagners *Parsifal*? Und wie im Bühnenweihfestspiel gibt es in dieser Szene eine Frau, schön wie Kundry, in einem roten Kleid, und einen Leidenden. Einen alten Mann, der in Wilsons Spiel immer wieder auftaucht, eine träumende Leitfigur – ein Alb? Jetzt sitzt er in einem Käfig: Amfortas gefangen.

Noch eine (mögliche) Wagner-Assoziation. Die ganze Gesellschaft wartet, wie Wotans Clique nach Entzug von Freias Apfelspeisung, abgeschlafft und müde, auf Erlösung. Sie kommt irgendwie irgendwo her. Dann spielen Wilsons Geschöpfe Mutter, Vater, Kind; Onkel, Schwester, Tante. Oder sie fallen, erwacht aus einem wundersam schönen Schattentanz, übereinander her, ohne Rücksicht auf die weißen Seidenkleider und Fräcke (Moidele Bickel erfand die Kostüme), oder sie zeigen Krieg. Überall ballert, brüllt und stürmt es. Der Mann auf der Bühne aber, ein Maschinengewehr geschultert, rührt sich nicht, schiebt Wache wie Lehárs Soldat am Wolgastrand. Dabei steht er in einer Papierfetzenwüste, durch die neugierig schnuppernd, mal auf allen vieren, mal akrobatisch nur auf zwei rosa Beinchen, eine weiße Maus strolcht. Die ist echt. Die andere zuvor, ein Riesending mit roten Augen, so groß wie Golfbälle, war Attrappe. Der Bär war wiederum keine. Er nimmt nicht die Stufen der Mauer, er läuft auf der Wand entlang, schwerelos, im rechten Winkel, Greger Hansen angeseilt.

Robert Wilson bietet alles im Überfluß: Bilder, Geräusche, Texte (viel Kafka). Allein, der Zauber der Münchner *Golden Windows*, des Kölner Teils von *CIVIL warS* stellt sich nicht ein (auch nicht jener der ersten Folge von *Death Destruction & Detroit*, von der diejenigen schwärmen, die sie gesehen haben). Dieser Zauber ist der Technik gewichen. Die Kraft der Schauspieler der Zuverlässigkeit von Maschinen. Libgart Schwarz' »Huch!« und der rasche, marionettenhafte Reflex des Armes, der, die Hand emporgestreckt, dem männlichen Gegenüber Schweigen gebietet, ist weder so perfekt, wie es Maria Nicklischs Körperreaktionen waren, noch – schon gar nicht – so exakt terminiert wie die Bewegung der schwarzen Wände, die statt eines Vorhangs den Zuschauer am Blick auf die Bühnen hindern oder ihn zwingen, in lange schmale Schlitze zu sehen, hoch über dem Boden.

In einer dieser ungewöhnlich stark verengten Breitwand-Bühnen tippt die rote Frau auf einer Schreibmaschine, während vor ihr auf dem Tisch in einer Schale ein Feuer brennt, als sei es ein Brandopfer. In dem anderen Bühnenspalt schwebt ein fliegender Teppich mit einem Mann darauf, der während seines Fluges langsam ein Spruchband entrollt: »Landschaften gehen durch mich hindurch Fluß Meer Wüste Sand in meinen Adern schwanger von TOD«. Gegenüber schließlich staksen zwei übergroße Herrenschuhpaare auf dünnen Stelzen ins Nirgendwo.

Gemalte weiße Mauerwände wachsen in Sekundenschnelle aus dem Boden; schwarze Boxen senken sich in Minutenlangsamkeit über Schauspieler. Grabkammern öffnen und schließen sich. Überall Extreme: Zeitraffer und Zeitlupe, Geräusche werden verzerrt oder verstärkt, so sehr, daß zum Beispiel das Spülen und Abtrocknen eines Tellers sich anhört wie Zerstörungsarbeit, als beginne der Krieg alle Tage in der Küche. Aus einer Deckenluke über dem Zuschauer regnet es weiße Papierschnitzel. Und der alte Jude mit dem weißen Rauschebart, Rabbi und Schächter zugleich, schaut auf uns herab wie von einem Deckenfresko. Der Hirte?

Ein Triumph der Technik, der Effekte. Die Geschichten aber, die Wilson bisher so ausufernd und dennoch stringent, gespannt zu erzählen vermochte, sie sind geschrumpft zu einem Filmbilderbuch: bunt, beliebig, belanglos. Nur Sequenzen zum Thema Gewalt, keine Dichte, keine Einheit. Jedes Bild: ein Schnitt. Die Simultanbilder: eine Totale im Schwenk. Die Sehschlitze: ein Zoom der Großaufnahme. Wilsons Kunst, sein phantastisches, unwirkliches und zugleich irritierend reales, böses Tagträumen, das mit den Mitteln des Theaters dem Zuschauer die Geistesfenster öffnete zu den eigenen Assoziationen, hat die Überzeugungskraft verloren. Daß Wilson sich zitiert; daß er in seinem Eklektizismus nicht vor sich selbst haltmacht; daß wir wiedererkennen, was wir schon gesehen; daß wir schon gesehen zu haben glauben, was neu ist: All das verwundert nicht. Ist schon gar nicht ärgerlich. Aber Wilson, der inzwischen fast ubiquitär träumt, seine Versionen überall ausstellt und gut verkauft, der produziert, als arbeite er in einer Factory nach Warhol-Vorbild, er merkt dabei leider nicht, wie sehr er sich verausgabt. Diesmal fand der Sensible unter den Theatermachern weder einen Rhythmus noch eine Dramaturgie, noch eine Einheit. Seine visuellen und akustischen Zeichen entwickeln sich nicht, sie wuchern. Dann aber werden aus Bildern keine Metaphern, sondern Wirrnis. Und die ist ärgerlich.

Vielleicht sollte Wilson, anstatt (sich) jetzt gleich wieder zu inszenieren, anstatt alte Bilder mit neuen Effekten zu dekorieren, lieber Walnüsse kaufen und spazierengehen. »Das hilft beim Denken« – diesmal Wilsons letztes Wort.

Schlomo und Adolf im Blutgassen-Asyl

George Tabori inszeniert die Uraufführung von *Mein Kampf* am Akademietheater in Wien

»Nur fettgefressen hast du dich, hast nichts gelesen, nichts gelernt«, wirft der Rabbiner dem dicken Juden vor. Widersprechen kann der nicht, aber erklären: Er hat seinen dünnen Freund einst brennen sehen, an einen hohen Baum geknüpft, angezündet von Christen. Kümmerlich verglühte dieser Dünne. »Ich will lange brennen und hell, um es den Feinden zu zeigen, und zur Ehre Gottes. Eine Fackel des Glaubens. Deshalb esse ich so viel.« Diese chassidische Geschichte hat Elie Wiesel erzählt.

George Tabori erzählt am Ende seines neuen Stückes *Mein Kampf*, das im Wiener Akademietheater uraufgeführt wurde, eine andere: Lobkowitz, der entlassene Koch eines koscheren Restaurants, ißt ein Hühnerschnitzel, das er mit den Händen zuvor auseinandergerissen hat, und bittet seinen Freund Schlomo Herzl, der zum Kaddisch, dem Totengebet, den Rest des von Nazi-Schergen als Zeichen für den bevorstehenden Judenmord geschlachteten Huhns säubert und zur Ruhe betten will, er möge es ihm gleichtun. »Iß, Schlomo!« sagt Lobkowitz, »das gibt Kraft. Wenn die Schonzeit vorbei ist, werden wir die Kraft brauchen.«

Diese letzten Sätze – sicher auch Anspielung auf den Fassbinder-Streit in Frankfurt und Günther Rühles Prozesse –, sie stehen nicht in dem Stück. Sie stehen auch nicht in der Erzählung *Mein Kampf*, die Tabori (oft wörtliche) Vorlage ist für diese fünf Akte. Schlomo beißt in das rohe Fleisch der Henne, speit es aber sofort wieder aus, angeekelt. Aus dem Widerwillen wird Trauer. Während Lobkowitz kaut, fängt Schlomo zu weinen an.

George Tabori, der Autor, der Regisseur, er spielt, weil Hugo Lindinger erkrankte, auch den Lobkowitz, den Koch, der, irr, glaubt, er sei der Ewige; der aus der Realität in den Raum flüchtet, in die Farce. Flüchtet aus der Gegenwart in die Vergangenheit, um die Gegenwart in einer verrückten Geschichte wiederzufinden.

Lobkowitz ist nur am Anfang und am Ende auf der Bühne. Er verläßt sie und hört auf, mit Schlomo, dem Buchhändler, das Spiel von Gott und den Menschen, die Patsch-Fall-Mechanik zu vervollkommnen, als Adolf Hitler aus Braunau am Inn sich im Wiener Männer-Asyl etabliert. Lobkowitz kommt wieder, kurz bevor Adolf, inzwischen Schlomos Ziehkind, das Asyl in der Blutgasse verläßt und der Untergang beginnt.

Einen mickrigen Auftritt hat der blonde Österreicher mit den braunen Kniebundhosen und dem Hüterl. Langsam, ängstlich steigt er die Treppe hinab, die aus dem Schnürboden in den leeren, bis zur Brandmauer aufgerissenen Bühnenraum führt. Dort, wo die Betten der Heimatlosen stehen müßten, gibt es nur unterirdische Verliese, Gräbern nicht unähnlich (Bühne: Marietta Eggmann), aus denen in zwei Szenen Männerköpfe schauen.

Das erstemal, als Hitler, abgewiesen von den Professoren der Kunstakademie, seinem Vertrauten Schlomo, der ihm zur Politik statt zur Malerei geraten hatte, erklärt, daß er nun die ganze Welt will.

Das zweitemal, als Frau Tod, die laszive Schöne, im hautengen, langen weißen Kleid unter schwarzem Cape, diese namenlosen Männer zum Tanz auffordert und sie totküßt, totkost.

»Ach«, hauchen die Verurteilten – und sind erlöst. Frau Tod, die Schwäbelnde (Sonja Sutter), fleddert die Leichen, nimmt sich einen Gürtel, eine Kappe, einen Handschuh. Aber sie ist nicht gekommen, diese Armen zu befreien, auch an der kleinen Beute ist sie nicht interessiert. Sie will Hitler. Doch beileibe nicht tot. »Als Leiche, als Opfer ist er doch absolut mittelmäßig. Aber als Täter, als Sensenknabe, als Würgeengel, als Massenmörder – ein Naturtalent.« Frau Tod sucht einen effizienten Kompagnon. Mit einem Kuß, an dem Adolf naturgemäß nicht stirbt, nimmt sie ihn sich. Eine teuflische Vermählung, »der Anfang einer wundervollen Freundschaft«, zitiert Frau Tod den Bogart und steigt, ihren Arm in Adolfs gelegt, die Treppe hinauf.

Die Schonzeit ist zu Ende. An der weißen Mauerwand prangen braune Hakenkreuze, die Hitler-Freunde, blonde junge Männer in kurzen Lederhosen, aufgeklebt hatten, während Lobkowitz mit seiner Zahnbürste den Boden schrubben mußte; während Hitlers Intimus Heinrich Himmlischst (Heinz Zuber) die Henne tötete, die Schlomo von seiner jungen Christenfreundin Gretchen geschenkt bekommen hatte.

»Seit ich auf die Juden erst einmal aufmerksam wurde, erschien mir Wien in einem anderen Licht als vorher. Wo immer ich ging, sah ich Juden (...). Ich begann sie allmählich zu hassen«, schreibt Adolf Hitler in seinem *Mein Kampf*, erinnert sich an »die schwerste, wenn auch gründlichste Schule« seines Lebens, als er im Meidlinger Obdachlosenasyl und im Männerheim im XX. Wiener Bezirk lebte, zwischen 1908 und 1912.

»Ich hätte es wissen sollen, aber es macht nichts, dies sind meine Lehrjahre; als ich im Stechschritt aus von Kropfs Büro marschiert war, habe ich Zuflucht in einem nahegelegenen Kaffeehaus gesucht, einer rauchgeschwängerten Lasterhöhle, und meine Augen öffneten sich weit, und da habe ich gesehen die Shylocks, schwarze Pechvögel mit schmierigen Pelzen und Kaftanen, keine Freunde von Wasser und Seife, ihren Achselhöhlen entströmte ein Gestank dampfender Wollust, während sie ein christliches Baby-Schnitzel herunterschlangen«, beschreibt Adolf Hitler in Taboris *Mein Kampf* seine ersten Wiener Begegnungen mit den Juden.

Gewiß, Taboris Farce, für die Stanley Walden die Musik (Wagner-, Klezmer-Anklänge, Songs) komponiert hat, erzählt, zuweilen höchst jüdisch-witzig, manchmal auch kalaurig, die Geschichte vom Beginn des Hitlerschen Antisemitismus. Aber Tabori interessiert nicht die historische Wirklichkeit. Er zeigt das seltsame, liebevolle Verhältnis zwischen Schlomo Herzl und dem unreifen, hysterischen Macht- und Mutti-Bubi Hitler (Günter Einbrodt spielt die Kümmerlichkeit, den Größenwahn, auch die Liebe mit allen neurotischen Brüchen), um den sich der Jude sorgt, den er, wie Mime den Siegfried, bekocht und pflegt, dem er gar die Schuhe putzt – übrigens mit dem Mieder von Hitlers Mutter, das der Sohnematz in seinem Koffer mit nach Wien gebracht hat.

Tabori zeigt Haß-Liebe, zeigt Henker und Opfer, verstrickt, verloren. Und er entlarvt den utopischen schlomoschen Überlebensglauben, Kultur könne Verbrechen verhindern, als beschönigenden Wahnsinn. Schlomo, der Lügner; Schlomo, der Dichter, der nur noch zynisch, spöttisch über die eigene Vergangenheit, den Mord an seiner Mutter und seinem Vater sprechen kann, wenn er nicht an der Wahrheit verzweifeln will; er, der in sein Buch, dessen Titel er schon weiß, nämlich *Mein Kampf*, nur einen Satz zu schreiben vermochte, den Märchenschluß, die Lobkowitz-Erkenntnis: »Und wenn sie nicht gestorben sind, dann leben sie noch heute« – er irrt, wenn er meint, seine Liebe werde belohnt.

Zwar hat er nicht mehr geschrieben als eben dies, aber er weiß mehr von Hitler. Er kennt dessen Neurosen, hat dessen Obsessionen erlebt, Hitlers künstlerischen Niederlagen mitbekommen. Schlomo hat gesehen, wie Gretchen, die erst ihren schönen, nackten Körper ihm, dem häßlichen Juden, zur Schau stellte, dann dem blonden hysterischen Tropf verfiel, schließlich doch zu ihm, dem Juden, zurückkehrte, Hitler einen Korb gab, nachdem der zusammen mit dem Himmlischsten die Henne geschlachtet hatte. Schlomo muß für sein Wissen bestraft werden. Er hofft vergebens. Sein Feind schenkt keine Liebe, er rächt sie.

»Wenn ihr beginnt, Vögel zu verbrennen, werdet ihr enden, Menschen zu verbrennen«, sagt Schlomo. »Brauchst du weitere Argumente?« fragt Hitler. Schlomos Antwort: »Nein.« Aber er versucht noch einmal zu philosophieren: »...vielleicht liegt der Sinn der Dichtung in der Unterhaltung des Bösen, vorausgesetzt, man hält sie wach (...). Wenn das Ende nicht glücklich sein kann, soll es wenigstens zum Kichern sein.« Schon tanzen alle Walzer. Tabori verlacht das Böse – verzweifelt, weise, spöttisch.

Eine wundersame, wundervolle Aufführung, in deren Mittelpunkt Ignaz Kirchner steht: Schlomo, der Jude; Schlomo, der Intellektuelle; Schlomo, der Angsthase; Schlomo, der Gottesfürchtige (kaum denkt er nur an Kamasutra, dröhnen ihm schon die göttlichen Straftrompeten); Schlomo, Hitlers Ersatz-Mami; Schlomo, das Opfer, das nicht zum Märtyrer taugt, nicht zum Verfolger. Schlomo, der Liebende, Gretchen und Hitler verfallen. Er wetzt zwar das Rasiermesser genüßlich am Ofenrohr, rennt auf Hitler zu, den er überall eingeseift hat, springt auf die Rückenlehne des Sessels, grapscht die kurze Hitlernase und setzt die Klinge dem Widerling an die Kehle, aber dann nimmt er Adolf doch nur die mickrigen Bartstoppeln und nicht das Leben. Schlomo liebt die Menschen zu sehr.

Ignaz Kirchner schlurft wie der Ewige Jude. Einer, der an 2000 Jahren Verfolgung leidet, seinen Stolz jedoch nicht verloren hat, denn er kann mit Worten spielen, täuschen, sich in Sprache retten, auch wenn am Ende in dieser Welt nicht das Wort, sondern die Tat richtet. Kirchner zerknittert sein Gesicht immer wieder neu: Ekel und Langeweile, Enttäuschung, Zynismus, Trauer, Geilheit und Zuneigung werfen verschiedene Falten. Seine Hände kommentieren, wenn der Mund schweigt. Spricht er, dann hören wir den schon besiegten Juden trotzig, aufmüpfig murmeln. Und wenn er weint, dann glaubt man diesem Schlomo, daß er seit 2000 Jahren nichts anderes tut.

Kirchner, das hübsche Gretchen (Leslie Malton), Sonja Sutter, Heinz Zuber und Günter Einbrodt wurden gefeiert. George Tabori schlug Jubel entgegen, eine Viertelstunde lang. Für sein Stück, seine Inszenierung, die nie ihre Spannung, den Zusammenhalt verliert, nicht auseinanderbricht, obwohl sie gefährlich hin- und herpendelt zwischen Witz und Erschrecken, Stille und Clownerie – und für seinen Lobkowitz. Wie Tabori den Kopf hinunterneigt, zu einem Hitler-Blatt, dessen Titel »Hund im Zwielicht« heißt, wie er dann, nicht etwa arrogant, sondern mit kindlicher Freude, leise überrascht, »da ist er ja!« nuschelt, das wird man kaum vergessen können.

Über dem Bühnenportal steht das Hölderlin-Zitat, das Tabori sowohl seiner Erzählung als auch seinem Stück voranstellte: »Immer spielt ihr und scherzt? ihr *müßt*! o Freunde! mir geht dies in die Seele, denn dies müssen Verzweifelte nur.« *Mein Kampf* ist ein Spiel gegen die Verzweiflung mit der Verzweiflung, ein Liebes-Spiel, ein Täuschungs-Spiel, ist Aufklärung. Und – auch dies! – George Taboris Glaubensbekenntnis.

Freyers Bretter – Kantors Visionen

Achim Freyers *Der gestreckte Blick* und
Tadeusz Kantors *Die Liebes- und Todesmaschine*:
zwei Uraufführungen auf der documenta 8 in Kassel

Theater zur documenta 8: Manfred Beilharz, Kasseler Staatsintendant, auf der Suche nach dem Gesamtkunstwerk und dem Geld, das diese theatrale Spurensicherung kostet. *Spiel Räume* heißt das Zusatzprogramm – und die Kasseler Stadtväter, die zunächst wohl bereit gewesen sein müssen, das Projekt großzügig zu fördern, mögen, so Beilharz, plötzlich nicht mehr. Dennoch zeigt er mutig im Opern- und Schauspielhaus Gastspiele und Eigenproduktionen. Er begann mit Peter Löschers Beckett-Abend, dem eine Achim-Freyer- und eine Tadeusz-Kantor-Uraufführung folgten.

Im ersten Band des documenta-Katalogs formuliert Beilharz Absicht und Ziel dieser neuen Einrichtung und wagt eine kühne These: Das Theater der Zukunft sei »vielleicht« das »Theater der Maler und bildenden Künstler«. Tadeusz Kantor, ausgebildeter Bühnenbildner, berühmt geworden als Regisseur und weniger als Zeichner oder Schöpfer von Emballages, ist dafür kein sonderlich glückliches Beispiel, denn er war von Beginn an Theatermacher und seine weitgehend nonverbale Bühnenform stets Schauspiel, nicht etwa lebendes Bild. Kantors Arbeiten sind weiter von manchen Erfindungen Robert Wilsons entfernt, als Beilharz glaubt.

Für Achim Freyer mag Beilharz' Behauptung zutreffen, wenngleich der Künstler mit seiner jüngsten Inszenierung das Theater lichtjahreweit zu fliehen scheint. Obwohl es im Dunkel auf der schwarzen Bühne hübsch leuchtet. Freyer benutzt Menschen (Schauspieler?) wie Roboter, wie höchst disziplinierte Techniker, wie in ritualisierte Bewegungsabläufe gezwungene Bühnenarbeiter.

Zu einem gleichmäßigen, elektronisch hergestellten Summen schieben, hieven, heben, tragen sechs Figuren in Schwarz, bezeichnet mit den Buchstaben a, b, j, P und den Zahlen 2 und 5, auf einer ziemlich steil ansteigenden Fläche schmale, verschieden lange Latten, deren eine Seite schwarz, deren andere weiß ist und, ultraviolett beleuchtet, blau oszilliert. Die schwarzen Männer und Frauen formen mit diesen offenbar sehr leichten Brettern erst auf dem Boden, dann auch in der Luft, von geradezu Handkescher Langsamkeit beseelt, geometrische Gebilde. Schaffen aus der Fläche Raum, fast so, wie Freyer im Titel dieser 85minütigen Performance (?) angekündigt hatte: *Der gestreckte Blick oder Die Krümmung der Fläche zum Raum.*

Es wird gezogen, geschritten, geturnt und balanciert, mit und ohne leuchtenden Ballast: Allein der Blick des Zuschauers wird nicht gestreckt, nicht erweitert. Geduldig wartet er auf das Ende (viele verließen schon frühzeitig den zu diesem Zeitpunkt wohl noch nicht gestreckten Blick); freut sich über eine kleine Überraschung, eine orangefarben reflektierende Gerade, und bewundert die Präzision, mit der es eine aus dem Schnürboden herabgelassene Stoffbahn, rot angestrahlt, zu immer neuen Flächenformen mutiert.

Achim Freyer saß im Parkett und beobachtete scharf, daß jedes Ding an seinem Platz war. Tadeusz Kantor ist immer mit auf der Bühne und paßt auf, bei allen Aufführungen seines Theaters ›Cricot‹: als erster, wichtigster Zuschauer, als Dirigent, als Regisseur. Nie zuvor aber habe ich Kantor so gespannt, so engagiert (und nervös) erlebt wie während dieser Uraufführung von *Die Liebes- und Todesmaschine*, die er mit Unterstützung der Städte Mailand und Palermo produzierte, wo diese Produktion im Juni und Oktober zu sehen sein wird. Kantor, links an der Rampe sitzend, später, nachdem »die Unbekannte«, ein blonder Vamp im hautengen schwarzen Trikot, ihm den rollenden Thonet-Stuhl weggenommen hatte, stehend, sich weit in den Bühnenraum, das Spiel wagend, er schlägt mit dem Zeigefinger der rechten Hand den Takt der Musik, gibt dem Tontechniker vor den zwei Tonbandgeräten seinen Einsatz; er flüstert, winkt, spielt vor. Kantor ist das eigentliche Erlebnis an diesem Abend.

Dieser Künstler, der 1959 an der documenta 2 teilgenommen hatte, bleibt sich treu, demonstriert, 72 Jahre alt, noch einmal bei erleuchtetem Zuschauerraum, daß sein »Theater des Todes« Spiel ist, mit Schauspielern hergestellte Kunst-Projektion seiner Gedanken und Erinnerungen, obwohl er diesmal einen fremden literarischen Text als Vorlage benutzt: Maurice Maeterlincks symbolistisches Drama *Der Tod des Tintagile*. Kantor kehrt mit dieser Arbeit zu seinen Anfängen zurück und schlägt gleichzeitig den Bogen zur Gegenwart. 1937 inszenierte er dieses Stück zum erstenmal, im Studentenklub der Krakauer Akademie der Schönen Künste, mit seiner Theatertruppe ›Théâtre Ephémère / et Mécanique / de Poupées‹.

Aus dieser Zeit stammen wohl die Schlemmer-Anklänge, die Holzgliederpuppen, die mechanisch bewegten Stahl-Figuren. Aber daß mit den Schauspielern überall Verrat, Tod lauert; daß selbst die leblosen hölzernen Geschöpfe im ersten Teil vernichtet werden; daß im zweiten Teil, einer Variation der Geschichte, der junge Tintagile, ein Hirtenknabe, und seine Braut – er auf einem Roß, einem fahrbaren Gestell mit Schimmelkopf sitzend, sie auf einem Schlitten liegend, er begleitet von Totengräbern in schwarzer Livree, sie gezogen von drei schwarzgekleideten Hexen –; daß sie alle tot sind und sich, als würde Liebe sie zum Leben erwecken, mit Blicken, mit einem Wink grüßen: All das erinnert an Kantors Theater der siebziger und achtziger Jahre, das allerdings aufwendiger und intensiver war, als es diese kleine Produktion ist. Kantor manipuliert wieder einmal den Tod, der für ihn nichts Größeres, nichts Geringeres ist als ein objet trouvé, variiert, ritualisiert. Wir kennen diese Leichenzüge im Kreis, wir kennen auch die Puppen, die Verkleidungen, die Stühle – die Totentänze.

Und doch hat diese nur 40 Minuten kurze Aufführung besonderen Charakter. Sie ist sehr geschlossen, dicht. Nichts scheint darin beliebig. Sie läßt zwar – wie alle szenischen Erfindungen des Polen – den Zuschauern Raum für die eigenen Assoziationen, die eigenen Interpretationen der Bewegungen, der Bilder, der Musikcollage, aber niemand kann fliehen aus Kantors Angstträumen, in die von außen Stimmen dringen (Maeterlincks Text), als riefe das Leben den Tod, niemand kann sich diesem Sog widersetzen.

Freyer wurde ausgebuht – Kantor enthusiastisch gefeiert.

Reisen durch die Welt und durch die Seelen

Antoine Vitez inszeniert Paul Claudels
Der seidene Schuh beim 41. Festival d'Avignon

Im Hof des Palastes gibt es keine Dekoration. Yannis Kokkos hat vor die gotische Fassade nur eine halbkreisförmige Fläche gebaut, blau wie das Meer, das Claudel immer als der »Muttergrund der Erde« gilt, in seinen Dramen ebenso wie in seinen Großen Oden. Das Meer ist Sinnbild auch des Geistes, des Schaffens und Auflösens, des Werdens und Vernichtens. Auf diesem Podium steht ein großes, ganz niedriges rechteckiges Holzpodest, falls erforderlich, nur mit schlichten Stühlen möbliert. Drum herum und über der Szene, winzig wie in einem Puppentheater, die Requisiten: die spanische Armada, so klitzeklein, daß Kinder sie mit in die Badewanne nehmen könnten. Häuser, Paläste, Festungen aus Pappmaché, nicht einmal mannshoch. Mondsichel, Sonne und Sternschnuppen hoch oben. Dazu, in der Szene am Hofe des Königs, zwei Kugeln: Welt und Himmel. Kokkos hat Claudel verstanden, für den Horizont zweierlei heißt: flüchtige, sich verlierende Linie (übrigens auch in der Musik) und – dies zuallererst – Kugel.

Hier, auf diesem Brett, das Theater und Welt bedeutet, zeigt nur das Licht an, wo wir sind. Manchmal gleißt es, fahl und kalt, schwört die Festung Mogador herauf, vor deren Mauern Don Camilo und Don Rodrigo, die Rivalen um die Liebe Doña Proëzas, riesige Schatten auf die Steine werfen. Ein andermal glüht es blutrot: die afrikanische Herberge. Blau wogend das Meer im Meer, saftgrün die Tropen. Hier ereignen sich Leben und Tod, die Liebe wird Traum, der Haß Alp. Hier beginnt, hier endet Claudels Reise über die Meere und in die Seelen der Menschen, die er beschreibt.

Ohne Hast, ohne Lärm, ja ohne Pausen zwischen den vielen Szenen entwickelt Vitez das Geschehen. Wie ein Strom, erst sanft dahinfließend, dann reißend, vollendet sich das Schicksal der zwei Liebenden, das Drama von Proëza und Rodrigo, der verheirateten Frau und ihrem Geliebten, dem sie sich nie hingibt und trotzdem ihm so nah ist wie keinem anderen Menschen. Und ebenso schwelt der Weltenbrand, der schließlich mit Krieg, Folterungen und Plünderungen auflodert: Europa, Amerika, Afrika, Japan und China zur Zeit der Reformation und des beginnenden Kolonialismus.

Antoine Vitez vergleicht in einem kleinen Aufsatz des Programmhefts den *Seidenen Schuh* mit Jules Vernes Werken und Marcel Prousts Roman. Die Suche nach der Welt und der Zeit. Zudem ist Vitez – es scheint, als sei dies sogar der Ausgangsgedanke für seine Arbeit gewesen – Claudels Leben ein Schlüssel zum Verständnis dieses Mammutdramas. Der Autor und jene Menschen, die ihm wichtig waren, sie sind stets gegenwärtig.

Claudel, Dichter und Diplomat, wollte mit seinem Werk wahrscheinlich nicht nur seinem Gott dienen, den er im Alter wiedergefunden hatte. Ihm lag auch daran, sein Leben, auf eine Kunstebene transportiert, festzuhalten. Er erzählt von den eigenen Irrwegen, von seiner Suche. Vitez erinnert zu Recht an jene Polin, die Claudel auf einer Schiffsreise nach China kennengelernt und mit der er eine uneheliche Tochter hatte; erinnert an Claudels Schwester Camille, die Geliebte Auguste Rodins, die – wegen der Affäre aus der Familie ausgeschlossen – in einem Irrenhaus in der Nähe Avignons starb.

Doch sorgsam ist in dieser Inszenierung alles vermieden, was zu raschen, falschen Schlüssen verführen könnte oder zu platten modernistischen Verallgemeinerungen. Ebensowenig baut Vitez die Menschen, die natürlich alle auch Ideen-Träger sind, zu Popanzen auf. Gewiß, es gibt den hohen Ton, die große Geste – schließlich fehlt es diesem wortreichen poetischen, durch Räume und Zeiten fliehenden Text an Aktionen, ist alles Wort. Aber selten hat man sich über Claudels Witz so amüsiert, über seine Volksszenen so herzlich gelacht wie jetzt im Papstpalast.

Keine der Figuren steht mehr auf einem Piedestal, nicht einmal Doña Proëza. Die Makellose, die Reine, die Heilige ist bei Ludmila Mikaël, einem der Stars des französischen Schauspiels und schon 1975 Vitez' Ysé in seiner Claudel-Inszenierung von *Partage de Midi* keine Unbefleckte, nicht gleich der Engel.

Schön ist sie, kokett, geistreich, charmant. Und sie weiß es; spielt ihre Reize aus. Der frühe Abschied von Camilo, jenem Geist, der stets verneint und wie Wagners *Holländer* einen liebenden Engel braucht für seine Erlösung, dieses Adieu zu Beginn spricht Proëza nicht schroff, nicht einmal entschlossen. Sie wehrt sich zwar gegen die Liebe dieses Mannes, schwärmt sie doch (zunächst auch noch sehr körperlich) von ihrem Rodrigo, aber so ganz und endgültig will sie die Liebesflamme, die im Herzen und im Kopf Camilos lodert, nicht löschen. Eine Glut soll glimmen in ihm, gespielt von Robin Renucci, der beileibe kein Widerling ist, sondern ein wilder, viriler Aussteiger, ein Abenteurer.

Abenteurer ist auch Rodrigo. Aber Didier Sandre, groß und schlank, schön, wie es ein Gérard Philipe war, gibt sich sanfter, nachgiebiger. Erst sein Fall – der Verlust von Proëza, die Wunden, die ihm Feinde und Freunde schlugen – verändert Rodrigo. Er wird alt und häßlich. Die Haare grau und schütter, der Leib schmutzig; gefesselt liegt er am Boden. Ein alter Mann, um dessen Besitz die Schergen würfeln.

Eine Elendsgestalt, die erst im Angesicht des Todes von sich selbst behauptet, frei zu sein. Manche Zuschauerin schluchzte bei dieser Claudelschen Golgatha-Vision. Dann, plötzlich, donnert ein Kanonenschuß, verabredetes Zeichen dafür, daß Proëzas Tochter Siebenschwert gezeugt mit Camilo nach Pelayos Tod, doch Abbild Rodrigos und deshalb als sein Kind anerkannt, auf das Schiff *Juan d'Austria* hat fliehen können. »Mein Kind ist gerettet!« ruft Didier Sandre beglückt in die Nacht. Es war Viertel vor fünf am Morgen, die Mondsichel glänzte golden, die Zuschauer, eingemummelt in Anoraks, Tücher, Wolldecken, sie seufzten, bevor sie jubelten – eine halbe Stunde lang, stehend.

Antoine Vitez sind wundervolle Bilder gelungen. Szenen, mit denen andere Regisseure die größten Schwierigkeiten hatten, wirken so schlicht richtig, daß man sie sich kaum anders dargestellt denken kann. Zum Beispiel die Dialoge zwischen Schutzengel und Doña Proëza oder der Mond-Monolog. Der Engel ist ein Mann, mit Hut und in einem Anzug. Nur seine großen weißen Federflügel kennzeichnen seine Herkunft und seine Aufgabe, Proëza zum Heil zu führen. Als er ihr den Tod verheißt, schneidet er einen dünnen Faden, die göttliche Nabelschnur durch. Und der Mond – *la lune* – ist eine Frau im silbrig weißen aufwendigen Kleid nach der spanischen Etikette an Philipps Hof. Eine Primadonna.

Und immer wieder – für mich das Faszinierendste dieser Arbeit – die höfischen, bourgeoisen, kleinbürgerlichen Hanswurste: die aufgeblähten Ignoranten; der machtbesoffene König; der intrigante Kanzler mit seinen Ministern, kleinen zappelnden Marionetten in seinen Händen; die Professoren, die das »neue Denken« fordern, »das in allem dem Alten gleichen« muß; die kecken, sich dumm stellenden, vorlauten Fischer. Vitez zeigt Volkstheater, aufklärerisch und amüsant, weit weg von deutschen Claudel-Mysterienspielen.

So wenig es zu *sehen* gibt – außer den Lichteffekten, den herrlichen, kostbaren Kostümen (auch von Kokkos), die im Mistral sich bauschen –, soviel gibt es zu entdecken, wenn man Ohren hat. In der Reinheit der Inszenierung, in Vitez' Verzicht, dem Bilderreichtum der wundervoll artikulierten Sprache szenische Lebendigkeit, Aktionen aufzuzwingen, steckt die Qualität.

»Hört endlich zu, hustet nicht und versucht, ein bißchen zu verstehn«, ermahnt der Ansager, Vitez' Theatermacher, schon am ersten Tag die Zuschauer. Sie sollten ihn unbedingt ernst nehmen. Denn wer zuhört, wer lacht und (womöglich) weint, wird – selbst wenn er in der zweiten, der knapp siebenstündigen Nacht einmal einschlafen sollte – eines gewiß begreifen: Daß wir, wie die Menschen, die Claudel schuf, verantwortlich sind dafür, was aus uns selbst und der Welt wird. Claudel ist plötzlich Sartre ganz nah.

Aus dem Lichtstrahl in die Helligkeit

Peter Stein inszeniert Jean Racines
Phädra an der Berliner Schaubühne

Der Fluch der Götter ist ein Lichtstrahl. Ganz hoch oben dringt er ein in den Palast des Theseus, streift die schwarze Kuppel und erhellt spärlich den großen, runden Saal, zu dem fünf breite Pforten führen, von denen nur zwei geöffnet werden, und der zur Rampe hin sich zu einem großen Torbogen weitet. Der Schauplatz der Handlung, vier Akte lang: ein düsteres, luxuriöses Gefängnis, ein Raum in einem minoischen Labyrinth. Phädra schleppt sich aus einem blut-, haß-, liebesroten Gemach hierher, Arikia steigt aus geöffnetem Boden herauf, Hippolytos eilt durch einen grauen Gang, und nur Theseus, der König, schreitet durch das Mitteltor ein, aus dem Tag in die Nacht.

Immer gleißt der dünne Strahl herab in diesen Kessel ohne Rückzugsmöglichkeit, wirft auf den Intarsienholzboden einen runden Fleck, der von links nach rechts wandert wie die Sonne draußen. Dieser Lichtplatz ist heilig *und* verflucht. Hierhin wagen sich nur die, die königlicher Abstammung sind. Nur sie dürfen ihn betreten und auch nur dann, wenn sie von den Göttern sprechen, die dieses Haus mit der Liebe strafen.

Theseus und die Seinen – der stolze Sohn Hippolytos, der Amazonenkönigin Antiope Sproß, und Phädra, Theseus' Gattin und Minos' Tochter – werden mit dem Joch der Liebe beschwert, erniedrigt und schließlich vernichtet. In dieses weiße, kalte Licht, das, trifft es auf den güldenen Brustpanzer des jungen Königssohnes oder auf den weißen Mantel, die prächtige silberne, kurze antikische Festuniform des Königs, den ganzen Saal erhellt, flüchtet Phädra, um zu jammern und zu brüllen: über die Liebe und um die Liebe.

Peter Stein und sein Bühnenbildner Lucio Fanti sind in ihren Mitteln ebenso sparsam wie schlicht, auf seltsame Weise zugleich überdeutlich *und* ungenau mythisch-wabernd.

Ganz rasch ist klar, daß an diesem Unglücksort das königliche Personal – und dazu zählt auch noch die gefangengehaltene Prinzessin Arikia – den Erwartungen der Götter und des höfischen Publikums, für das Racine schrieb, zu entsprechen versuchen. Erstarrt in Haltungen, geeicht auf Töne der Unnahbarkeit, unfähig, einander zu berühren, zu trösten, zu vertrauen, erfüllen sie also noch in Steins Inszenierung die klassische Doktrin der »bienséances«: Sie handeln, sprechen, wie und was sich ziemt. Denn natürlich ist Phädras todessehnsüchtiges Winseln und Stöhnen, mit dem die Tragödie beginnt, mit dem sie endet, Stilisierung, Maske, nicht etwa Leben, unterscheidet sich also nicht von den pathetischen Selbstinszenierungen der beiden Männer.

Ernst Stötzner als hochgewachsener, schöner, auch ein bißchen dümmlich dreinblickender Königssproß, Arme und Beine rot bepinselt wie bei einem Apachen, versteinert immer wieder, die eine nackte Fußsohle fest auf dem Boden, die andere schon beinahe freischwebend, die Arme vom Rumpf gespreizt, zu einer Hermes-Skulptur: Götterbote oder Friedensengel, gleichviel. Unfähig, sich zu artikulieren, denn der Schrei ziemt sich nicht, wehrt er mit ausgestellten Handflächen, den Körper nach hinten gekrümmt, den Mund zum lautlosen Widerruf geöffnet, Phädras Liebesbegehren ebenso ab wie Theseus' Beschuldigungen. Und der – Branko Samarovski – schreitet wie Mozarts Komtur, steht da, Gesicht und Glieder weiß geschminkt, wie ein Cäsarenporträt in Marmor. Die Haltung bewahrend, gestrafft, kippt er langsam während Theramenes' Bericht von Hippolytos' Tod zur Seite und zerschellt, vom selbstgeschaffenen Piedestal fallend, als sei dieser Mensch nichts als ein behauener Steinblock. Arme, Beine, Kopf: Alles scheint abgebrochen.

Während Alexander Lang in seiner Münchner *Phädra*-Inszenierung das Pathos ironisch brach, stellt Stein es aus. Hier wie dort erkennt man die Selbstinszenierung als Trugbild. Allein Lang interessierten darüber hinaus noch die Wurzeln dieser Selbstbeschränkung, dieser (Selbst-)Täuschung; er inszenierte auch die gesellschaftlichen Zwänge, unter denen die Racineschen Menschen handeln, aufbegehren oder sich in ihr Los fügen.

Stein hingegen faszinieren zunächst einmal schöne Bilder. Er inszeniert das Paar Phädra–Önone, Königin und Vertraute, Jutta Lampe und Libgart Schwarz, als sei's ein lebendes, klagendes Bild der Nazarener; er schmeichelt Stötzners Hippolytos mit der liebenswert-märtyrerisch kindlichen Opferhaltung eines Sebastian, wie wir ihn von Altarbildern kennen; er stellt Theseus in einen Tempel. Stein will den schönen Schein, die Lüge, besonders schön, besonders kalt, besonders lebensfern, um am Ende eine Utopie zu offenbaren.

Nicht Phädra ist das Gegenbild in dieser Gesellschaft. Sie, die gegen ihr Los anstreitet, die erst rasend liebt und später rasend wütet gegen den Mann, der es nicht nur wagte, sie zu verstoßen, sondern – das ist die größte Schmach – einer anderen Frau verfallen war, sie zeigt keinen Ausweg. Peter Stein will die pompöse Enge mit Theseus sprengen. Nur kommt diese Heilsbotschaft unvermittelt plötzlich und ist wiederum weltenfremd-mythisch. Kein reitender Bote sorgt sich also um das gute Ende, kein Deus ex machina verheißt Hoffnung, Theseus selbst weist sich (und uns) den immer noch geheimnisvollen Pfad aus der hoffnungslosen Starre, der Selbstbeengung, den Pfad zum Wahren, zur möglichen Selbst-Bestimmung.

Der Tod des Sohnes, den er mit seinem Fluch verschuldet hat, dazu die Selbstmorde von Önone und Phädra, machen Theseus hellsichtig. Er erkennt, daß das Licht der Götter Dunkelheit war und daß der Mensch nicht die Erkenntnis, die Freiheit ersehnen, erbitten, erbeten darf. Der Mensch muß sie sich nehmen.

Am Ende von Steins *Phädra* steht eine Apotheose. Mit zwei Handgriffen entledigt sich Samarovski seines Prunkpanzers und steht nun nackt auf der Bühne. Die mittlere Pforte des Raumes öffnet sich, schwenkt in die Tiefe der Bühne aus. Der Raum wird groß, weit und sonnenlicht; sanft wallt Chéreaus *Nibelungen*-Nebel über dem Boden. Theseus geht langsam ab, unsicher, wo er ihn finden wird, den Sohn, mit dessen Blut er seine Tränen vereinigen will. Während er noch sucht, während Theramenes (Gerd Wameling) stumm am Rampenbogen verharrt, birst die schwarze Kuppel entzwei, als habe ein Blitz in den Palast von Troizene eingeschlagen. Theseus wendet sich nicht um, ihn kümmert nicht die Strafe der Götter. Entschlossen verläßt er die Hölle der Lüge. Adam sucht das Paradies. Er vertraut nicht länger den Göttern, er vertraut sich, dem Menschen. Er ist frei. Wieder, endlich.

Es ist gewiß kein Zufall, daß Theramenes als einziger von Moidele Bickel nicht nach Athener Vorbild gewandet ist, sondern sich kleidet, als verkehre er am Hof Ludwigs XIV. Zudem trägt er zu Beginn einen eleganten Spazierstock, auf den er sich nicht etwa stützt, er spielt damit. Zwar klopft er nicht dreimal auf den Boden, um das Spiel zu eröffnen, wie es einst bei Klaus Michael Grübers Pariser *Bérénice*-Inszenierung geschah. Aber daß der Dichter, daß dieser Text, daß letztlich das Schauspiel selbst diesem Theseus die Augen geöffnet hat (und sie uns öffnen soll), eben weil Theramenes ja auch der Unglücksbote ist, der mit dem Bericht von Hippolytos' grausamem Sterben die Lügen und die Gefühlsverstrickungen aller aufdeckt und damit auch den Fluch der Liebe löst, zeigt, wie sehr Stein noch immer die Kunst als Aufklärung begreift.

Doch sowenig es Lucio Fanti gelungen ist, die strenge Kühle von Gilles Aillauds Kuppelbau für die *Bérénice* zu treffen, sowenig reicht Steins *Phädra* an Grübers Sprachfest, an dessen Traumspiel der Vergeblichkeit und des Todes heran oder an Langs kühnen Entwurf. Steins Arbeit fehlt Konsequenz. Der Regisseur hat weder allein der Sprache vertraut wie Grüber (was Simon Werles Übertragung zuließe), noch hat er ein ähnlich intellektuelles Konzept wie Lang. Stein dekoriert mit Schauspielern den Raum. Und das wird rasch fad – mag die Lampe noch so schön winseln und wüten, mag die Schwarz noch so locken und leiden. Diese beiden Schauspielerinnen (dazu noch Imogen Kogge als Arikia), sie finden zuweilen die Werlesche Racine-Melodie, gestalten die Lüge der Verzweiflung und des Hasses, aber Samarovski brüllt nur, und Stötzner schmachtet sehr.

Diese Aufführung ist nicht ärgerlich, aber sie bestätigt letztlich Lessings (Vor-)Urteil, Racines Dichtungen seien das »kahlste, wäßrigste, untragischste Zeug«. Was immer Peter Stein mit *Phädra* vorhatte – und genau das weiß man trotz des Schlusses nicht so recht –, eines wird er gewiß nicht gewollt haben: zu beweisen, daß diese Tragödie unspielbar ist oder, führt man sie denn auf, entbehrlich auf den Spielplänen der deutschen Theater.

Abkehr von der Verklärung

Hans Lietzau inszeniert Anton Tschechows
Onkel Wanja an den Münchner Kammerspielen

Inszenieren kann zweierlei bedeuten: verheimlichen oder entdekken, verstecken oder vorzeigen. Beide Vorgänge erklären, im besten Fall. Bei Tschechow-Inszenierungen sind wir es gewohnt, daß mehr verschwiegen als gesagt wird; daß die Personen vornehm Trauer tragen und sich ihr Leid in Andeutungen, in verdrucksten, unterdrückten, verinnerlichten Zeichen des Schmerzes und der Hoffnungslosigkeit kundtut. Zumal Regisseure in Deutschland suchen in Tschechows Dramen nach der Innerlichkeit der Figuren, kultivieren die Melancholie.

Sie können sich bei *Onkel Wanja*, Tschechows »Szenen aus dem Landleben in vier Akten«, auf des Dichters Brief an die Schauspielerin O. L. Knipper berufen. Am 2. Januar 1900 schreibt Tschechow ihr aus Jalta, er habe Meyerhold geraten, »nicht zu dick aufzutragen bei der Darstellung des nervösen Menschen. Die überwiegende Mehrheit der Menschen ist doch nervös, die Mehrheit leidet, die Minderheit verspürt den scharfen Schmerz, aber wo – wo auf den Straßen und in den Häusern – sehen Sie Menschen, die hin und her rennen, springen, sich an den Kopf fassen? Das Leiden muß man so darstellen, wie es sich im Leben äußert, d. h. nicht mit den Händen und Füßen, sondern im Tonfall, im Blick; nicht mit wildem Gestikulieren, sondern mit Grazie.«

Hans Lietzau, auch er vertraut den Blicken, den Tönen, den kleinen Gebärdenzeichen, aber er verzichtet dennoch nicht auf die Ausbrüche. Er äußert den Schmerz. Wenn das Toben in den Köpfen dieser Einsamen den Körper okkupiert und, noch mehr Raum fordernd, ihn sprengt, dann ist es aus mit der Contenance, der Grazie. Dann fahren sie alle aus der Haut. Dann sagen sie sich, wie langweilig, wie erbärmlich, wie nichtig sie einander (und sich selbst) finden.

Ein Gewitter naht sich dem Landgut Serebrjakows. Noch sitzt die Kinderfrau Marina im großen, grau-weiß-rosa Raum seelenruhig in der Sonne und strickt (Bühne: Ezio Toffolutti). Noch lungert der Arzt Astrow nervös, aber still im Haus herum, schaut neugierig durch den Schlitz des Gazevorhangs, der das Eßzimmer abteilt; doch langsam verdüstert sich die Szene (und der Zuschauerraum). Helmut Griem, mit struppigem Schnurrbart, wischt sich den Schweiß vom Gesicht. Es ist schwül. Onkel Wanja kommt, aufgeputzt mit einer großen bunten Schleife über dem weißen Hemdkragen. Auch er schwitzt, auch er ist nervös, ärger als Astrow; denn Onkel Wanja, der bis jetzt ein gemütlicher, fleißiger Mann war, er ist verärgert. Ein Vulkan vor dem Ausbruch.

Noch bevor Serebrjakow, der feingewandete emeritierte Professor, auftritt – den Wanja und Sonja, Serebrjakows Tochter aus erster Ehe mit Wanjas Schwester, jahrelang finanziell unterstützt haben und der nun mit seiner jungen Frau Jelena seinen Lebensabend auf dem Gut verbringen will –, hat Wanja ihn beleidigt, sich über ihn mokiert. In Andeutungen nur, aber doch so spitz und zynisch formuliert, daß jeder ahnen muß, wie rasch diese aufgekratzte Munterkeit umschlagen wird in Aggression, auch körperliche.

Lietzau scheut nicht den Aufruhr, die Gebärden-Wut und nicht den verletzenden, selbstzerstörerischen Witz in diesem Text. Wir verstehen endlich, warum Tschechow seine Stücke für Komödien hielt. Dieser *Onkel Wanja* ist *fürchterlich* komisch. Denn was ist trauriger und zugleich amüsanter, als Menschen zuzusehen und zuzuhören, die ihr Leben, ihre Zukunft bereits verspielt haben, aber immer noch so tun, als hätten sie alles im Griff, als wären sie weiter Herr über ihr Sein, während sie tatsächlich nur mehr Getriebene sind, die hoffnungslos dem Ende entgegenleben – wie Becketts und Thomas Bernhards Spieler.

Unbewußt dämmert Marina vor sich hin. Automatengleich preist sie für jedes Körper- und Seelenweh den gleichen Tee an und ist nicht einmal mehr bereit, für die zu ihren Füßen schluchzende Sonja die Hände von den Stricknadeln zu lassen, um das arme Ding, das Astrow liebt und von ihm nicht wiedergeliebt wird, zu streicheln. Bewußt richten sich Wanja und Astrow selbst zugrunde, saufen sich um den Verstand, damit sie nicht länger sehen müssen, wie und was sie verloren haben: sich und ihre Utopie vom Leben. Wanja glaubte nämlich bis zum Besuch seines Schwagers wirklich an seine Mission, mit seiner Arbeit mittelbar der Wissenschaft zu dienen – und steht nun vor 47 Jahren Lebensleere. Astrow verstieg sich ernsthaft, opferbereit in die Hoffnung, mit seinen Schonungen, den neuen Wäldern, etwas für die künftige Menschheit zu tun – und sieht nun zu, wie die Bauern ihr Vieh ins frische Grün treiben.

Während die Alten erstarrt sind in der Lüge oder der Anspruchslosigkeit; während Marina (Doris Schade, aschgrau, mümmelt die Worte langsam, gelassen heraus, richtet nur ganz selten die Augen zu den von ihr Angesprochenen) bloß ihre Wolle will und ihre festgesetzten Essenszeiten; während Maria Wassiljewna, Wanjas Mutter (Maria Nicklisch, als Emanze, mit Pomadehaar und Zigarettenspitze), sich in ihre Broschüren flüchtet; während Serebrjakow zufrieden ist, wenn er Frau und Tochter schikanieren kann mit seinen Krankheiten, seinem Alter, seinen Ansprüchen (Rolf Boysen, ein wunderbarer alter Querulant, Grandseigneur und großer Egoist), spüren die beiden jungen Männer die Leere – und laufen (ein letztes

Mal) Amok. Gegen sich und gegen die anderen. Wanja brüllt seinen Ekel und seine Verzweiflung heraus, schlägt seinen trunkenen Schädel gegen eine dünne Holzsäule; doch der Kopf birst nicht: Sein nutzloses Denken über ein sinnloses Leben, er wird es nicht los. Nur die Arbeit, so meint er, könne ihn noch retten. Claus Eberth spielt wundersam-klar einen zu Tode Verletzten, der leben *muß*.

Schon bevor die Eindringlinge abreisen, setzt sich Onkel Wanja an den Tisch und beginnt Rechnungen zu schreiben. Unruhig rutscht er auf seinem Stuhl hin und her, der Blick flackert unstet, die Stimme rasselt brüchig. Er sei nicht verrückt, sondern nur so komisch, so kauzig wie die anderen, hatte ihm Astrow gesagt (Griem ist ein wenig zu selbstgefällig und eitel, zuwenig angekränkelt, fragend). Wanja akzeptiert schließlich die Verrücktheit als Normalzustand, wundert sich nicht länger, warum niemand sich über seinen mißglückten Mordanschlag an Serebrjakow erregt.

Für Lietzau sind die Männer – alle, auch der alte Professor, und er vor allen anderen, gerade weil er sich so feist und selbstbewußt in der Lüge etabliert hat – Schlappschwänze, larmoyante Versager, egoistische Aufbegehrer und Untergeher. Die Frauen sind da anders. Denn sie, nicht minder unglücklich als die Männer, arrangieren sich in ihrem Unglück mit dem Unglück. Sie nehmen es an und versuchen nur, ihre Ehre dabei nicht zu verlieren: Deshalb läßt sich Jelena, Serebrjakows zweite schöne Frau (Elisabeth Augustin: kokett, selbstbewußt, sensibel, Dame, Mädchen, Verführerin und angstvolle Ehefrau zugleich), nicht von Astrow verführen, obwohl sie ahnt, daß sie mit ihm zumindest einige Stunden der Leidenschaft leben könnte. Aber ihrem Ruf glaubt sie es schuldig zu sein, bei dem alten Despoten zu bleiben, den zu lieben sie sich einst eingebildet hatte. Deshalb erklärt sich Sonja nicht dem Arzt, den sie liebt und der sie nicht begehrt, weil er nur Augen für schöne Menschen hat. Jelena resigniert, Sonja hofft auf das Leben nach dem Tod, auf göttliche Gerechtigkeit.

Wie einem Knaben im Kindergottesdienst beschreibt Sonja Wanja das Paradies. (Friederike Kammer ist eine wundersam zarte, strenge, sehr intensive Schauspielerin.) Und was Tschechows drei Schwestern der Hoffnungsruf »Nach Moskau! Nach Moskau!« war, ist Sonja und Wanja nun: »Wir werden ausruhen!« Selbst Maria Wassiljewna läßt bei diesen Worten das Heft mit den Aufsätzen zur Frauenemanzipation sinken; Maria Nicklisch beugt erst den Kopf zu den beiden, damit sie sie hören kann, dann wendet sie ihnen ihren Körper zu, um sie sprechen zu sehen. Auch ihr bleibt nur dieser schwache Trost, der dieses Leben vielleicht erträglich macht.

Und noch etwas gibt Lietzau den beiden jungen Frauen: Solidarität. Sie, die zuerst kein Wort miteinander reden, sich aus dem Weg gehen, werden zu Komplizinnen im Unglück. Gewiß, Jelena ist die Stärkere, aber sie liefert sich, eben weil sie sich der Tochter ihres Mannes anvertraut, ebenso aus wie Sonja, die der Rivalin um Astrows Liebe ihre Qual gesteht, von dem Arzt keine Zuneigung für sich zu spüren. Danach genügt den beiden ein Blinzeln, um sich über die Vorgänge und deren Einschätzung zu verständigen.

Da waren die Blicke, die sich Tschechow gewünscht hat. Sie gab es oft. Lietzau, der den Schmerz äußert, er versteckt ihn auch. Als Eberth mit einem Rosenstrauß ins Zimmer kommt, Jelena und Astrow in einer Umarmung findet, tut er so, als habe er sich an einem Dorn verletzt. Minutenlang lutscht er wie ein Kind an dem Finger, allein, um nicht seine Erniedrigung herauszuschreien. Als Astrow von Jelena schwärmt, stöhnt Sonja nicht, sie senkt die Lider.

»Wenn ein Mensch bei einer näher beschriebenen Handlung mit Bewegungen möglichst sparsam umgeht, so ist dies Kunst«, formulierte Tschechow. Es ist leicht, Lietzau nachzuweisen, daß er in diesem Sinn keineswegs sparsam gearbeitet hat. Aber es ging ihm offensichtlich in seiner zweistündigen pausenlosen, rasanten, spannungsgeladenen Aufführung auch weniger darum, eine Symphonie aus Seufzern zu komponieren oder die Kälte zu choreographieren. Er wollte auf der Bühne das Leben zeigen, so wie es ist: schäbig, klein, hoffnungslos und *fürchterlich* komisch. Lietzaus Inszenierung ist ohne Geheimnis, sie verklärt nicht. Sie ist klar und deutlich, lenkt den Blick auf den Menschen. In Zeiten, in denen die Unklarheit im Denken, das Ablenken von Inhalten vielen als Kunst gilt, mag das verstören. Und außerdem ist es nicht einfach, über den Menschen zu lachen – und zu erschrecken.

Aufbegehren mit einer Kunstübung

Edith Clevers Penthesilea-Monolog, inszeniert von
Hans Jürgen Syberberg

Wer wollte nach diesem Abend daran zweifeln, daß Edith Clever eine der begabtesten, faszinierendsten deutschen Schauspielerinnen ist? Wem fiele eine andere ein, die viereinhalb Stunden lang allein auf einer Bühne keinen Augenblick an Intensität verliert, niemals die Spannung preisgibt – nicht die körperliche, nicht jene andere, die Worte, Phrasen, Gedanken zusammenhält.

Die Clever kann Worte aufladen, unter Strom setzen, kann i-Laute heulen und mit u-Tönen Abgründe aufreißen und sich darin versenken, verlieren. Sie schreit gegen Orkus und Hades an, winselt wie eine verletzte Hündin und singt von Liebe und Begehren wie ein jungfräuliches Mädchen, die schmalen Augen weit offen, vor Freude hell blitzend. Und schon im nächsten Moment sieht sie aschfahl aus, alt und martialisch, der schmale Körper in dem schwarzen Kostüm wie in einer gleißenden stählernen Rüstung. Einmal – und dies ist die ergreifendste Szene dieser Veranstaltung – verwandelt sie sich in eine Rasende, eine Megäre, eine Kriegsmaschine: In Kleists zwanzigstem Auftritt beschwört Penthesilea den ganzen »Schrekkenspomp des Krieges«. Edith Clever: eine junge Hexe, eine wahnsinnig Liebende, eine nach dem Tode Sehnsüchtige.

Veranstaltung – nicht Aufführung? Hans Jürgen Syberberg versteckt im Raum Assoziationsmaterialien: Büsten, Figuren, Totenmasken; Goethe und Kleist. Doch eine Interpretation wird nicht daraus. Und das Zeichen-Vokabular, das er (wohl gemeinsam mit Edith Clever) zu den Worten erfand, verdoppelt nur den Text. Spricht die Clever von Amors Pfeil, der Penthesilea getroffen habe, dann beschreibt ihr rechter Arm über dem Kopf einen großen Kreis und fällt schließlich langsam, den Zeigefinger der Hand vorgestreckt, auf ihren linken Busen, zum Herzen. Beschwört sie Flügel, wird ihr Gang schwebend, die Arme vom Körper abgespreizt. Kündigt sie ihren Kampf auf Leben und Tod an, so bläst sie bei »Tod« eine Kerze aus und läßt die zweite in der anderen Hand brennen, wiewohl sie auch diese ursprünglich löschen wollte. Syberbergs und

Clevers Verdoppelungen, diese gestischen Tautologien lenken ab von Kleists Sprach- und Edith Clevers Sprech-Gewalt.

Solange die Schauspielerin die Botenberichte, die Monologe spricht und die kurzen Dialoge, fehlen dem Zuhörer und *Zuschauer* die anderen Gestalten nicht, wenngleich der Wunsch, sie umgeben zu sehen von ihr ebenbürtigen Künstlern, immer größer wird; aber im Zwiegespräch Penthesilea/Achilles (15. Szene) vermag Edith Clever nicht mehr beide Personen und deren sehr zwiespältige Haltungen (die Achilles und Penthesilea schicksalhaft einen) zu äußern: Beide *wollen* lieben, sich hingeben, also unterlegen sein und *müssen*, dem Gesetz ihrer Staaten folgend, siegen. In dieser Szene wurde deutlicher als je zuvor oder danach, daß Kleists *Penthesilea* eben doch nicht auf einen Monolog zu reduzieren ist: *Penthesilea* ist ein Drama.

Edith Clever und Hans Jürgen Syberberg wurden nach den fünf Stunden enthusiastisch gefeiert; und nur wenige Zuschauer hatten sich verdrückt in den drei Pausen, die im Programmheft sogar mit der genauen Uhrzeit angekündigt worden waren wie in Bayreuth. Fünf Weihestunden verflossen, in denen die Clever zunächst schwächer, fahriger war als bei der Pariser Premiere, aber sich zum Ende ungewöhnlich steigerte, so daß es ihr gelang, doch noch eine Interpretation in diese kunstvoll-künstliche Rezitation, die eben keine Inszenierung ist, zu spielen. Wir begriffen, was es bedeutet, wenn diese Frau sich lossagt vom Gesetz des Amazonenstaates und sich schließlich ein »vernichtendes Gefühl« in ihrem Busen hervorgräbt. Penthesilea stirbt mit vier »So!«-Rufen. Für jedes »o« fand die Clever in sich einen anderen Laut. Einen, der klagt; einen, der begehrt; einen, der liebt; und einen, der sich hingibt.

1988

Lulu – ein Weib, ein Kind, eine Utopie

Peter Zadek inszeniert die Urfassung von
Frank Wedekinds *Die Büchse der Pandora* am
Deutschen Schauspielhaus in Hamburg

»Ich träume davon, einem Triebtäter in die Hände zu fallen«, sagt sie. Die blauen Augen strahlen, beglückt, gierig. So als malte sich die junge Frau schon die Freuden und Torturen mit so einem Manne aus, der – da scheint sie sich sicher – ganz unvergleichlich sein wird.

Und er ist es. Ein junger Kunde kommt. Einer, der sich, obwohl er sie nur von hinten gesehen hat, in ihren Mund verliebt hat. Im schwarzen Regenmantel folgt er ihr in die Londoner Bruchbude. Er inspiziert den Raum, klopft den Boden ab, wirft einen Blick auf die Geschwitz – und weiß, was zu tun ist. Gelassen tritt er mit dem jungen, traurigen Ding, das ihn überredet hat, die ganze Nacht bei ihm zu bleiben, hinter die weiße Stellwand. Lulu, er hat es längst gespürt, interessiert nicht das Geld, sondern sie will Wärme, Nähe, das Ende. Der gefallene Engel findet seinen Erlöser, den Mörder.

Lulu stößt keinen Schrei aus, als er ihr das Messer in den Leib rammt. Viel später robbt sie sich über den nassen Boden zur Geschwitz; röchelt um Hilfe, bäumt sich auf, schreit, winselt, kämpft. Ihr Tod ist ein wildes Fest. Eine Bluthochzeit. Die letzte Vermählung. Mit einem Mann, der sie erkannt hat, ohne sie zu kennen. »You are right at heart«, hatte er ihr erklärt. Lulu hatte weinen müssen, jetzt endlich wußte sie, daß sie kein gutes Herz hatte.

Peter Zadek inszeniert mit Susanne Lothar die joie de vivre, einen grellen Totentanz. Und er hat dafür Frank Wedekinds zwischen 1892 und 1894 entstandene Urfassung der *Büchse der Pandora* gewählt.

In Hamburg mokierte man sich schon vor der Premiere, heuchelte Ekel und starrte doch, Voyeuren gleich, auf das Lulu-Plakat: Ein junges Mädchen lüpft den Rock, enthüllt ganz ungeniert dem alten Mann zu seinen Füßen die Scham. Diese Szene gibt es auch in der Aufführung. Es ist nicht die einzige Enthüllung. An nacktem Fleisch, entblößten männlichen und weiblichen primären und sekundären Geschlechtsmerkmalen mangelt es dieser fünfstündigen Aufführung gewiß nicht. Allein, die Nacktheit ist (mit wenigen Ausnahmen) nicht Selbstzweck; und deshalb provoziert sie auch nicht. Sie ist das Allernatürlichste, also das Gegenteil von Sensation. Schließlich liegt es nahe, Wedekinds frühes unbearbeitetes Drama über die Sexualität, über die Mechanismen des Geschlechtstriebes und die bürgerlichen Unterdrückungscodes und -konzepte so darzustellen, schlägt sich ein Regisseur wie Zadek ganz uneingeschränkt auf die Seite jener, die nicht fragen, was die anderen wohl zu ihrem Lebens- und Liebesentwurf meinen könnten, sondern rücksichtslos ihren Trieb ausleben. Ihr Begehren ist Sucht, Suche nach dem Absoluten. Zadek stimmt einen Song auf die Sexualität an – keinen Minnesang.

Gewiß verstört Lulus Werben und Nehmen (und das der anderen Frauen und Männer) jene, die zu wünschen, zu entdecken aufgehört, die angstvoll nur halten und behalten wollen. Doch wer auf Lulu und die anderen Steine werfen, sie verachten, sie als monströs ausgrenzen will, der kennt sich selbst und seine »monströsen« Sehnsüchte nicht, oder auch: Er ist ein verklemmter Heuchler. Zadek und seinem Ensemble geht es gewiß nicht darum, Libertinage zu predigen. Gezeigt werden Süchte, Lebensentwürfe, die sich nicht verwirklichen lassen. Gezeigt wird eine Utopie von der »sexuellen« Liebe, die an den gesetzten Normen, den Zwängen einer sich selbst moralisch dünkenden Ordnung scheitert – scheitern muß.

Dem sehnsüchtigen Wünschen in den ersten beiden Akten steht das Aufflackern dieser Sehnsucht und das traurige Scheitern im letzten gegenüber. Dazwischen: das Tohuwabohu im Hause des Dr. Schöning (erst in der Überarbeitung heißt er dann Schön), der Kulminationspunkt des Dramas, Lulus sadistisches, auch stark masochistisches Spiel mit vier Männern und einer Frau, der Geschwitz. Und der

Beginn des Niedergangs in Paris. Zwei Akte Farce, ein Akt (fast) Tragödie, dazwischen der allmähliche Bruch.

Die Farce: Matthias Fuchs und Susanne Lothar, der Maler Eduard Schwarz und das Mädchen Lulu, zwei Menschen in den späten 40er, den frühen 50er Jahren unseres Jahrhunderts. Sie kniet dem Künstler Modell, vor Johannes Grützkes gemalten gelben Trümmerhäusern und dem Brandenburger Tor. Im grünen Badeanzug, ein Schiffchenmützchen auf dem Blondschopf, ein Stars-and-Stripes-Wimpelchen in der Hand. Sie lächelt, sie grinst. Manchmal, wenn die Männer – Schwarz, Schöning (Ulrich Wildgruber) und Goll (Adolph Spalinger) – sie nicht beachten, rutschen ihr die Mundwinkel herunter. Aber sie hält aus, denn sie weiß, was und wen sie will: die Lust mit Schwarz. »Mir ist wohl darin«, trällert sie und zieht das Oberteil des Badeanzugs herunter. Dabei lächelt sie nicht, sondern bläht Pausbäckchen wie die Putten, die vor den Balkonlogen des Hamburger Schauspielhauses schweben.

Dann geht's los. Kratzbürstig macht sie den Mann an und verrückt, rennt ihm davon und holt ihn ein. Endlich steht sie wieder auf ihrem Podest. Ihr Mann erscheint. Goll sieht den Busen, greift sich ans Herz, verliert den Stock und stirbt. Knall – und Fall. Sie grapscht sich aus der Brieftasche des Toten die Scheine, setzt sich auf den Leichnam und fächelt sich Luft zu. Uff, so was erhitzt. Und auf Schwarz' Fragen, ob sie denn an einen Schöpfer glaube, eine Seele habe, noch Jungfrau sei, antwortet sie wie der reine Tor *Parsifal*: »Ich weiß es nicht.«

Ein schuldiges, unschuldiges Kind. »Geh! Zieh dich an!« herrscht Schwarz (seine) Lulu an. Sie zieht sich aus. Nackt steht sie vor ihm: »Wenn Sie jetzt so freundlich sein wollen ...«

Die Farce: Ulrich Wildgruber und Susanne Lothar, Dr. Schöning und Lulu. Udo Lindenberg besingt die »Ruinen von Berlin«, während Lulu, im schnieken Atelier des Schwarz (Grützke ist sehr sparsam und setzt seine Raum-Zeichen sicher) nackt herumläuft. Ihren Mann fertigt sie kurz ab, ihrem »Vater« Schigolch parfümiert sie den Hosenschlitz, und Schöning kriegt sie rum, vereitelt dessen Heirat mit einer anderen Frau. Die ganze Szene ist eine große Nummer, eine Raserei, ein Kampf. Wie in einem Film, der mit zu hoher Geschwindigkeit vorgeführt wird. Wildgruber ist at his best, nuschelt die Texte herunter, rasch, unbetont, nur mit jenen manierierten Pausen zwischen den Sätzen, die wir kennen. Einmal dem Biest verfallen, läßt sich Schöning beim Schlips fassen. Lulu beißt zu, und schon schlabbert Wildgruber mit der Zunge über Susanne Lothars Gesicht. Da haben sich zwei (wieder) gefunden. Amüsant und gemein sind diese beiden Akte.

Der dritte in der riesigen Bibliothek von Schöning ist gefährlich. Der Herr Doktor kaschiert hinter den Lederbänden nicht nur sein wahres Ich, sie dienen ihm auch als Versteck, um seine Frau Lulu zu beobachten. Von der Galerie aus sieht er, der Voyeur, was sie so alles treibt. Sie nimmt sich seinen Sohn Alwa (Ulrich Tukur) und den Ringer Rodrigo (Christian Redl). Schöning hält's nicht aus, Vater und Sohn im Clinch, Lulu lächelt dazu.

Farce neben der Tragödie auch im vierten Akt. Man ist in Paris, man spricht französisch in dieser Urfassung, man spielt um Geld, man ärgert sich über den bodenlosen Fall der Jungfrauen-Aktien – wir kennen es. Zwischen den geilen, aufgedonnerten männlichen und weiblichen Lüstlingen (darunter auch wieder Ulrich Wildgruber als Bankier Puntschuh) Lulu, verstört und nur noch auf Rettung sinnend, und die Geschwitz.

Jutta Hoffmann spielt diese Malträtierte wundervoll. Sie muß – ich verstehe nicht so recht, warum – sprechen, als sei sie mit Wolfsrachen oder Hasenscharte geboren, muß hohlwangig schnarren. Die Verstümmelung aber, unter der sie leidet, ist ja anderer, eben sexueller Natur. Trotzdem, gegen den Widerstand auch der Feixer im Parkett, offenbart die Hoffmann diese gebrochene, einsame, verlachte Lesbierin in all ihren Haltungen, dem leeren Blick. Die Geschwitz ist zu Lulus Sklavin verkommen, für ein Streicheln über den weißen Körper tut sie alles. Retten kann sie Lulu nicht.

Der Untergang ist nicht mehr aufzuhalten. Die Tragödie endet in London, Lulu auf dem Strich. Der Retter kommt, ihr größter Wunsch wird erfüllt. Lulu ist in dieser ersten Wedekind-Fassung, die kruder, kürzer als die spätere zweiteilige, unperfekt und vulgär, keine Femme fatale. Sondern ein Mädchen, das die Realität nicht wahrnehmen will, ein seltsam reines Kind. Richten Männerbegierden es zugrunde? Zadek, so läßt sein Vorwort im Programmheft vermuten, möchte diese Frage mit einem Ja beantworten. In der

Aufführung aber sehen wir Lulu als starke Frau, die Männer zerstört – und sich selbst. Man muß deshalb gewiß kein Mitleid haben mit den Machos, aber soll man ihnen vorwerfen, daß sie dieser Frau verfallen; daß sie sich willig täuschen lassen; daß sie mitmachen; daß sie in diesen Frauenkörper, dem ein jeder einen anderen Namen gibt, ihre Wunschfrau projizieren? (Allein die Geschwitz will Lulu, den Menschen.) Die Männer verantwortlich machen für Lulus Untergang kann bei Zadeks Inszenierung nur heißen: die männliche Gesellschaft kritisieren, die solche Freiheitsutopien nicht zuläßt.

Der Aufführung aber fehlt dies – eine ganze Dimension. Gerade weil sie in den ersten drei Bildern und zum Teil auch im vierten Akt (der hätte gekürzt werden müssen) so gemein, so rasant, so obszön ist, mangelt es ihr an Mitleid. So komisch schmerzlos, wie es bei Zadek scheint, ist die unerfüllte Sehnsucht nach einem anderen Leben nicht. Und diese Sehnsucht teilen ja auch die Männer. Die Figuren werden – und daran ändert auch das Licht im Zuschauerraum nichts – gerade durch die Leichtigkeit und den Witz der Inszenierung doch zu lebensfremden Monstren. Mit ihnen muß sich niemand identifizieren, sie vermögen die Zuschauer wahrscheinlich nicht einmal zu verunsichern. Man verdrängt sie, belacht sie. Der Angriff wird zum Amüsement.

Die Hamburger jubelten so lang und ausgiebig, feierten Zadek und das Ensemble – vor allem die grandiose Susanne Lothar und den spielwütigen, zugleich disziplinierten Ulrich Tukur – wie vor einer Woche die Wiener Claus Peymann und sein *Sturm*-Ensemble. Beide Regisseure zaubern mit Schauspielern, beide stoßen letztlich doch nicht zum Zentrum der Texte vor.

Ist's vorüber, lacht man drüber?

Klaus Michael Grüber inszeniert
Eugène Labiches *Die Affäre Rue de Lourcine*
an der Berliner Schaubühne

Erst sieht man nur weiße Handschuhe auf dem roten Vorhang, dann, langsam, timide, schiebt sich eine Gestalt hindurch, blickt uns aus den unbeteiligt leeren Augen an und gibt einen Wink mit der Rechten. Das Licht erlischt. »Monsieur schläft noch... Wecken wir ihn nicht auf!« flüstert er, während er den Vorhang zur Seite schiebt. Als er sich umdreht, zur Uhr blickt, die auf dem Kamin steht, aussieht wie eine kleine Lokomotive und später, meist zur vollen Stunde aus dem Schornstein Funken stiebt und Qualm dampft, weicht der Stoff von selber einige Zentimeter. Justin, der Diener, ist erstaunt. Das Spiel beginnt, der Traum währt.

Es gibt keine Tür, keine Fenster in Francis Biras' Raum. Die Möbel gleichen zwar denen der bürgerlichen Salons in der Mitte des 19. Jahrhunderts, aber sie wirken befremdlich, hypermodern, phantastisch. Unwirklich wie das düstere Licht zwischen den grauen Wänden. Nur ein paar helle Spots reißen zwei Paar Schuhe und zwei Jacken samt Westen aus der Dunkelheit. Plötzlich huscht ein kleines Persönchen, ein Biedermeierpüppchen, durch einen kleinen Spalt rechts an der Rampe herein: »Na, ist er schon wach?« fragt es leise. »Noch nicht.« Das Mädchen dreht galant Kopf und Körper wie eine aufgedrehte Spieldosenfigur und entschwindet. Das Spiel beginnt, der Traum währt.

Erst sieht man nur die nackten Finger auf dem schwarzen Vorhang, der in der Tiefe ein Bett versteckt. Endlich fällt der Schläfer durch den Schlitz. Nackt ist er bis auf die schwarze Hose. Gebeutelt sieht er aus. Vorsichtig schlurft Lenglumé barfüßig zum Kamin, säuft aus einer Karaffe Wasser und murmelt leise: »So was... Es ist ja schon heller Tag!« Es ist Nacht.

Klaus Michael Grüber inszeniert Eugène Labiches 1857 entstandenen Einakter *Die Affäre Rue de Lourcine*, jene kleine Komödie, die Wolfgang Deichsel 1976 als eigenes (schwächeres) Werk ausgab und mit dem hessischen Titel *Loch im Kopp* und der Anmerkung

»nach den Motiven von Labiche« versah. Die Geschichte vom Mann, der nach durchzechter Nacht aufwacht, neben sich einen Saufkumpan, und sich an nichts mehr erinnert, was nach dem Salat des Diners passierte.

Dummerweise liest an diesem Unglücksmorgen seine Frau aus einer uralten Zeitung den Polizeibericht von einer ermordeten Kohlenhändlerin vor. Und weil den beiden Zuhörern bei ihrer Tour ein Spazierstock und ein Taschentuch abhanden gekommen sind, Gegenstände, die man bei der Ermordeten fand; weil sie zudem aus ihren Hosentaschen einen Mädchenzopf, eine Haube, einen rosa Pumps und Kohlen ausgraben, fühlen sie sich schuldig. Um zu vertuschen, täuschen sie, wollen sie Mitwisser, den Diener Justin, der Lunte gerochen hat, und Lenglumés Vetter Potard, schließlich sich auch gegenseitig, aus dem Weg schaffen. Doch (natürlich) klärt sich alles auf. Die Ermordete ist schon 20 Jahre tot, den Zopf, die Haube und den Schuh haben die beiden der Bedienung geklaut und die Kohlen in dem Keller aufgeklaubt, in den man sie sperrte, als sie zu randalieren begannen.

»Ist's vorüber, lacht man drüber, Lachen ist gesund!« stimmen die zwei zusammen mit Madame Norine, Potard und Justin an. Ein leises, in der Kopfstimme geträllertes Quintett, ein Klagegesang eher denn ein Freudenchor. Das Spiel ist aus, der Traum ausgeträumt, die Verwirrung bleibt.

Zwei Spießer, ein angesehener Rentier und ein heruntergekommener Koch, ein kleiner Dicker und ein großer Dünner, Lenglumé und Mistingue, der wundervolle Udo Samel und der nicht minder hinreißende Peter Simonischek, haben im Traum die Freuden und Abgründe der Spießerseelen (und nicht nur der) entdeckt, gelebt, genossen und gefürchtet: den Suff, die Vergewaltigung, den Mord und die Verzweiflung. Wecken wir Messieurs nicht auf, denn wenn sie schlafen, zeigen sie ihre Gier, ihre Leidenschaft, ihre Mordlust – und Samel und Simonischek tun dies, ohne zu exaltieren, ganz schlicht, alltäglich wahnsinnig. Aus den Biedermännern werden Ungeheuer. Die Nacht gebiert sie.

Émile Augier, der 1878 das Vorwort zur Gesamtausgabe der Labicheschen Theatertexte schrieb, nannte seinen Freund, den Blumengärtner, Landwirt und Bürgermeister von Solonge, »den bedeutendsten Lachgashersteller Frankreichs«. Lachgas betäubt vor einer Operation, ist Mittel zur Genesung. Das Spiel ein Traum. Der Schlaf – Labiches Logik des Unwahrscheinlichen – offenbart die Wahrheit. Oder (und Grüber macht dies deutlicher als Peter Stein 1973 in seiner *Sparschwein*-Inszenierung): Unter Lachgas reißt sich der Mensch die Masken vom Gesicht und von der Seele.

Grübers Inszenierung ist effektlos, still. Kein Türengeklapper, keine Farcenmaschinerie. Wie Schlafwandler agieren die Schauspieler Samel und Simonischek, und doch sehen sie hell. Sich und die anderen, die im Traum sind, wie sie sie wachend einschätzten. Alles alberne Karikaturen: Potard (Roland Schäfer): ein dummer, stets grinsender Schleimer; Justin (Sylvester Groth): ein blasierter Möchtegern; Norine (blaß, zerbrechlich, hübsch: Imogen Kogge): ein verzogenes, verklemmtes Hätschelkind.

Witzig und böse präsentiert Grüber sein Traum-Spiel vom Mord in der Rue de Lourcine. Nichts verändert sich in diesem beinahe farblosen Bild. Die Stimmen, die von außerhalb in diesen Raum dringen, tönen wie ein Hall aus fremder Welt, und es wird nie Tag. Nur die schwarze Gebirgslandschaft auf dem Gemälde färbt sich zuweilen (bei den Liedern) rot. Doch dies ist kein Alpenglühen, der Traum wird blutig. Lenglumé und Mistingue fallen in den Abgrund, zu sich.

Gilles Aillaud, der sehr oft mit Grüber zusammenarbeitete, formulierte vor Jahren, daß dieser Regisseur mit einem geradezu »tierischen Instinkt« Texte umsetze. Das gilt auch diesmal. Gewiß, es gibt viel zu lachen. Doch das Lachen betäubt die Zuschauer nur kurz. Danach sind sie wach.

»Monsieur schläft noch... Wecken wir ihn nicht auf!« Das Spiel beginnt. Wieder sehen und hören wir, was Grübers ganzes Schaffen auszeichnet. Seine Sicht auf die Welt und die Menschen verdichtet sich in einem Wort, das beinahe in allen Texten, die er inszeniert hat, gesprochen wird und auch diesmal in Elfriede Jelineks Übersetzung nicht fehlt: Hélas, Ach.

»Ach«, seufzt Lenglumé, »ich beginne zu verstehen...« Labiches Ehrenmann kapiert, daß er nur gesoffen, nicht gemordet hat, Grübers und Udo Samels Lenglumé aber versteht mehr nach diesem Traum.

Ein Triumph für die Schauspieler der Schaubühne und für Klaus Michael Grüber, der sich – wie stets nach den Premieren – nicht zeigte. Er braucht für seine Arbeit keine Bestätigung. Nie.

Notwendige Wahrheit, gefährliche Provokation

Claus Peymann inszeniert
die Uraufführung von Thomas Bernhards *Heldenplatz*
am Burgtheater in Wien

Frau Professor Schuster fällt mit dem Gesicht voraus auf die Tischplatte. Alle schauen auf Marianne Hoppe. Durch das Fenster des großbürgerlichen Eßzimmers dröhnt das Heldenplatz-»Heil!«-Geschrei von 1938. Der rote Vorhang schnellt herab. Es ist 23.17 Uhr. Pfiffe gellen von der Galerie, Buh- und Bravo-Rufe vom Rang. Thomas Bernhards *Heldenplatz*, drei Szenen aus dem Wien von 1988, ist uraufgeführt. Nach über fünf Stunden bricht der Tumult aus. Die Zuschauer zeigen Flagge. Standing Ovations für Claus Peymann und sein Ensemble im Parkett, während die Kinder im Olymp »Österreich lebe!« rufen, eine rotweißrote Fahne über die Brüstung hängen und »Peymann raus!« skandieren.

Der lacht übermütig, zufrieden. Die Provokation ist gelungen, der Coup saß. Die einen jubilieren, daß nun endlich von einer österreichischen Staatsbühne, noch dazu vom ersten Haus des deutschsprachigen Schauspiels, der Welt demonstriert worden ist, wie verrottet dieser österreichische Staat ist; wie nationalsozialistisch und antisemitisch die Mehrheit seiner Bevölkerung denkt, schimpft und handgreiflich wird. Die anderen fühlen sich beleidigt und verunglimpft.

Heldenplatz, Bernhards neueste Österreich-Erregung, erregt die Gemüter. Wenige nur kannten den Text vor dem 4. November. Autor Bernhard, Regisseur Peymann und Verleger Siegfried Unseld hielten ihn unter Verschluß. 10000 Exemplare wurden – nur für Österreich – am Uraufführungstag ausgeliefert und waren in Wien rasch ausverkauft. (Im Programmheft ist das Stück, gegen die jahrelange Peymann-Gewohnheit, nicht abgedruckt.) Worum geht es in diesem Werk, über das Journalisten schrieben, ohne es zu kennen, gegen das Politiker – vor allem die der schwarzen Couleur – in Österreich zu Felde zogen, obwohl sie nur wenige Sätze, wohl von Schauspielern, die aus der Produktion ausgestiegen waren, erhascht hatten?

Professor Josef Schuster, Jude, Mathematik-Professor, hat sich im heutigen Wien aus dem Fenster seiner Wohnung gestürzt, die nahe dem Heldenplatz liegt, auf dem die Österreicher am 15. März 1938 Hitler zujubelten und sich des Anschlusses freuten. Am Tag seiner Beerdigung plappern seine Hausangestellten – die alte Zittel (Anneliese Römer), die dem Selbstmörder wohl mehr bedeutete als seine eigene Frau, und Hertha, das Hausmädchen (Therese Affolter) – über seine Hemden, Schuhe, Reisen; teilen sich umständlich mit, was sie eigentlich schon längst, wir aber noch nicht wissen: daß der Herr Professor Josef egoistisch war, ein Schuhfetischist und Bügelpedant; daß er sich nicht sonderlich freigebig gegenüber seinen offensichtlich wie Domestiken gehaltenen Perlen benahm; und daß er nach dem Anschluß nach Oxford ging und später, die Österreicher waren inzwischen befreit, zurückkam.

Und daß er es in Wien nicht aushielt. Ebensowenig wie seine Frau Hedwig, die – mehrfach Patientin in der Nervenheilanstalt Steinhof – ständig wieder die »Heil!«-Rufe vom Heldenplatz hört und schier verrückt wird. Was, so sagt die Zittel, den Herrn Professor aber nicht bewog, umzuziehen. »Ich kann doch die Wohnung nicht aufgeben / nur weil du dieses Geschrei vom Heldenplatz hörst / hat er immer wieder gesagt / das hieße ja, daß mich dieser Hitler zum zweitenmal / aus meiner Wohnung verjagt.«

Jetzt packen sie die Koffer, die ursprünglich wieder nach Oxford gehen sollten – dazu hatte sich der Professor durchgerungen –, nun aber nach Neuhaus verschickt werden, wo der Bruder des Toten lebt und die Witwe nicht einmal sterben will. Dennoch beabsichtigt sie, dort hinzuziehen.

Im zweiten Bild treffen wir diesen Bruder Robert, auch er Professor, auch er einer, der emigrierte (nach Cambridge) und wieder immigrierte. Ein Philosoph (Wolfgang Gasser). Mit den Töchtern seines Bruders kehrt er von der Beerdigung heim. Die eine, Anna (Kirsten Dene), arbeitet als Professorin in der Nationalbibliothek. Sie ist resolut und wehrt sich gegen den Wiener Antisemitismus, zumindest verbal. Die andere, Olga (Elisabeth Rath), hat eher ein zerbrechliches, nonnenhaftes, in sich gekehrtes Wesen. Sie reagiert auf die Schmähungen der Wiener, die sie sogar bespucken, eher mit Zurückhaltung. Sie will nur eines nicht: auffallen.

Auf dem Nachhauseweg durch den Volksgarten machen sie Rast auf einer Bank. Anna will Onkel Robert überreden, gegen eine Straße zu protestieren, die durch seinen Garten in Neuhaus verlaufen soll. Doch er ist des Protestierens müde, und außerdem nütze es nichts, behauptet er. Einmal aufgestachelt, zieht er aber bald schon her über die Österreicher: »Die Wiener sind Judenhasser / und sie werden Judenhasser bleiben / in Ewigkeit«; »die Industrie und der Klerus sind die Drahtzieher / des österreichischen Übels«; »sechseinhalb Millionen Debile und Tobsüchtige«; »was die Sozialisten hier in Österreich aufführen / ist ja nichts als verbrecherisch / aber die Sozialisten sind ja keine Sozialisten mehr / die Sozialisten sind im Grunde nichts anderes / als katholische Nationalsozialisten«; »der Bundespräsident ein verschlagener verlogener Banause / und alles in allem ein deprimierender Charakter / der Kanzler ein pfiffiger Staatsverschacherer«.

Am Ende – Wolfgang Gasser, schmächtig, groß, schwingt einen seiner beiden Krückstöcke dabei wütend gen Publikum – ist Professor Robert außer sich, daß die Wirklichkeit so schlimm ist: »Am liebsten würden sie / wenn sie ehrlich sind / uns auch heute genauso wie vor 50 Jahren vergasen / das steckt in den Leuten / ich täusche mich nicht.«

Professor Robert setzt seine Beschimpfungen, seine Haßtiraden auch im dritten Bild fort. Man hat sich zum Essen gesetzt, dem letzten in der Wohnung, die Hedwig an einen Perser verkauft hat. Jüdische Freunde – ein Professorenpaar, ein Verehrer von Josef Schuster – und die beiden Töchter lauschen ihm. Später kommt Hedwig, von ihrem schnoddrig-oberflächlichen, offenbar ganz unpolitischen Yuppie-Sohn Lukas begleitet, hinzu – und stirbt.

Bernhard variiert seine Themen in diesem Text ein weiteres Mal, als seien die neuen, alten Beschuldigungen Themen einer Sonate.

Das Egoisten-Motiv, das Hemden-Motiv, das Selbstmord-Motiv und die Leitmotive: österreichischer Stumpfsinn, österreichischer Nationalsozialismus. Für die verkommenen Zeitungen, Universitäten, Politiker noch jeweils ein paar Noten.

Wir kennen diese Musik aus den Romanen und Theaterstücken. Kennen Bernhards Glenn-Gould-Bewunderung, die nun Professor Josef mit ihm teilt, kennen seine Wut auf die deutschen Nationalsozialisten, man denke an *Vor dem Ruhestand* und Bernhards Dramolette. Doch diesmal klingt die Übertreibungsmusik des Übertreibungskünstlers anders. Zum einen ist sie fad, weil die Durchführung der Motive – also die dramatische Arbeit – dem Dichter nicht sonderlich gelungen ist: nur Wiederholung, nicht Entwicklung. Zum andern tönt sie schrill und falsch. Diese Übertreibungsmethode eignet sich nicht für einen aktuellen, politisch wie gesellschaftlich höchst brisanten Stoff. Wenn sich in einer geschlossenen Gesellschaft, der Familie, Menschen mit Superlativen der Verachtung und der Demütigung verletzen, wenn also fiktive Figuren einander ungeheuerliche Lügen übereinander um die Ohren hauen, dann offenbart sich in den monströsen, zugespitzten Beleidigungen das Körnchen Wahrheit. Wenn aber ein Mensch wie Professor Robert als real existierender Wiener Jude vorgeführt wird, der Journalisten und Politiker beim Namen nennt und beschimpft, dann wirkt diese Methode nicht. Viel eher richtet sie Übles an.

Man ist versucht, die Österreicher, von Bernhard als Judenhasser beschimpft, in Schutz zu nehmen. Denn ein Häuflein Aufrechter wird sich selbst in diesem Volk finden lassen, das gewiß den Antisemitismus (und den Fremdenhaß) so offen zur Schau stellt wie kein anderes in Europa. Daß Bernhards *Heldenplatz* nur ein Werk aus Versatzstücken ist, noch dazu dramaturgisch nicht geschickt gebaut, ist schade, aber kein Grund, sich aufzuregen. Es gibt schlechtere Stücke. Aber daß er – bei den guten Absichten, die hinter diesem Werk stehen – sich der Juden bedient, um diese Kritik, diese Anklage, die überzogenen Haßausbrüche zu formulieren, scheint mir gefährlich. Peter Sichrovsky fühlte sich in einem Kommentar, erschienen am Uraufführungstag im *Standard*, als Jude »benutzt« und forderte unterschwellig, unter Hinweis auf den deutschen Fassbinder-Skandal in Frankfurt, die Aufführung zu boykottieren. Das wäre falsch. Nicht nur, weil die Freiheit der Kunst nicht aufs Spiel gesetzt werden darf, sondern vor allem, weil diese beiden Stücke nicht zu vergleichen sind.

Doch Sichrovskys Angst ist verständlich: Es ist und bleibt gefährlich, wenn auf einer österreichischen Bühne die einstigen Opfer, neuerlich Schikanen ausgesetzt, zu Angreifern werden, zu hemmungslosen Anti-Österreich-Popanzen, zu kläffenden deutschen Schäferhunden, wie Sichrovsky schreibt. Das bedeutet keineswegs, daß auf deutschsprachigen Bühnen die lieben, bis zum Identitätsverlust assimilierten Juden auftreten sollen. Allein, Bernhards Attacke bringt ihnen nicht die Emanzipation. Er arbeitet mit den Klischees, die Antisemiten für die Juden immer parat haben: Sie sind alle »Geistesmenschen«, also klug. Sie sind einflußreich, Professoren, mit Verbindungen zu den höchsten Kreisen. Sie sind reich, Hedwig Schuster besitzt zwei Fabriken, alle anderen zumindest ein Haus. Sie sind arrogant und pochen darauf, daß sie die Weisheit gepachtet haben: »Früher kamen die Universitätslehrer aus dem Großbürgertum / aus dem großbürgerlichen Judentum / heute kommen sie aus dem verzogenen kleinbürgerlichen Proletariat / und aus dem debilen Bauernstand.«

Viel klüger, richtig, wäre es gewesen, wenn Bernhard seine Kritik österreichischen, nichtjüdischen Intellektuellen in den Mund gelegt hätte. Sollte es diese wirklich nicht mehr geben, wie er behauptet? Sich selbst, vielleicht auch den Österreicher Hermann Beil und einige österreichische Burgtheater-Ensemblemitglieder wird er wohl ausnehmen. Statt Professor Robert hätte ja Professor Thomas auftreten können.

Claus Peymann kam es gleichfalls allein auf die Demonstration an, so sehr, daß er sich fast zurückhielt, diesen Text, der manchmal die witzige Plattheit guter Kalauer hat, zu inszenieren. Juden auf Koffern (auch das ein Klischee) im ersten und letzten Bild, in hohen, schönen Räumen von Karl-Ernst Herrmann. Allein das zweite, sehr schöne Bild, der Spaziergang, ist mehr als präzise Deklamation in Räumen. Kirsten Dene, Elisabeth Rath und Wolfgang Gasser zwischen laublosen Bäumen, hinter sich das Burgtheater, diskutieren, weinen, schimpfen, trösten sich. So realistisch diese Szene, so weit ist sie von der Wirklichkeit entfernt. Zwei tschechowsche Schwestern und ein alter Mann. Nicht nach Moskau sehnen sie sich, nicht nach Israel, nicht nach England, sondern an einen Ort ohne Aggressionen. Nach dem Tod.

Hier erreichte Peymann, was der Aufführung insgesamt fehlte: über die scharfe Attacke hinaus, die nur Verwirrung schafft und das Publikum in Lager teilt, Nachdenken, Diskussionen zu provozieren, die Zuschauer zum Gespräch zu einen.

Und die Schauspieler? Sie waren – und es lag wohl nicht an den demonstrativen, dümmlichen Applaus- und Pfeifkundgebungen – selten so spannungslos wie an diesem Abend. Kirsten Dene, die mit einem Schlag ihrer schwarzen Handschuhe auf die Hüfte die ganze Abscheu ihrer Anna offenbart, und Wolfgang Gasser, der in seiner Stimme und seinem Gesicht die Gefühle dieses Juden aufs wahrhaftigste spiegelte, den Ekel, die Wut, die Verachtung und auch die Freude über die Schmierfinken in den Zeitungen, sie sind die Ausnahme.

Heldenplatz ist uraufgeführt. Nachspielen auf deutschen Bühnen läßt sich dieser Text schwerlich. Die Verhältnisse in der Bundesrepublik sind anders, die Juden (noch) weit weniger gefährdet. Die Wiener Demonstration mag wichtig gewesen sein, allein auf das richtige Stück zu diesem Thema warten wir weiter. Es ist bitter nötig, denn in Österreich nennen sich Menschen selbst dann noch »nicht judenfeindlich«, wenn sie Sätze formulieren wie diesen: »Das Schlimme ist nur, daß Hitler die guten Juden alle umgebracht hat und jetzt die schlechten alle zu uns zurückkommen.« Ich hörte ihn von einem Taxifahrer auf dem Weg zum Flughafen, wo ein großes Willkommensschild die Fremden empfängt: »Österreich ist anders.«

Von Wagner zu Hauptmann zu Hitler

Thomas Langhoff inszeniert Gerhart Hauptmanns *Und Pippa tanzt!* an den Münchner Kammerspielen

»Auf was warten Sie eigentlich jahraus, jahrein hier oben, Wann?« fragt der Glashüttendirektor. »Auf mein seliges Ende! Auf den neuen Anfang und Eintritt in eine andere musikalisch-kosmische Brüderschaft«, ist seine Antwort. Wann ist der Wahrheitssucher, der »Herr im Spiele« von Gerhart Hauptmanns *Und Pippa tanzt!*.

Mit langem Mantel, Hut und dunkler Brille betritt Rolf Boysen die Bühne. Gemessenen Schrittes schaut sich dieser Wann um, ob noch alles an seinem Platz steht, die Statuen, die Glaskristalle, das Lesepult. Schaut hinauf zur Decke, die sich, von Jürgen Rose in zwei halbrunde Kuppelsegmente getrennt, über den Raum spannt, betrachtet die Schiffsmodelle und die vereisten Berge draußen.

Wann ist Wotan; Wann ist der Wanderer. Er sehnt sich wie dieser nach dem Ende; fragt sich wie Michael Kramer »Was wird wohl am Ende sein?«, geht wie Hauptmanns Prospero aus *Indipohdi* in »die Einsamkeit des Nichts«.

Wer es bis zum dritten Akt noch nicht bemerkt hat, der wird den Schlüssel zu Thomas Langhoffs Inszenierung wohl später nicht mehr finden. Regisseur, Bühnenbildner und Komponist Anton Ruppert entdecken in Hauptmanns »Glashüttenmärchen«, diesem lyrischen, symbolischen, mythischen, gleichwohl nicht unrealistischen Drama, Richard Wagners Welt, von der Hauptmann wie Thomas Mann zeitlebens fasziniert war. »Ohne Wagner ist meine Jugend nicht zu denken«, bekannte er und fügte hinzu, daß er dessen *Nibelungen* für »vielleicht das rätselhafteste Kunstgebilde der letzten Jahrtausende« halte.

Wagners Werk ist in der Aufführung stets präsent. Wanns Studierstube auf Gipfelshöhe ähnelt Jean-Pierre Ponnelles Einheitsraum zu seiner Stuttgarter *Ring*-Inszenierung. Die Höhle des Waldschrats Huhn, der die kleine Pippa aus dem Wirtshaus entführt, damit dieses tanzende Flämmchen ihn hinfort erfreue, erinnert an Nibelheim und an Fritz Wotrubas *Ring*-Entwürfe. Anton Ruppert verfremdet in diesem zweiten Akt die *Rheingold*-Musik, wenn Thomas Holtzmann, ein Riese Fasolt (der ja gleichfalls lieber Freia behalten hätte, als sie gegen Gold einzutauschen), Pippa geschultert, in die Tiefe steigt. Und wir hören einen Play-Wagner-Walkürenritt, wenn der junge Handwerksbursche Michel Hellriegel mit nackter Brust, den rechten Arm in die Höhe gereckt, die Faust geballt, den Zeigefinger vorgestreckt, neben sich die staunende Pippa von Anne Bennent, »Freude für alle!« brüllt – wie ein Demagoge.

Langhoff sieht in Michel einen direkten Nachfahren von Siegfried, dem starken Helden, der so stark nicht ist und überhaupt nicht klug, hat doch Großvater Wotan alles für den Enkel gerichtet. Michel ist zugleich der tumbe Tor Parsifal, der alles sieht und nichts versteht, weil er nur mit sich selbst beschäftigt ist. Darin gleicht er allen Männern in Langhoffs Inszenierung.

Nach dem konkreten Sinn dieses Werkes befragt, antwortete Hauptmann: »Wenn ich das wüßte, hätte ich doch die ganze Geschichte nicht aufzuschreiben brauchen.« Langhoff entdeckt einen (neuen) Sinn. Er sieht in diesem 1906 uraufgeführten Stück nicht nur Hauptmanns Liebesgeschichte mit Ida Orloff, der »Flämmchennatur«, dramatisiert, der Hauptmann das Märchen sandte und in einem Begleitbrief schwärmte: »Ihre schöne Jugend hat es mir geschenkt... als leuchtende Verwirklichung eines eigenen Gedankens.« Langhoff weist darüber hinaus den Weg, der von Wagner zu Hauptmann zum Nationalsozialismus führt; zeigt, daß schon in dem *Pippa*-Drama die Wurzeln liegen für Hauptmanns eher passiv-zustimmende Haltung während der Hitler-Herrschaft.

Es stimmt, Hauptmann hat sich für einige jüdische Freunde verwendet, aber er war dennoch mehr als ein Mitläufer, er huldigte dem »Weltgenie«, dem »großen Erneuerer«, bedankte sich sogar beim »Sternenschicksalsträger des Deutschtums« dafür, daß er »inmitten ungeheuerer Aufgaben Zeit gefunden« habe, »meiner durch Wort und Gabe gütig zu gedenken«. Schlimmer noch: In sein Tagebuch notiert er zu *Don Carlos*: »›Sire, geben Sie Gedankenfreiheit.‹ Aber wenn man keine Gedanken hat, noch denken kann oder will, wozu bedarf man der Gedankenfreiheit? Und das ist die Lage der meisten, auch der meisten Deutschen.«

Die Untermenschen, die des Führers bedürfen, gibt es auch in *Pippa*. Huhn ist einer (wie Fasolt für Wotan). Wie anders soll man

Wanns Bemerkung interpretieren: »Ich bin ein Mensch, und der will es werden.« Und es gibt die Blinden, zu allem Entschlossenen, die nicht wissen, wo es langgeht, aber vor Ungeduld brennen, um etwas zu verändern: »Es muß alles anders werden«, schreit Michel Hellriegel heraus, kaum in der Wirtsstube angekommen, wo die dumpfen Glashüttenarbeiter sich vollaufen lassen und Karten spielen. Verlieren sie, noch dazu gegen einen italienischen (Gast-)Arbeiter, dann schlagen sie zu. Ungehindert. Der Glashüttendirektor (Claus Eberth) murmelt zwar noch etwas von Rettung, macht sich dann aber schnell aus dem Staub; Michel bleibt still, ganz mit sich und seinem Süppchen beschäftigt.

Langhoff legt zwar bloß, was Hauptmann und seine Exegeten in diesem Drama erkannten: nämlich den Dichter, der sich selbst in allen vier Männergestalten, die die fragile Kindfrau Pippa umwerben, ent- und verführen, spiegelt: mal naiv-kindlich und illusionistisch wie Michel; mal roh dumpf, erdenschwer wie Huhn, Erdmutter Kybeles Diener (Erda!); mal genießerisch, illusionslos und zynisch wie der Direktor; mal als bedeutungsvoller Durchblicker, Welterklärer wie Wann. Doch Langhoff sieht – anders als Hauptmann – die Dichtertypen nicht in einer Entwicklung, beschreibt Wann nicht als den Größten.

Er sieht in der Vierfalt nur die Einfalt; sieht die Gefahr, die alle bedeuten: Ob sie viel oder gar nichts erkennen von der Gesellschaft um sie herum, alle handeln sie nicht. Sie sehnen sich bloß – mehr oder minder bewußt – nach Veränderung, nach Erlösung, projizieren ihre Wünsche und Sehnsüchte auf Pippa, die sie sich kaufen wie der Direktor, verschleppen wie Huhn, mit sich reißen wie Michel, opfern wie Wann, der nicht eingreift, als Pippa und Huhn einander in ihrem letzten gemeinsamen Tanz töten. Er stirbt an ihr und reißt sie mit in den Tod. Mit einer Glasscherbe schneidet er ihr in den Hals – Wann und Michel schauen tatenlos zu.

Warum *Pippa* aufführen? Um Hauptmann zu kritisieren? Um uns den Spiegel vorzuhalten, damit wir erkennen, wie egoistisch, verhärtet wir sind, die wir den Ästhetizismus und den Konsum zur Ideologie erheben? Man wußte, spürte es in der Aufführung: Langhoff hätte diese Inszenierung nicht gewagt ohne Anne Bennent und Ulrich Matthes. Beide sind Idealbesetzungen.

Sie ist das Vögelchen, das es mit dem Vater in den Norden verschlagen hat, in rauhe Landschaft, rauhes Klima. Sie leidet. Die Arme abgewinkelt, die Finger von der Handfläche gefächert, zittert das Mädchen, fliegt über Jürgen Roses Caspar-David-Friedrich-Eisschollen, flattert aufgeregt in Huhns Höhle von einer Bretterwand zur anderen, als wolle sie durch die Balken schlüpfen wie ein Sittich durch die Käfigstäbe. Ein fragiles Wesen, ohne Sexualität, das Gegenbild zu Wedekinds Lulu – keine Susanne Lothar. Eine Unglückliche in einer Welt, die nicht die ihre ist. Eine Wunschmaid, ein Engel. Keine Frau.

Kein Mann. Ein fanatischer Träumer, ein egoistischer Nichtsnutz, ein Kind auch er: Michel, Ulrich Matthes. Er hätte sich für sein Debüt an den Münchner Kammerspielen keine geeignetere Rolle wünschen können. Matthes spielt Hans Guckindieluft und Siegfried, Muttersöhnchen und Hitlerjunge. Braust auf, hochmütig aus Angst und fehlendem Selbstvertrauen, ist lieb und gefährlich und schwach. Matthes kann blitzschnell die Rollen dieses Knaben, der nicht weiß, wer er ist, vielleicht ahnt, wer er sein möchte, wechseln. Und wenn er blöde, selig sich hinüberträumt in sein Venedig, dann sehen wir Michel, die Augen aufgerissen, die Ferne fixierend, wankend, glücklich, als schwebe er durch die Luft oder über die Lagunen.

Schließlich beide: Hänsel und Gretel, Siegmund und Sieglinde. Sie vertraut sich ihm an, zaudernd; er, entschlossen, dröhnt vom neuen Leben. Solche Begeisterung, solche Unterwürfigkeit führt selten ins Glück. Oft ins Verderben.

Am Ende geht Langhoff die Kraft aus. Die beiden Wann-Akte haben zwar noch den Zauber des Beginns, aber sie sind unbestimmt, diffus. Das liegt gewiß nicht an den Schauspielern, nicht an Boysen, Holtzmann, Eberth und dem sehr genauen Michael Tregor als Wanns stummer Diener Jonathan, sondern wohl am Text, der sich einem so direkten Zugriff wie in den ersten Akten sperrt. Langhoffs Kritik an Hauptmann, an *Und Pippa tanzt!*, verliert an Deutlichkeit.

Indes, die Leistung des Regisseurs und die des Ensembles mindern das kaum: Sie haben das vergessene Stück, ein Märchen im Gorkischen Sinn, ein Märchen der Wirklichkeit, benutzt, um Hauptmanns Schopenhauersche Wurzel, den Wunsch, »nichts mehr wollen zu müssen«, freizulegen und zu kommentieren. Sie zeigen ein Greuelmärchen, deuten in den Abgrund, in den eine Gesellschaft stürzt, wenn sie nicht achtgibt. *Und Pippa tanzt!*: Auch dies ein Beitrag, sich zu erinnern – über die Feierlichkeiten zu den Novemberpogromen vor fünfzig Jahren hinaus – und Stellung zu beziehen.

1989

Gott ist tot – der Mensch ist frei

Achim Freyer inszeniert Georg Büchners *Woyzeck* am Burgtheater in Wien

So hat man Georg Büchners *Woyzeck*-Fragmente (gewiß) noch nie gesehen! Achim Freyer verweigerte den Zuschauern die Kriminalgeschichte und das Sozialdrama; er kompilierte, zusammen mit seinem Dramaturgen Michael Eberth, aus allen Fassungen der vier Entstehungsstufen eine eigene Version, in der viele, in anderen Aufführungen meist vernachlässigte Szenen aufgenommen wurden; er dehnte das Spiel auf knappe drei Stunden – und entdeckte damit für jene Zuschauer, die nicht schon vor oder in der Pause das Burgtheater verließen (in der Zweitaufführung), Welttheater: *Woyzeck* als *Jedermann*-Moralität, in der es aber Gott als Zuflucht, als Hoffnung nicht mehr gibt.

Schnitter Tod spielt den Menschen auf, zwingt sie zum Totentanz. Vor dem blauen Vorhang, an der Rampe, steht er; schwarz gekleidet, übergroß, eine blutrote Sense auf dem Rücken, die Geige in der Hand. Ihm gegenüber, rechts, liegt eine zerstückelte Puppe. Nur ab und an streicht die bleiche, tote Hand über die einem Uhrwerk ähnlichen Zahnräder, die statt des Herzens in dem aufgerissenen Torso einst Leben produzierten. Das heißt: Hast, Unrast – eben jene ständige Bewegung des Körpers und des Geistes, die Büchners Menschen unablässig von sich und den anderen fordern. Das Geräusch, das dieses Wesen, der »Musiker im zerbrochenen Gott«, hervorbringt, klingt kalt.

Diese beiden Figuren, die präsent bleiben und stets im Einsatz sind, bedeuten bereits Freyers Programm. Er zeigt keine Individuen, sondern Maschinen-Menschen, die so lange aneinander vorbeilaufen, vorbeireden, vorbeiblicken, bis ihre Spieldosen-Automatik versagt. Gezwungen zu funktionieren, beugen sie sich ihrem Schicksal, ihrer Bestimmung: bewegen sich, sprechen, geben sich hin. Aber sie fühlen nicht. Es spricht in ihnen, es lebt aus ihnen. Nur der Tod, der Kollaps der Mechanik, erlöst sie aus dem »Immerzu, Immerzu«, das Martin Schwab, Freyers barfüßiger, bleicher Woyzeck, wie einen Fluch skandiert. Er, der alle anderen Worte – mit Ausnahme eines zweiten – artikuliert, als müßten sie stets ungehört verhallen, als spräche er sie nur zu sich selbst, um wie die anderen die Stille zu vernichten oder, weniger noch, den Forderungen der arbeitenden Maschine nachzugehen, bricht aus: Er klagt die Schöpfung an.

Das zweite Wort, das mit gleicher Kraft, gleicher Aggression von Schwab ausgestoßen, weggeschleudert wird, heißt »Mensch«. Schwab spuckt es vor uns hin. Es ekelt ihn davor. Zugleich jedoch hören wir seine Trauer über die Erkenntnis, daß dieses Leben, dieses Funktionieren, sinnlos ist in einer Welt ohne Liebe. Freyer entdeckt auf der Bühne, was bisher nur Interpreten des Textes offenlegten: die zwanghaften Mechanismen, unter denen Büchners Kreaturen leiden, und Jean Pauls »Rede des toten Christus vom Weltgebäude herab, daß kein Gott sei«.

Woyzeck ist in dieser Inszenierung der einzige, der begreift, was um ihn, mit ihm geschieht. Er beklagt sich aber nicht nur über das Pandämonium der Promiskuität und Unzucht, über die Sinnlosigkeit dieses Bewegungszwanges, er hat die Stärke, sein gut arbeitendes Räderwerk anzutreiben zu einem Mord, der ihn erlöst aus den Wiederholungen, diesem immerwährenden Leiden. Alle anderen, unglücklich auch sie, fügen sich in ihr Los, ausgeliefert der Mechanik Leben, sind Wunsch- und Haß-, Sauf- und Begehrensmaschinen, programmiert, ohne eigenen Willen. Sie tanzen nach dem Stock des Ausrufers, eines bösen Zwergen (Fritz Hakl), lassen sich vorführen wie Offenbachs Olympia.

Nur zweimal finden sie alle zu menschlicher Nähe, zu einem gemeinsamen Wort, hören sie einander wirklich zu. Zur Geige des Todes singen sie einen Choral, Büchners »Auf der Welt ist kein Bestand / Wir müssen alle sterben / das ist uns wohl bekannt!«. Am Ende, nach *Woyzecks* Befreiungstat, bringen sie das Verslein nicht zu Ende, verzichten auf die letzten Silben: »Wir müssen alle sterben / das ist uns wohl.«

Freyers *Woyzeck*: ein Memento mori. Sicher. Aber diese Inszenierung leistet noch mehr, weshalb der mögliche Einwand, der Regisseur nähme den Büchnerschen Figuren die Freiheit zur Entscheidung, zur Selbstverwirklichung – wodurch der Dichter die einen anklagt, die anderen entschuldigt –, nicht trifft. Freyer zwingt, Stellung zu nehmen zur eigenen Trägheit, zum Funktionieren im gesellschaftlichen Regelzwang, zum Mitmachen. Die Gottverlassenheit, von Büchner nirgendwo so schonungslos formuliert wie im Märchen der Großmutter, einem Antimärchen par excellence (in Wien gesprochen von dem verkleideten Schausteller), muß eigenes Denken und Handeln provozieren. Ist letztlich Hoffnung.

Die Einsicht in die kosmische Dimension der menschlichen Einsamkeit, in Büchners pessimistischen Nihilismus, muß schmerzhaft für die Zuschauer sein. Doch jene, die sich Freyers (und Büchners) Weitsicht entzogen, rannten ja nicht fort, weil sie diesen Blick auf die Welt nicht ertrugen. Sie ärgerte Freyers Präsentation.

Er arbeitet nicht wie Hansgünther Heyme, benutzt die Bühne weder als Plakat noch als Katheder oder Wandzeitung. Sie ist ihm Leinwand. Jeden Pinselstrich, den er setzt, jede Farbe, die er wählt, jedes Zitat, das er benutzt – Bosch und die Romantiker –, wird erst nach langer Überlegung von ihm verwendet. Es ist das Tempo der Aufführung, das wahrscheinlich die meisten verstört. Die Gesten der Schauspieler werden ausgestellt, als lägen sie unter einem Vergrößerungsglas, als würden sie zudem durch eine Zeitlupe verlängert. Selbst der Sprechvorgang wird zerdehnt. Aber die Pausen zwischen den Worten, den einzelnen Silben, sie sind keine Löcher. Freyer lädt sie mit Spannung auf. Wir können dem Gesprochenen hinterherhören, Sätze abtasten, Gedanken in Ruhe befragen, interpretieren, annehmen oder verstoßen, verwerten oder verwerfen.

Zur Sprache erfindet Freyer Bilder. Wir sehen die Welt. Sie ist keine Kugel. Auf einem viereckigen, asymmetrischen, schwankenden Eiland in nachtschwarzem Dunkel treffen Woyzeck, Andres, Marie, Tambourmajor, Hauptmann und Doktor zusammen und bewegen sich voneinander fort. Auf dieser Insel der Unseligen, die das Schicksal traf zu sein, gibt es jedoch für sie kein Entrinnen, nur ein Aneinandervorbei. Die Welt als Gefängnis. Hier wird aus dem Tambourmajor mit der ausstaffierten Athletenbrust eines Fasolt der kindliche Narr, der Lears Krone trägt; hier sehen wir Marie als Maria und als Hure, auf die keiner einen Stein zu werfen wagt.

Woyzeck gilt Freyer als ein Passionsspiel; er inszeniert ein Stationendrama, so wie im Mittelalter auf den Marktplätzen vor den Portalen romanischer Kirchen Christi Leiden nachgestellt wurden. Wenige Schritte bedeuteten Gang von Bethlehem nach Golgatha. Damals verhieß das Spiel einen Gott; Büchner und Freyer haben keine Rettung, nicht einmal wirklich Trost zu bieten. Sie verlangen Erkennen.

Der Regisseur malt das Elend in extremer Langsamkeit, choreographiert mit den Schauspielern – Cornelia Kempers (Marie), Elisabeth Orth (Margret und Doktor) und Heinz Schubert (Hauptmann und Handwerksbursche), die, wie Schwab, alle Büchners hessischen Ton bewahren – lebende Tableaux. Er verzichtet auf Realismus und Psychologie, zeigt Puppen, Maschinen, Monstren; wirft Darsteller auf die bemalte Holzfläche, die Farben, Linien, Kleckse – und übermalt sie. Er arrangiert Menschengemälde. Aber im Gegensatz zu Robert Wilson, dem in den meisten seiner jüngsten Arbeiten die Bilder, die Bewegungen Selbstzweck wurden, der also nur noch mit Leibern Textfragmente illustrierte, hat Achim Freyer ein gedankliches, konzeptionelles Ziel: *Woyzeck* zu befreien aus der inszenatorischen Enge. Ihm muß dieser Mann nicht herhalten als Mitleidsprovokateur. Freyer wertet ihn auf. Ihm fordert dieser Geschundene, den Schwab wie einen wachen Seher spielt, der – sich seiner Determiniertheit bewußt – in die Freiheit auszubrechen versucht, Respekt ab. Schließlich zieht allein Woyzeck Schlüsse aus seinem falschen Sein. Er verweigert sich, während die anderen sich der Maschine unterwerfen, die ihren Leib, ihr Hirn, ihre Seele, ihr Geschlecht rädert.

Aus dem Behandelten wird ein Handelnder. Was er unter der Erde klopfen hört, sind die letzten toten Töne des zerbrochenen Gottes, der Gehorsam forderte. *Woyzeck*: ein apokalyptisches Gedicht, ein Endspiel und eine Mahnung. Die Menschheitstragödie. Freyer proklamiert die Leere, den bewußten Verzicht auf den Glauben an Erlösung als einen Hoffnungsschimmer, einen Wert, dessen sich der Mensch bewußt werden muß, für sein Leben: »Wir müssen alle sterben, das ist uns wohl (bekannt).«

Die Hölle, der Himmel und Jeanne Moreau

Antoine Vitez inszeniert Fernando de Rojas'
La Célestine beim 43. Festival d'Avignon

Jeanne Moreau ist der Star des diesjährigen Festivals von Avignon. Ihretwegen wurde die Aufführung eines in Frankreich zwar bekannten, aber dennoch keineswegs populären Werks schon vor der Premiere als Sensation gehandelt. Man freute sich auf diese Schauspielerin und nahm in Kauf, daß Antoine Vitez, der vor zwei Jahren im Hof des Papstpalastes mit seiner elfstündigen Inszenierung von Claudels *Seidenem Schuh* Aufsehen erregte, diesmal ausgerechnet *La Célestine* des Spaniers Fernando de Rojas ausgesucht hatte.

Vitez' Wahl kam jedoch so überraschend nicht. Denn dieses 1499 erschienene Stück (bei dem noch nicht eindeutig geklärt ist, ob de Rojas nur einen Teil oder womöglich das Ganze geschrieben hat) kommt Vitez' katholischer Sicht auf die Welt, seiner Auffasung vom Theater als moralischer Anstalt, als Ort des philosophischen Diskurses sehr entgegen. Zudem verlangt dieser Text, der allem Anschein nach nicht für die Bühne, sondern für einen einzigen Rezitator geschrieben wurde, jene Einfachheit und Klarheit, die Vitez schätzt. Er ist kein Erfinder von Bildern, von Aktionen.

Gewiß, er arbeitet sehr sensibel mit dem Licht, er verzichtet nicht auf musikalische Akzente, aber letztlich gilt ihm das Wort, das gestische Zeichen des Schauspielers als wertvollstes Mittel der Interpretation. Kurz: Er ist mutig und auf eine beinahe anachronistische Weise konsequent unmodisch. Fünf Stunden dauert die Aufführung des stark gestrichenen, bisher wegen seiner Über-Wagnerischen Dimension noch nie komplett inszenierten Textes. Und obwohl Vitez – schließlich ist er ein erfahrener Regisseur – bestimmt weiß, daß die

Aufmerksamkeit des Publikums kurz vor drei Uhr am Morgen nachgelassen haben muß, zwingt er die Schauspieler und die Zuschauer am Ende zu zwei großen Monologen, die die einen bravourös sprachen, denen die anderen still, vielleicht sogar ergriffen, folgten – bevor sie in Jubel ausbrachen.

Yannis Kokkos, der auch für den *Seidenen Schuh* den Raum geschaffen hatte, verzichtet diesmal auf Dekoration. *La pureté*, jene Reinheit, die Vitez bevorzugt, verpflichtet auch ihn. Nur eine riesige hölzerne Treppe steht auf dem breiten Podest, steigt aus dem Orchestergraben in lichte Höhen; führt aus einem blutroten Höllenschlund hinauf zu blauen Wolken, in denen geschnitzte Engel das Geschehen überblicken. Ein Bild für Kinder.

La Célestine ist die Geschichte von Calisto, der sich mit Hilfe der Zauberin und Kupplerin die schöne Melibea gefügig macht, mit ihr einige Liebeswonnen erlebt, bevor er durch einen dummen Zufall zu Tode stürzt, was sie – nach einer Beichte vor ihrem Vater – zum Selbstmord treibt und den Vater zu einem großen, letzten Klagegesang. Vitez gilt sie als ein moralisches Lehrstück. Was de Rojas in einem dem Text vorangestellten *Brief an einen Freund* sowie in dem Schlußgedicht formuliert, macht sich der Regisseur zu eigen: *La Célestine* soll auf durchaus unterhaltsame Weise den Zuschauern (Zuhörern) die Gefahren der Welt demonstrieren; sie stärken im Kampf gegen die eigene Leidenschaft; sie mißtrauisch machen gegenüber den schnellen, falschen Schlüssen und Lösungen. Sie also letztlich auf den richtigen Pfad führen: zu Gott.

De Rojas, ein konvertierter Jude und Jurist, ist aber kein moralisierender ontischer Überflieger. Er ist ein Dichter, durchaus mit Cervantes, auch mit Shakespeare zu vergleichen. Deutlich – und für seine Zeit ganz sicher schockierend – malt er das realistische Bild von sexueller Gier und Abhängigkeit; kritisiert die noblen Stände, die sich für die Erfüllung ihrer Wünsche der Untergebenen, Rechtlosen bedienen – bestochen mit Geld, willfährig gehalten durch Freundschaftsbezeugungen. Er entwirft die erschreckende Vision einer Anarchie, die die Gesellschaft erfaßt, wenn jene an die Macht gelangen, die der Vorbilder bedürfen, des (Unter-)Halts, der Zucht und der Erziehung.

Trotz dieser Botschaft gerät die Aufführung nicht zur moralinsauren Predigt eines theaternärrischen Theologen. Es entsteht ein engagiertes Kunstwerk. Die französische Kurzfassung von Florence Delay verzichtet auf viele der Monologe, mit denen die Figuren einander zu überreden und zu überzeugen suchen. Philosophische Debatten sind gestrichen, und es entwickeln sich durchaus kurzweilige Gespräche.

Vitez, sich des rezitativischen Charakters der Dichtung bewußt, bespielt den Einheitsraum rasch. Allein Lichtwechsel erklären den jeweiligen Ort. Ein Gang um das Treppenpodest bedeutet – wie im mittelalterlichen Kirchenraumspiel – den Weg durch die Stadt; eine Tür, und schon imaginiert der Zuschauer das Kinderzimmer der Melibea oder die Lotterbetten der Dirnen. Vitez hält die Zuschauer wach, indem er sie zwingt, die Sprache und die wenigen gestischen Zeichen in der eigenen Phantasie weiterzuentwickeln. Erst wenn man sich auf diese durchaus anregende Mitarbeit einläßt, gewinnt das Spiel Schönheit; erst dann findet man den Schlüssel zu dieser Inszenierung, die, zunächst, nicht mehr sein will als eine schlichte Mär, die zu Assoziationen (*Faust*, *Tristan und Isolde*, *Romeo und Julia*, *Troilus und Cressida*) und zu Diskussionen reizen soll.

Sowenig wie der Autor Alternativen zum Lebensentwurf und -wandel der Figuren liefert, so sehr widersetzt sich der Regisseur einer eindeutigen Beurteilung der Personen, denn sie wäre immer falsch. Sicher ist Célestine, die von der Geilheit der Menschen lebt, die für Geld zu allem bereit ist und alles zunichte macht, die jeden täuscht, jeden verrät, ein amoralischer Charakter. Aber widerwärtig, monströs, eine Hexe gar, das ist sie wohl nicht.

Jeanne Moreau handelt nicht in dem Bewußtsein, Böses zu tun. Im Gegenteil: Da ihr selbst die Männer im Bett stets weit wichtiger waren als die Goldstücke unter der Matratze, will sie allen, die es wünschen, diese Lust beschaffen – und Dank nimmt sie naturgemäß gern dafür, in jeder Form.

Wenn Jeanne Moreau, die weißen Haare zu einem Knoten gebunden, von den »choses sensuelles« spricht, den Gefühlsdingen, dann wiegt sie sich in der Hüfte; die rotbestrumpften Beine in den schwarzen Stiefelchen werden unruhig; die linke Hand, die wippenden Finger, alles verheißt künftige Freuden, Liebkosungen; die Stimme, hell, wach, gurrt verführerisch; die Augen blitzen, Witz und Lust vereinigen sich darinnen, zeugen Amor, dessen Pfeil endlich den armen Parmeno, Calistos Diener (ein Junge, ein Clown, ein Engel: Jean-Yves Dubois), trifft.

»Das ist die Freude!« jubiliert Célestine. Die Moreau stößt die Faust in ihren Schoß und lacht, wild und laut. Aus dem Höllenschlund dampft Rauch, röchelt Liebesstöhnen. Wieder hat sie einen Adepten, einen Terroristen der Liebe, gewonnen. Einen Engel gestürzt. Denn Parmeno war es, der Calisto vor dieser Zauberin gewarnt, ihn kindlich angefleht hatte, sich nicht auf ihre Geschäfte einzulassen. Aber auch er, der die Freuden mit Alisa (hübsch und gierig: Cathérine Ferran) genossen hat, kann nicht mehr zurück. Zusammen mit seinem Freund Semporino (einem Rocker des ausgehenden 15. Jahrhunderts: Roger Mirmont), der gleichfalls in Calistos Diensten steht, bringt er die Kupplerin um, die nichts von dem Lohn, den der Herr ihr für ihre Dienste gab und den zu teilen sie versprochen hatte, herschenken wollte.

Vitez stellt mit seiner Inszenierung, die im besten Sinn komödiantisch ist und nie überzogen (selbst dann nicht, wenn die jungen Leute im Liebesrausch einander die Kleider vom Leibe reißen und es ihnen schon bald egal zu sein scheint, mit wem sie kopulieren), nur eine Frage. Die schwerste: Ist das schon alles? Bedeutet Leben nur Wohlergehen, Karriere, Leidenschaft, Liebe? Oder könnte der Weg von der Wiege zum Sarg nicht doch eine Reise von der Hölle in den Himmel sein?

Für Melibea beantwortet Vitez die Frage. Sie, die wie eine Botticelli-Eva (Valérie Dréville) unter einem Baum Calisto (ein naiver, romantischer Junge: Lambert Wilson) verzauberte, wird am Ende nicht gerichtet. Sie ist – wie Goethes Gretchen – gerettet. Und was aus Célestine wird, weiß niemand.

Jeanne Moreau ist der Star. Doch die Aufführung ist keine Hommage an diese Schauspielerin. Vitez hat sie integriert in ein glänzendes Ensemble, das selbst noch in den Nebenrollen erste Darsteller bietet. Seine Arbeit mag manchen konservativ erscheinen, deutschen Ohren die Sprechkunst der Comédie-française-Schauspieler wie Ariengesang klingen: Deutlich ist, daß Antoine Vitez sich auf die Kraft des Schauspiels besinnt. Er verführt die Zuschauer zum Sehen, Erkennen, Denken.

Danton – ein Traum, ein Erinnern

Klaus Michael Grüber inszeniert Georg Büchners *Dantons Tod* beim Festival d'Automne in Paris

Es wird nimmer Tag. Wie Nachtwandler irren die Menschen über die große, leere, stets dunkle Bühne, verkriechen sich, suchen Schutz in der Enge eines matt erleuchteten Raumes, der ihnen – oft nur für wenige Minuten – Heimstatt wird. Für Danton und seine Frauen haben die Bühnenbildner Gilles Aillaud und Eduardo Arroyo nur einen überbreiten, mit grünem Stoff überzogenen Ohrenbackensessel rechts an der Rampe. Er steht frei, allein in der Finsternis. Ihm gegenüber, gleichfalls ganz am Rand der Bühne, nicht größer als zwei Telefonzellen, sehen wir Robespierres winzige Kemenate, die, kleinbürgerlich tapeziert und kaum möbliert, ihm eher Gefängnis, mönchische Zelle ist, denn Residenz.

Während auf der einen Seite Danton seine Frauen liebkost, verbringt auf der anderen Robespierre seine einsamen Stunden mit einer stummen, aber stets präsenten alten Frau, die seine dominierende Mutter zu sein scheint. Sie wickelt Wolle zu Knäueln. (Einmal helfen ihr dabei Danton und Saint-Just.) Den gelben Faden des Neids weist die Frau Robespierre zu, der Epikureer Danton bekommt Rot, der machtgierige, mordende Saint-Just Schwarz.

Auch das Volk, nur sehr spärlich in Klaus Michael Grübers Inszenierung von *Dantons Tod* vertreten, nimmt nicht das Zentrum ein, sondern schleicht an einer Häuserwand entlang, die sich an Robespierres Zimmer anschließt und nur bis zur Fensterhöhe zu sehen ist, darüber breitet sich Dunkel.

Nur in der Tiefe, hinter einem zweiten eisernen Vorhang, so als öffne sich mit ihm eine andere Welt, ein Theater der Politik, gibt es einen großen, erleuchteten Raum, sehr fern dem Zuschauer, entrückt. Aus dem Jakobinerclub ist eine Tuchfabrik geworden, in der Arbeiter grobes Leinen rot und blau färben, zu Ballen rollen, zuschneiden für Kokarden und Trikoloren. Mitten unter ihnen und doch allein gelassen, kaum bemerkt, sitzt Robespierre. Er hält keine Rede, er denkt laut nach. Ruft sich die Ziele seiner Mission ins Gedächtnis zurück, damit er für seine selbstgewählte Aufgabe, den

Schrecken und die Tugenden der Republik zu benutzen und zu verheißen – als Waffe und als Kraft –, gewappnet bleibt. Er erkämpft sich eine Entschlossenheit, die ihm, dem Muttersöhnchen, dem schwachen Verlierer in einer Gesellschaft, die den Genuß, die Freiheit predigt, wenn nicht Erfüllung, so doch die angsterfüllte Achtung der anderen sichert.

Später wird aus diesem Raum der Nationalkonvent, eine kalt erleuchtete, beinahe menschenleere Halle unter einem prachtvollen Giebel, getragen von vier gigantischen Säulen, deren Kapitelle Menschengesichter zeigen. Schließlich öffnet sich hinter diesem schweren Vorhang das Gefängnis, in dem riesige Gitterkäfige Platz finden, groß genug für eine Meute von Raubtieren, erleuchtet nur von einer winzigen Glühbirne, die sich im Luftstrom bewegt und die überbreite Bühne des Théâtre des Amandiers in Nanterre in ein Schattenverlies verwandelt.

Die leere Fläche davor bleibt unbespielt. Allein Danton wagt sich zweimal an diesen Ort. Das erste Mal, als er – im zweiten Akt, wenn er bei Büchner auf einem »freien Feld« wandelt – über den Tod reflektiert und mit ihm kokettiert; das zweite Mal, als er im Revolutionstribunal auftritt und vor einer großen blutroten Eisenwand sich verteidigt.

Doch vor wem, für wen? Klaus Michael Grüber läßt Danton allein mit seinen gefangengenommenen Freunden. Nur ein Schreiber protokolliert noch, was er spricht. Aber es gibt keine anderen Zuhörer mehr. Keine Verteidiger, keine Ankläger, und auch den Stimmenchor, den Büchner komponiert hat, läßt Grüber nicht schreien.

Es gab bereits andere Aufführungen – zum Beispiel Dieter Dorns Münchner Inszenierung vor beinahe zehn Jahren –, in denen das Revolutionsspektakel, die großen Massenauftritte ausgespart und nicht wie bei Rudolf Noelte in Salzburg zu einem tönenden Bilderbogen vergrößert wurden. Noch nie zuvor jedoch habe ich eine *Danton*-Inszenierung gesehen, die gänzlich auf Büchners »Volkshaufen« verzichtete, den politischen Aspekt dieses Dramas aus dem Zentrum vertrieb und die Menschen, ausgesetzt in einer immerwährenden Nacht, die Traum und Tod zugleich bedeutet, leiden ließ. An sich selbst, ihren Begierden und ihren stets unerfüllten Hoffnungen.

Grüber interessiert nicht die Politik. Und noch viel weniger liegt ihm daran – wie Hansgünther Heyme 1981 und auch Dorn –, *Dantons Tod* für die Gegenwart gebrauchsfertig zuzubereiten. Er denkt nicht daran, dieses Drama schlüssig als aktuelles Lehrmaterial auf der Bühne zu neuem Leben zu erwecken für eine Gesellschaft, die selbstzufrieden, von den Idealen der Französischen Revolution noch immer weit entfernt, in Schein-Lösungen verweilt. Seine Arbeit verweigert sich dem Pomp der 200-Jahr-Feiern.

Grüber, der Seher, der Pessimist, dessen Inszenierungen Anfang und Ende in dem Kleistschen »Ach«, dem Racineschen »Hélas« finden, weiß sich eins mit Büchner; inszeniert dessen Lebensekel und Todessehnsucht; inszeniert Robespierres Wähnen, daß »unser Wachen ein hellerer Traum« sei und wir selbst »Nachtwandler«. Er inszeniert Büchners Verzweiflung angesichts der Menschheitsgeschichte, die der Dichter seiner Braut in einem Brief kundtat: »Ich fühle mich wie zernichtet unter dem gräßlichen Fatalismus der Geschichte. Ich finde in der Menschen Natur eine entsetzliche Gleichheit. Der einzelne nur Schaum auf der Welle, die Größe, ein bloßer Zufall, die Herrschaft des Genies ein Puppenspiel, ein lächerliches Ringen gegen ein ehernes Gesetz.«

Sicher kann man Grübers Arbeit als Textmanipulation, als Verkleinerung kritisieren, kann tadeln, daß er sich nicht einläßt auf den politischen Diskurs. Andererseits müssen jedoch selbst jene, die Grübers Interpretation nicht schätzen, eingestehen, daß die Traum-, Tod- und Nachtbilder, die er zusammen mit seinen Bühnenbildnern und seinem Lichtkünstler Guy Merlant erfand, jene traumschönen, alptraumgarstigen Sequenzen, jene Tableaux der Liebe und des Hasses, in expressionistische Dunkelheit gehüllt, umgeben von seltsam beängstigenden Geräuschen, nicht Selbstzweck sind, kein Bildertheater. Grüber kündet in den knapp zweieinhalb Stunden von der Krankheit, der Fäulnis Leben, kündet vom Tod als einem Erlöser, weist mit Büchner auf Tschechow, Beckett, gar auf Thomas Bernhard. Seine Inszenierung ist eine Hymne an den Tod, eine Feier der Liebe, die – wenn überhaupt – einziger Sinn des Daseins sein, werden kann.

Deshalb rückt er die Szenen, in denen Danton und Camille mit Julie und Lucile ihre Liebe leben, sich einander Vertrauen und Treue bis in den Tod versichern – und die Frauen halten ihr Versprechen –, dem Zuschauer ganz nahe. Deshalb erklärt Marion (die schöne Myriam Boyer) ihre Philosophie, daß es »auf eins« hinauslaufe, »an was man seine Freude hat, an Leibern, Christusbildern, Blumen oder Kinderspielsachen«, an der Rampe sitzend, direkt dem Publikum: »Es ist das nämliche Gefühl, wer am meisten genießt, betet am meisten.«

Diese Momente, die ungewöhnlich lange währen, sind Kern der Inszenierung. Auch weil die Schauspielerinnen – neben der Boyer Dominique Reymond als Julie und Cécilia Hornus als Lucile – mit größter Ruhe, in einer nie versiegenden, nie nachlassenden Spannung das Begehren, das Glück, die Sehnsucht dieser Frauen sprechen. Ihre Körper werden dabei Zeichen für ihre Hingabe. Diese drei sind mit sich im reinen, während die Männer, gepeinigt durch die Angst, im Machtspiel zu versagen, sich verstellen, zwei Gesichter offenbaren.

André Wilms' Robespierre flüchtet in immer wieder neue Herrschaftsposen. Weiß er sich jedoch unbeobachtet, dann läßt er die langen Arme schlaff herabhängen, greint laut sein Leid, erschreckt über die eigene Gemeinheit und Niedertracht. André Marcon, der jungenhafte Danton, spielt gleichfalls neben der Rolle des fatalistischen Charmeurs den anderen, den verletzlich Schwachen, der groß sein muß, weil andere ihn groß sehen wollen. In Wahrheit fürchtet dieser Danton bis zum Wahnsinn den Verlust: gewiß den der Macht, aber vor allem den der Liebe. In dem großen grünen Sessel vergraben, weint er, sich seiner Ohnmacht bewußt: »Puppen sind wir, von unbekannten Gewalten am Draht gezogen; nichts, nichts wir selbst!«

Wie klein, wie lächerlich der Mensch ist, wie fürwitzig jede seiner Ideen, die Welt zu verändern, ja zu verbessern – das zeigt Grüber. Er entreißt diese Elenden, diese in der Leere verlorenen kleinen Puppen, diese letzten dem Morden entgangenen Menschen für wenige Momente der Dunkelheit und dem Vergessen. Der Schlaf gebiert bei Grüber nicht Ungeheuer, er gebiert Erinnerung. Seine Inszenierung ist Trauerarbeit. Sie verändert – ohne uns intellektuell zu gängeln – unser Denken: Die Schönheit gebiert Aufklärung.

1990

Acht Stunden in Helsingör

Heiner Müller inszeniert *Hamlet/Maschine* am Deutschen Theater in Berlin

Jan Kott, nicht der Dümmste der Shakespeare-Exegeten, glaubte noch vor 20 Jahren, man könne den *Hamlet* nie im Ganzen spielen. Sonst würde er »sechs Stunden dauern. Man muß eine Auswahl treffen, Kürzungen und Streichungen vornehmen. Man kann nur einen Hamlet spielen, einen von denen, die in diesem Stück enthalten sind.« Kott kannte Heiner Müller nicht. Der zeigte am Deutschen Theater in Ost-Berlin nicht nur einen beinahe kompletten *Hamlet*, sondern bereicherte den Text noch mit seiner eigenen *Hamletmaschine*. Und er wollte auch nicht nur einen Hamlet, sondern derer viele.

Die achtstündige Aufführung im Deutschen Theater in Ost-Berlin, mit einem starken, aber kurzen Applaus bedacht, ist aufwendig – nicht allein was ihre Dauer angeht. Erich Wonder, der Bühnenbildner, hat sich viele opulente Raumerfindungen und -dekorationen einfallen lassen, nutzt Bühne und Video, heischt Effekte mit Wasser und Licht, baut Blicke aus Gräbern in die Luft und Friedhofssäle. Müller, ihm zur Seite, spielt mit Geräuschen, Musiken und Worten, läßt *Hamlet* aufführen und zitiert zusätzlich aus Zbigniew Herberts *Fortinbras' Klage*, Shakespeares *Wie es euch gefällt* und ganz besonders gern aus seiner eigenen, an deutschen Bühnen nicht eben häufig inszenierten *Hamletmaschine*.

Damit fängt das Debakel an. Gewiß läßt sich Shakespeares Drama mit Müllers Assoziations-Paraphrase über das Hamlet-Thema kombinieren. Gewiß ist es verständlich, daß Müller, der diesen Mammutabend auch als Regisseur zu verantworten hat, sein eigenes Werk nicht ans Ende stellte, wo es eigentlich hingehörte, aber nicht hingesetzt wurde, aus berechtigter Furcht, die ermüdeten Zuschauer könnten nach Fortinbras' Einzug in Dänemark das Theater verlassen und nicht mehr abwarten, was Müller zu sagen hat. Aber *Hamletmaschine* in das Stück zu integrieren ist keine sonderlich kluge, nur eine eitle Idee.

Ideal wären Müllers fünf Bilder als Epilog, als Prolog geeignet. Sie jedoch vor die fünfte Szene des vierten Aufzugs, vor den Auftritt der beklagenswerten Ophelia zu setzen, bedeutet allein Zerstörung. Nach dieser 14minütigen gewaltsamen Unterbrechung des *Hamlet* ist der Rhythmus der Inszenierung verloren, das Interesse des Zuschauers an dieser Geschichte erloschen.

Was zuvor die Qualität dieser Aufführung ausmachte – die Fixierung auf einen sehr modernen, sehr politischen Hamlet, der zuweilen fast zu eng verknüpft ist mit der gegenwärtigen Tagespolitik in der DDR –, verlor sich nach der *Hamletmaschine* schnell. Irgendwie wollte Müller nun alles nachliefern. Hamlet, den Liebhaber; Hamlet, den Sohn. Doch interessierte ihn weder die Familie noch die Liebe. Das waren Pflichtübungen nur.

Müller fertigte zusammen mit Matthias Langhoff eine eigene Übersetzung an, die – so der Programmhefthinweis – »von Maik Hamburger/Adolf Dresen Anregungen« verdanke. Das heißt: Müller wird diese Vorlage als Rohübersetzung benutzt haben. Wie bei seiner Koltès-Übertragung war das Ziel danach Vermüllerung. Hart ist die Sprache nun, direkt und zugleich auf kunstvoll-manierierte Weise verschlüsselt. Mit Metaphern, Bildern angereichert. Man muß also mächtig aufpassen, um Müllers Shakespeare von Müllers Müller zu unterscheiden. Sicher ist, daß am Ende von *Hamlet* wieder die *Hamletmaschine* steht. Der Deutsche gönnt den Shakespeareschen Figuren nicht einmal die originalen Schlußworte. Statt dessen hört das Drama auf, womit es begann: mit Müller.

Über dem Publikum hängt, aus dem Bühnenraum vorstoßend, eine Art Schiene, an der ein fahr- und drehbarer Scheinwerfer montiert ist, und ein Lautsprecher. Auf den ersten Blick sieht dieser aus wie eine scharfe, übergroße Klinge, auf den zweiten wie eine Schaufel. Wonders und Müllers Hinweise sind klar. Wir leben in einem Überwachungsstaat, und was nun folgt, geht folglich alle was an –

weswegen Stunden danach auf den vier Monitoren, die rechts und links der Bühne angebracht sind, im Parkett und im ersten Rang, wir Zuschauer gezeigt werden.

Aus dem Guillotinemesser dröhnen Müller und Shakespeare. Dann erlischt das gelbe Bromlicht, das Bühne und Parkett in ekligdunkles Braun getaucht hatte. Wir erkennen einen Kasten, vielleicht einen Eiswürfel, der an Müllers Eiszeit erinnert. Ein Würfel aus Gaze. Darinnen ein bunkerähnliches Verlies, in das links eine Rampe führt. Über sie gelangt der tote Geist von Hamlets Vater ins Spiel. Es ist ein nackter Mann mit einem metallschillernden Helm und einem Cache-Sex. Aus weiter Ferne, verzerrt, als habe man den Sender nicht richtig einstellen können, ertönt der russische Originalrundfunkkommentar zur Beerdigung Stalins. Wiederum verweist Müller, der Regisseur, sehr deutlich auf Müller, den Autor, auf *Hamletmaschine*, auf sein Regiekonzept.

Zunächst aber – und solange er dabei bleibt, hält seine Inszenierung Spannung – zeigt Müller das Drama Hamlets. Das Drama des Intellektuellen, der die Gesellschaft durchschaut, das Ränke- und Machtspiel der Herrschenden erkannt und Möglichkeiten zur Veränderung bereits bedacht hat, aber unfähig ist einzugreifen. Müller und sein Titeldarsteller Ulrich Mühe bedeuten, daß dieser kluge Kopf ein Feigling ist im Handeln, ein Held im Denken. Er kann ja taktieren, sich verstellen; kann jedermann das Bild vorstellen, das er sich vom Hamlet entworfen hat. Aber dieser junge Mann, oft ein Buch in der Hand, kann oder will nichts anfangen mit seinem Talent, seinem Wissen, seinem Vorsprung.

Mühe ist ein ungewöhnlich talentierter Schauspieler, der, ohne je zu forcieren, selbst die wahnwitzigsten, eben nicht psychologisch begründbaren Veränderungen seiner Figur mit aller Leichtigkeit entwickelt, sich seiner Rolle zugleich mit der größten intellektuellen Distanz nähert und sie andererseits beherzt emotionell einnimmt. Er offenbart das Kind und den Liebhaber, den zornigen Revolutionär und den Mitmacher. Doch es fehlen ihm die Partner. Obwohl Margarita Broich eine begehrenswert schöne, schüchtern-schwärmerische und sehr wissend wahnsinnige Ophelia spielt und Jörg Gudzuhn und Dagmar Manzel (Claudius und Gertrud) sehr klar die Lüge, die Sehnsucht nach Zuneigung, selbst nach Wahrheit – und daneben die Angst, Macht zu verlieren – in ihren Haltungen, ihrer Sprache kundtun. Müller fixiert seinen *Hamlet* ganz extrem auf Hamlet. Er will vorführen, warum die Welt aussieht, wie sie aussieht, und kundtun, wie Gesellschaft (noch) funktioniert. Er inszeniert seine pessimistische Sicht, inszeniert den »totenstillen Lärm«. Den Untergang.

Die Menschen um den Dänenprinzen verkommen in dieser Aufführung zu lächerlichen Popanzen. Ihnen streicht Müller den Text und damit Bedeutung. Polonius, Rosencrantz, Guildenstern: ein spionierender »Staatsbeamter«, zwei kleine Stasi-Mitarbeiter. Am ärgsten trifft diese Verkleinerung, die Vereinfachung ist, Horatio. Er wird den meisten Zuschauern bewußt erst im letzten Bild auffallen, wenn Jörg-Michael Koerbl, allein mit dem stummen Fortinbras, der aussieht wie der Geist von Hamlets Vater und somit eine Rückkehr des alten Systems verheißt, sich vor Lachen schüttelt. Vielleicht lacht Horatio, weil er dieses Massaker überstanden hat. Vielleicht, weil er weiß, wie albern und sinnlos diese Auslöschung einer Herrscherfamilie ist. Denn Intrigen, Verrat, Mord: Das Unrecht bleibt in dieser Welt.

Müller läßt weder in seiner Übersetzungsfassung noch in seiner Inszenierung eine Möglichkeit aus, auf das System der DDR aufmerksam zu machen. Hinweise auf Staatsbeamte, auf west-östliche Saufereien, auf Wahlen werden vom Publikum dankbar angenommen, belacht, bestaunt. Müller hat diese gedanklichen Kurzschlüsse provoziert, doch wahrscheinlich wollte er sie so schlicht nicht. Schließlich geht es ihm nicht darum, mit *Hamlet* und *Hamletmaschine* den Zuschauern acht Stunden in neuer Gesellschaftslehre zu geben. Er strebt nach dem philosophischen Diskurs auf der Bühne. Deshalb müssen die Schauspieler über politisch Nebensächliches rasch hinwegnuscheln. Deshalb baut Müller immer wieder Fremdtexte ein. Deshalb hat er *Hamletmaschine* in einem leeren, schwarzen Raum äußerst bewegungsarm, ohne Monitorbilder inszeniert. Deshalb wurde die größte Konzentration auf diese fünf Bilder gezwungen. Wir sollen verstehen: An unserer Hoffnung war und ist und wird immer etwas faul bleiben.

Skeptisch, pessimistisch ist Müllers Sicht auf Shakespeares Stück, auf die Menschheitsgeschichte, die darin Thema wird. Und wenn der Mörderkönig Claudius versucht, Hamlet zum Mitmachen zu überreden, indem er ihm seine Schuld eingesteht, dann wird (über)deutlich, was Müller mit *Hamlet* an Hamlet kritisiert: die Unentschlossenheit der Intellektuellen, ihre Dummheit, ihre Leichtgläubigkeit, ihre Naivität. Denn ein Mord trifft ja nicht das Prinzip, sondern nur einen einzelnen Menschen – hier irrte Hamlet. Vielleicht lacht Horatio deshalb. Verloren zwischen den goldenen Grabtafeln, auf die Claudius und Hamlet noch kurz vor ihrem Tod ihre Namen einritzten, umgeben von Leichen, ahnt er, daß Hamlets Drama nicht ein weiteres Mal stattfinden wird. Die Intellektuellen sind klüger geworden – und schwächer. Sie spielen Hamlet. Es gibt keinen Widerstand mehr, nur noch Macht.

Doch seltsam, diese Aufführung, die am Ende kraftlos in einzelne Auftritte zerfällt, in denen Text nur szenisch nacherzählt, nicht interpretiert, nicht kommentiert wird, sie mag zur Stellungnahme anregen, doch sie ist keine Provokation dazu. Keine Verstörung. Dekorativ, manchmal höchst effektvoll, bewegt Müller Schauspieler im Raum. Choreographisch wie Robert Wilson. Müller entfernt uns die Figuren nicht, damit wir neugierig ihnen folgen können, er zelebriert sie, stellt sie aus. Menschen werden zu Thesen. Nur selten schaffen es die Schauspieler, mehr zu demonstrieren als den Zeigefinger.

Vor allen anderen immer wieder: Ulrich Mühe. Bei Hamlets »Sein oder Nichtsein«-Monolog ist er in eine riesige Pfütze gestürzt. Videokameras filmen ihn aus dem Schnürboden. Ein flehender Prediger, ein gescheiterter Aufklärer klagt an. Er weiß, daß er nicht weiterweiß. »Ich schlage die Zeit tot, einig / Mit meinem ungeteilten Selbst«, wird Hamlet in der *Hamletmaschine* viel später sagen.

»Ich habe, wenn ich schreibe, immer das Bedürfnis, den Leuten so viel aufzupacken, daß sie nicht wissen, was sie zuerst tragen sollen, und ich glaube, das ist auch die einzige Möglichkeit«, erklärte Müller seine Ansprüche und seine Arbeit. Es ist nicht wichtig, ob seine Einschätzung richtig ist. Interessant daran ist allein, daß Müller als Regisseur ebenso arbeitet. Er inszeniert Assoziationen, Rätsel, Metaphern, ist Robert Wilson auf den Fersen und Runden hinter Ruth Berghaus, in jedem Fall beteiligt am modischen Regie-Wettkampf. Dennoch: Viel Neues über *Hamlet* von Hamlet weiß man nach dieser Aufführung nicht.

»Man kann kein Indianer bleiben«, sagte er vor wenigen Jahren, »wenn man etwas ausrichten will. Etwas ausrichten heißt, in der Kunst etwas hinrichten, zuerst sich selbst.« Im Deutschen Theater hat sich Müller zunächst einmal nur auf ein Piedestal gestellt. Wenn er es selbst nicht bald zertrümmert, sollten es andere tun. Heiner Müller zuliebe.

Frankreich entdeckt einen neuen Brecht

Antoine Vitez inszeniert *Leben des Galilei*,
Bernard Sobel *Der gute Mensch von Sezuan* –
zwei Aufführungen in Paris

Während in der Bundesrepublik darüber nachgedacht wird, wie man im Theater mit der Wende in der DDR umgeht, Herbert Achternbusch mit einem Textlein und einem Kamel schnell reagiert, zeigen uns zwei Franzosen, daß es keiner neuen Kleider bedarf, um in der veränderten Situation richtig angezogen zu sein. Antoine Vitez und Bernard Sobel entdecken den Franzosen einen neuen Brecht. Der eine inszeniert an der Comédie Française *Leben des Galilei*, der andere im Théâtre de Gennevilliers *Der gute Mensch von Sezuan*. Beide Texte wurden 1943 im Schauspielhaus Zürich uraufgeführt und in den letzten Jahren an deutschsprachigen Bühnen kaum mehr gespielt. Brecht schien aus der Mode; seine didaktische, dialektische Explikationsdramaturgie mißfiel. Schien unzeitgemäß schwerfällig.

Vitez' Verdienst ist es nicht nur, an der Comédie jetzt gezeigt zu haben, in welch hohem Maße im *Galilei* die epische Dramaturgie verschmolzen ist mit der Fabel und dem Stoff, er hat darüber hinaus mit seiner Inszenierung entdeckt, daß des Forschers und Brechts Hoffnung auf ein neues Zeitalter gerade in unseren Tagen langsam Wirklichkeit zu werden scheint. Daß Brecht auf den Sieg des Kommunismus setzte, nun aber ausgerechnet das Scheitern der sozialistischen Idee den unterdrückten Völkern Freiheit schenkt und der

Welt die Möglichkeit, die Waffenarsenale zu verkleinern, das ist mehr als eine Pikanterie.

Dieser Gedanke wird in der Aufführung sichtbar. Das Scheitern einer großen Utopie und zugleich der neue Lichtstrahl im Osten rührt die Zuschauer, fasziniert sie. Mucksmäuschenstill nehmen sie teil an dieser Suche nach Wahrheit, dieser kleinen Revolution eines machtlosen Weisen gegen mächtige Politiker. Endlich lachen sie laut los, freudig, wie erlöst: Galilei steckt seinem Schüler Sarti die Discorsi-Abschrift unter den Mantel und bittet ihn, die Wahrheit nach Deutschland zu schaffen.

Nicht nur die französische Presse feiert diese Aufführung enthusiastisch, auch das Publikum der Repertoireaufführung, die ich besuchte, spürte das Außerordentliche dieser Inszenierung. Wieder einmal gelingt Vitez eine äußerst klare, äußerst schöne Inszenierung. Er hat noch nie etwas gehalten von den angestrengten Bild- und Aktionserfindungen seiner Kollegen. In großer Ruhe entwikkelt er auch diesmal das Drama. Brechts Dialoge und Dispute werden Ereignis. Vitez macht die Sprache von Eloi Recoings stringenter puristischer Neuübersetzung zur Handlung.

In einem surrealistischen, sehr reduzierten Bühnenbild von Yannis Kokkos, der mit Seidenvorhängen Räume schafft, mit nur zwei Gebäudefassaden auskommt, die die Welt der Renaissance und der Moderne, Rom, Venedig und Florenz ebenso symbolisieren wie Ost-Berlin, Moskau oder New York. Auch mit den Kostümen gelingt Kokkos diese doppelte Realität: höfischer und päpstlicher Pomp neben Stasi-Grau und Bogart-Beige.

Im Mittelpunkt: Roland Bertin, der Galilei. Ein sehr französischer Wissenschaftler, dem man die Freude an gutem Essen gern abnimmt und die Angst vor den Folterinstrumenten auch. Bertin kann die Lust auf Erkenntnis spielen; kann seinen massigen Körper in höchster Aufregung und Lust zu ganz jugendlichen, überschwenglichen Bewegungen hinreißen. Das Altern dieses Mannes ist nicht nur Maske: Bertins Augen scheinen matter zu werden, seine Füße schwerer, sein Atem kürzer und seine Zunge langsamer.

Neben ihm hervorragende andere Comédie-Schauspieler, von denen eine Darstellerin genannt werden soll: Valérie Dréville, die Galileis Tochter Virginia spielt. Eine dümmliche, aber zu größter

Liebe verführbare Schöne, die widerspruchslos hinnimmt, ihr Leben den Forschungen des Vaters zu opfern. Eigentlich – und die Dréville zeigt es mit manchen störrischen Haltungen, Schritten, die nie ans Ziel gelangen wollen, mit Blicken, die kalt den Worten der Unterwerfung widersprechen – eigentlich möchte dieses Mädchen heiraten, Kinder kriegen, geliebt werden, beten und mit niemandem sich streiten. Ein unterwürfiges Hascherl, das sich dem Vater beugt und bis zum Schluß nicht versteht, welches Gewicht ihr Opfer hat.

Shen Te weiß, was um sie herum passiert, deshalb kann und will sie sich ja in den ausgekochten Herrn Shui Ta verwandeln. Sandrine Bonnaire spielt dieses Mädchen, diesen Jungen. Der Filmstar auf der Theaterbühne, die eine Filmkulisse ist. Nicky Reti, der schon ein Pferdegestüt in den modernen Allzweckbau des Theaters von Gennevilliers gebaut hat und eine Turnhalle von Avignon in Klein-Venedig verwandelte, mit Palästen und Kanälen, hat diesmal eine rostbraune metallene Fabriklandschaft gebaut, sicher hundert Meter breit, aber nicht sehr tief. Auf Podesten sitzen die Zuschauer dieser Industrie-Installation gegenüber. Wer weit weg vom Tabakladen der Shen Te einen Platz hat, wird Schwierigkeiten haben mit dieser Raumauflösung. Aber imposant ist sie allemal.

Doch keiner der Schauspieler vermag diesen Ort wirklich zu okkupieren – auch Sandrine Bonnaire nicht. Ihre Kraft reicht nicht. Spannung entsteht erst, wenn die Darsteller in kleinen Gruppen, nah beieinander, miteinander umgehen. Dann ist auch Sandrine Bonnaire wundervoll und vor allem wundervoll komödiantisch. Shui Ta: ein chaplinesker, gewitzter Gnom; Shen Te: eine schöne beherzte, aber sehr naive Liebende. Ein Engel. Mit dieser Rolle ist jede Schauspielerin Zentrum, auch Sandrine Bonnaire. Sie drängt sich trotzdem nicht vor die anderen, mimt nicht den Star dieses Abends. Sie gehört zum Ensemble. Das ist die Qualität dieser Aufführung: Sobel erzählt mit einfachen Mitteln, schlicht und geradeaus, mit jungen Schauspielern nur eine Geschichte. Die vom Mädchen, das gut sein möchte, es jedoch nicht sein kann, wenn es überleben will. Es ist eine einzige Liebesgeschichte: Shen Te und die Menschen. Zur Liebe gehören der Haß und der Verrat.

Sobel verzichtet auf den Brechtschen Zeigefinger, der in diesem Text, in den zum Publikum zu sprechenden Passagen, ja oft emporschnellt und die Zuschauer in eine geistige Habachtstellung versetzen soll. Und wenn am Ende der neue Mensch gefeiert, eine andere Welt beschworen wird, dann sind wir wieder bei Galileo Galilei. Die Gegenwart hat uns wieder, die Welt mit ihren Gegensätzen. »Unglücklich das Land, das keine Helden hat«, sagt Sarti, Galileis Schüler. »Nein, unglücklich das Land, das Helden nötig hat«, antwortet der Weise.

Die Fragen, die sich deutsche Theatermacher mit Brechts Texten stellen könnten, und zwar in der Bundesrepublik ebenso wie in der DDR, sie werden formuliert von französischen Theatermachern. Die großen politischen Umwälzungen im Osten werden auf zwei Pariser Bühnen reflektiert. Mit den Texten des deutschen Dichters Bertolt Brecht, der beide Teile dieses Landes kannte, in beiden Gesellschaftsformen lebte. (Von Vitez schärfer, genauer als von Sobel. Er, ein analytischer Intellektueller, kein Spieler, zeichnet wirklich ein neues Brecht-Bild, das Sobel nur – immerhin – skizziert.)

Deutlich aber wird bei beiden: Brechts Utopie ist dahin. Allein sein Werk, seine Hoffnung auf den neuen, den besseren Menschen und eine bessere Welt besteht fort und ist längst noch nicht Wirklichkeit. Auch in Frankreich nicht. Deshalb weisen beide Inszenierungen keineswegs nur in die Ferne, nach außen, nicht bloß auf »L'Ostpolitik« (ein neues deutsches Lehnwort in der französischen Sprache). Vitez und Sobel beunruhigt auch die (politische) Aggression im eigenen Land; der neue reaktionäre Ruck, der Rassismus, die Wiedergeburt des *alten* Menschen und der *alten* Idee. Mit starken Kunsterfindungen reagieren sie; offenbaren kritischen Brechtschen Optimismus: »Aber jetzt heißt es: Da es so ist, bleibt es nicht so.«

Elf Fäuste für einen Fliegengott

Einar Schleef inszeniert Goethes *Faust*
am Schauspiel Frankfurt

Daß Einar Schleef sich nicht Goethes *Faust* nähern würde, wie es vor ihm Giorgio Strehler, Klaus Michael Grüber und Dieter Dorn gemacht hatten, wußte jeder, der Schleef-Abende kennt. Aber wer konnte ahnen, daß dieser Regisseur so maßlos sein würde!

Während sich in letzter Zeit alle anderen Künstler vor ihm beschieden und bescheiden nur eine möglichst genaue Version, eine oft sehr reduzierte Auswahl aus der Tragödie erstem Teil wählten, klotzt Schleef bei der Abschiedsvorstellung der Rühleschen Intendanz mit einem Verschnitt aus *Faust I* und *II*. Damit nicht genug. Ihm reichte nicht ein Faust-Darsteller und ein Gretchen, er braucht und gebraucht sie gleich im Dutzend. Denn Schleef liebt martialische Massenaufmärsche, klassische Chöre und ausgefallene Gruppentänze. Er choreographiert Menschen, Worte, Töne, Bilder. Er präsentiert uns einen bekannten Text so, daß wir ihn nicht wiedererkennen und die größten Schwierigkeiten haben müssen, einen Sinnzusammenhang zu suchen oder gar zu finden zwischen den gebrüllten, gestammelten, gesungenen, vertanzten Sätzen und Satzrudimenten. Er fordert unser Durchhaltevermögen (knapp drei Stunden ohne Pause), unsere Konzentration und – auch das in besonderem Maß – unseren guten Willen.

Schleef, in seinen Licht-Bild-Phantasien und seiner Auflösung eines Textes in viele kleine Partikel – seiner De-Konstruktion und De-Komposition – Robert Wilson verwandt, ist weit extremer als der Amerikaner. Den interessiert zumeist der Text überhaupt nicht, so daß er zu einer Geräuschkulisse verkommt. Schleef hingegen benutzt die Worte, um mit ihnen Rhythmen herzustellen. Kurz, er macht Sprache zu Musik. Nicht nur, indem er sie singen läßt, zum Beispiel als Choral. Viel öfter zwingt er die Schauspieler, die mit wenigen Ausnahmen als Chorgruppe auftreten, Verse unabhängig von ihrer Bedeutung zu betonen, zu skandieren; Textteile zu wiederholen, als seien sie Motive einer Minimalkomposition. Sätze werden phrasiert wie Melodien (auf Gertrude Steins Spuren).

Das ist recht häufig fürchterlich. Auch an diesem Abend mag man bald nicht mehr zuhören, ärgert sich schnell, schon bei dem eine Stunde währenden Vorspiel, über alberne Wort-Zeichen-Verdopplungen, über Kalauer und viele fade langsame Auftritte – immer an der Wand lang. Doch kein Zuschauer kann Schleef ernsthaft vorwerfen, daß er an *Faust* vorbeiinszeniert hat.

Zum einen hält er sich sehr an alle Ratschläge des Theaterdirektors, den Goethe im *Vorspiel auf dem Theater* zu Wort kommen läßt. Zum anderen – und nur deshalb (wahrscheinlich) erträgt man diese Aufführung – steckt hinter der Form eine Idee. Das heißt: Schleefs *Faust* hat meist nichts gemein mit den chaotischen, eklektischen Zerstörungsarbeiten, bei denen Regisseure schon aus dem Häuschen sind, weil auf der Bühne nichts mehr zu nichts paßt und sich die Schauspieler kringelig lachen über die eigenen Albernheiten.

Im Gegenteil: Dieser Regisseur hat den Text genau gelesen, mit großer Skepsis, Distanz und Wut. Seine Einfälle sind mögliche Interpretationen, mögen sie auch noch so geistesschlicht wirken. Für jeden Gag gibt's schließlich eine Erklärung. Faust und Gretchen im Dutzend: »Die Masse könnt Ihr nur durch Masse zwingen, / Ein jeder sucht sich endlich selbst was aus.« Die nackten Männer und Frauen: »Wer vieles bringt, wird manchem etwas bringen.« Die Reduzierung, die Zersplitterung des Textes, der Verzicht auf die stringent erzählte Geschichte: »Was hilft's, wenn Ihr ein Ganzes dargebracht? / Das Publikum wird es Euch doch zerpflücken.« Und auch für seine Kritiker hat Schleef ein »beklatschtes« Goethe-Wort parat: »Ihr wißt, auf unsern deutschen Bühnen / Probiert ein jeder, was er mag.«

Gleich in den ersten Momenten im Vorspiel, bei dem die beiden Teile der Tragödie bereits verquickt sind, wird deutlich, worauf Schleef hinauswill. Auf die Bühne, in einen durch zwei schwarze seitliche Vorhangwände (die in der Tiefe zu einer Spitze zusammentreffen) gebildeten dreieckigen Raum treten vier alte Frauen. Langsam kommen sie an die Rampe, ihre schwarzen, schulterfreien, langen teuren Roben knistern. Es sind: der Mangel, die Schuld, die Sorge und die Not. Sie verkünden den Untergang. Wenig später heben alle Faust- und Gretchen-Darsteller an, einen Choral zu singen,

Goethes Lemuren-Chor aus dem zweiten Teil: »Wer hat das Haus so schlecht gebaut / Mit Schaufeln und mit Spaten...« Dieser Gesang wird nochmals erklingen, die vier Frauen werden noch mehrfach vom Tod künden. Schleef zeigt mit Goethe-Fragmenten, die anders als die von Strehler eben nicht die Vollständigkeit und Kontinuität, sondern die Desorientierung anstreben, eine Allegorie: Das Grab ist ein Haus und das Leben ein kurzes Gastmahl.

Dieses feiert Schleef, bacchantisch. Mit Bauchtänzerin und vielen nackten Leibern. Er setzt große Äxte auf kleine Phalli, steckt Männer in Röcke, Frauen in Hosen, paart Faust mit Faust und läßt die Gretchen leer ausgehen. Töricht und furchtsam bleiben ihnen nur Nadel, Zwirn und ein traurig Liedlein. Schleefs Zeichen sind grob und klar. Faust sieht nicht Helena im Spiegel, sondern sechs Fäuste glotzen in sechs glänzende Blecheimer, in die zuvor, nachdem sie sich ihrer gelben Schürzenkleider entledigt, die Badeanzüge heruntergezogen und die Strophen vom Thule-König abgesungen hatten, zwölf Gretchen Wasser ließen. Das Gastmahl soll eine Männer-Orgie sein, das Leben ein Besäufnis und eine Dauererektion. Das kann naturgemäß nicht gutgehen. – Mephisto weiß das. Deshalb macht er dieses Spiel nicht mit. Er inszeniert es. Ganz allein, nicht etwa im Teufelschor.

Martin Wuttke braucht niemanden zu Hilfe. Er ist alles im beglükkendsten Übermaß: geil und abgefuckt, gerissen und gemein, charmant und aasig. Er ist das Zentrum, um das alle anderen kreisen. Er führt die Männer und Frauen an und pfeift sie fort. Er ist King Klingsor und der Fliegengott. Mit diesem Titel begrüßt Faust den Kumpan im Studierzimmer. Bisher wurde dieser Titulierung aber in Inszenierungen nicht viel Bedeutung beigemessen. Schleef macht als erster daraus eine Patsche. Mephisto als Herr der Fliegen. Er fängt sie mit der Zunge und frißt sie auf, er gewinnt mit dieser Atzung seine Adepten, die ihm treu bleiben bis in den Tod. Hört der Faust-Chor nur das Summen, das Mephisto durch seine Zähne surrt, so gehorcht ein jeder sofort: fliegt, torkelt, rast durch den Raum.

Wer Schleefs Einfall für albern hält, irrt. Mephisto ist wirklich der »Patron« der Insekten, die ihm im zweiten Akt des zweiten Teils gar ein Ständchen singen, auf das Schleef leider verzichtet: »Wir schweben und summen / Und kennen Dich schon.«

Mephisto ist der Theaterdirektor, ist der Regisseur. Er bringt die

Faust-Gruppe in Form, scheucht die alten und die jungen Weiber, mosert über schlecht gesprochene Chöre (»Das haben wir doch probiert!«) und mischt sich gern und auffallend mit ins Spiel. Er macht alle nach und vor und an. Spielt den Studenten und das Gretchen und Mephisto. Er knutscht die Männer und bringt sie zu den erotischsten Verzückungen; er flirtet mit den Weibern und läßt sie dann stehen. Was er will? Siegen! Recht haben und sich – wenn's irgend geht – am Untergang der anderen, der von ihm Verführten, freuen.

Wuttke, Motor dieser Aufführung, Fliegengott Superstar, wird nie müde. Nackt oder halbnackt: Er ist immer scharf und kriegt die andern spitz, er muß nur in sein rotes Röckchen gucken. Er kraucht und bellt wie ein Pudel, er kokettiert und brilliert wie ein Modell, quietscht wie ein Counter-Tenor. Mal ist er Mannequin, mal Dressman; Frau, Mann und alles dazwischen. Faust und Gretchen, Not und Sorge, sie tanzen nach seiner Melodie, folgen dem Fliegengott und Rattenfänger überallhin. Auch in den Tod. Die Opfer wittern dort Freiheit, Erlösung. Der Verführer ergötzt sich, weil er weiß, daß der Untergang das Ende ist. »Es ist vorbei!« murmelt Mephisto erleichtert, zitiert also den Goetheschen Chor des zweiten Teils. Es ist vorbei, das heißt bei Schleef: Der Mensch hat seine Lektionen beendet. Allein, er hat nichts gewonnen. Von wegen: »Ist gerettet!«

Schleef bietet nicht den ganzen *Faust*, aber auch nicht etwa nur den zerstörten. Seine mutwillige Destruktion schafft Platz für eine neue Interpretation. *Faust* als musikalisch-szenisches Oratorium, als gesungenes, getanztes, gesprochenes Memento mori. Als kleiner Hinweis auf das Ende und den Weg dorthin. An der linken Wand stand in weißen Lettern auf schwarzem Grund. »Fliegengott: Mit welcher Freude, welchem Nutzen / Wirst Du den Cursum durchschmarutzen«, ein Mephisto-Wort mit Ausrufezeichen. Schleef inszeniert das Fragezeichen.

Am Anfang war der Sand

Peter Brook inszeniert William Shakespeares *Der Sturm*

Peter Brook suchte immer nach dem »heiligen Theater«, nach dem »Theater der Wunder«, nach dem *Leeren Raum*. Ihn durch Spiel zu beleben, zu verzaubern, ist sein höchstes Ziel. Wer Brooks vor 22 Jahren in seinem Buch *The Empty Space* formulierte Gedanken gelesen hat und sie vergleicht mit des Regisseurs Arbeiten, weiß, daß Brook kein Schwätzer ist. Ihm genügen wirklich leere Räume. Nur, es müssen besondere sein. In Mehrzweck- und Turnhallen würde er nicht spielen, sowenig wie auf modernen Bühnen. Die Bouffes du Nord, dieses abgebrannte, bis auf die roten Ziegelwände nackte Theater, der Steinbruch in der Nähe von Avignon, alte Speicher, leerstehende Manufakturen verströmen, was Brook schätzt: Geschichte. Und sie sind von jener Einfachheit, jener Natürlichkeit, die alle Brook-Inszenierungen auszeichnet.

»Und Gott der Herr machet den Menschen aus dem Erdenkloß / und er blies ihm ein den lebendigen Odem in seine Nasen / Und also ward der Mensch eine lebendige Seele«, heißt es in der Schöpfungsgeschichte. Brook nimmt sich die göttliche Arbeitsweise zu Herzen. Auch bei ihm ist am Anfang der Erdenkloß. Und nicht das Wort. In seiner *Carmen* war es so, in *Mahabharata* und nun beim *Sturm*.

Im Züricher Theaterhaus Gessnerallee, einer alten Reithalle mit hölzernem Dachstuhl, liegt weißer Sand in einem mit Holzleisten begrenzten Rechteck, drum herum gleichfalls Sand, rot. Die Insel; die Welt. Stille. Langsam nähert sich ein Schauspieler diesem Ort. Seine Haut ist schwarz, der Kaftan weiß. Auf dem kräuselhaarigen Kopf balanciert er ein dickes Bambusrohr. Vorsichtig nimmt er es herunter und beginnt, es in seinen Händen zu wiegen. Sand, Steinchen rieseln von oben nach unten und wieder zurück. Mit der Schöpfung beginnt die Zeit. Mit ihr beginnen die Wunder und das »heilige Theater«, beginnt der *Sturm*. Brook, dem immer die allerkleinsten Zeichen ausreichend scheinen, der vertraut auf die Phantasie der Zuschauer, auf deren Dechiffrierlust, er schafft mit diesem kurzen Auftritt so viel auf einmal.

Er deutet auf eine vergangene Geschichte und weist zugleich auf die Gegenwart. Mahnt auf die vergnüglichste, spielerische Weise zu Entscheidungen, zu einem richtigen Umgang mit Zeit, Leben, Mensch. Es bleibt nämlich nur eine kurze Spanne, sich zu bestimmen, zu besinnen, zu erkennen, was und wohin man weshalb gelangen will. Damit nicht genug: Dieses Verrauschen, das so beruhigend, einschläfernd klingt wie das leise Ausrollen von Meereswellen am Strand, ist Zeichen für Insel ebenso wie für Traum und Schlaf. »Wir sind aus solchem Stoff, wie der zu Träumen, / und dies kleine Leben umfaßt ein Schlaf«, wird Prospero viel später sagen.

Außer den Schauspielern von Brooks Centre International de Créations Théâtrales gibt es wenig zu sehen auf dem Sand: keine Möbel, keine Requisiten. Brook zaubert den Urwald mit einem Palmenblatt, die Wiese mit wenigen Grashalmen, die, eingeklemmt zwischen den Zehen grüngewandeter Prospero-Geister, Wege beschreiben. Lange Bambusstangen werden zu Wogen, Masten. Zu einem undurchdringlichen Urwalddschungel, in dem Ariel und Prospero, von den Belauschten unentdeckt, die beiden Reinen beobachten: Miranda und Ferdinand (die schöne zarte Shantala Malhar-Shivalingappa und Ken Higelin) schwören einander ewige Liebe. Später, bei ihrer Hochzeit, bilden die gleichen Stöcke eine beschützende Kuppel.

Immer wieder verblüfft Brook mit ähnlichen Lösungen, mit szenischen Leitmotiven. Auch musikalischen. Er nimmt Shakespeares Musikanweisungen ernst. Kamantsche, Bratsche, Gongs, Trommel und andere Schlaginstrumente wimmern nicht Spannung, donnern nicht Gewitter, sie verdoppeln nicht Situationen, Gefühle. Ihre wenigen von Harué Momoyama komponierten und zuweilen auch gesungenen Töne und Kantilenen bilden eine andere Ebene des Zaubers, werden Symbole für Zärtlichkeit, Zorn und Zeit. Es ist, als wollte Brook allein mit dem Schauspiel erreichen, wofür Richard Wagner Musik, Sprache und Bühne forderte: das Gesamtkunstwerk.

Der Sturm, gespielt in Jean-Claude Carrières sehr genauer und schöner Übersetzung, klug gekürzt, als *Parsifal*-Ideal: »Zum Raum wird hier die Zeit.« Aber kein Bühnenweihefestspiel. Kein Gottesdienst. Brook dient den Menschen.

Sicher interessiert ihn an *La Tempête* auch die Geschichte von dem Zauberer, der Rache nimmt, Frieden, Eintracht, Liebe stiftet und resigniert sich zurückzieht, Abschied nimmt vor der Zeit wie Lears Narr. Aber im Gegensatz zu Claus Peymann reicht Brook das Feenmärchen, das Traumspiel nicht. Brook sieht in dieser Komödie Menschheitsgeschichte, Menschenschicksal. Ariel und Caliban, sie mögen Geister, Monster sein, aber wer in ihnen Menschen entdeckt, ist wohl auf der richtigen Fährte. Denn Brook läßt weder den Guten durch die Lüfte rauschen noch den Bösen aus der Hölle steigen.

Beide sind sie sehr irdisch und entsprechen zudem überhaupt nicht unseren, durch Aufführungspraxis gewonnenen Vorstellungen: also kein ephebenhafter, womöglich von einem Mädchen gespielter zerbrechlicher Luftgeist und ein dicker, mißgestalteter Klotz, sondern ein kräftiger, großer, gleichwohl schöner und in seinen Bewegungen graziöser, flinker Ariel, den weder Gewicht noch Erdanziehung an den Boden zu fesseln scheinen (Bakary Sangaré), und ein noch hurtigerer, kleiner, behender, durchaus hübscher Caliban (David Bennent). Beide verlangen nur eines: frei zu sein. Der eine dient, das Ziel zu erreichen, der andere meutert und verrät dafür.

Doch seltsam, so sehr sie sich auch ersehnen, ihr eigener Herr zu sein – und wie oft reden sie davon, betteln drum, beklagen die Abhängigkeit –, wenn sie endlich haben, was sie wollten, sind sie arg unzufrieden. Zwar geht David Bennent, der bis zu diesem Moment geduckt, gekrümmt durch die Welt schlich, stets der Schläge gewärtig, die diesen Caliban oft zuvor und gewiß zu Unrecht trafen, am Ende erhobenen Hauptes von dannen. Er hat eine Lektion gelernt. Allein, daß Freiheit Einsamkeit bedeuten kann, hat er bis zu diesem Augenblick nicht einmal geahnt. Wahrscheinlich wird er jetzt kaum glücklicher sein als zuvor. Auch Ariel verläßt nicht gern den Meister, den er schätzte, liebte, dem er sich zärtlich, wie ein Kind, in den Schoß legte: Bakary dreht sich noch einmal nach Sotigui Kouyate um, schaut dem hochgewachsenen, schlanken, noblen schwarzhäutigen Prospero in die Augen – und weint.

»Freiheit« – ein Wort, das in Shakespeares Text so häufig vorkommt, ist der Schlüssel für Brook und der Schlüssel, sich seiner Interpretation zu öffnen.

Dann wird verständlich, daß in dieser Aufführung auf Eiland-Romantik verzichtet werden kann (Bühne und Kostüme: Chloé Obolensky); daß Spuk unnötig; daß dei ex machinae überflüssig sind. Brook erzählt kein Märchen. Er zeigt die Welt; zeigt einen Prospero, der weit entfernt von den Menschen, die ihn verjagten, zu Hause an einem unzivilisierten Ort Freiheit lebt – und für sich und seine Tochter Zivilisation schafft. Vielleicht hat er übernatürliche Kräfte, wahrscheinlich ist er jedoch bloß ein großer Menschenkenner, ein wunderbarer, zauberhafter Verführer.

Und Brook zeigt ein Mädchen, das mit sich im reinen ist; eines, das auch nach dem Treffen mit Ferdinand diesen Ort nicht fliehen will. Zufrieden, glücklich möchte sie der Liebe Gefangene sein. Schließlich zeigt er einen Ferdinand, der für diese Liebe alle Lasten auf sich nimmt und, obwohl bisher von Lakaien verwöhnt, gewöhnt an Luxus, gern Sklavendienste leistet, Opfer bringt: Miranda, seiner Herrin, und Prospero, ihrem Vater. Es ist ein überzeugender und anrührender Einfall, daß Ferdinand nicht darüber klagt, daß er, der Hochgeborne, nun Holz hacken muß. Er ist bei Brook bloß verwundert darüber, daß die mühsam zusammengetragenen schweren Baumstümpfe immer wieder verschwinden – fortgetragen von Ariel und seinen Helfern. Ermattet seufzt er: »Certains exercises sont très pénibles...«

Wer auch immer in diesem Stück über die Freiheit (oder das Glück) spricht: Er meint etwas anderes. Brook inszeniert nicht die Kunst-Natur-Diskussion, die auch in diesem – wahrscheinlich letzten – Shakespeare-Drama steckt. Er erforscht, was Freiheit sein könnte. Findet man sie, wenn man in den Suff, den Rausch, das Vergessen, die Selbstaufgabe flieht wie Trinculo und Stephano (große komödiantische Talente: Bruce Myers und Alain Maratrat)? Ist Freiheit Macht – muß man deshalb heucheln, verraten, morden? Oder ist nicht der frei, der, eins mit sich, das Chaos sieht, eben just die Welt, die nichts im Innern mehr zusammenhält, und sich selbst vertraut, *sich* lebt?

Der Regisseur gibt so wenig eine Antwort wie der Dichter. Doch scheint es, als sei Brook jenen Shakespeareschen Gestalten am nächsten, die – seien sie naiv wie Miranda, weise wie Prospero – nichts unversucht lassen, die aus den Fugen geratene Welt zu ertragen. Es gibt (bei Shakespeare und Brook) nur zwei Möglichkeiten, das Leben auszuhalten, in der Unfreiheit frei zu sein: die Liebe und das Mitleid, Verzeihen und Erbarmen.

Genau davon spricht Prospero in seinem Epilog. Er ist nicht optimistisch. Aber so wie Sotigui Kouyate die letzten Zeilen spricht, allein, am Boden sitzend, würdevoll, ruhig, sollte niemand zweifeln: Brook proklamiert Hoffnung. Deshalb ähnelt sein menschenliebender, verzeihender Prospero Lessings Nathan; deshalb antwortet dieser Weise auf Mirandas Freudenruf: »Brave new world!« nicht zynisch, verächtlich »*Dir* ist sie neu« – sondern eher bedauernd.

Diese Aufführung, die nur zweieinhalb pausenlose Stunden dauert, strahlt. Sie besitzt eine Magie, eine Schönheit und Strenge, wie es sie selten zu erleben gibt. Einmal mehr beweist Peter Brook, wie dumm es von anderen Regisseuren ist, Texte absichtsvoll zu dekorieren, mit Bildern zu verkleistern. Wie ärgerlich, wie pervers, wenn sie ihr Ziel nur noch in der Zerstörung sehen. Gewiß gebührt Brook als erstem der Triumph nach der Premiere. Aber was wäre er ohne diese Schauspieler, die er während der Vorstellung aufmerksam beobachtete? Ihr Französisch klingt zuweilen abenteuerlich fremd, aber ihre Körper, ihre Augen sprechen deutlich. Ihre Hände sind beredt. Diese Akteure, die mit ungeheurer Leichtigkeit und Offenheit und ebensolcher Präzision und Perfektion spielen, sie machen aus Brooks Konzept erst das große Theaterfest.

»Der menschliche Kontakt ist die einzige unentbehrliche Wirklichkeit. Dies ist das Theater, das wir suchen: das zu den Quellen geht«, erklärte Peter Brook in einem Interview. Ihm lag nie allein an der ästhetischen Weiterentwicklung; er schätzt das Theater, weil es den Künstlern *und* den Zuschauern erlaubt, »immer wieder von vorn anzufangen«, wie er im *Leeren Raum* schrieb. Seine Aufführungen offenbaren und erlauben solchen Neubeginn. In leerem Raum entdeckt er das Ritual, den Traum, die Feier, den Spaß – und den Menschen. Im Sturm verloren, finden sie sich in der größten Verwirrung zum erstenmal in ihrem Leben; erkennen sich selbst – und endlich auch die anderen.

1991

Erlösung von Dummheit und Leere

Tadeusz Kantors *Aujourd'hui c'est mon anniversaire*, in Paris uraufgeführt

Tadeusz Kantor ist tot, gestorben am 8. Dezember 1990 in Krakau. Und doch steht er auf der Bühne: zweifach. Als Selbstbildnis in der Person des Schauspielers Andrzej Welminski und als »Schatten«, gespielt von Loriano della Rocca. Nur der Stuhl, auf dem Kantor eigentlich sitzen wollte, um von dort aus, ganz vorn an der Rampe, wie immer, das Spiel zu leiten, einzugreifen, er bleibt leer. Sein letztes nachgelassenes Werk müssen die Schauspieler ohne ihn Abend für Abend neu inszenieren. Es heißt: *Aujourd'hui c'est mon anniversaire*. Das ist keine Ironie des Schicksals. Der Autor-Regisseur, 1915 geboren, ahnte, daß der Tod sich ihm näherte. Mit diesem Titel verkündete er: Mein Todestag ist mein Geburtstag. Er ist ein Fest und der letzte Moment, mich noch einmal zu sehen. Wer sich aber selbst erblickt, einen Doppelgänger gar erfindet, der hat von sich Abschied genommen: »Alle Hoffnung ist der Tod. Er bringt Ordnung in dieses Durcheinander von Dummheit und Leere«, hatte Kantor noch während der Proben geschrieben.

Alle Stücke, alle Bilder und Plastiken dieses Künstlers kreisten stets um ihn selbst. Er inszenierte in 35 Jahren nicht mehr als zehn Werke. Aufführungen, in denen er egozentrisch Szenen seiner Kindheit, seiner Jugend und seines Alters miteinander verwob zu einem komplizierten, künstlichen Phantasiegespinst, in dem das Leben in seinem Geburtsort Wielopole aufschien und zugleich überwuchert wurde von Bildern aus der leidvollen europäischen Geschichte dieses Jahrhunderts. Kantor zeigte Reflexionen.

Auf der Bühne – die für ihn eine »Chambre de L'Imagination«

war, ein Zimmer, in dem das autonome, lebendige Kunstwerk aus der Vorstellung durch Willen Wirklichkeit wurde – schritt Kantor über Grenzen. Nur diese Übertretung interessierte, faszinierte ihn. »Ich bin nie auf der Bühne, ich bin immer an der Grenze«, spricht Kantor vom Tonband auch an diesem Abend. Das bedeutet zum einen, daß ihm die Interpretation eines vorhandenen Textes, die Deutung von Figuren reizlos, nichtig erschien. Seine Stücke besaßen nie eine lineare Handlungsstruktur; seine Personen lebten ohne Psychologie; seine Räume, stets schwarz ausgeschlagen und karg möbliert, fern jedem Realismus, gleichen immer Environments. Zum anderen löste er sich, während er versank in Knaben- und Männerträumen, immer entschiedener vom Leben. Fand endlich in einer Negativ-Utopie die größte Freiheit: in der Erinnerung. Das heißt, die Vergangenheit wurde ihm Zukunft! Wahrscheinlich kann man jenen Zeitpunkt, an dem Kantor dann das Leben, auch in der Rückschau, nicht mehr fesselte und er den entscheidenden Schritt tat, jenen ins Grab, nicht genau fixieren. Glaubt man jedoch seiner Beschreibung des eigenen Werks, so fällt die Entdeckung des Todes ins Jahr 75: »Et à la fin la dernière ›decouverte‹. Le Théâtre de la mort.«

Der Tod, er ist in *Aujourd'hui c'est mon anniversaire* allgegenwärtig. Schon das Doppelgänger- und stärker noch das Schattenmotiv ist Todeszeichen. Viele andere folgen: Der Sarg, aus dem Kantors Freund, der jüdische Maler Jonasz Stern steigt, die mordenden Soldaten und die schwarze Fahne, die geschwungen wird nicht von »Madame La Mort« wie in Kantors *Die Künstler sollen krepieren*, sondern von jener resoluten Frau, die, fortwährend im Raum, alle und alles beobachtet. Diese Aufführung – das Ensemble des Cricot 2-Theaters nennt sie ein Testament und »die letzte Probe des Stücks von T. Kantor« –, sie vereinigt alle Motive dieses Theatermachers, ist Lebens- und Kunstresümee. Behauptet die theatrale Totenfeier als Ritual der Hoffnung, weil allein das Sterben Erlösung ist. Sie offenbart in wenigen Sequenzen Leben: von der Wiege bis zum Grab und über den Tod hinaus. Denn in Wahrheit sehen Tote ihrem sinnlosen Treiben auf Erden zu, imaginieren vergangenes Sein.

Der Schatten, er liegt zusammengerollt wie ein Embryo auf der

Liege, beobachtet die Soldaten, die vergewaltigen, schießen, töten; hört das graue, alte, arme Kind schreien: »Warum ist alles so traurig!?«; staunt – wie das Selbstporträt im leeren Rahmen – über die Geburtstagsfeier bei Kantors, über den Vater, der hastig trinkt und den Gästen zuprostet, über die Mutter, die, aschengrau das Gesicht, tot der Blick, immer wieder wie eine mechanische Puppe dem Vater nachgießt, während die Geburtstagsgesellschaft sich verliert in einem rasanten Tango. Die beiden Kantor-Darsteller und mit ihnen die Zuschauer, sie begreifen während dieses 65-minütigen Spiels, daß diese Feier, Abendmahl und Leichenschmaus, nur der Abschied ist von einer heil-losen Welt. Tote, in Säcken versteckt, die berühmten Kantorschen Emballagen, werden zwar noch einmal lebendig, beginnen zu tanzen, aber dieser Triumph des Lebens über den Tod ist letztlich doch ein Menetekel, Zeichen für den Tod als das wahre Leben.

Heute ist ein Todestag. Beethoven- und Offenbachklänge vermengen sich. Militärs in Tierkäfigen brüllen. Lebende Arbeiterdenkmäler recken siegessicher die Fäuste ins Publikum. Und zwischen diesen Leichen, die, taumelnd auf einem Gottesacker mit vielen Holzkreuzen, den Sieg des Todes feiern, versucht Kantors Ebenbild einen Diskurs. Er will weisen, was er weiß. Niemand hört ihm zu. Plötzlich bricht die Musik ab. Die Schauspieler erstarren. Es ist vorbei. Es: das Leben, das Leiden, das Kämpfen.

Selbst wer Kantor mit dieser letzten Arbeit zum erstenmal begegnet, wird erkennen, daß dieser Künstler seinen selbstgesteckten Zielen sehr nahe gekommen ist. In dem kärglichen Zimmer der Phantasie, so Kantor, verteidige sich der Autor gegen die Ungerechtigkeit, die Niedrigkeit und die Dummheit. »Seine Waffen: die Phantasie, die Kindheitserinnerung, die Armut, die Einsamkeit und der Tod der Liebe.« Kantor, verfallen der Obsession Tod, predigt – wild, laut, ungestüm, zugleich mit den schönsten, poetischen Raum- und Körper-Metaphern –, was für ihn Aufgabe, Weg und Ziel aller Kunst ist: »Öffentlich zu machen, was im Leben eines Individuums am intimsten war, was in sich den höchsten Wert verbirgt, was der ›Welt‹ als Lächerlichkeit, Nichtigkeit, als etwas Elendes erscheint. Die Kunst bringt dieses ›Elend‹ ans Tageslicht.«

Wundersam, höchst artifiziell und nicht minder verstörend ist

Kantors Imagination. Und doch, er war schon einmal weiter. Im letzten Sommer, als er in Avignon bei einem Workshop *Ô douce nuit* inszenierte. Damals nämlich weitete er den Nachtmahr seines Lebens zu einem gespenstischen Alptraum der Menschheit. Mit den gleichen Mitteln der Wiederholung, der Variation. Kantor, der immer sehr minimalistisch arbeitete, Szenen, Musiken, Bewegungen auseinanderriß und, anders zusammengefügt, wieder aneinanderreihte, der Erinnerungen in Fetzen schnitt, Ängste in Memento-mori-Gruppen meißelte und fröhliche Totentänze choreographierte, gelang damals die letzte Grenzüberschreitung. Er hatte Abschied genommen von sich *und* der Welt, hatte sein Schicksal als das der Menschheit erkannt und begriffen und die Apokalypse gemalt. Oder, wie er selber es in einem im August 1990 entstandenen Gedicht formulierte, das Ende der Welt: »In meiner Vorstellung, / vielleicht in meiner Natur / war klar gemalt / das Bild vom Ende, vom Ende des Lebens. / Das Bild vom Tod, / von der Katastrophe, / vom Ende der Welt. / Nicht ohne Grund!« Kantors letztes Werk: ein Schritt zurück. Zu sich selbst.

Im Theater des Pariser Centre Pompidou feierte das Publikum mit standing ovations die verwaisten Schauspieler, die während der Aufführung gebannt auf den leeren Stuhl starrten. Sie wissen, daß das Ende des Krakauer Cricot^2-Theaters gekommen ist; daß diese Aufführungen, die durch die Welt reisen, auch nach München und Berlin kommen werden, letztes Zeugnis von Kantors Kunst sind: »Alles – die Wunder, die Religionen, die Welt, die Zivilisation – alles ist nur noch Wiederholung. Wir nähern uns dem Weltenende.«

Ein mageres Jahr. Kein Trost. Aber ein Hoffnungsschimmer

Theatertreffen 1991 – Jurydiskussion

»Poeten haben recht, es ist nicht so klein und wenig, woran man sich nicht begeistern könnte.« An dieses Hölderlinsche Motto hielt wohl nicht nur ich mich in der vergangenen Theatersaison. Es war eine schwierige Suche nach der »bemerkenswerten Aufführung«. Ein mageres Jahr. O ja! Und es bleibt nur die (kleine) Hoffnung, daß nicht sechs weitere schlimme folgen mögen. Allein, woher die Hoffnung nehmen?

In der ehemaligen DDR blüht sie uns nicht. Obwohl Leander Haußmann und Frank Castorf mit großer Kraft und Wut, mit einer Unbekümmertheit, die in den alten Bundesländern inzwischen verlorengegangen ist, die Texte manipulieren oder sich um sie gar nicht mehr kümmern. Aber – ohne die in den Statuten des Berliner Theatertreffens festgeschriebene Diskretion zu verletzen: was die einen als revolutionäre Kunst feiern, erinnert die anderen nur an eine Mode, an theatrale Auslaufmodelle der späten sechziger Jahre. Kurz: Die Abstimmungsergebnisse waren knapp und änderten sich oft im Laufe der Monate. Just dies gilt nicht bloß für die ostdeutschen zum Theatertreffen eingeladenen Produktionen.

Das wäre nicht sonderlich schlimm, verwiesen nicht die Kampfabstimmungen auf eine Krise. Nicht die des Theaters, über die erneut zu reflektieren selbst die getroffene Auswahl nicht zwingend nahelegt, sondern die der Kritik. Es scheint, als wäre es in den frühen neunziger Jahren schwieriger als zuvor, unter professionellen Theaterbesuchern, die Kritiker nun mal sind, einen Konsens herzustellen über Qualität; Kriterien zu finden, zu definieren und – das Wichtigste! – zu behaupten.

Ich will hier nicht beklagen, schon gar nicht beleidigt, daß einige Aufführungen, die mir und einigen Juroren als wahrlich bemerkenswert erschienen sind, nicht ins Programm aufgenommen wurden, weil wir schlicht überstimmt wurden (und andere von uns!). Wichtiger scheint mir, daß das Berliner Theatertreffen den währenden Wandel der deutschen Theaterkritik widerspiegelt. Eine Veränderung, die in solch (für mich) aufsehenerregendem Maß die französische Kritik nicht durchgemacht hat. In Deutschland hat man nur noch Augen und Ohren für das Experiment, das ästhetische Wagnis. Man fragt nicht mehr, was das Theater als Gesellschaftskunst zu leisten habe, in einer Zeit und einem Staat, der wirtschaftlich eher kränkelt, politisch konservativ, gar restaurativ sich geriert. Muß das Theater nicht Unterhaltung in des Wortes zweifacher Bedeutung bieten, nämlich Amüsement und geistigen Unterhalt? Reicht es, wenn ein mythelnder Text, perfekt und hyperschön, von den besten Schauspielern gefeiert wird? Muß es einem nicht langsam leid werden, wenn das Theater sich nur noch als Theater wichtig stilisiert, wenn es nur sich selbst mehr ernst nimmt – und damit überschätzt, statt sich zu besinnen auf seine wahre Aufgabe: Stellung zu beziehen.

Nicht platt politisch, sondern moralisch, ethisch. Was sollen uns die vielen Antikriegsdemonstrationen während des Golfkrieges, die Solidaritätsadressen für wen auch immer, wenn die Theater sich sonst zufrieden geben mit reizvollen, gewagten, ästhetisch vielleicht sogar revolutionären (?) Sinnzertrümmerungsarbeiten. Es ist schön, wenn ein Regisseur für seine Inszenierung einen (richtigen) Rhythmus findet; wenn er Bilder erdenkt und erspielen läßt; wenn er szenische Zeichen entdeckt, die über die simple Verdopplung des Wortes hinausgehen; wenn er mit Körpern, Licht, Musik Atmosphäre schafft. Aber am schönsten ist es, wenn er mit all diesen Mitteln einen Text interpretiert – und für den Zuschauer erkennbar bleibt, warum die Aufführung genau zu diesem Zeitpunkt, an diesem Ort nötig war und ist; warum sie aussieht, wie sie aussieht. Theater ist Leidenschaft, gewiß. Aber sie ist, als vom Bürger subventionierte Kultur, auch Verantwortung.

Wahrscheinlich ist es kein Zufall, daß die Generation von Kritikern, die in den 68er Wirren am entschiedensten für ein Theater der Aufklärung, ein politisches und gesellschaftlich engagiertes Schauspiel stritt, jetzt am heftigsten und wortreichsten sich stark macht für das neue, das selbstverliebte, das zwanglose Theater. Daß ihr Eintreten ebenso zwanghaft ist, wie es die Arbeiten dieser zu Regiestars Emporgehievten sind, folgt logisch. Ihre Kehrtwendung ist letztlich das unausgesprochene und ungeschriebene Eingeständnis ihrer Niederlage. Während sie den Jungen hinterherlaufen, suchen sie die Moden ihrer Jugend. Den alten neuen Elan. Und sie merken nicht, daß sie statt des Neuen nur eine Kopie bejubeln. Doch halt! Vielleicht erkennen sie den Irrtum und machen aus der Not, wenn schon keine Tugend, so doch eine Arznei. Dann wäre ihre Niederlage Klugheit: »Ich war es endlich müde, mich wegzuwerfen, Trauben zu suchen in der Wüste und Blumen über dem Eisfeld«, schreibt der enttäusche Hyperion an Bellarmin.

Und wenig später fragt er: »Was wäre das Leben ohne Hoffnung?« – »Ein Funke, der aus der Kohle springt und verlischt, und wie man bei trüber Jahreszeit einen Windstoß hört, der einen Augenblick saust und dann verhallt, so wär' es mit uns?«

Also: Hoffen gegen das Vergehen. Wer sich Mühe gibt und nicht »bemerkenswert« mit perfekt verwechselt; wer nicht den größten Fehler begeht und in der Kunst zwischen richtig und falsch unterscheidet; wer ernsthafte Arbeit schätzt, die schwierig, gar ermüdend und gewiß nicht brillant ist, macht in der deutschsprachigen Theaterszene Entdeckungen. Einige davon sind in Berlin, andere werden hierher kommen. Das ist schön! Und einige fehlen. Das ist schade!

Zum Beispiel die beiden *Zerbrochnen Krüge*, die in der vergangenen Spielzeit verstörten, berührten und unsere Gegenwart, ja unsere Welt erklärten: Thomas Langhoffs Inszenierung am Deutschen Theater und Andrea Breths Vision am Burgtheater.

Zum Beispiel Wolfgang Engels *Faust*-Interpretation in Dresden, die gewiß nicht als gelungen bezeichnet zu werden verdient. Aber sie ist wie keine andere Produktion des vergangenen Theaterjahres Zeichen, in welchem Maß und mit welchen Mitteln die Theatermacher der ehemaligen DDR mit ihrer Vergangenheit auf der Bühne umgehen. Diese Aufführung reflektiert ebenso wie Langhoffs Deutung, aber weit direkter, auch weniger perfekt, weniger kunst-voll die Identität oder besser: Noch-Nicht-Identität der DDR-Bürger in der großen Bundesrepublik, die nun selbst im Ausland nur noch Deutschland heißt und nicht BRD, RFA, FRG, RFT.

Während Castorf und Haußmann die Dramen von Ibsen, Schiller, Lessing und all den anderen nur be-nutzen, um mit und aus Textresten Bilder, Bewegungsabläufe, Choreographien zu gestalten, versuchen Langhoff und Engel, den Worten durch einen anderen szenischen Kontext, durch ungewöhnliche Wortbetonungen, seltsame Sprechrhythmen, also einen gespielten Subtext, neuen – und das heißt: aktuellen, gesellschaftlich wichtigen – Sinn zu geben. Engel geht sogar noch weiter, erfindet Texte, Lieder hinzu. Und das ist des Deutlichen zuviel. Trotzdem sind solche Auseinandersetzungen wichtig, bemerkenswert. Denn sie beweisen, wie sehr sich diese Theatermacher, die ja schon unter dem DDR-Regime verantwortlich gearbeitet und zugleich an Häusern der Bundesrepublik inszeniert haben, mit der jüngsten deutschen Geschichte auf der Bühne befassen, sich verantwortlich fühlen für ihr Publikum, das, zur Selbstbestimmung überrumpelt, sich selbst verloren hat und weit entfernt davon ist, sich selbst zu bestimmen. Diese Zuschauer (und alle anderen, die keine Theater besuchen), sie haben die größten Schwierigkeiten zu wissen, wer sie sind.

Mag sein, daß beide Aufführungen zu einer anderen Zeit wenig(er) Beachtung wert gewesen wären. Aber 1990/91 zählte mit Recht auf den ostdeutschen Bühnen nicht nur die künstlerische Qualität. Es zählte die Qual, die DDR-Intellektuelle mit dem Ende ihres Staates hatten, dem Tod der sozialistischen Utopie, an die sie glaubten, trotz aller Mängel, aller Fehler des politischen Unrechtssystems. Es zählte – und das war bemerkenswert! – die Aufklärung mit Texten, die zuvor vereinnahmt worden waren von den sozialistischen Kulturverwaltern. Mit Goethe, Schiller und Lessing wurde Stellung bezogen gegen die Bürger selbst, die, an der Malaise ja nicht schuldlos, sich eingerichtet hatten in der Lüge, die sie für die Wahrheit ansahen, um weiterleben zu können. Engels und Langhoffs Arbeiten bewiesen auf der Bühne, daß Adornos Behauptung richtig ist; daß die Deutschen ehrliche Lügner sind, die talentiertesten Wendehälse, die die Natur hervorgebracht hat: »Ein Deutscher ist ein Mensch, der keine Lüge aussprechen kann, ohne sie selbst zu glauben.« Engel, Langhoff, auch Castorf mit seinen *Räubern*, sie zerstören Kunst mit Kunst, zerstören die Lüge. Oder besser: die Lügen. Am Ende, und das symbolisieren selbst noch die Wort- und Raumtrümmer von Castorfs Ibsen-Interpretation (*John Gabriel Borkman*), stehen sie vor Scherben.

Der zerbrochne Krug: Das ist ein zerscherbtes Land bei Langhoff. In dem die Mächtigen einander korrumpieren, um nicht an

Einfluß zu verlieren, und das Volk nirgendwo Recht bekommt. Wieder – und noch einmal angeschmiert, verschaukelt, verkauft, angekauft. Für billig Geld, wie André Glucksmann in seiner Münchner Rede über Deutschland treffend bemerkte. Engel, Langhoff – auch Castorf – sind Mahner dem eigenen Volk, Verlierer wie alle anderen. Ihre Aufführungen merken an, daß der Weg der Deutschen »von der Humanität über die Nationalität zur Bestialität« führte, wie Franz Grillparzer prophezeit hatte. Die Stadt Weimar ist Symbol dieses Weges. Cranach, Bach, Nationaltheater; Weimarer Klassik, Weimarer Republik – und wenige Kilometer entfernt das Konzentrationslager Buchenwald.

Bemerkenswert. Die Welt ist zerscherbt. Vielleicht existiert sie gar nicht mehr. Andrea Breth inszeniert das Ende. Einen Totentanz, ein Mysterienspiel. Gut, Kleist ist nicht Calderón, und Eve spricht anders, als es die Evas in den mittelalterlichen Kirchenraumspielen wohl einst taten. Dennoch. Hat Andrea Breth den Text wirklich mißverstanden? Ist es so einfach?

Gewiß: Ihre Deutung ist anstrengend; und sie dauert – auch das noch – sehr lang. Aber ihr Mysterienspiel ist, läßt man sich auf die Totenruhe, die Greco-Düsternis ein, von einer außerordentlichen Attraktion, entwickelt einen Sog: in den Himmel, in die Hölle. Die Breth zeigt, daß es ihr um mehr geht als um den schlichten Kriminalfall. Adam, der kümmerliche Jurist, der Jammerlappen, er interessiert sie nicht. Sowenig wie der Prozeß, der eine Farce ist. Die Regisseurin verhandelt in einer vierstündigen Aufführung der Menschen Schicksal: Krug und Kant und Kabbala. Den endgültigen Verfall der Werte. Nichts zählt mehr. Nicht Moral, nicht Recht, nicht Gesellschaft. Andrea Breth offenbart das Weltenende.

In seiner Vorrede zum *Hyperion* bemerkt Hölderlin, »die Auflösung der Dissonanzen in einem gewissen Charakter« sei »weder für das bloße Nachdenken, noch für die leere Lust«. Just diese Zweifalt – fabula docet und fabula delectat – zeichnet große Inszenierungen aus: Unterhalt und Unterhaltung. Und manchmal liegt es vielleicht doch schlicht am Zuschauer, am zuschauenden Kritiker, wenn er meint, von dem einen oder dem anderen zuwenig bekommen zu haben. Nicht an den Regisseuren, den Bühnenbildnern, den Schauspielern.

Horaz pries diejenigen, die den Wert der äußeren Güter richtig einzuschätzen wüßten als die einzig wirklich glücklichen Menschen. Kurz jene, die über nichts aus der Fassung geraten. Das Horazsche »Nil admirari« sei drum allen Zuschauern und den eingeladenen und den nicht nach Berlin gebetenen Ensembles angeraten: Bloß nicht kirre machen lassen. Das ist kein Trost. Vielleicht aber ein Hoffnungsschimmer.

Ein leerer Raum für Phantasie und Intellekt

Jorge Lavelli inszeniert Ramón del Valle-Incláns *Barbarische Komödien* beim 45. Festival d'Avignon

In den Hof des Papstpalastes, den Renommierort des Festivals, das in diesem Jahr zum 45. Mal die Theaterprofis aus Frankreich und die Neugierigen aus aller Welt anzieht, durfte ein Regisseur Einzug halten, der den Franzosen zwar bekannt ist, aber nicht zu jener Künstler-Elite zählt, die man auch im Ausland bewundert: Jorge Lavelli. Dabei arbeitete der gebürtige Argentinier, seit 1988 Direktor des Pariser Théâtre de la Colline, schon seit 1967 kontinuierlich für das Festival von Avignon, hat Regiepreise gewonnen und wird von der französischen Presse gehätschelt, weil er sich wie kaum ein anderer vor allem der zeitgenössischen Dramatik annimmt. Mit viel Erfolg führte er Gombrowicz auf, Arrabal, Copi, Ionesco, Bond und Bernhard.

In Avignon erfüllt er sich nun einen langgehegten Traum, inszeniert Ramón del Valle-Incláns *Barbarische Komödien*. Wer die drei Stücke des spanischen Dichters kennt, muß sich wundern über diese Wahl. Die Dramen – *Silbergesicht* (1922), *Wappenadler* (1907) und *Wolfsromanze* (1908) – sind weder sonderlich spannend noch sonderlich gut geschrieben, wenn man der deutschen Übersetzung von Fritz Vogelsang traut. Kurz: eine eher sentimentale Kolportage-Geschichte mit sozialem Impetus, sehr katholisch und ein bißchen kommunistisch. Zusammen bilden die Werke ein tragikomisches Tryptichon. In epischer Breite und mit einigen Dutzend Personen erzählt Valle-Inclán eine Familiengeschichte, den Untergang des galicischen Adelsgeschlechts der Montenegro.

Wie metaphernreich, wie bösartig, wie über-realistisch, wie poetisch diese Dichtungen sind, macht erst Armando Llamas' französische Übersetzung deutlich. Die Zeichnung der vielen Figuren, der rivalisierenden Gruppen, die miteinander streiten, gegeneinander kämpfen und einander morden, ist grotesk, erinnert an Goyas *Caprichos* oder seine *Désastres*.

Bei der Lektüre könnte man sich noch täuschen (lassen) und für realistisch halten, was Valle-Inclán karikiert. In Lavellis Inszenierung jedoch wird ganz klar: Der Dichter benutzt sehr bewußt das Mittel der »Verfremdung«. Aber im Unterschied zu Brecht entsteht erkennende Distanz hier nicht erst durch den theatralen Gestus auf der Bühne, sondern bereits entscheidend durch den Blick des Autors auf seine Geschöpfe. Dem Spanier sind seine Figuren Marionetten, die er an kurzen Fäden hält und vor einen Zerrspiegel führt. Das sind keine Menschen; und wer nach psychologischen Entwicklungen und Begründungen sucht, wird nicht fündig. Dem Brechtschen epischen Theater steht Valle-Incláns Kunst des *Esperpento* gegenüber: Die klassischen Normen des Theaters werden – so definierte es der Theoretiker des *Esperpento*, Max Estrella – gebrochen in einem konkaven Spiegel. Das Leben, die Menschen, sie erscheinen verzerrt, deformiert – und werden genau dadurch erkenntlich.

Im Hof des Papstpalastes steht nur ein schmuckloses Podest, das rechts und links ein wenig ansteigt, wie zwei Wellen, bevor sie brechen. Brauner, von der Sonne ausgebrannter Boden. Graciela Galàn verzichtet auf jede Dekoration, deutet nur mit den Kostümen, mit einem Tisch, einem Bett, einem Altar, einem Kruzifix an, wo wir uns befinden. Sie schafft einen kargen Spiel-Platz, der sich lautlos, ohne Unterbrechung, während der Aufführung verändert; die Gegenstände fahren wie Traumgebilde aus dem Boden und verschwinden dort wieder. Genau diesen schmucklosen Ort, den leeren Raum, hat Lavelli sich gewünscht: »Ich würde gern den Zuschauer in einen Leser verwandeln. Ich möchte eine Ästhetik, die auf alles verzichtet außer auf die reinen theatralen Zeichen.«

Die szenische Lektüre dauert sieben Stunden. Doch wenn man kurz nach fünf Uhr morgens den Papstpalast verläßt, durch die leere Stadt läuft, während es dämmert, die ersten Vögel zu zwitschern beginnen und die Müllmänner die letzten Werbezettel der vielen hundert Off-Festival-Gruppen zusammenkehren, dann ist die Beschäftigung mit diesem merkwürdigen Text, mit dieser im besten Sinne schlichten Inszenierung nicht beendet. Eigentlich fängt jetzt erst der Rumor im Hirn des Zuschauers an. Valle-Inclán und Jorge Lavelli offenbaren nämlich mehr und Wichtigeres als bloß das Schicksal dieser Feudalfamilie, die untergeht, untergehen muß, weil eine neue Zeit anbricht und sich weder der alte Montenegro noch einer seiner fünf Söhne letztlich entscheiden können, wie sie sich der Herausforderung stellen, Reichtum und Macht ins 20. Jahrhundert retten sollen. Gezeigt wird, daß rücksichtslose Herrschaft sich nur zu etablieren und zu halten vermag, wenn die Mächtigen das Recht beugen und die christliche Tugend des Mitleids verraten. Valle-Inclán – und das beweisen viele seiner Äußerungen zwischen 1870 und 1890 – kämpft gegen den Untergang der christlichen Soziallehre und sieht das Ende der katholischen Kirche, weil »Satan dank des Liberalismus die Macht übernimmt«.

Am Schluß – der alte Don Juan Manuel Montenegro ist gerade von seinem Sohn Don Mauro ermordet worden, weil er mit einer Gruppe Armer vor seinem einstigen Haus nicht um milde Gaben bettelte, sondern stritt für soziale Gerechtigkeit – da stürzt sich der »Alte von Lazaro« auf den Vatermörder, wirft ihn ins Feuer, wo er verbrennt. »Schön wie einen Erzengel« sieht der Dichter diesen Mann, der natürlich gemahnt an den heiligen Lazarus. Und wirklich: Der hochgewachsene Jean-Claude Jay richtet sich stolz auf wie ein Rachegott, stellt sich an die Spitze der Horde, die stumm auf die übriggebliebenen zwei Brüder zuschreitet. Die ahnen, was ihnen droht. Der Prozeß gewiß. Vielleicht ist dieser Angriff gar der Beginn einer Revolution. Sicher ist nur: Diese unglücklichen Bettler wollen nicht die Macht; sie hungern nach Gerechtigkeit.

Kein Spiel von Liebe und Zufall. Und doch werden diese barbarischen Komödien zusammengehalten durch Liebes- und Eifersuchtsdramen. Würde nicht das Haupt dieser Familie, der arrogante Montenegro (Michel Aumont) rücksichtslos seinen Trieb leben, seine

Frau Doña Maria (zurück in Avignon und gefeiert: Maria Casarès) betrügen, die ihm anvertraute junge Verwandte, die schöne Isabel (zart und zerbrechlich: Isabel Karajan) entehren und zur Geliebten sich ins Haus holen; würden nicht die fünf Söhne vergewaltigend durch Galicien jagen: Die Bauern, die Fischer und Seemänner haderten nicht mit ihrer Armut. Selbst das Jesuskind könnte sich seinen Ausflug auf die Erde sparen, um der selbstgerechten Doña Maria zu sagen, wie sehr auch sie schuldig geworden ist, weil sie, an fernem Ort eingesperrt, nur Gebeten hingegeben, sich nicht kümmerte um Söhne, Freundinnen, Gesindel. Wer Macht hat, darf die Verantwortung nicht scheuen; wer bewahren will, muß kämpfen. Valle-Inclán vertritt keine Ideologie, es geht ihm um Moral. Zugleich sieht er aber, daß die patriarchalische Gesellschaft versagt hat. Er gibt keine Antworten. Er stellt Fragen.

Nichts anderes tut Lavelli. Er demonstriert kommentarlos in rohen, gemeinen, aggressiven Szenen Gewalt. Gestaltet im letzten Teil, wenn der alte Montenegro, umgeben von seinem Diener Galant (meisterhafter Narr, Kuppler, Hund: Maurice Chevit), Schuld bekennt, auf Erden Fegefeuerqualen durchlebt, geläutert endlich die Bettler als seine wahren Söhne ausruft, einen Alptraum – und eine Glücksvision. Lavelli debattiert mit Valle-Inclán noch einmal das Thema, das zur Zeit der Entstehung der Dramen die Intellektuellen (nicht nur in Spanien) bewegte: Wie sind Gerechtigkeit und Barmherzigkeit in einer modernen Gesellschaft möglich? Die Revolution, die Änderung der Besitz- und Machtverhältnisse scheint kein gutes Mittel. Der Dichter und wohl auch der Regisseur, sie akzeptieren eine Gesellschaft der Herren und Knechte, vorausgesetzt, beide respektieren den »contrat social«. Nicht Almosen erwartet der eine vom anderen – tätige Barmherzigkeit und moralische Integrität sind gefordert. Und deshalb gibt es im dritten Teil jene Shakespearesche Schlüsselszene, in der Montenegro mit dem Verrückten Fuseau (Emiliano Suarez) diskutiert wie Lear mit seinem Narren. Die Kinder, die Montenegro zeugte, die ihn bestohlen haben und endlich morden, sind die Kinder Satans. Der Teufel hat sich zu Doña Maria schleichen können, weil der Egoismus dieser Familie sie blind gemacht hat und kein Gott sie mehr schützte: Die offene Rechnung dieser Familie war zu hoch.

Lavelli, der seine Schauspieler stets zur größten Körperhaftigkeit treibt, nicht Nacktheit, nicht Roheit scheut, malt Schrecken, Lust, Revolte, Mord, Untergang. Er findet einen ungewöhnlichen, gefährlichen Rhythmus für diese Aufführung, die nur eine einstündige Pause hat: Los geht's mit einem Furioso im Fortissimo – der Paukenschlag am Anfang. Ganz allmählich entwickelt sich daraus ein Adagio im Pianissimo, ein Ende in Trauer. Dazwischen Liebesduette, Buhlerlieder, Kriegsgesänge und Dance Macabre. Gesprochen, gesungen und von einem Orchester konzertiert (Musik: Carmelo Bernaola).

Wahrscheinlich wäre solch eine Dramaturgie, solch eine szenische Lösung unmöglich mit schwächeren Schauspielern als denen, die Lavelli ihre Gefolgschaft und ihr Können anbieten. Sie sind auch noch voller Körper- und Sprach-Spannung, wenn sie sich nicht bewegen und flüstern. Der Casarès mit ihrer kehlig-harten Stimme und den weichen Bewegungen huldigt das französische Publikum immer. Immer zu Recht. Doch diesmal war sie nicht einsam die Größte. Neben ihr Isabel Karajan. Sie ist stark, entwickelt eine jugendliche Kraft, die glüht; artikuliert fein und klar; spielt ganz unkokett eine Grazie.

Die Dritte im Bunde der unglücklichen Frauen, der imponierenden Schauspielerinnen: Denise Gence von der Comédie Française. Sie hat in diesem Männerstück ohne Helden die Rolle der Micaela la Rouge übernommen, Dienerin des Montenegro, Vertraute der Doña Maria. Kein guter Geist bloß, die Gence entdeckt in dieser Alten das leibhaftige gute Gewissen. Als einzige spiegelt sie sich nicht in Valle-Incláns und Lavellis Zerrspiegel, der die garstigsten Bilder von jenen uns entgegenwirft, die sich durch ihr Amt berufen fühlen, den Menschen Gottes Heil zu verkünden und zu schenken: den Klerikern.

Standing Ovations, Jubel. Erschöpfung bei den Schauspielern, den Zuschauern. Ein Glücksgefühl – und viele offene Fragen. Letztlich auch die, ob dieses mythelnde Stück, das bisher als unspielbar galt, die Wiederentdeckung wirklich wert war. Wer Antworten sucht: Lavellis Inszenierung wird in diesem und im kommenden Jahr noch in Barcelona, Paris, Montpellier und Bari gezeigt.

Im verlorenen Paradies

Andrea Breth inszeniert Arthur Schnitzlers *Der einsame Weg* an der Berliner Schaubühne

Nach Thomas Langhoffs Inszenierung von Arthur Schnitzlers *Der einsame Weg* 1987 bei den Salzburger Festspielen stand fest: daß sich wahrscheinlich für lange Zeit alle Interpretationen dieses Textes würden an dieser Aufführung messen lassen müssen. Langhoff entdeckte damals in einem höchst intellektuellen, sehr langsamen Spiel, dem man nie die Anstrengung des Inszenierens ansah, wie einsame Menschen auf dem einsamen Weg in den Tod einander quälen; Liebe, Zuneigung, Vertrauen nur suchen – und doch scheitern. Allein blieben als betrogene Betrüger. Zwei Jahre später dann, als Luc Bondy in Paris das Schauspiel mit leichter Hand und leichtem Sinn präsentierte, erfuhren wir weit weniger. Gezeigt wurde eine sehr private, sehr verquere Familiengeschichte, *Lindenstraße* intellektuell. Andrea Breth, die Mystikerin unter den deutschen Theaterregisseuren, interessiert jetzt in der Berliner Schaubühne weder Langhoffs Weg noch der Bondys: Vergegenwärtigung scheint ihr ein Graus. Einmal mehr entrückt sie einen Text. Aus dem Bild einer Gesellschaft soll ein Mysterienspiel werden.

Auf der Bühne hockt Johanna, das Mädchen, das nach Freiheit dürstet, nach Weite verlangt, auch nach einer (egoistischen) Selbstbestimmung. Im Dunkeln starrt sie ins Leere, brennt verlassen, traurig, traumverloren ein Streichholz ab und ihre Haarspitzen gleich mit. Da erscheint, während es allmählich heller wird, ihr Bruder Felix, der sterbenden Mutter Gabriele Wegrat einen Besuch abzustatten. Johanna sieht ihn nicht, wie er hinter den gazebespannten Fenstern auftritt, aber sie spürt ihn. Ihre ersten Worte verraten ihr Wesen: Den etwas pummeligen Körper aufs äußerste angespannt, die Faust geballt, preßt sie die Sätze heraus. Eine Kranke, ein Fall. Für den Arzt oder – besser noch – für den Priester.

Immer wieder in der beinahe vierstündigen Aufführung demonstriert Imogen Kogge, in wenigen Variationen, Seelenschmerz, Krankheit, Leben. Am Ende geht eine Depressive endlich in den Tod. Nein: Sie springt nicht in den tiefen Teich – das Bad nahm sie schon zuvor während der Unterhaltung mit Sala, dem Zyniker, dem auch diese Frau bloß ein peripheres, kurzzeitiges Vergnügen ist, eine Ablenkung von dem eigenen Verfall. Johannas Tod inszeniert Andrea Breth anders. Das Mädchen schöpft mit der Hand Wasser aus dem Seerosenteich und trinkt es. Das Wasser: eine Erquickung. Nach solch einem Quell rufen andere in höchster Not und erhalten den Abendmahlskelch.

In der ersten Szene schon ist diese Johanna beschrieben und erklärt. Andrea Breth gönnt ihr keine Entwicklung. Sowenig wie den anderen Figuren. Alle sind sie fixiert: Sala – der korrekte, menschenverachtende Egoist (Hans Christian Rudolph); Julian Fichtner – der unverantwortliche Künstler, der im Alter, nach vielen Liebschaften, Halt sucht bei dem Sohn, den er bisher verleugnet und mißachtet hat (Michael König); Irene Herms – die Schauspielerin, Fichtners ehemalige Geliebte, die schon lange nichts mehr von der Kunst wissen will und sich nichts so sehr und viel zu spät wünscht wie ein Kind, ein Mutter-Dasein (Tina Engel); Doktor Reumann – der anständige, ein wenig tölpelige Biedermann (Udo Samel); Felix – das unentschlossene Sensibelchen (Ulrich Wesselmann); Gabriele Wegrat – die sterbenskranke Mutter, die ein wenig kokettiert mit ihrer Schwäche und doch noch stark genug ist, mit Menschen zu spielen, sie herumzuschieben nach ihrem Gutdünken (Libgart Schwarz).

Und fixiert auch ihr Mann, der Kunst-Beamte Professor Wegrat, gespielt von Peter Simonischek. Stämmig und groß verweigert er sich und anderen (falsche) Gefühle, erstrebt Ordnung in der Familie, will Herr sein im Haus. Kein Despot, denn er sehnt sich bei aller Strenge danach, geliebt zu werden, aber ein Unnahbarer, dem Betrug als Sünde, Lüge als Vergehen gilt. Wenn der Schmerz ihn übermannt – in der Erinnerung an die gestorbene Frau, bei der Nachricht von Johannas Freitod –, dann geht er durch die hohen türlosen Räume, schlurft durch das welke Laub, das am Boden liegt, und summt, singt.

Zwar gibt es keine Klagemauer in Gisbert Jäkels dekorativen Räumen, die, von Hoppers Kunst beeinflußt, in Hoppers Licht strahlen, in Hoppers Dunkel verschwinden. Doch, kein Zweifel: Dieser Wegrat, der selber schuldlos ist, sieht mit wachen Augen, erbost zugleich und verletzt, wie diese Unbehausten einander und sich selbst vernichten. Wenn Felix am Ende sich an ihn wirft, ihn umarmt, küßt, geradezu gewaltsam Besitz von diesem Mann nimmt und ihn – wider besseres Wissen, aus Ehrfurcht und Liebe – »Vater« heißt, dann wird zweierlei deutlich: Wegrat, der in Schnitzlers Text keinen Vornamen besitzt und entweder Freund oder, weit häufiger, Vater genannt wird, er nimmt bei Andrea Breth eine gottgleiche Rolle ein. Er ist strenger Rächer, gebieterischer Herr und versöhnender, vergebender Menschenfreund. Sein letzter Satz, während er sich säubert von Felix' Küssen und ihn beim Nacken packt, klingt bei Simonischek deshalb nicht larmoyant, er ist Mahnung: »Müssen solche Dinge geschehen, daß mir dieses Wort klingt, als hört' ich's zum erstenmal...?« – Vater. Andrea Breths Thema ist der Sündenfall der Menschen. Obwohl es diesmal nicht so augenfällig ist wie bei ihrem Wiener *Zerbrochnen Krug*, stark genug sind die Zeichen allemal. Die Regisseurin klagt über eine gottlose Menschheit, der es eine Lust ist, jahrtausendealte verschüttete Kulturen auszugraben auf der Suche nach dem verlorenen Paradies, aus dem sie vertrieben wurde und von dem sie sich weiter noch entfernt, weil sie sich nicht besinnt.

Es gibt keinen Ersatz für diesen Unschulds- und Naturort. Der Seerosenteich mit den griechischen Büsten ist ein düsterer, mauernbegrenzter Raum, wo ein toter Stamm liegt und kein Wald grünt. Selbst die Kunst – Salas Dichtung, Irene Herms' Schauspiel, Julian Fichtners Malerei –, sie muß verkommen, veröden in solch einer Zeit, bei solchen Menschen.

Das ist eine gewagte Interpretation: *Der einsame Weg* als Totentanz, als Memento mori. Doch überdeutlich erzählt, überreich bebildert und mit Stille, bedeutungsvollen Musiken, Geräuschen überfrachtet – die auch noch den Zweifler belehren: Hier geht es ums Ganze! –, wird daraus nicht mehr als ein spannungsloser Choral. Zu jedem neuen Auftritt auf der Simultanbühne, die es erlaubt, in alle Zimmer zu schauen, um die Stummen dort zu beobachten, ertönt ein ferner Sphärenklang, es schreien Krähen, bellen Hunde, Glocken läuten und – auch das noch – Gewitter donnern, Regen prasselt. Trotz aller Anstrengung: Andrea Breth und den Schauspielern gelingt es nicht, die Neugier wachzuhalten für diese Verlorenen. Zu früh, viel zu früh, haben sie ihre Geheimnisse preisgegeben. Ihr langes Schweigen wird nie beredt.

Natürlich gibt es (mit diesen Schauspielern!) wundersam schöne Szenen: Wenn Libgart Schwarz die Hand von Peter Simonischek streichelt, so als müßte Gabriele Wegrat dem Manne beistehen und sich zugleich ihm anvertrauen, während Felix von seinem noch unerkannten leiblichen Vater schwärmt. Wenn Ulrich Wesselmanns Felix beim Anblick des Porträts, das Fichtner von seiner Mutter einst malte, erkennt, daß ihn an diesen Mann festere Bande fesseln, als es die Sympathie vermöchte. Wenn Simonischek und König bei ihrer ersten Begegnung nach langem Zögern die alte, vertraute, studentische Begrüßung hinkriegen und Fichtner und Wegrat die Hände freudig platt gegeneinanderhauen. Wenn König und Rudolph in tiefer Nacht aufwachen, Fichtner und Sala begreifen, daß sie ihr Elend, ihr Alleinsein selbst verschuldet haben, weil sie keinem Menschen je Opfer gebracht, aber stets diese wie Selbstverständlichkeiten entgegengenommen haben.

Große Momente, doch mindestens ebenso viele sentimentale Peinlichkeiten. Schnitzlers Text verliert in dieser Inszenierung viel von seiner schamlosen Aggressivität und Schärfe, von seiner Gefährlichkeit. Was Langhoff als ein Denk-Spiel inszenierte über die Unfreiheit des einzelnen in einer freien Gesellschaft, ist in Berlin nun ein langwährendes Exerzitium für Schmerzensmänner und -frauen. Dabei erweist sich, daß Andrea Breths Sicht auf die Welt, ihre Einteilung in Gut und Böse, also Aschenputtels Sortierverfahren, nicht taugt für diesen Text. Schnitzlers Menschen sind komplex, sind widersprüchlich *in sich*. Sind nicht Typen, schon gar nicht Allegorien. Der Dichter reflektiert eine moderne Gesellschaft und ihre Moral. Sein Schauspiel läßt sich nicht zu einem mittelalterlichen *Jedermann*-Kirchenraum-Spiel reduzieren. – An die Schaubühne als luxuriöses Museum haben wir uns gewöhnt. Ein Gotteshaus – Kirche oder Synagoge – sollte daraus aber nicht auch noch werden, selbst wenn die Riten verschwenderisch gefeiert werden.

Kein Halt, nirgends: lächerlich

Patrice Chéreau inszeniert Botho Strauß' *Die Zeit und das Zimmer* am Théâtre de l'Odéon in Paris

Das ist ein Einbruch, ein Überfall. Ihre staksigen dünnen Beine fest auf dem hellen Grund, in der Linken einen Schminkkoffer, die Rechte zur Faust geballt, den Körper aufrecht, gespannt wie ein Bogen, steht sie plötzlich im Türrahmen. Und rast los: »Vous venez de parler de moi?« – »Haben Sie eben über mich geredet?« Marie Steuber bringt in die geregelte Langeweile von Olaf und Julius die Unruhe, schlimmer: den Krieg. Dabei meint sie es immer nur gut, will jedermanns Darling sein und wird doch von allen mißverstanden. Von jenen, die sie lieben will, und von den anderen, denen Freundin zu sein ihr genügen würde.

Anouk Grinberg ist jünger (hübscher auch), als es die Marien in Berlin und Wien waren, wo Botho Strauß' *Die Zeit und das Zimmer* 1989 an der Schaubühne von Luc Bondy uraufgeführt und ein Jahr später von Cesare Lievi am Burgtheater nachgespielt wurde. Damit nicht genug: Anouk Grinberg, in Frankreich durch Filme und Theaterrollen bekanntgeworden, stattet die Steuber mit einer zerstörerischen Maßlosigkeit aus, einer naiven Chuzpe, einer koketten Gier. Wenn diese Marie den häßlichen Ansgar anmacht, der nicht begreifen kann, warum ein solches Mädchen ausgerechnet auf ihn steht, dann tanzt Anouk Grinberg um Marc Betton herum, zieht einen Zauberkreis. Das sehr kurze braune Satinkleidchen auf der nackten Haut knistert, während der Alte fassungslos knattert.

Er versteht nicht. Seine Welt, die nach den Gesetzen des Marktes funktioniert, scheint ihm ver-kehrt, er will nichts geschenkt. Die Mädels, die sich ihm hingeben, werden anständig gelöhnt. Er zahlt mit barer Münze oder mit Arbeit. Noch nie ist dem großen Kloß so etwas passiert. Drum rudert er mit Armen, drum schwitzt er wie ein Tier in der Falle, drum fingert er fett an dem zierlichen Geschöpf, es endlich zur Räson zu bringen.

War Kirsten Dene eine traurige, einsame Nachbarin in einem sehr realistischen (Fernseh-)Spiel, steigerte Libgart Schwarz dieses Fräulein, hysterisch, hochnäsig und sehr manieriert zu einer Kunstfigur, einer Megäre des 20. Jahrhunderts, so zieht die Grinberg das Geschöpf wieder auf den Boden. Aber nur, um von dort abzuheben. Fortzufliegen auf den Blocksberg. Sie ist eine Hexe, ist Circe. Eine mächtige Verführerin – und eine Seherin. Schaut sie aus dem Fenster, dann bemerkt sie nicht, was draußen geschieht, sondern sie ahnt, was geschehen wird, und beschwört, was war. Vielleicht zaubert sie die Katastrophen auch herauf ins Zimmer, in die Zeit. Den Brand im Hotel, dessen Rauch bis in die Wohnung von Olaf und Julius steigt, ebenso wie die Karambolagen auf der Straße.

Was bei Botho Strauß wie zufällig sich ereignet, gewinnt durch Anouk Grinbergs Darstellung Notwendigkeit. Sie hält die Szenenfolge zusammen. Gewiß, Libgart Schwarz war gleichfalls Zentrum, walzte nieder, was oder wer sich der Marie in den Weg stellte. Doch stets war offenbar, daß diese Frau bei aller Kraft nur noch wenig Hoffnung hegt, glücklicher zu werden als die Menschen, denen sie sich nähert. Chéreaus Marie aber behauptet optimistisch, es müsse ihr irgendwann gelingen, Halt zu finden.

Ihr Ringen um das große Glück, das sie sich weder vorzustellen weiß noch je zu erhaschen vermag: Da kann sie die Minuten des Abschieds noch so dehnen, die Sekunden der Begegnung gar anzuhalten versuchen, es wird bei Anouk Grinberg und Patrice Chéreau zu einem höchst amüsanten Schlagabtausch zwischen Marie und ihren Zufallsbekanntschaften. Statt Bondys Farce wird in Paris Komödie gespielt. Ganz nah dem Boulevard, was Michel Vinavers sehr genaue, dabei zugleich äußerst musikalische und einfache Übersetzung ermöglicht. Chéreau schätzt Schauspieler, die mit Humor und größter Leichtigkeit sich den schwierigsten Texten nähern, weshalb er für seine Inszenierung von Bernard-Marie Koltès *Retour au Désert* einst Jacqueline Maillan engagiert hatte, den Star der Pariser Boulevard-Bühnen. Er versucht nicht, die Naht, den Bruch zwischen Alltäglichkeit und Absurdität zu entdecken, er geht in die vollen. Behauptet die Alltäglichkeit von Anfang an als Absurdität.

Kein Zuschauer bleibt lange darüber im unklaren, was es mit wem auf sich hat. Schon beim ersten Läuten an der Wohnungstür von Julius und Olaf, diesem seltsamen Männerpaar, verraten sich die beiden. Entsetzt schauen sie einander an: der dünne, mickrige, furchtsame und verklemmte Olaf (Pascal Greggory) und der stämmige, große Julius (Bernard Verley). Die Pupillen werden groß, die Nasen lang. Fratzen. Zwei Labiche-Typen. Dann drückt Julius endlich auf den Türöffner neben dem Heizungskörper. Jetzt geht's los, das wissen die beiden. Kein Halt mehr – nirgends. Marie Steuber poltert, Tränen in den Augen, eine Pistole in der Kehle: »Haben Sie eben über mich geredet?«

Die einzelnen Szenen inszeniert Chéreau so, als wäre jede von ihnen ein Dramolett. *Die Zeit und das Zimmer* wie *Sieben Türen*, mit jeweils eigenen Geräuschen – Grillenzirpen, Glockenläuten, Straßenlärm, Musiken. Trotzdem gelingt es dem Regisseur, den Zusammenhang zu stiften zwischen dem ersten Auftritt und dem letzten, zwischen den Figuren und den Zeiten und den Orten. Aber er verzichtet klug darauf, gewaltsam eine innere Logik zu konstruieren. Es ist, als öffnete er immer wieder eine andere Tür, um, für Momente nur, einen hastigen Blick zu werfen auf die Verlorenen, die sich und die anderen, ihre Vergangenheit und Zukunft, vor allem die Gegenwart, die ihnen immer wieder entgleitet, in den Griff zu bekommen versuchen. Sie scheitern, was sonst?! Natürlich ist das komisch.

Chéreau riskiert viel. Denn einmal verzaubert zu skurrilen, sehr kuriosen Geschöpfen, werden sie alle immer wieder ent-rückt, zu immer neuen Verrücktheiten angestiftet. Wer am Anfang nicht bei sich war, muß am Ende außer sich sein. Der arme Julius zum Beispiel beginnt seinen kurzen Monolog über die Gleichgültigkeit, über das alberne tagtägliche Wiederholen von Leben als Arie im prestissimo, um endlich, Denkmal seiner selbst, auf den Lehnen des Ledersessels stehend, die Negierung jeder Ordnung, die Lust am Chaos, am Untergang zu brüllen wie ein von allen Geistern verlassener Politiker, der wütend Aufruhr sät und zur Anarchie aufruft. Ganz weit weg hat sich der arme Kerl geschmettert. Er hat's geschafft; er hat's gesagt. Er ist geschafft. »Es hat dich niemand gefragt, wer du bist!« herrscht Julius den Zufriedenen an. »Nein? Ach. Ich dächte, ich hätte so was gehört...« Das Monster fällt auf den Sessel. Gernegroß, klitzeklein. Aus der schwarzen Fahne wird ein grauer Waschlappen. Das ist wunderschön, wunderschön gemein.

So amüsant dieses Spiel ist – und das Pariser Publikum lachte nicht schlecht: Chéreau macht sich nicht lustig über die Lebenslügner, die Zeit-Flüchtigen, die in Richard Peduzzis hohem hellblauen Einheitsraum jeder neuen Störung begierig entgegenhoffen. Mit Lust und Witz zeigt er die alltägliche Hölle, sogar Sartres *Huis clos*. Gleichwohl mit einer sehr französischen Leichtigkeit, die nichts gemein hat mit Leichtsinnigkeit. Zaubertheater, absurdes Theater antwortet auf einen Text, den Lievi als realistische Beschreibung der bürgerlichen Gesellschaft mißverstanden hatte. Chéreau entdeckt, daß Strauß seinen Zeitgenossen mit diesen Szenen nicht einen Spiegel vorhält. Es ist ein Zerrbild. Die Menschen: nichts als lächerliche Popanze. Die Bühne: ein Panoptikum. Julius, Olaf und Marie, Franck Arnold (Roland Blanche), der Mann ohne Uhr (Marc Betton), die Ungeduldige (faszinierend dekadent, vulgär, neugierig: Bulle Ogier), die Schlaffrau (Laurence Côte), der Mann im Wintermantel (Jean-Pierre Moulin), der völlig Unbekannte (Marc Citti), sie sind nicht wie wir. Sie sind ärger – und ärger dran.

Erst wenn wir aufgehört haben zu lachen, wenn wir – den immer wieder eingespielten Song »It's impossible« flötend – aus dem Théâtre de l'Odéon in die Nacht gehen, wird klar: Wir wären wie sie, klingelte Marie Steuber an der Tür... Wir wären überfahren und würden endlich antworten auf Fragen, die uns niemand stellt.

Der einfallsreiche Vereinfacher

Frank Castorf inszeniert Goethes *Torquato Tasso* am Bayerischen Staatsschauspiel in München

Frank Castorf nimmt den Mund ziemlich voll. Im Programmheft des Bayerischen Staatsschauspiels bemerkt er zu seiner Inszenierung von *Torquato Tasso*: »Das Welt- und Menschenbild, die Umsetzung des Textes ist eine der Ästhetik und dem Menschenbild widersprechende: dramatischer, konfliktreicher, psychoanalytischer, zynischer, naiver. Insofern ist es natürlich eine starke Interpretation.« Das klingt gut. Nur her damit!

Und wirklich: Der Anfang ist stark. Durch einen blutroten Spalt, der aussieht, als hätte jemand mit einer Axt in Hartmut Meyers leeren Raum eine Riesenkerbe geschlagen, tritt geheimnisvoll und heimlich eine Frau. »Tasso?!« flüstert sie und stakst unsicher weiter im Dunkel, »Tasso?!« Leonore von Este auf Abwegen. Ziemt sich das? Einem Mann nachstellen? Noch dazu einem Angestellten ihres Bruders, des Herzogs von Ferrara? Wenige Minuten später dringt ein anderes Weib durch den Schlitz. »Tasso?!« greint es im Diskant. Na also: Freundin Leonore San Vitale ist nicht besser. Auch sie treibt die Lust – soviel ist sicher. Die Scham, von der Rivalin ertappt worden zu sein, währt nicht lange. Schon reden beide, im Dustern gefaßt, die (arg gekürzten) Goetheschen Verse – wie auswendig gelernt. Der Hof hat sie wieder; die Manieren verliert man nicht ganz bei nächtlichen Trips, sei das Ziel noch so unmanierlich.

Diese Szene ist schön. Sie zeigt, was Castorf wahrscheinlich mit »psychoanalytischer« meint, mit »dramatischer«. Allein, er verrät mit diesem kurzen Auftritt in Sekunden bereits das Wichtigste. Von jetzt an kann er in den folgenden 115 Minuten nur noch variieren, das heißt: vergröbern. Ihn interessiert zum einen die Unterdrükkung von Lust (nicht von Liebe!), die Scheinheiligkeit bei Hofe, der Verlust von Gefühlen. Zum anderen denkt er szenisch und laut über Macht nach.

Bleiben wir zunächst bei der Lust, der eingesperrten. Viele Bilder haben Meyer und Castorf dafür ersonnen (oder beim Spielen mit den Schauspielern entdeckt). Es ist also kein Zufall, kein beliebiges Zeichen, daß die beiden Frauen und der feiste Antonio Montecatino, sobald sie von Tasso reden, wie wild auf einen Steinblock einschlagen. Sie reagieren Lüste ab und Eifersucht. (Allerdings hätten sie ebensogut eine kalte Dusche nehmen können!) Ebenso leicht verständlich ist, daß die hübsche San Vitale zu singen anfängt, Mozart und Bizet, wenn sie Kummer hat; wenn sie ansehen muß, wie die von Este den strammen Tasso anmacht und später einen phallusgleichen Lichtpfahl erklimmt. Nicht schwer zu kapieren, weshalb sich Antonio auf einer Sprungfedermatratze umhertragen läßt, auf der er genüßlich bäuchlings auf und nieder hechtet – auch das ein Ersatz. Warum Leonore von Este in der allergrößten Erregung die Worte ausgehen, sie nur mehr stammeln kann, Vokale und Konsonanten erbricht, wird ebenso klar. Es ist nicht Nacht in Belriguardo, sie wird beobachtet neben ihrem Tasso, sie mag sich nicht gänzlich verraten, nicht lächerlich machen. Doch bei jeder möglichen Gelegenheit geht sie aufs Ganze. Dann hebt sie für Tasso auch den langen, durchsichtigen Rock; schamhaft das Gesicht dahinter zu verstecken, bietet sie dem Mann die Scham an. Nett. Daß beide zuvor sich lustvoll, geil verhedderten in dem Wort »vögeln«, paßt.

Paßt zum Konzept. In *Tasso – von und nach Goethe* geht es nicht eben vornehm zu. Oft können diese Menschen nicht länger an sich halten, dann mosern oder schreien sie: »Ogottogott«, »elendes Miststück«, »feige Sau«; dann prügeln sie sich, sogar in Meyers Planschbecken. Diese Abkühlung gönnt der Regisseur ihnen zu spät. Schon längst sind Lust und Karriere ruiniert.

Castorf benutzt Texte stets als Assoziationsstoff. *Tasso* gibt nicht nur Stoff her, darüber nachzudenken, was es zur Zeit Goethes oder in der Gegenwart auf sich hat mit den Beziehungen und der Sexualität. Schließlich wird darin die Abhängigkeit eines Dichters von seinem Auftraggeber verhandelt. Es geht also auch um gesellschaftliche Verhältnisse. Was wunder, daß Castorf, der in der DDR zu arbeiten begann, ein bißchen sentimental, ein bißchen verklärt, noch einmal an das Scheitern des realen Sozialismus erinnert und lautstark die neue kapitalistische Weltordnung anprangert. Drum wird leider nur eher leise, nicht aufrührerisch, »Brüder zur Sonne, zur Freiheit« gesungen, gemurmelt, geröchelt und aggressiv, geradezu rockig, das Angebot »Sklavenhändler – ich tu alles für dich« geblökt.

Diese Aufführung gleicht einem engagierten, keineswegs dummen Schüleraufsatz: »Was mir zu *Tasso* einfällt«. Mancher Einfall ist witzig, komisch, treffend. Viele sind es nicht. Rasch wird man des Spiels überdrüssig, denn von Anfang an weiß der Zuschauer alles über diese Typen. Entdeckungen sind keine zu machen.

Gleichwohl: Die Freude über die Schauspieler ist so groß wie selten zuvor an diesem Haus. Silvia Rieger, die San Vitale, wird nie müde zu singen, zu kreischen: eine Zicke, ein Täubchen, eine Intrigantin, ein Kind. Sie beherrscht mit der größten Leichtigkeit die Kunst der Verstellung. Gabriele Köstler, sicher die erste Schauspielerin in Günther Beelitz' Ensemble, hat Stimmen und Bewegungen für ein Dutzend Frauen: Schlampe, Hetäre, Schlange, Xanthippe. Karl-Heinz Vietsch denunziert wacker den Alfonso: ein fetter Kloß, Mufti-Großfürst, selbstgerecht, spießig und larmoyant zugleich. Er hätschelt die Seinen und hat sie doch mit der Trillerpfeife bei Fuß. Alois Strempel, ein cholerischer Antonio, klein in den großen Fußstapfen von Ulrich Wildgruber. Und Peter Kremer, eher ein großer Bläßling, demonstriert, daß Tasso, das Sensibelchen, manipuliert wird. Nie darf der Arme wollen, was er will; nie bei sich sein. Den Intellektuellen stilisiert Castorf als Opfer der Frauen und des Systems. Ein Zauderer, der große Verlierer, der sich (und sein Herz) versteckt hinter einer glänzenden, viel zu großen Brustrüstung.

Frank Castorf hat den Mund ziemlich voll genommen. Naiver? Zynischer? Stark? Oder bloß anders? Er hat in Goethes Text gewiß nicht mehr entdeckt als Peter Stein, Claus Peymann, Dieter Dorn vor ihm. Auch sie hatten die Sehnsüchte, die Lügen dieser Menschen offenbart. Doch während sie sich die Suche nach möglichen Wahrheiten, nach den Ab-Gründen schwermachten, vereinfacht Castorf. Violent, kindlich. Seine Interpretation mag kraftstrotzend, prahlerisch, naiv und aufmüpfig sein, »natürlich stark« aber ist sie bestimmt nicht.

1992

Frieden? – Das ist eure Gewalt!

Thomas Langhoff inszeniert Hugo von Hofmannsthals *Der Turm* am Deutschen Theater in Berlin

Hugo von Hofmannsthals Trauerspiel *Der Turm* ist vergessen. Seit 1959, als Ernst Lothar es in der Salzburger Felsenreitschule inszenierte, hat kein Theater sich mehr an diesen Text erinnert. Selbst die Germanisten, die wenig Respekt haben vor literarischen Leichen, keinem gedruckten Wort Grabesruhe und ewiges Vergessen gönnen, ließen Hand und Hirn von diesem Werk. Dabei gäbe es viel zu untersuchen, vielleicht gar zu entdecken. Man könnte nicht bloß herausfinden, wie der Dichter mit seiner Vorlage, Calderóns *Das Leben ein Traum*, umgegangen ist; nein, es müßte auch einige Freude bereiten, die beiden (fertigen) Fassungen zu vergleichen: das 1923 bis 1925 in der Zeitschrift *Neue deutsche Beiträge* publizierte »Trauerspiel in fünf Aufzügen« mit dem 1927 erschienenen »in fünf Akten«. Die Bruchstücke und Entwürfe böten weitere Forschungsmöglichkeiten. Doch keinen interessierte dieses Drama bislang wirklich. (Von Walter Benjamin abgesehen, der in seinem Buch über den *Ursprung des deutschen Trauerspiels* sich mit dem *Turm* auseinandersetzte.)

Wer sich durch die beiden fertigen Texte gequält hat, versteht zumindest die Zurückhaltung der Regisseure. Hofmannsthals *Turm* ist ein Monstrum. Der Dichter hat sich zum einen an das Gerüst von Calderóns Schauspiel gehalten, zum anderen – enttäuscht, verbittert von den politischen Entwicklungen nach dem Ersten Weltkrieg – noch seine gedankentiefen, pathetischen, metaphernreichen Zukunftsvisionen dazugedichtet. Eine utopisch-versöhnliche in der ersten Version, eine resignative in der zweiten. Wiewohl er sein letztes Drama als ein »Vermächtnis« ansah, er wußte, daß ihm trotz des zehnjährigen Ringens um den Stoff kein Meisterwerk gelungen war. Davon zeugen die Bemerkungen, mit denen er den Gehalt zu erklären versucht hat. Auch diese Interpretationshilfen sind eher verschwiemelt und undeutlich. Es falle ihm schwer, überhaupt etwas dazu zu sagen, schreibt Hofmannsthal mehrfach an verschiedene Adressaten, um dann sogleich weit auszuholen: Der Dichter gehe »von den Gestalten aus: Sie erscheinen ihm, aber zugleich in ihrer schicksalsmäßigen Verknüpfung. Ihr Schicksal ist darin, daß sie miteinander da sind (das Mysterium der Contemporanität), indem sie aber den Weg kreuzen, wirken sie aufeinander ein, nicht durch Einzelnes, nicht dialektisch, auch nicht einmal durch die Charaktere wie bei Shakespeare, sondern durch ihre ganze Masse, wie Gestirne. Sie reden kaum miteinander, jeder eigentlich nur mit sich selbst.«

Über die Gestirn-Theorie läßt sich schwerlich diskutieren; daß Hofmannsthal die Figuren aber zu bloßen Ideenträgern verkleinert hat; daß er sich nicht mit Charakteren abgibt: Daran kann niemand zweifeln. Just die lassen sich auch nicht einfach dazuinszenieren. Deshalb geht Thomas Langhoff den einzig richtigen, einzig möglichen Weg. Er macht die Schicksalsboten, die Propheten, die falschen und die wahrhaftigen Heilsbringer gleich vollends zu Karikaturen. Da er sich in seiner eigenen Einrichtung des Textes – die mit wenigen Ausnahmen auf der Neufassung basiert – für den bösen Schluß entscheidet, ist von Anfang an klar, warum er den *Turm* inszeniert.

Wer es auf der karg möblierten Bühne (Pieter Hein) nicht sehen, nicht hören sollte, wie wenig Langhoff an die Vernunft der Menschen glaubt, wie wenig an den Fortschritt, den belehrt das Programmheft gleich auf der ersten Seite. Zitiert wird Walter Benjamin: »Der Begriff des Fortschritts ist in der Idee der Katastrophe zu fundieren. Daß es ›so weiter‹ geht, ist die Katastrophe. Sie ist nicht das jeweils Bevorstehende, sondern das jeweils Gegebene. Strindbergs Gedanken: Die Hölle ist nichts, was uns bevorstünde, sondern dieses Leben hier.«

Das Leben hier: Langhoff zeigt in seiner genauen, zuweilen höchst amüsanten Arbeit einen Polizei- und Spitzelstaat, in dem nur

Opportunisten es zu etwas bringen und, wenn sie Glück haben, auch den nächsten und übernächsten Putsch noch überleben. Zeigt, daß Vertrauen in der Gesellschaft wenig wert ist, Geld alles. Zeigt, daß selbst ein so korrupter Machthaber wie der König Basilius nicht auf die Seinen rechnen kann, kommt ein anderer daher, der ihnen mehr Einfluß, größere Gewinne verspricht. Dabei tut er alles, die vermeintlich Getreuen zufriedenzustellen. Jörg Gudzuhns Basilius murmelt sogar in höchster Not, wie beiläufig, daß er seinen Adligen die schutzbefohlenen Juden schenke, damit sie die reichen Widerlinge ausbeuteten. Die Lodenmantel-Gesellschaft, die den König zum Kardinal begleitet hat, nimmt das Geschenk an. Aber Minuten später schon schmeichelt sie sich schleimig bei dem neuen Günstling Julian ein, der von nun an (aber nur für kurze Zeit) das Vertrauen des Monarchen genießt – und damit Protektion. Julian (Dieter Mann), der Erzieher von Basilius' bislang in einem Turm versteckten Sohn Sigismund, versucht seinerseits, mit Hilfe des Jungen an die Macht zu gelangen. Er paktiert deshalb mit Olivier, einem gewissenlosen Haudegen aus dem Volk. Der triumphiert am Ende. Weil der verstörte Sigismund sich schließlich wehrt, immer nur benutzt zu werden, läßt Olivier ihn erschießen und präsentiert der Menge, die nach einem neuen Herrscher, einem reinen Toren, verlangt, statt seiner einen Doppelgänger.

Langhoff ist ein kluger Vereinfacher. Er verteilt geschickt seine Sympathien. Nur zwei Figuren haben Bestand in dieser Aufführung, alle anderen sind ganz alltägliche Bösewichter.

Fangen wir mit ihnen an: Neben dem König, der nach seinem Sturz eine angemessene Bleibe und Unterhalt verlangt, was noch jeder gestürzte Diktator forderte und zurückgetretene Parlamentarier gleichfalls in Anspruch nehmen, gibt es den Bruder Ignatius, einen altersdebilen Kleriker (Eberhard Esche), eine Spottgeburt der christlichen Nächstenliebe; Julian; Hofschranzen männlichen und weiblichen Geschlechts; Soldaten. Gewissenlose Schmarotzer sind sie alle, und alle Mitarbeiter einer Staatssicherheit.

Und es gibt eben jenen Olivier, der »seine satanische Gewalt durch die Leiber und die Sachen ausübt«. Frank Lienert tritt auf wie ein besserer Faschist. In Lederhosen, bodenlangem Ledermantel, eine runde Intellektuellenbrille auf der Nase, das schwarze Haar pomadig, gescheitelt. Der ist nicht »in der Hand der Fatalität«, wie er bei Hofmannsthal bekennt, der nimmt sich das Recht, Herr über Tod und Leben zu sein: Schicksalsmacher.

Wird bei Hofmannsthal Geschichte als gewaltsames Hereinbrechen von Fatalität verstanden, so deutet Langhoff sie um. Geschichte bricht nicht über die Menschheit herein, sie wird gemacht und geduldet. Die Menschen – so der Regisseur – verdienen ihr Geschick, weil sie immer nur Ausschau halten, sich sehnen nach dem großen starken Mann, der Ordnung schafft. Sie verlangen geradezu masochistisch nach den Ausbeutern, den Unterdrückern. Die Freiheit, die ihnen jene versprechen, die erst denken, bevor sie handeln, die abwägen und nicht mehr versprechen, als sie halten können, sie sind ihnen schwächliche Intellektuelle, Zögerer, Zauderer. Sind Denker (nicht Taktierer, nicht forsch Handelnde) wie jener prophetisch-menschenliebende Arzt (Reimar Joh. Baur), der als räsonierender Bourgeois im Gehrock auftritt. Sind Träumer wie Sigismund (Daniel Morgenroth). Sind Langhoffs Positiv-Figuren.

Sigismund interessiert nicht Herrschaft, sondern eine gerechte, neue Ordnung. Er will nicht *etwas* ändern, er will *das Ganze* reformieren. Dieser Mann verkörpert nicht allein des Dichters Sehnsucht, »daß der Geist Leben werde und das Leben Geist«. Er demonstriert, daß Geist und Politik unvereinbar sind. Schlimmer noch: daß das Leben eine Hölle ist, weil Macht und Gefühl, Macht und Klugheit keine Synthese einzugehen vermögen. Morgenroths wundersam verstörter Sigismund verweigert sich nicht nur, als Symbol des Neuen herzuhalten für das Alte, er sieht auch ein, daß Nähe nicht möglich ist, wenn es um Königreiche und Vermögen geht.

Es kann kaum ein schöneres Bild dafür geben als jenes, das Langhoff beim Treffen des Vaters mit dem Sohn inszeniert hat. Gudzuhn – der König spricht immer noch Pluralis majestatis zu Sigismund, den zu lieben er vorgibt – reicht Morgenroth die Hand zum Kuß. Doch der Junge, der nach über zwanzigjähriger Gefangenschaft zum erstenmal dem Vater gegenüberkniet, will nicht unterworfen sein. Er möchte sich angenommen fühlen. Langsam, furchtsam, windet Morgenroth seinen Kopf unter die offene Hand, wartet darauf, gestreichelt zu werden. Vergebens. Der Liebesentzug bedingt den Aufruhr, der Sohn fällt über den Vater her.

Viel später erst sieht er ein, daß es in keinem Moment die Möglichkeit eines Einverständnisses zwischen ihnen gegeben hat. Sigismund, der, zwar mit Büchern, aber sprachlos, wie ein Tier an Ketten gefesselt, in einem Verlies aufgewachsen ist, kann mit niemandem umgehen, der mit Worten täuscht und tauscht. Letztlich rettet ihn seine Naivität vor dem Verderben, dem er anheimfiele, ließe er sich ein auf dieses miese Treiben. Der passive Messias tritt freiwillig aus der Welt, die nicht zu verändern ist – und rettet sich: »Ich bin hinter eine Wand getreten, von wo ich alles höre, was ihr redet, aber ihr könnt nicht zu mir, und ich bin sicher vor euren Händen.« Sigismund will zurück in den Turm – Sinnbild für Gefangenschaft und rettende Einsamkeit. Doch Olivier vereitelt diese Rettung.

Dem Hofmannsthalschen Geschichtsfatalismus stellt Langhoff einen wütenden, geradezu aufrührerischen Aufruf entgegen. Er spielt Theater gegen die Verdummung und gegen die Behauptung, daß das Neue a priori das Bessere sein muß. Wahrscheinlich liegt ihm und seinem Ensemble dieses Stück am Herzen; wahrscheinlich hat es für sie alle eine andere Bedeutung und Wichtigkeit als für den Rest der Welt. Denn diese Künstler haben nach der Revolution und der Vereinigung der beiden Teile Deutschlands miterlebt, wie das Geld die Macht gewann und der Geist, der die Wende erst ermöglichte, verlacht wurde.

Nach den vier Aufführungen in Wien wird diese Co-Produktion der Wiener Festwochen und des Deutschen Theaters in Berlin gezeigt. Dort wird man eher als anderswo verstehen, was Langhoff meint. Dort rief man: »Wir sind das Volk!«; dort hat man vielleicht sogar gewartet auf einen Sigismund. Auf einen, der nicht bloß verkündet, daß »wir alle zusammen die Bürger des Neuen sein« wollen, sondern Frieden und Gerechtigkeit neu definiert. »Was ihr Friede nennt, das ist eure Gewalt über die Bauern und die Erde. Was ihr Gerechtigkeit rufet, damit meinet ihr eure Gerechtsame und daß die Wölfe anstatt der Hunde sein sollen«, gibt Sigismund den alten und den neuen Herren vor seinem Tod mit auf den Weg. Und Langhoff den Zuschauern. Seine Lektion ist nicht neu. Aber nötig, solange es »so weiter« geht, solange der Fortschritt nur die Fortsetzung der Katastrophe ist, solange die Gegenwart der Vergangenheit so verdammt ähnlich sieht.

Krise in den öffentlichen Wärmestuben

Das deutsche Schauspiel hat sich wohlig eingerichtet in seiner Mittelmäßigkeit

»So aufregend wie vor der Wende in der DDR wird das Theater nie wieder!« sagt Thomas Langhoff, Intendant des Deutschen Theaters in Berlin. »Es ist nicht die Zeit, Dramen zu schreiben!« sagt Heiner Müller, Dichter, Regisseur und designierter Co-Direktor des Berliner Ensembles. »Wir stecken in einer Theaterkrise«, schreiben die Kritiker; und die Theatermacher schlagen zurück: »Die Theaterkrise ist eine Krise der Theaterkritik!« Was ist los mit dem Schauspiel in dem großen vereinigten Deutschland? Warum ist das Theater so bedeutungslos (geworden), wie es ist?

So gut wie den deutschen subventionierten Staats- und Stadttheatern geht es keinen anderen Bühnen auf der Welt. Alle Intendanten, alle Regisseure haben sich an die Wohllebe gewöhnt. Nur so ist es zu verstehen, daß sie wie geprügelte Hunde aufheulen, wenn bloß der Gedanke von Subventionskürzungen auftaucht.

Spätestens seit der Vereinigung beider deutscher Staaten ist aber klar, daß der Schlachtruf »Noch mehr! Noch mehr!« nicht länger gelten kann. Den Kommunen und Ländern fehlt es an Geld und den Theatern an Zuschauern. Die Platzausnutzung in manchen Häusern, zumal in den neuen Bundesländern, ist katastrophal. Aber nicht etwa, weil Intendanten und Regisseure zuviel wagen, ihr Publikum brüskieren – und damit die Politiker auf den Plan rufen, um ihre Schaudervokabel von der »Akzeptanz« in die Diskussion zu werfen –, sondern weil sie sich wohlig eingerichtet haben in ihrer opulenten, unkritischen Mittelmäßigkeit. Daß das Theater einer der letzten Orte sei, es auszuhalten, es: das Leben, wie Thomas Bernhard formulierte, gilt für sie nur materiell.

Es ist schick geworden, jeden zu verlachen, der darauf beharrt, daß das Theater eine aufklärerische Anstalt sein muß. Dennoch: Es kann nicht genügen, die subventionierten Häuser als öffentliche Wärmestube für das Publikum und Arbeitsbeschaffungsmaßnahmen für Künstler aufrechtzuerhalten. Solange Zuschauer und Theatermacher nicht beweisen, durch ihr Verhalten, durch ihre Arbeit, daß sie dieses Medium brauchen, solange ist das Theater in unserem Staat ein teurer Luxus, für den vor allem die aufkommen, die ohnehin nie ein Theater besuchen. Es müßte aber zumindest für jene, die ins Theater gehen und vorgeben, es zu brauchen (und zwar nicht nur als gesellschaftliches Stelldichein), ein Grundbedürfnis sein. Wie anders ließe sich die These rechtfertigen, daß ein Theater genauso wichtig ist für eine Stadt wie ein Krankenhaus?

Von Hans Lietzau stammt der Gedanke, das Theater müsse den Bürgern ihren »geistigen Unterhalt« sichern. Damit forderte er nicht nur von den Künstlern eine Selbstbestimmung, sondern auch vom Publikum. Das heißt: Kein Künstler darf sich jenen anbiedern, die ihn berufen haben. Kein Zuschauer sollte sich mit weniger zufriedengeben als mit dem »geistigen Unterhalt«. Es ist fatal, wie oft sich Intendanten und Regisseure – aus Unvermögen oder aus Opportunismus – bei den zwar kulturbeflissenen, oft aber kulturunerfahrenen (oder schlicht kulturlosen) Politikern lieb Kind machen – und damit auch einem großen Teil des Publikums, das angenehm unterhalten, nicht aber gefordert und gefördert werden will.

Die Theater der Republik sind nach der Welle der Robert-Wilson-Epigonen auf der Suche nach dem Neuen. Nicht nach einer Perspektive. Nur die wenigsten fragen sich nämlich, was dieses antiquierte Medium denn in dieser Video-Kabel-Clip-Fernseh-Gesellschaft noch zu leisten vermag. Anstatt sich diese Konkurrenz bewußt zum Gegner zu machen, das heißt: nach neuen möglichen Texten, nach der Wichtigkeit alter Werke für die heutige Gesellschaft, nach neuen Ästhetiken Ausschau zu halten, wird gewetteifert mit jenen Medien, die Kultur verhökern als wohlfeiles unkompliziertes Freizeitvergnügen. Noch mehr! Noch mehr!

Das Theater als kleines Fernsehspiel – in der heutigen Theaterprovinz feiert es traurige Triumphe. Das Theater als narzißtische Selbstbespiegelungsanstalt ist auch noch immer sehr beliebt, aber dieses Ausstellen von Befindlichkeiten – es ist eben keine Vivisektion – stillt, wenn überhaupt, allein eine voyeuristische Neugier der Zuschauer. Das Theater als Ersatz für die Lektüre – das jene vermissen, die in den Großstädten ab und an auf Leander Haußmann, Frank Castorf, Einar Schleef oder Alexander Lang stoßen – ist an den vielen kleinen und mittleren Bühnen zu Hause. Und nicht nur dort. Peter Stein, einst der aufmüpfigste, politischste und innovativste deutsche Schauspielregisseur, gefällt sich nun schon seit Jahren als Theaterhistorienmaler. Beim Schaubühnen-*Kirschgarten* ging's los. Sein *Julius Cäsar* in Salzburg war also keineswegs der Beginn des neuen Historismus... Goethe, Schiller, Lessing, Anouilh werden wieder gern (und meist herzlich schlecht) vom Blatt gespielt.

Und die zeitgenössischen Autoren bleiben dabei auf der Strecke. Es stimmt; es gibt derer nicht sehr viele ernst zu nehmende, doch würden sich mehr Theatermacher Gedanken darüber machen, warum sie die Bühne zum Arbeitsplatz gewählt haben; sich fragen, was Aufgabe des Theaters sein muß: Dann müßte jeder Text, der deutlich den Widerstand zum herrschenden politischen und ästhetischen, stets selbstzufriedenen Gleichmut formuliert, angenommen werden. Statt dessen drücken sich die meisten Dramaturgen und Regisseure vor der neuen Literatur.

Wer die Diskussionen um die Produktionen von Schleef, Haußmann und Castorf miterlebt hat, muß selbst dann, wenn er kein Liebhaber von Dekonstruktion und Dekomposition ist, bemerken, mit welcher Heftigkeit, wie verbissen und engstirnig gegen diese Versuche polemisiert worden ist (Krise der Theaterkritik?). Dabei stellen diese Regisseure keineswegs Böses an. Sie wagen nur, Texte zu benutzen wie der Bildhauer einen unbearbeiteten Steinblock. In den besseren Fällen schaffen sie daraus ein eigenständiges Kunstwerk. Diese Interpretationen besitzen eine ästhetische Kraft, und sie weisen in ihrer zerstörten Form sehr deutlich auf die Sinn- und Wahrnehmungsverluste in unserer Gesellschaft.

Die Theater sind verkommen. Das ist eine Verallgemeinerung. Trotzdem sei die Behauptung gewagt, daß sich die meisten Künstler gern damit abgefunden haben, die geistreichen, möglichst einigermaßen gebildeten Amüsieronkel zu sein oder die Gralshüter der Theaterliteratur. Sie erfüllen den Bildungsauftrag und fügen sich ohne große Vorbehalte der erpresserischen Bitte, für vorzeigbare Zuschauerzahlen zu sorgen. Sie haben sich nicht bloß abgefunden mit den (Sach-)Zwängen, sie haben sie liebgewonnen – die cognitive Dissonanz macht's möglich: Der Zwang ist die Voraussetzung und die Entschuldigung für ihr Tun. Und auch Garant für die Karriere. Wer nie in ein Fettnäpfchen tritt, dem serviert man in unserer Gesellschaft allemal und immer Butterbrote.

Die Bühne ist ganz selten nur noch der Ort der Auseinandersetzung. Ort des Widerstandes gar nicht mehr, weshalb Langhoff seiner Aufführung von Volker Brauns *Übergangsgesellschaft* nachtrauert, mit der das Theater sich als ernst zu nehmender, ja gefährlicher Gegner des Staates profilierte; weshalb Heiner Müller keine Lust hat, Stücke zu schreiben. Deshalb stecken wir in einer Theaterkrise. Das Theater verliert seine Bedeutung in der Gesellschaft, wenn es sich genügt als abonnentenfreundliche Alternative zu anderen Freizeitvergnügungen. Theater müßte »inkommensurabel« sein. Außerordentlich. Und das bedeutet auch: außerhalb der Ordnung. Zumal diese bei genauerem Hinsehen eine Un-Ordnung ist.

Es ist fahrlässig, das Medium Theater nicht zu nutzen: in einer Zeit des wiedererstarkenden Nationalismus in Europa, des beängstigenden Neonazismus und Rassismus in Deutschland, des biederen puritanischen Träumens von der heilen Familie in den USA, angesichts der Slums und der Unbehausten in den reichen, aber rapide ärmer werdenden westlichen Großstädten, angesichts der neuen alten Bigotterie allüberall, auch in Rußland, angesichts einer Politik, die ohne Perspektive den Entwicklungen sich nur anpaßt, statt sie zu bestimmen. In diesem öffentlichen Raum kann mit alten und neuen Texten Widerstand formuliert werden. Die Bühne ist der Ort, wo Verluste (an)gezeigt, wo Utopien entworfen werden müssen, wo für den »geistigen Unterhalt« der Nation gesorgt werden kann. Während die Deutschen, vom Fall der Mauer erst überrascht, dann erfreut, schließlich entmutigt, auf Identitätssuche gehen und überall nur auf Ossis und Wessis treffen, könnte das Theater Stellung beziehen, radikal, aufklärerisch und provokativ, könnte mit der Kunst und keineswegs in der Manier eines Agitprop-Theaters Standpunkte diskutieren. Es müßte politisch-gesellschaftlich kommentieren, wenn die anderen schwafeln; es müßte Ästhetiken entwickeln gegen die Ex-und-hopp-Kultur der anderen Medien. Es müßte Utopien entwerfen!

Kurz: Das Theater in dieser Republik kann nicht selbstherrlich und blind so weitermachen, als wäre nichts geschehen; als gäbe es keine Herausforderungen. Zu ihnen zählt auch der Realitäts- und der Phantasieverlust einer Generation, die es schon kaum mehr vermag, das Leben in der *Lindenstraße* auseinanderzuhalten von dem eigenen.

Zehn Jahre ist es her, daß sich Deutschland, die »Kulturnation«, über eine Aufführung erregte. (Denn Castorf, Haußmann, Schleef werden ja nur von Insidern diskutiert.) Klaus Michael Grüber inszenierte an der Freien Volksbühne Goethes *Faust*. Er beschrieb mit diesem Text, den er hemmungslos zusammengestrichen hatte, das Lebensgefühl deutscher Intellektueller, entdeckte dabei zugleich die »No-future«-Generation und den alten Goethe, der 1823 klagte: »Mir ist das All, ich bin mir selbst verloren.« Alle Regisseure, die sich danach an diesen Stoff wagten, machten sich – wenn überhaupt – nur über einen deutschen Prahlhans namens Faust lustig. Das Theater war an seinem Tiefpunkt: Es zeigte nur, was ist.

Scharfe Weiber, geile Sprüche

Dieter Dorn inszeniert die deutschsprachige
Erstaufführung von Arthur Kopits *Road to Nirvana*
an den Münchner Kammerspielen

Verdammt lang ist's her: Im Scheißfrühling 1989 präsentierte Arthur Kopit sein Scheißstück zum erstenmal. Es war ein Auftragswerk für das 13. Humana Festival of New American Plays in Louisville, Kentucky. Du weißt schon, Scheißprovinz, fried chicken und so. Damals hieß dieser Text noch *Bone-the-fish* und war Kopits direkte Scheißantwort auf David Mamets Stück *Speed-the-plow* und die Broadwayaufführung mit Madonna einige Jahre zuvor. Damals, in Kentucky, amüsierten sich die wenigen Zuschauer nicht schlecht über die Sauereien, die vielen Four-letter-words, einige Wichser kriegten sich gar nicht mehr ein über diese Satire auf das Scheißhollywood, wo du dir, um Karriere zu machen, die Scheißpulsadern aufschneiden, Nonnenscheiße fressen und deine Eier opfern mußt. Nur ich konnte nicht lachen. Ich hatte das Stück vergessen, fast drei Jahre lang nicht mehr an Nirvana gedacht, diese Super-Mega-Tussi, Kopits Theater-Madonna. Soll nicht mehr vorkommen. Kann nicht mehr vorkommen.

Denn Dieter Dorn, Jürgen Rose und die starken Scheißschauspieler der Scheißkammerspiele in München haben mir ja nun gezeigt, daß dieses Scheißstück zwar scheißbeschissen ist und es nicht viel zu lachen gibt über diese Fotzen und Kokser, aber, du glaubst es nicht: Da steckt echt 'ne Scheißmessage drin.

Welche? Das einzige Mittel gegen Arbeitslosigkeit, gegen die Ausbeutung, überhaupt das einzige Scheißmittel, um das Leben hinzukriegen, ist die Scheiß-Leck-mich-Kraft. 'ne Kopit-Erfindung. Sag zu jemandem »Leck mich« – und schon hast du ihn. Wenn du diese Kraft in dir spürst, dann kriegt niemand mehr was von dir, und deine Eier oder Titten läßt du dir schon gar nicht abschneiden. Dann kannst du alles haben. Die anderen müssen alles geben, auch ihren Schwanz, auch ihre Eier – wenn du es willst. Doch im entscheidenden Moment bist du großmütig und verlangst nur noch ein Ei.

Dieter Dorn hat kapiert, was da drin steckt. 'n echter Brennsatz für unsere Scheißgesellschaft. Sonst hätte er *Road to Nirvana* ja nicht als erster in Deutschland aufgeführt, oder?

Was heißt aufgeführt? Eine Scheißparty ist's – echt geil. Du kriegst 'n Scheißständer, wenn du die scharfe Sunnyi Melles singen hörst, tanzen siehst in dem Videoclip, der auf dem weißen Vorhang riesengroß vorgeführt wird. Und wenn sie dann auch noch an ihrem Mikrophon nuckeln will, dann hältst du's im Kopf nicht aus. Und du faßt dich an den Sack wie Lambert Hamel und Manfred Zapatka.

Die beiden sind überhaupt scheißspitze. Der fette Hamel ist toll drauf. Mimt den starken Macker Al, und doch merkt man immer, daß der Dealer, der gern den großen Coup machen, sich als Filmproduzent die Lebensgeschichte der Nirvana sichern will, ein beknackter Softie ist und ein schmieriger Lügner noch dazu. Der wird immer kleiner, immer mieser, dem geht seine Leck-mich-Kraft schnell aus. Dafür wird Zapatka, der Scheißspießer Jerry, immer stärker. Am Ende hat der ein Rückgrat wie mit 'nem Stahllineal drin. Den haut nichts mehr um. Der ist gut drauf und weiß, daß er von Nirvana jetzt alles kriegt. Der darf sie – wetten! – auch noch ficken, hat sie ihm ja versprochen. Scharf.

Gegen die Sunnyi stinkt die nackte Andrea Bürgin als Als Freundin Lou leider ab. Dabei ist die auch toll cool; und der Hintern im schwarzen Tanga: Da flippst du aus. Aber am schärfsten, ehrlich, ist das Scheißbühnenbild von Jürgen Rose. Mensch, die haben Geld, die Scheißtheatermacher in der Scheißmaximilianstraße! 'ne echte ägyptische Grabkammer, aber natürlich viel größer als bei der Nofretete, hat der Rose für die Nirvana gebaut. Mit 'ner Spiegeldecke; Nebel wabert überall, Grünpflanzen ranken sich meterhoch wie im Dschungel, und das Licht! Rot und grün und schrill – die Lichtorgeln in den Scheißdiscos kannste vergessen.

War 'n toller Abend, ehrlich. Selbst wenn du keinen Bock hast auf das Scheißtheater überhaupt, so kannst du's dir gefallen lassen. Scharfe Weiber, starke Typen, was zum Glotzen, gute Musik. Und starke Sprüche. Die kommen zur Sache, mehr kannst du nicht erwarten im Theater. Hab ich alles erst jetzt gemerkt und nicht schon im Scheißkentucky. Schade nur, daß man den Dorn ausgebuht hat. Das waren sicher die Ärsche, die immer nur sein Boutiquentheater sehen wollen und die nicht mitkriegen, daß jetzt was anderes angesagt ist: das Leck-mich-Theater. Schon schick, aber mit 'ner echten Scheißmessage, klar?

Am Anfang war das Wort

Ein Porträt des Schriftstellers, Malers und Zeichners
Valère Novarina

»Ich würde gern mal ein Theaterstück schreiben so wie die anderen, eines, das auch aufgeführt wird, aber ich kann es nicht.« Valère Novarina, der seit seiner ersten Buchpublikation 1984 zu den besten zeitgenössischen Schriftstellern Frankreichs zählt, ist kein Dramatiker, wie Koltès einer war, wie Grumberg einer ist. Gar einen Text zu einem aktuellen Problem zu schreiben ist ihm unmöglich, er hat nur ein Thema – es ist das größte – die Sprache. Und wenn er malt oder zeichnet, dann kommt er auch dort nicht ohne Worte aus. Seine Blätter und Ölgemälde, nicht nur in Paris gezeigt, sind Novarina fast ebenso wichtig wie seine Texte. Auch sie entstehen nicht, weil er Aufträge hat und erfüllt, sondern weil er malen, zeichnen *muß*. Novarina, dessen Werke in der renommierten P. O. L. Edition erscheinen, dessen Bilder in der angesehenen Galerie de France verkauft werden, ist ein Triebtäter. Er selbst formuliert es ein wenig anders: »Ich schreibe, als ob mir diktiert würde; ich male, ohne vorher zu wissen, was.«

Valère Novarina mit Thomas Bernhard zu vergleichen ist falsch. In einem aber ähneln sie einander: Sie schreiben, arbeiten nicht für ein Publikum. Was Bernhard André Müller in einem Interview vertraute, gilt auch für Novarina: »Ich denk an niemanden, der das einmal lesen soll, weil mich gar nicht interessiert, wer das liest.« Novarina ist froh, daß P. O. L. sich seiner Essays und Dramen angenommen; daß Alain Crombecque, Direktor des Festivals von Avignon, Aufführungen seiner Unstücke möglich gemacht hat; daß das Festival d'Automne in Paris an weiteren Inszenierungen interessiert ist. Allein den Wünschen der Galeristin und des Verlegers nach neuen Werken kann er nicht nachkommen. Im Moment geht gar nichts.

Seit seinem letzten Buch *Je suis*, 1991 erschienen, hat er keine Zeile mehr geschrieben. Seit der großen Ausstellung 1991 in Brüssel, wo nicht nur die Feder- und Farbstiftzeichnungen, sondern auch die großformatigen Ölbilder für Aufsehen sorgten, hat er nichts mehr gemalt. Nicht in seinem Atelier in Paris, nicht in seinen Häusern in der Normandie und in Savoyen. »Ich bin nicht in der Lage, ein Buch zu konzipieren, zu schreiben, weil irgend jemand das will. Bei mir ist das anders. Plötzlich kommt etwas auf mich nieder. Es taucht etwas aus der Tiefe auf. Wenn ich anfange, sehe ich kein Gebäude, sondern nur Rudimente. Ich steige hinab in die Sprache, hinab in die Worte. Am Anfang ist das ein Abenteuer, denn ich verliere mich in der Sprache. Wenn alles gutgeht, dann schreibe ich, was ich in mir höre.« Auf ein ähnliches Initiationszeichen wartet er auch beim Malen.

Novarina schreibt nach dem Gehör, allerdings ohne sich jemals seine Sätze laut vorzulesen. Er verwendet den Bleistift, die Schreibmaschine, den Computer. Fünf Seiten schafft er maximal pro Tag. Dann beginnt er, an diesen Textentwürfen zu feilen. »Das ist der schönste Teil der Arbeit: Die Worte keimen, bekommen Blüten. Ich entwickle die Zellen, die da sind.« Das erste Stück, das von Valère Novarina erschien, hieß *Le Drame de la Vie*. Darin treten nicht weniger als 2586 Personen auf, mehr als in der Bibel. Sie machen sich Gedanken über das Theater, das Leben, die Welt – und noch einmal über das Theater. Novarinas Vorstellungen vom Theater sind exakt. Es soll ein dunkles Loch sein, ohne Licht, erfüllt nur von Tönen, Worten – von Sprache. Der Schauspieler muß es schaffen, die Zuschauer, Zuhörer durch »seinen Atem, durch seine Worte« zu fangen, zu »verzaubern«. Dann werden einige im Publikum »Dinge verstehen, von denen zu reden sie sich zuvor nie getraut haben: Im Theater liefern wir uns gemeinsam aus. Der Sprache. Wir schaffen die Welt, indem wir sie mit der Sprache herbeirufen.«

Novarina, 1942 in Genf geboren, aufgewachsen in Savoyen, fing schon als Kind zu formulieren an. »Ich schrieb kleine Theorien über die Dinge, die ich sah. Die Zettelchen versteckte ich unter Steinen im Gebirge. Schreiben war für mich etwas Geheimnisvolles, etwas Verschämtes. Bald fing ich an, Gedichte zu verfassen, erste Stücke. Schon damals hatte ich das Gefühl, daß ich Vergrabenes hervorholte.« Nach der Schule ging Novarina nach Paris, wurde Student am Conservatoire national d'Art dramatique und lernte dort Bernard Dort kennen, Herausgeber der Zeitschrift *Théâtre Populaire*. »Er war der erste, dem ich meine Texte zeigte«, erinnert sich Novarina, »er ermutigte mich, weiterzuarbeiten.«

»Eigentlich hat sich nichts verändert seit meiner Jugend: Ich schreibe, um mich einzugraben in Sphären, die verboten sind. Ich schreibe, um zu sagen, was zu sagen nicht eben gewöhnlich – was verboten ist.« Mit diesem Verbot sind bei Novarina nun aber nicht etwa bürgerliche Tabus gemeint. Novarina wagt sich an ein anderes, nicht allein im Theater von der Gesellschaft verdrängtes Thema: »Es gibt nur eine Idee in meinem Werk: sich durch Sprache zu verlieren – und durch ebendiese Sprache gerettet zu werden. Wenn man die Bibel liest, dann versteht man etwas von der Konstruktion der Welt durch Sprache. Ich träume davon, das Geheimnis des Universums, der Materie, der Schöpfung überhaupt, in der Sprache zu finden. Ich weiß nicht, ob das eine Utopie ist – oder eine Verrücktheit.«

Novarina, der in seinen Büchern (inzwischen sind acht verlegt, darunter zwei Anthologien) so eloquent ist, antwortet auf meine Fragen eher vorsichtig. Zu manchen äußert er sich gar nicht oder erst in einem ganz anderen Kontext. Dann freut er sich, daß es ihm doch noch gelungen ist, eine Antwort zu finden. Obwohl Novarina seit einigen Jahren, spätestens seit den Aufführungen in Avignon, also nach 1986, zu den meistbefragten Schriftstellern seines Landes zählt, sind die schnellen Bemerkungen ihm immer noch suspekt. Für das gesprochene wie das geschriebene Wort gilt: »Wenn man die Worte hört, muß man den Gedanken sehen.« Wieder einmal, wie so oft, bezieht sich Novarina auf die Schrift *De Trinitate* des Augustinus.

Die Bibel ist für Novarina, der, verheiratet mit einer Jüdin, sich keineswegs als gläubigen Christen sieht, eines der wichtigsten Bücher, auch für sein Werk. Eugène Nicole hat in einem Aufsatz für die Zeitschrift *Java*, die eine Ausgabe ausschließlich Novarina widmete, auf die vielfältigen Beziehungen zwischen der Bibel und Novarinas *Drame de la Vie* hingewiesen. Doch ebenso wichtig sind andere Bücher: »Ich mag unter den Philosophen diejenigen, die nicht taub sind: Pascal, Augustinus, Descartes, Jankelewitsch, jene, die hören, jene, die lebendig denken, jene, die das Fleisch der Worte mit-denken.« Novarina, der viel zu bescheiden ist, um zuzugeben, wie viele fremde Sprachen er beherrscht, macht in allen Idiomen Entdeckungen, die den Leser verblüffen. Im Französischen die schönsten, doch daneben gibt es bemerkenswerte Funde im Griechischen, im Lateinischen, im Hebräischen und auch im Deutschen: In *Pendant la Matière* von 1991 schreibt er: »Toutes les langues sont intraduisibles. Toutes les langues intraduisibles se comprennent: Abgrund me montre que l'abîme est sans fond.« (Alle Sprachen sind unübersetzbar. Alle unübersetzbaren Sprachen verstehen sich: Abgrund zeigt mir, daß die Tiefe ohne Grund ist.)

Novarinas Texte sind kompliziert, schwer zugänglich. Doch selbst derjenige, der nicht alles versteht – versteht doch genug, denn er hört. (Wie im Deutschen hat auch das französische »entendre«

diese doppelte Bedeutung.) Novarinas Texte sind Sprach-Feste. Er schafft Wort-Musiken; er rhythmisiert Sätze, spannt von Buchstabe zu Buchstabe Melodiebögen. Er verblüfft mit immer neuen Neologismen, mit denen er den Leser und den Zuhörer auf Wurzeln vergessener Worte aufmerksam macht. Novarina scheut nicht die abstrusesten Eingriffe in die Sprache; er konstruiert Fehler, die sich demjenigen, der sich diesem Text *ausliefert*, also der Sprache, bald als die wahre, richtige Form darstellen. Deshalb schätzt er Rabelais, »der sich an Worten verletzt«, deshalb liebt er Dubuffet, »der mit seinen Händen sieht«: »Künstlerische Arbeit ist organisch. Die Werke werden geboren, wie neue Weltenräume, wie neue Körperteile.«

Ihnen *muß* Novarina Namen geben. Mit den Namen kommen sie in die Welt – und *sind*! Es überrascht deshalb nicht, daß die Literatur, die nur Sein reproduziert, ihn nicht interessiert. »Unnütz« sei sie und »falsch dazu«. Und wieder verweist Novarina auf die Bibel: »Am Anfang war das Wort. Wir können doch jeden Abend den Beweis erleben: Das Universum erscheint als Wort auf dem Theater, manchmal kann man es sogar sehen. Die Sprache drückt nicht etwas aus, sondern sie ruft an und agiert – sie geht voraus.«

Daß Novarinas Texte für das Theater – und er schreibt auch seine Essays für den Vortrag – zu wahrem Leben erst erwachen, wenn sie gesprochen werden, erstaunt nicht. Den Akt des Sprechens, die »Oralité«, ist sinnstiftend. Allein durch den Schauspieler bekommen Novarinas Sprach-Spiele, die nicht als Wort-Spiele mißverstanden werden sollten, Fleisch. Der Autor weiß dies, deshalb fordert er von den Akteuren nicht etwa den kunstvoll-perfekten Vortrag, vielmehr fleht er sie an, mit ihrem Atem, ihrem Körper den Text neu zu schreiben. Erst wenn dies gelingt, so erklärt Novarina, gelingt das viel größere Unternehmen: »Hörbar zu machen, daß die Welt Sprache *ist*.«

André Marcon, der auch schon mit Peter Zadek und Klaus Michael Grüber gearbeitet hat, nahm sich dieser Aufgabe an. Er ist – seit Avignon – *der* Novarina-Protagonist, der Schauspieler, der sich rückhaltlos für das Œuvre des Freundes einsetzt. Regelmäßig tritt er mit Texten Novarinas auf, plant im Februar Gastspiele in Deutschland, Polen und Rußland. Marcon ist der ideale Novarina-Schauspieler: Er rezitiert nicht, er belebt die Worte, er singt sie, er frißt sie – und erbricht sie wieder: Der Mensch, alleingelassen, auf der Suche nach einem Sinn in einer sinnentleerten Welt, erfindet Worte und damit ein neues Universum. Im leeren Raum entdeckt Marcon eine Heimstatt, aus Sprache geschaffen.

Novarina, der Interpreten mißtraut, die eine gesellschaftliche Botschaft in seinen Werken suchen, reflektiert mit der Sprache nicht die Welt, wie sie ist, noch verrät er mit Sprache, was ihm an der Welt, wie sie ist, mißfällt. Er schafft eine neue Welt mit Sprache. Daß darin Nietzscher Pessimismus Platz hat (»Wir Menschen sind Irrtümer.«) und Kultur-Optimismus (»Die Kunst ist dazu da, uns vollständig zu verändern; ich glaube an die Wirksamkeit von Sprache.«), daß er Kafka evoziert, Artaud, Rimbaud und Paul de Tarse, Pascal und Augustinus, die Psalmen und die Kabbala, hat nur einen Sinn und ein Ziel: »Wir müssen unsere geistige Landschaft wiederentdecken, wiederherstellen, und zwar in ihrer ganzen Entfaltung.«

Daß Valère Novarina seinen Übersetzern mißtraut; daß er jene, die die Sprachen in Europa vereinfachen, leichter übersetzbar machen wollen, verachtet, versteht sich. Einer, der weiß, daß »jeder Satz ein Drama ist, weil er den Konflikt zeigt zwischen Sein und Nicht-Sein der Dinge und vor allem zwischen dem Nicht-Sinn der Welt und dem Sinn der Sprache«, muß mit der Dichtung kämpfen für »die Renaissance der Welt«: »Wenn ich sage, daß ich gegen den Atheismus kämpfe, dann meine ich damit, daß ich heftig gegen jene kämpfe, für die es heute oder gestern keinen Abgrund gibt im menschlichen Wesen. Gott ist Abgrund.«

1993

Nasos Liebes-Metamorphosen

Leander Haußmann inszeniert William Shakespeares
Romeo und Julia
am Bayerischen Staatsschauspiel in München

Verona ist nicht wiederzuerkennen. Auf dem gemalten Rundhorizont stoßen Geschlechtertürme in den roten Himmel; auf der Drehbühne rotieren ebenfalls zwei – allerdings sehr kurz geratene – Wohnphalli. Wir sind in San Gimignano. Aber das ist eigentlich nicht wichtig. Weder dem Bühnenbildner Bernhard Kleber noch dem Regisseur Leander Haußmann. Beide interessiert nicht der Ort, sondern die Atmosphäre. Sehr italienisch soll sie sein und sehr historisch. Und weil sie Zitate mögen und Leander Haußmanns Mutter Doris, die Kostümbildnerin, offensichtlich diese Idee auch toll fand, versuchen die drei nun nicht, die Welt des späten 16., des frühen 17. Jahrhunderts wiederzuentdecken, sondern berufen sich auf die Historienmaler des 19. Jahrhunderts und die historisierenden Aufführungen der Meininger. Kurz: Die Dekoration auf der Bühne des Residenztheaters mag noch so bunt und teuer strahlen, sie sieht muffig alt aus.

Wer die ersten Minuten auf das Bild starrt, das Leander Haußmann drapiert hat, kriegt einen Schrecken: Die Veroneser Gesellschaft im Morgenrot wie von Piloty und Kaulbach entworfen und von den Meininger Bühnenbildlieferanten Brückner & Co., Coburg, ausgeführt und geliefert. Doch nach einigen Minuten fangen die Malermodelle zu sprechen an. In englischer Sprache gehen sich die Montague- und Capulet-Gangs an. Kurz darauf mischen sich die Alten ein und machen Zoff. Die senile Bettflucht hat sie auf die Straße getrieben. Der tüttelige Montague (Alois Strempel) zeigt sich im Nachthemd, dem wirren Capulet (Wolfgang Hinze) klebt noch der Rasierschaum an der Backe. Beide sind eher tattrige Greise denn streitbare Recken, aber, kein Zweifel, der Capulet ist besser drauf als sein Gegner. Da mag sich seine Frau, die Gräfin, noch so mokieren über seine Gebrechen. Sie lästert und keift übrigens in italienischer Sprache, was Gabriele Köstler sehr hübsch macht, so wie wir uns das vorstellen von einer italienischen Mama.

Aus dem Gegensatz von Bild und Aktion, Bild und Sprache – und aus dem Miteinander von Bild, Sprache und Musik (die Haußmann zum erstenmal wirklich integriert und nicht wie Nummern benutzt) gewinnt der Regisseur eine große, tragende, ironisch-distanzierte Spannung. Seine Form der Aktualisierung ist intelligent, nicht zu vergleichen etwa mit den angestrengt-dümmlichen Bemühungen von Michael Bogdanov. Haußmann ist nämlich nicht zufrieden mit dem Outfit der Gegenwart, er will in der Sprache des späten 18. Jahrhunderts, in der Bühnenwelt des 19. Jahrhunderts die heutige Realität entdecken und offenbaren. Er will deutlich machen, daß die wahnwitzige Story von Romeo und Julia kein Märchen ist, das man wehmütig, sentimental bestaunen soll, sondern daß es sich lohnt, noch mal genau zuzuhören, hinzusehen, was denn da passiert.

Leander Haußmann erzählt die Geschichten dieses Textes neu. Und er schafft es – zumindest bis zur Pause, also bis zum dritten Akt, zweite Szene –, über jede Person etwas zu verraten. Haben wir je zuvor eine so unzufriedene Gräfin Capulet gesehen? So eine Geistes- und Gefühlsschlampe? Gabriele Köstler spielt in den wenigen Szenen eine ganze Vita: Wir kapieren, daß diese Frau den damals schon alten Mann aus Berechnung geheiratet hat; daß sie ihn betrügt; daß sie ihn vor aller Welt, nämlich vor dem Münchner Publikum, bloßstellen kann, ohne daß der sich wehrt (»Wetten, daß der keine zwanzig Köche auf die Bühne bringt?«); daß sie weiß, was ihre Julia getrieben hat. Mißtrauisch beäugt sie nach der ersten heimlichen Liebesnacht der Tochter mit Romeo das Bettuch, wischt an einem Fleck herum, schnüffelt und kommentiert endlich: »Lotterbett!«

Haben wir die beiden Sippenführer je so vertrottelt und verblödet gesehen? Wann je hatte sich eine Amme ähnlich vorwitzig und selbstsicher in das Geschehen eingemengt wie Margit Carstensen? Sie ist wunderbar zickig, wunderbar jüngferlich und doch so begierig, wenigstens mit den Augen einen jungen Kerl zu streicheln, wenigstens mit den Händen wie zufällig an einen knackigen Knabenhintern zu kommen. Wann haben wir zuvor erlebt, daß Tybalt (Hans-Werner Meyer) und Mercutio sich in Wahrheit mögen; daß der Mörder über den Tod des Ermordeten heiße Tränen weint?

Es gibt viele wundersame, schöne Szenen in dieser Aufführung, aber vielleicht ist diese die schönste: Mercutio, zu Tode getroffen, rennt aus dem Leben. Der großgewachsene Wolfgang Bauer, der bis dahin einen coolen Draufgänger herausgekehrt hatte, einen, der auf Leder steht, auf Ringe und Randale, verabschiedet sich von den Freunden, die an sein Sterben nicht glauben wollen. Während das Gewitter, das zuvor beim Duell donnerte und blitzte, sich verzieht, verschenkt Mercutio Brille, Kette, Hemd. Mit bloßem Oberkörper, eine rote Wunde links, läuft Bauer über die Bühne. Aus den Lautsprecherboxen dröhnt der »GI-Blues« der Gruppe *Carter the Unstoppable Sex Machine*. Bauer wird nicht müde, wird nicht erschöpft. Jede Runde, die er dreht, entfernt ihn mehr von denen, die er liebte; jede Runde scheint ihm Erinnerung ans Leben zu sein. Der Lauf ist ein Kreis, in den er alle einbezieht: die Freunde der Montagues und die Capulets. Er ist ein stummes Abschiednehmen – und eine Liebeserklärung auch. Endlich setzt sich Mercutio auf den Boden, ruhig, gelassen, gefaßt. Er schaut nicht noch einmal auf; sein Abschiedswort heißt: »So!«

Und schließlich: Waren je zuvor Romeo und Julia auf der Bühne ähnlich rein, naiv, kindlich? Als die beiden einander zum erstenmal gegenüberstehen, in den allerhäßlichsten Masken, lieben sie schon. Sie haben sich nicht in ihre Gesichter verguckt, ihre Körper haben sich erkannt: Verschämt haben sie Begehren signalisiert und Keuschheit. Da treffen sich zwei, die wenig vom Leben und Lieben wissen, miteinander alle Geheimnisse, alle Rätsel erfinden und dann lösen möchten. Als sie später sich ansehen, können sie das Glück nicht fassen. Sie sind außer sich. Nichts funktioniert mehr. Die Zunge versagt ihren Dienst; die Arme tun, was sie wollen. Nur eines vermögen sie, sich glückselig aneinander zu schmiegen. Vorsichtig tun sie's, voller Angst, dem anderen weh zu tun oder etwas zu fordern, was der andere nicht zu geben bereit ist.

Guntram Brattia und Anne-Marie Bubke sind ein Traumpaar.

Weil sie jung sind, schön, und sich im Spiel aufeinander einlassen. Ihre irrwitzige Balkonromanze, Romeos fünffacher Versuch, springend, hechtend, steigend zu der Geliebten zu kommen; die zauberhafte Nachtszene, wenn die beiden nackt umhertollen, sich betasten, sich streicheln, so als entdeckte Adam Eva und Eva Adam: Beide Szenen habe ich so unsentimental, so unverkitscht, so berührend wahr nie zuvor gesehen.

Und wie so oft in Haußmanns Inszenierungen – zuletzt in seinem Weimarer *Sommernachtstraum* – gibt es auch diesmal eine hinzuerfundene Figur: Naso (Also: Publius Ovidius Naso). Diese zwitterhafte Gestalt ist nicht Ovid, aber sie kennt die *Ars amatoria* und die *Amores* und auch die *Remedia amoris*, die Hilfsmittel gegen die Liebe. Dieser Mann, oft in Frauenkleidung, er vollbringt die Verwandlungen auf der Bühne. Er ist es, der weiß, daß »die Kunst der Liebe Pilot« ist. Er bringt Leben in den Raum. Stumm tritt er vor den Vorhang, zaubert in der geschlossenen Faust eine Fliege. Wir sehen sie nicht, doch wir hören sie brummen. Dann zieht Naso den Vorhang an einer unsichtbaren Leine hoch. Jetzt ärgert das Tier die Veroneser, bis einer von ihnen es mit dem Degen zweiteilt.

Das Spiel beginnt. Von nun an ist Ralf Dittrich der Regisseur. Naso führt die Liebenden zusammen; er spielt auf zum Ball, verkleidet als Madame La Mort. Pfeifend unterhält er sich mit den Vögeln und animiert Nachtigall und Lerche, endlich zu singen, damit sich Romeo und Julia streiten und dann wieder unter der Bettdecke versöhnen können. Naso ist bis auf wenige Ausnahmen stumm, doch Dittrich ist mit seinem Körper beredt. Seine Botschaft könnte aus der *Ars amatoria* stammen: »Wer in unserem Volk der Kunst zu lieben noch fremd ist, mag sie aus diesem Gedicht lernen und liebe danach.« Oder aus Shakespeares Tragödie: »Du kannst von dem, was du nicht fühlst, nicht reden.«

Natürlich gibt es in dieser fast fünfstündigen Aufführung Längen. Dem Bruder Lorenzo (Volker Spahr) hätte Haußmann einige seiner Heil- und Zauberpflanzen-Neuigkeiten streichen müssen. Viele Haußmannsche Kalauer sind überflüssig, und man versteht nicht so recht, warum ihm Shakespeares Text nicht reicht, warum er soviel dazuerfinden muß, warum er die altmodische Schlegel-Übersetzung mit Keckem und Pikantem aufmotzt. (Wenn Romeo allerdings enttäuscht erklärt, daß seine Rosaline »sich nicht ficken läßt«, dann hat diese Zutat einen Sinn. Erst mit Julia erkennt er, daß Liebe und Sex keine Synonyme sind.) Und schließlich haben die beiden letzten Akte, diese Intrigen-Zufalls-Mißgeschicke weder Witz noch Tempo, noch Spannung. Haußmann geht zwar die Phantasie nicht aus, doch sie geht mit ihm Irrwege. Während zuvor fast jede Pointe saß, jede schauspielerische Geste ein Ziel, eine Bedeutung besaß, wird nun vieles ungenau, zufällig. Haußmann, den genialischen Spieler, langweilt diese Shakespearesche Abwicklung am Schluß. Das versteht jeder, und beinahe in jeder Inszenierung merkt man, wie schwach das Ende dieses Dramas ist. Aber warum hat Haußmann dann nicht gerade hier verkürzt?

Doch diese Einwände – und betreffen sie auch fast eineinhalb Stunden –, sie wiegen leicht. Leander Haußmann erzählt furios, virtuos die Liebesschnulze und das Liebestod-Drama. Er erzählt die Geschichte von autoritären Eltern, die ihre Kinder nicht verstehen, und die Geschichte von verzogenen Kindern, die einander zu verstehen nie gelernt haben. Er erzählt vom Generationenkonflikt und von den No-Future-Teenies. Er erzählt von der Lust an der Liebe und dem Frust mit der Liebe. Er zeigt, daß Begehren, erotisches Verlangen selbst in grausamsten Zeiten möglich ist, nicht fragt nach dem Morden drum herum. Liebe ist unsozial und ungerecht. Haußmann und die Schauspieler beweisen endlich, deutlich wie selten, daß im Theater die langen Geschichten, wenn sie gut erzählt werden, die schönsten sind. Dann vergeht die Zeit, das »sonderbar Ding«, wie im Fluge, denn die Kunst, so Ovid, hat auch auf der längsten Reise »den eilenden Kiel mit Ruder und Segel beflügelt«.

Deutsche Treue und deutscher Sang

Christoph Marthalers
Murx den Europäer! Murx ihn... an der Volksbühne
am Rosa-Luxemburg-Platz in Berlin

Er hat's geschafft. Schon seit langem wollte Christoph Marthaler fort aus den »internationalen Kleinstädten Basel und Zürich«. Jetzt arbeitet er zum erstenmal auf nichtschweizerischem Territorium. Ausgerechnet in Berlin, das diesem Liebhaber der Gemächlichkeit naturgemäß ein Graus ist. In Frank Castorfs Volksbühne am Rosa-Luxemburg-Platz inszeniert Marthaler seinen ersten deutschen »patriotischen« Abend. Er trägt einen langen Titel: *Murx den Europäer! Murx ihn! Murx ihn! Murx ihn! Murx ihn ab!* Das Versprechen, das der Titel verheißt, wird in der knapp zweistündigen Aufführung eingelöst.

Es geht Marthaler wirklich nur um Deutschland und die Deutschen. Was er dazu zu sagen hat, läßt er von den Schauspielern sprechen, singen, skandieren, stammeln, pfeifen, summen. Wie schon in »Stägeli Uf, Stägeli Ab, Juhee!«, seinem ersten Liederabend zu den eidgenössischen Jubiläumsfeierlichkeiten, benutzt Marthaler Wörter, Silbenfetzen und Melodien, um daraus ein Impromptu mit Variationen zu komponieren. Witzig ist es, frech, schön. Und es verlangt vom Zuschauer jene Freude an der Langsamkeit, die dem Regisseur zu eigen ist. Dazu die Bereitschaft, Wort-, Szenen-, Musikwiederholungen nicht als Überflüssiges, Langweiliges, Bekanntes abzutun, sondern lustvoll die Unterschiede darin entdecken zu wollen. Dann nämlich erkennt er, daß Marthaler seine Themen, seine Motive bearbeitet, daß er sie orchestriert, daß er Durchführungen erdenkt.

Marthaler hält wieder einmal die Zeit an, weil er sich Zeit läßt. Zwar steht neben der großen beleuchteten Bahnhofsuhr der Text »damit di Zeit nicht stehenbleibt«, doch erstens verharren die Zeiger des Chronometers bei drei Uhr, und zweitens hat das »die« schon sein »e« verloren – und während der Aufführung fallen noch viele andere Buchstaben zu Boden, ohne daß sich auch nur einer der elf Schauspieler darum kümmerte.

Das Leben dieser an kleinen quadratischen Tischen in einer häßlichen Halle herumlungernden ärmlich-geschmacklos gekleideten Lemuren (Bühne und Kostüme: Anna Viebrock) ist geregelt allein von einem Zeichen. Zwei Signaltöne blöken, und schon öffnen sich die Türen zu einem Gemeinschaftswaschraum in der Bühnentiefe. Vor dem Essen, nach dem Essen, Händewaschen nicht vergessen. Im Gänsemarsch geht's rein zur Säuberung, im Gänsemarsch raus. Dazwischen reißen die Alten und Jungen, Verstörte alle, Witzchen. Oder sie drangsalieren einander mit Beleidigungen und Schlägen.

Manchmal schlafen, manchmal plärren sie. Zum Beispiel das Lied »Danke«, jene Schnulze aus den sechziger Jahren zum Lobe Gottes, der Menschen, der Liebe und der Arbeit. Es ist ihr »Danke« für den Tee und die Stullen, die der Musikant und Heimleiter Jürg Kienberger zuvor an sie ausgegeben hatte. Der zwitschert nun, am Piano sitzend, Strophe um Strophe um Strophe, und die ihm Anvertrauten stimmen immer wieder ihr »Danke« an. So weit, so komisch. Doch das Biest am Klavier will ja nicht nur bedankt sein, es will sich amüsieren. Also transponiert Kienberger Refrain um Refrain einen Ton höher, bis alle, zunehmend aggressiv, die fünf Buchstaben harsch im Falsett krächzen.

Marthaler macht sich beängstigt lustig über die Deutschen. Sein Bild von ihnen ist ein Potpourri: Klassik, Nationalsozialismus, DDR und wiedervereinigtes Großdeutschland sind seine Themen. Schuberts *Der Tod und das Mädchen*; der Schlager von den Fidschi-Inseln und dem Mann, der sich seinen Körper schwarz bepinseln läßt; die Fahne, die voranflattert; das aus Ruinen auferstandene Volk und Deutschland, Deutschland über alles – das sind seine Motive. Der deutsche Hund, die deutsche Frau, der deutsche Wein, die deutsche Volkshochschule sind seine Noten. Maas und Memel, Etsch und Belt sind seine Fermaten auf Generalpausen.

Amüsant ist der Abend und kurzweilig. Die Berliner und Baseler Schauspieler (darunter der spindeldürre, große, traurige Clown Ueli Jäggi, ein eindrucksvoller langsamer Brüter für schale Witze) sind bei bester Laune und haben selbst in vierstimmigen Sätzen keine Schwierigkeiten. Dennoch: Marthalers Schweizer Abend war strenger komponiert, war in seiner Stille beredter als die jüngste Produktion. Diesmal setzt Marthaler – wahrscheinlich aus Angst, sein gedehntes Schweigen könnte die lauten, schnellen Berliner ermüden – auf zu viele Kalauer, auf Gags, auf eine schlichte Ironie, die selbst dem flüchtigsten Zuschauer und Zuhörer nicht entgehen kann.

Castorf will Marthaler in Berlin halten. So bleibt die Hoffnung, daß der Schweizer nach diesem vorsichtigen Anfang sich möglichst bald eines literarischen Textes annimmt. Wer seine Baseler Labiche-Inszenierung kennt, gesehen hat, wie Langsamkeit bedrohlich wird, gehört hat, wie die mickrigsten Geräusche verletzen, als seien sie Gewehrsalven, der weiß: Marthaler – wahrscheinlich der musikalischste deutschsprachige Regisseur – kann aus Rülpsen Böllerschüsse machen, aus Murmeln im Crescendo eine Revolution, aus dem Scharren mit den Füßen einen Totentanz und aus vielstimmigem Pfeifen eine Hohe Messe.

Brillantes Spiel von Liebe und Zufall

Luc Bondy inszeniert Ibsens
John Gabriel Borkman in Lausanne

John Gabriel Borkman, Ibsens Kriminal-Kolportage in vier Akten, ist selten spannend, immer antiquiert. Zwar läßt sich in jeder Aufführung des Autors perfektes Konstruktionshandwerk bewundern, aber die Figuren, die da einsam leiden und einander egoistisch quälen, blieben bisher immer holzgeschnitzte Wichtigtuer, Säulenheilige des Hasses und der Selbstüberschätzung. Regisseure hatten nämlich nur ein Ziel: die Seelengemetzel möglichst gemein, die Zimmerschlachten möglichst turbulent, die kalten Abrechnungen möglichst brutal zu inszenieren. Ingmar Bergman wie Hans Lietzau zeigten deshalb, daß das Leben ein Gruselkabinett ist, und Frank Castorf machte sich zuletzt wütend lustig über den gescheiterten Machtmenschen und choreographierte einen wüsten Kampf. Luc Bondy interessiert all das nicht. Er findet in diesem Drama, was niemand darin vermutet hat: Liebe, Sehnsucht und Lächerlichkeit.

Diese Aufführung ist verstörend schön. Zum erstenmal sind

Ibsens Menschen nicht schon am Ende, wenn das Drama beginnt. Zum erstenmal gönnt ein Regisseur den Figuren Entwicklungen. Zum erstenmal äußern sie Emotionen, die den Worten widersprechen, mit denen sie herzlos und scharf Wunden schlagen. Aus der geifernden Totenfeier des alten Ibsen macht Bondy ein Fest der Liebe und ein Fest des Theaters. Dem Regisseur und seinem künstlerischen Berater Botho Strauß (!) geht es um Begehren, um Stolz und um die Zukunft, die die Menschen verlieren, weil sie die Gegenwart nicht wahrnehmen und die Vergangenheit entweder krampfhaft, selbstzerstörerisch bewahren oder damit spielen, als sei die Welt eine Bühne, das Leben eine Farce.

Schon die erste stumme Szene verrät. Bulle Ogier, Gunhild Borkman, steht allein in dem großen, spärlich möblierten dunklen Saal. Sie hört auf die Schritte, die John Gabriel Borkman im Stockwerk über ihr macht. Begierig lauscht sie, nimmt den gleichen Weg wie er da oben – und schaut sehnsüchtig hinauf, als wolle sie die Decke mit ihren Blicken durchbohren. Kein Zweifel, sie möchte bei ihm sein, doch sie schafft es nicht, zu ihm zu gehen, sich zu versöhnen. Borkmans Bankbetrug, seine Gefängnisstrafe und alle späteren gesellschaftlichen Erniedrigungen hat sie ihm längst verziehen, allein ihren Stolz vermag sie ihm nicht zu opfern. Sie wartet darauf, daß er herunterkommt. Bulle Ogier blickt ein letztes Mal nach oben, seufzt und weint. Die Einsamkeit ist dieser Frau Pein, kein masochistisches Vergnügen, kein Motor für ihren Haß.

Die Ogier kann schimpfen, kann streiten, kann in den Auseinandersetzungen mit Michel Piccolis John Gabriel Borkman schneidend scharf abkanzeln. Trotzdem spürt man immer, daß Gunhild nur auf ein Zeichen hofft, auf eine Geste der Nähe, um fortan wieder zu lieben. Erst als Borkman den Tod im Schnee gefunden, als Ella (Nada Strancar), zurückgekehrt zur Schwester, mit ihr den Toten betrachtet und die beiden resümieren, daß es nun aus sei mit ihm und mit ihnen, sind sie sich wirklich nah. So wie vielleicht in der Kindheit einmal. Jetzt könnten sie anfangen zu leben, wüßten sie, für wen. Der Mann, den sie beide begehrten, der Ella verriet, um mit Gunhild Karriere zu machen, lebt nicht mehr. Und Erhart, Borkmans und Gunhilds Sohn, ist fort, weggefahren mit Fanny Wilton. Niemand hat ihn halten können.

Kaum hatte Erhart den Saal betreten, ein wenig beschwipst, ein wenig müde, da stürzten sie sich auf ihn. Die Mutter wollte ihn für sich alleine, die Tante auch, und der Vater, ehrlich wie selten zuvor, hätte ihn sich zwar notfalls mit beiden geteilt, doch er brauchte seine Hilfe. Mit Erhart, so bekennt Piccoli trist, ein bißchen larmoyant, könne er noch einmal anfangen, könne er arbeiten, die Schrecken der Vergangenheit fliehen. Der Sohn weigert sich. Bernard Nissile stottert, nörgelt, schreit immer die gleiche Entschuldigung: »Ich bin jung! Ich will leben!« Als alle Bitten vergebens, zerren die drei an dem Jungen gleichzeitig. Es wird eine Umarmung. Ängstlich und brutal wirft Erhart die Alten zu Boden, wo sie weiterjammern und wimmern. Jetzt wissen sie, daß es keinen Ausweg mehr geben wird. Nur noch ein Ausharren, ein Warten auf den Tod. Ihr Stolz ist zu groß, ihre Verletzungen sind zu tief, die Momente der Zuneigung zu kurz, um zu einem Verständnis zu wachsen – und ohnehin ist John Gabriel allein mit sich am glücklichsten.

Bondys Zeichen für Verlangen und Verstecken, für Sehnsucht und Abwehr sind wundersam wahr. Als Ella in Borkmans Raum einbricht, heimlich das große, hohe Zimmer betritt, in dem zwischen schmalen, riesigen Bücherregalen eine Ledercouch thront, begrüßt Borkman die Frau mit einem erschreckten, sehr leisen, schüchternen »Ella«. Der Name ist eine Liebeserklärung. Denn Michel Piccoli trifft einen Zauberton, in dem schamhaftes Sehnen sich mischt mit erotischer Erinnerung und verzweifelter Trauer. Borkman hat sich verraten, und jetzt fürchtet er die Folgen. Rasch nimmt Piccoli die Sprossen der Regalleiter, bis nur noch seine Füße zu sehen sind. Er flieht zu seinen Akten, will sich nicht einlassen auf die Welt, nicht auf die Menschen, nicht auf Ella. Wenn er in seinem selbstgewählten Gefängnis – Ankläger, Verteidiger und Richter in einer Person – ein ums andere Mal seinen Fall verhandelt; wenn er die Runde dreht, vorbei an den Modellen von Häusern, Fabriken, Maschinen, die er einmal hat bauen wollen (Bühne: Erich Wonder), dann widerspricht ihm keiner. Hier ist er Herr. Sein Käfig ist sein Reich. Hier kann er träumen und planen, Kind sein und Kaiser. Hier kann er, der glatzköpfige Clown mit dem Knabengesicht, sein Leben nochmals durchspielen.

Während Nada Strancar, am Boden liegend, schluchzend die

Beine des Mannes umklammert, daß er ihr nicht weglaufe, hält Borkman die Hände abweisend in den Hosentaschen. Ihr wird warm, je länger sie redet von der einstigen Liebe, von Liebestrug und Liebestod; ihm wird kalt, wenn sie ihn an seinen Verrat erinnert: Die Strancar zieht die Jacke aus, Piccoli wickelt sich in ein Wollplaid. Piccoli ist auch ein Vampir.

Immer wieder inszeniert Luc Bondy Augenblicke, in denen man hofft, daß Ibsens Stück anders ausgeht, als es endet. Am stärksten ist jener Moment, als Gunhild ihren Sohn ohne Abschied fortschickt und dann ihre Gemeinheit, die sie selbst am schlimmsten trifft, bereut. Bulle Ogier stakst durch den leeren Raum. »Ich halte niemanden auf«, sagt sie, so als überrede sie sich selber noch einmal zu einer sie peinigenden Entschlossenheit. Dann, plötzlich, faßt sie einen Stuhl, trägt ihn zum Fenster, stellt sich darauf, öffnet es und ruft verzweifelt: »Fahr nicht fort, Erhart!« Doch Erhart ist weg. Mit Fanny (Catherine Frot) und Frida Foldal (Christine Vouilloz). Zurück bleiben die Verlierer: Wilhelm Foldal (Roland Amstutz) wird weiterdichten, auch wenn der einstige Freund Borkman ihn dafür verlachte; die beiden Frauen werden beieinanderbleiben, zwei Schatten, die sich erinnern. Für Borkman ist der Tod im Eis die Erlösung. Nicht von Träumen, sondern von der Wirklichkeit. Es gibt in Luc Bondys Interpretation keine Sieger. Nicht einmal in den Scharmützeln um Erhart kommt bei den Kontrahenten Schadenfreude auf, wenn der Junge erst die Mutter, dann die Tante und schließlich den Vater brüskiert und martert. Sie alle sind betrogene Betrüger, sind sich ihrer Situation bewußt. Nichts bleibt bei Bondy übrig von Ibsens langweiliger, pessimistisch-fatalistischer Welt- und Menschensicht. Die vielen Vorurteile gegen diesen Text werden von den Schauspielern fortgespielt. Sie reißen den Ibsenschen Menschen die Masken vom Gesicht, bewegen ihre Körper gegen den Zwang ihrer Worte und ihrer Kleider. Sie brechen die Figuren auf und entdecken das Spiel von Liebe und Zufall. Entdecken den traurigen Witz in einer fürchterlichen Katastrophe, die zugleich sehr lächerlich ist. Was wir zu kennen meinten, wird aufregend neu und überraschend.

Der dreistündige gefeierte Abend ist gewiß die schönste Aufführung dieser bislang entsetzlich tristen Theatersaison. Niemand in

Deutschland muß aber deshalb das Ereignis dem Rezensenten neiden: Luc Bondys Inszenierung, Bulle Ogier, Nada Strancar und Michel Piccoli werden auch in München zu sehen sein – beim Theater der Welt im Mai. Schon jetzt ist sicher: Es werden glückliche Tage gewesen sein.

Vom Zauber des Nicht-Verstehens

Peter Brooks *L'Homme qui*,
in den Pariser Bouffes du Nord uraufgeführt

»Was auch immer die sozialen und nationalen Unterschiede sein mögen, wir haben alle nur einen Kopf, wir glauben, ihn zu kennen, weil wir uns an ihn gewöhnt haben. Aber sobald wir uns in ihn hineinbegeben, befinden wir uns auf einem anderen Planeten«, schreibt Peter Brook im Programmheft zu seiner neuesten Arbeit, die jetzt in den Pariser Bouffes du Nord Premiere hatte.

Nichts Geringeres, nichts Einfacheres unternimmt Brook in seiner »Recherche théâtrale« mit dem Titel *L'Homme qui* als eine Reise in den Kopf des Menschen, eine Untersuchung des Hirns. Er findet dort den Zauber des Nicht-Verstehens, die Komik des Verrücktseins, die Trauer des Vergessens. Brook – der Titel macht es schon deutlich – begibt sich nicht auf gänzlich unerforschte Pfade, nicht in ein noch unbeschriebenes Territorium. *Der Mann, der seine Frau mit einem Hut verwechselte* hieß ein 1985 zuerst in den USA, zwei Jahre später in der deutschen Übersetzung erschienenes Buch des Neuropsychologen Oliver Sacks, das auf der ganzen Welt zu einem sensationellen Erfolg wurde. Sacks beschrieb Krankheitsgeschichten, aber nicht allein für seine Kollegen. Seine Sprache, einfach und deskriptiv, erreichte jedermann. Mit einer bei Ärzten selten gewordenen Sympathie für seine Patienten berichtete er aus der Praxis. Hildegart Baumgart rühmte »die Grundhaltung dieses beispielhaften Arztes«, der »Ehrfurcht nicht nur vor der Gesundheit, sondern auch vor der Krankheit« habe.

Genau diese Haltung zeichnet auch Peter Brook aus. Er weiß besser als viele andere, was die Kulturen der Welt jenen verdanken, die von der Gesellschaft als Kranke ausgesondert, ausgegrenzt werden. Die Art brut, die Sammlung Prinzenhorn sind Belege dafür. Viele Schauspielerleistungen, an die wir uns unser Leben lang erinnern, vollbrachten Künstler, die gefährdet zwischen Wirklichkeit und Traum wandelten, die schwankten zwischen Lebenswillen und Todessehnsucht. Tankred Dorsts Stück *Ich, Feuerbach* beschreibt solch einen Fall.

Wahrscheinlich begreifen Schauspieler, Theatermacher, also jene, die allabendlich ihre Identität gegen eine andere tauschen; Begierden simulieren, die ihnen zuwider sind; Gebrechen annehmen, die sie fürchten; Charaktere offenbaren, die ihnen lebenslang fremd bleiben, eher als andere Menschen, »daß wir auf Messers Schneide leben« (wie Doris Lessing Sacks' Buch kommentierte). Daß ein kleiner Tumult (es muß nicht ein Schlaganfall sein) im Hirn die allergrößten Folgen hat: Identitätsverlust, Realitätsausfall, Gedächtnis- und Sprachstörungen oder Ticks, die wir an besonders aktiven, besonders witzigen, besonders spleenigen – und schon hier benutzen wir ja das Wort: ein *verrückter* Typ – Nachbarn schätzen. Dabei ist just diese Witzelsucht, das Grimassenschneiden, Fluchen, Hänseln und auch das Neologismen-Erfinden schon eine Krankheit. Solchen Zeitgenossen sitzt der Schalk im Nacken, sagen wir; der Neuropsychologe konstatiert: Tourettesches Syndrom.

Maurice Bénichou spielt einen solchen Spaßmacher, einen Kind-Mann, der allen gefallen und immer Mittelpunkt sein muß. Sacks' Patient nannte sich selber »Witty Ticcy Ray«; Bénichou, der kleine grauhaarige Schauspieler, kommt namenlos daher. Und amüsiert mit seinen erfundenen Schoten das Publikum, macht ihnen vor, wie dieser dufte Spinner beim Tischtennis gewinnt; wie er die Freunde zum Lachen bringt und wie er immer gut drauf ist.

Bénichou wendet sich direkt ans Publikum, will jeden einzelnen Zuschauer zum Mitspieler gewinnen. Und dann zeigt er uns noch, was passiert, wenn er die Pille schluckt, die ihn zu einem vernünftigen Mitglied der menschlichen Gesellschaft machen soll. Sofort wird er müde, die Augenlider fallen, schwergeworden, herab. Nichts geht mehr. Nicht das Boxertippeln, nicht das Blinzeln, nicht das Schnuteziehen. Mit dem Tischtennis ist es auch aus. »So ist das, Sie verstehen!« sagt Bénichou traurig und blickt in die Runde.

Sacks' Patient reagierte damals ebenso. Er war zufrieden mit seinen Leistungen im Job; zufrieden, daß er sich im Büro, in Gegenwart der Kollegen und Chefs, unter Kontrolle hatte, aber am Wochenende fühlte er sich beknackt, da wollte er wieder »ticcy« sein dürfen. Also verschrieb Sacks ihm das Mittel nur für die Arbeitstage. Am Wochenende war er von nun an wieder der alte Hallodri. Der Kranke! Der Kranke?

»Und was die Krankheit angeht: Würden wir nicht fast zu fragen versucht sein, ob sie uns überhaupt entbehrlich ist?« zitiert Sacks Nietzsche. Die Frage impliziert die Antwort. Wir brauchen diese Krankheiten, wir brauchen diese Kranken, denn sie verunsichern uns in unserer ungeprüften, unbeschädigten Sicherheit zu wissen, was Gedächtnis ist und was Identität. Sie machen uns deutlich, daß zwischen der Bezeichnung und dem Bezeichneten nicht für alle und immer Deckung erreicht wird. Sacks' Buch und Peter Brooks »theatrale Untersuchung« kommen zu einem Zeitpunkt, da Baudrillards Thesen von der Wirklichkeit und dem Simulakrum Künstler beunruhigt und nicht wenige Autoren (auch Peter Turrini) und Theatermacher um- und antreibt. Die Verunsicherung geht weiter.

Denn plötzlich sehen wir, daß Brooks vier Schauspieler, die immer wieder die Rollen tauschen – mal die Kranken spielen, mal die Ärzte –, uns beim Vorspielen die Sinne schärfen für das Theater-Spielen, die Augen aufreißen für das gestische Zeichen, die Ohren öffnen für das »Ton-Gefühl«. Nietzsches Einschätzung gilt. Vor allem auf der Bühne: »Man lügt wohl mit dem Mund, aber mit dem Maule, das man dabei macht, sagt man doch die Wahrheit.«

Maurice Bénichou, David Bennent, Sotigui Kouyate und Yoshi Oïda legen es nicht darauf an, uns die Trottel möglichst blöd, die Vergeßlichen möglichst verschusselt, die Verrückten möglichst schwerbehindert vorzuspielen. Kein Horrorkabinett, keine Monstershow wird zelebriert auf dem Podest, das spärlich möbliert ist mit weißen Stühlen, weißen Tischen und zwei Fernsehmonitoren. Während Yoshi Oïda zeigt, welche Schwierigkeiten einer hat, der nur seine rechte Gesichtshälfte wahrnimmt und deshalb auch nur diese rasiert, völlig sicher, daß alle Bartstoppeln jetzt weg sind, beobachten die anderen – in der Rolle der Ärzte – den Patienten mit der Kamera. Und Oïdas Verblüffung, als er sich gefilmt sieht, mit dem Rasierschaum auf der linken Backe, sie steigert sich in Sekundenschnelle zur Verstörung.

Sacks, der sich selbst in der Nachfolge des russischen Neuropsychologen Alexander R. Lurija sieht, zitiert seinen Lehrer gleich im ersten Kapitel. Kurz vor seinem Tod habe Lurija ihm in einem Brief nochmals Mut gemacht für die Publikation: »Veröffentlichen Sie solche Geschichten, auch wenn sie nichts weiter sind als Skizzen. Es ist ein Reich des Wunderbaren.«

Wunderbare Skizzen sind auch Brooks Szenen, die zuweilen untermalt werden durch Xylophon-, Geigen- oder Trommelklänge von Mahmoud Tabrizi-Zadeh. Es gibt keine Peinlichkeit in diesen Demonstrationen, und das bedeutet auch, daß Brook und seine Schauspieler auf ihrem gefährlichen Weg ins Zentrum des Denkens, ins Zentrum der Darstellungs-Kunst, nie kitschige Betroffenheit erzeugen. Sie gelangen mit traumwandlerischer Sicherheit an ihr Ziel.

Wenn der schlaksige, dunkelhäutige Kouyate mit den treuesten Augen und der Selbstsicherheit, klug zu antworten, auf die Frage, wo denn der Vatikan sei, wie aus der Pistole geschossen, antwortet: »In Rom, in Spanien«, wenn er zusammen mit Oïda auf dem Monitor Brandung sieht und die beiden das Bild allein mit mathematischen Termini beschreiben, richtig und doch so falsch-fern, weil ihnen das Wort »Meer« nicht einfällt und sie erst mit dem Geräusch Rauschen ausrufen: »Ach, das ist ja das Meer«; wenn die beiden einen roten Handschuh akribisch genau und zutreffend analysieren, aber bis zum Anziehen brauchen, um zu wissen und zu sagen, was dieser Gegenstand ist, wie er heißt; wenn sie die Rose erst am Duft erkennen und die Frau erst an ihrer Stimme oder an ihrem Gang (der Verwechslung mit einem Hut verdankte Sacks' Buch seinen Titel); wenn David Bennent, der die Gewalt über seine Glieder verloren, sie wie Phantome nicht zu sich gehörig erinnert und beginnt, sie zu Leben und zu Gefolgschaft zu zwingen mit Hilfe der erziehenden, strafenden Augen, bis Fuß, Knie und Hand gehorchen; wenn Oïda sich die Ohren zuhält und – ein Leuchten auf seinem Gesicht, ein Glücksstrahlen – seufzt: »Das Radio ist ganz einfach in meinem Kopf« und – die Augen geschlossen – sich erinnert an die Mutter, den Vater, das Zuhause: Dann erleben wir das Wunderbare! Es ist berührend. Von dieser Welt und doch – weit weg!

Brook inszeniert Gedächtnis und zugleich Gegenwart. Er inszeniert ein Traumspiel, in dem die Frage »Was ist Realität?« ebenso wichtig wie völlig überflüssig ist. Er inszeniert eine Lehrstunde zu Ludwig Wittgensteins These, daß die wichtigsten Aspekte der Dinge durch ihre Einfachheit und Alltäglichkeit verborgen blieben, weil dem Menschen die eigentlichen Grundlagen seines Lebens gar nicht mehr auffielen.

Nach diesen 100 Minuten sehen wir anders auf die Menschen um uns herum. Wir werden das Lächeln und das Grinsen bemerken, wir werden sehen, wenn jemand humpelt oder Bocksprünge macht; und vor allem werden wir bei Politiker-Statements im Fernsehen jetzt öfter den Ton abdrehen und uns gesundlachen: Seht euch an, was die mit dem Maule anstellen und was mit den Augen, was mit den Brauen, den Lippen und den Händen, den Fingern.

Peter Brook kehrt mit dieser Arbeit zurück zu seinen theatralen Experimenten mit Taubstummen in den siebziger Jahren, zurück auch zur *Konferenz der Vögel*: Er beweist, daß er weiterhin nicht nur an den großen Inszenierungen interessiert ist, an den Welterfolgen wie *Mahabharata*, *Carmen*, *Pelleas und Melisande*, sondern daß seine Neugier hellwach geblieben ist. Immer aufs neue will er es wissen: Wie denn Theater, die Kommunikation zwischen Schauspielern und Zuschauern, funktioniert. Und was Leben ist. Sacks zitiert Luis Buñuel; und Brooks *L'Homme qui* meint Buñuel: »Man muß erst beginnen, sein Gedächtnis zu verlieren, und sei's nur stückweise, um sich darüber klarzuwerden, daß das Gedächtnis unser ganzes Leben ist.«

Das stärkste und reichste Instrument ist der Mensch

Gespräch mit Peter Brook über Ästhetik und Intention seiner Theaterarbeit

Peter Brook, während Ihrer Londoner Zeit waren Sie politisch sehr engagiert, Sie inszenierten Weiss' ›Marat/Sade‹, ›Die Ermittlung‹, ›US‹. Heute scheinen Sie politische Stücke nicht mehr zu interessieren. Glauben Sie nicht mehr an die Kraft des Theaters, sich diskutierend einzumischen in gesellschaftspolitische Entwicklungen?

Für mich gibt es nur einen Grund, einen Wert, warum ein Zuschauer in ein Theater geht: Er setzt sich auseinander mit den Widersprüchen in seinem Leben. Ganz einfach. Wir müssen in ihm etwas wachrufen, was normalerweise in ihm schläft. In der Epoche, von der Sie sprechen, war ich fasziniert von der Politik und den sozialen Vorgängen. Ich habe zwar in meinem ganzen Leben nicht eine Sekunde lang an irgendein politisches System geglaubt, niemals, aber damals, in den sechziger Jahren, habe ich gesehen, daß alles, was rechts war, unendlich viel schlechter war als alles, was links war. Ich machte den *Marat/Sade*, weil ich spürte, daß Peter Weiss, der sich für einen Kommunisten hielt, seinen eigenen Widerspruch darin formulierte: Er war sowohl für Sade als auch für Marat. Aus diesem tragischen, starken Konflikt zwischen zwei gegensätzlichen Kräften wurde sehr gutes Theater. Weiss glaubte, er sei für Marat, gegen Sade; doch sein Stück war anders. So inszenierte ich es.

Als ich *US* über den Vietnamkrieg machte, wollten alle meine Kollegen, daß ich als guter englischer Sozialist zeige, daß alle Vietnamesen gut und alle Amerikaner böse sind. Ich machte etwas anderes: Ich inszenierte etwas, was zu dieser Zeit aussah wie ein Requiem, eine Messe. Ich wollte, daß der Zuschauer – anstatt sich als Rechter gut einzurichten, weil er recht hat; als Linker sich gut zu fühlen, weil er dagegen ist – sich auseinandersetzt mit einer realen Tragödie. Die Tragödie hat keine Antworten – weder auf die politischen noch auf die gesellschaftlichen Probleme. Damals war es möglich, so ein Stück aufzuführen und seinen Gesichtspunkt damit zu erklären. Heute, seien wir ehrlich, würde kein Mensch wagen, ein polemisches Stück über Jugoslawien zu schreiben. Nur ein Scharlatan könnte einen Text über Bosnien machen oder gar nach Brechtscher Manier ein Stück schreiben, in dem erklärt wird, wer schuldig, wer unschuldig ist. Wo sollte man anfangen? Soll man alle Serben töten? Soll man die Russen töten, weil sie die Serben unterstützen? Oder soll man die Kroaten töten, weil sie die Gefangenen foltern? Oder die Bosnier? Man kann sich diesen Dingen nur mit der Tragödie nähern, nicht etwa auf dem Niveau der Politik. Und: Wer wagte heute ein Stück über die deutsche Wirklichkeit zu schreiben; wer würde mehr dabei zutage fördern als Banalitäten? – Für mich geht heute *Mahabharata* unendlich viel weiter in der Politik und in der politischen Erziehung als *Marat/Sade*. Und Shakespeares Texte gehen natürlich alle noch darüber hinaus. Nur als wir *Woza Albert* machten, gab es auf der Welt noch eine Situation, die einfach und klar war – die südafrikanischen Verhältnisse waren deutlich. Heute gibt es das nicht. Alles ist viel komplizierter – und man kann die Situationen, man darf die politischen Vorgänge nicht vereinfachen, das wäre unehrlich.

In vielen Ihrer Essays schreiben Sie, daß der Raum und die Ausstattung die Basis aller Theaterarbeit seien. Wie beginnen Sie die Arbeit, gibt es schon eine präzise Vorstellung vor den Proben oder gestalten sich die Räume während der Improvisationen? Ich erinnere mich an die Fußabdrücke im Sand bei Ihrer Inszenierung von ›Mahabharata‹, an den Abschied von Carmen, die – den Blick vom Zuschauer abgewendet – aus einem gemalten Kreis tritt.

Um eine präzise Antwort zu geben, muß ich die Frage umkehren. Wenn ich von *Raum* spreche, so meine ich damit nicht den Raum in einem geographischen oder physischen Sinn. Bei mir geht dieser Begriff in seiner Bedeutung weit darüber hinaus. Raum ist alles, was noch keine Form hat, und alles, was noch keine Form hat, ist eine Möglichkeit. Das heißt, die Möglichkeit von Geburt, von Kreation, hängt ab von einem Raum, der noch nicht voll, nicht bestimmt ist. Der *leere Raum* heißt: die Virtualität, das, was vor dem großen Knall ist – in allen seinen Bedeutungen.

Wenn es den großen Knall gibt, wenn es wirklich diesen Moment der Kreation gibt, dann enthält dieses Objekt, das sich in diesem

Moment zeigt – vorausgesetzt, das Objekt stellt seine eigene Natur dar –, zwangsläufig alle Ebenen der Interpretation. Ich möchte das vergleichen mit der Arbeit eines Bildhauers. Ein Bildhauer sucht in einer Materie eine bestimmte Form. Allmählich entsteht diese Form. Vielleicht ist die Form am Ende ein Ei. Der Bildhauer versucht, alles zu erreichen; und jetzt denkt er, er müsse sich der Form dieses Eies beugen. Mehr, weiter denkt er nicht. Er denkt nicht an die Bedeutung des Eies. Er sieht nur die Form, die Oberfläche. Es passiert also, daß er alles versucht hat – mit seiner Liebe, seinen Augen, seiner Technik –, diese Form in Übereinstimmung zu bringen mit seiner Natur. Und wenn er fertig ist, sieht der eine darin die Perfektion der Geometrie, ein anderer sieht den symbolischen Wert darin, das Ei als Symbol des Werdens, des Entstehens – wie in den ältesten Kulturen. Und eine sehr emotionale Frau könnte sofort an das eigene Kind denken, ganz direkt. Deshalb sage ich: Es ist umgekehrt.

Der Anfang der Arbeit bedeutet, daß man sich von allem trennt, sich löst von allem, was zu schnell da ist, um zu strukturieren; zu schnell da ist, um zu interpretieren. Unsere ersten Interpretationen und Deutungsversuche, also die Dinge, die als Interpretation ganz schnell an die Oberfläche gelangen, sind immer *superficial*, vordergründig. Wir müssen uns befreien von allzu raschen Schlüssen und Erklärungen. Um sich davon zu befreien, muß man sich entleeren. Man muß sich freimachen von allem, was man mit sich rumschleppt. Man muß sich ausräumen, wie man einen Koffer auspackt.

Also am Beispiel von *L'Homme qui* heißt das: Ich habe, sagen wir mal, Gefallen gefunden an einfachen Räumen, diese Vorliebe hat sich über Jahre entwickelt. Aber ich könnte nicht sagen, daß unser Ausgangspunkt die Bouffes du Nord sind, obwohl ich viele sehr verschiedene Zeichnungen und Entwürfe gemacht habe, wissend, daß ich meinen Koffer leeren muß. Wir haben drei Jahre an diesem Projekt gearbeitet und es zweimal unterbrochen. Wir haben mit vielen, vielen Schauspielern gearbeitet und mit Dr. Sacks. Die Intuition leitet uns, sie lebt im leeren Raum. Und die Intuition hat uns gesagt: Das kann's nicht sein.

Man hat es immer wieder probiert. Dann haben wir die Arbeit

unterbrochen und am *Sturm* gearbeitet. Dann haben wir weitergemacht, denn wir arbeiten anders als die anderen, ohne Druck. Nach einigen Monaten dasselbe: Das kann's nicht sein. Also machten wir wieder etwas anderes. Vor eineinhalb Jahren haben wir wieder mit der Arbeit angefangen. Diesmal mit einem ersten Ergebnis: Wir fanden heraus, daß wir eine ganz kleine Equipe sein mußten, weil wir Krankenhäuser besuchen mußten.

Außerdem: Wenn man ein großes Ensemble hat, dann ist man sofort und unvermeidlich an die Bedingungen einer Aufführung gebunden, weil man loyal sein muß gegenüber den Akteuren. Das heißt, wenn man zwölf Schauspieler hat, dann muß man allen zwölf Arbeit geben, muß sie ernähren, wenn es gute Schauspieler sind. Aber dieses Projekt sollte nicht eine Aufführung werden im traditionellen Sinn. Es sollte eine Forschungsarbeit sein. Und dafür brauchte man eine ganz kleine Forschungsgruppe.

Sie benutzen, um Ihre Arbeiten zu charakterisieren, oft das Wort »Geburt«. Das heißt: Ihre Inszenierungen beanspruchen, als lebendige Individuen betrachtet zu werden. Wie ernähren Sie sie – und was tun Sie, damit sie in Ehren alt werden?

Das ist sehr einfach. Bis 1970 – damals erhielt ich meinen eigenen Theaterorganismus hier –, als ich noch in verschiedenen Theatern arbeitete, da genoß ich in vollen Zügen den tiefen, starken Don Juanismus in unserem Metier, der uns in eine ganz emotionale, fast sexuelle Beziehung zu einer Personengruppe bringt. Diese Beziehung ist sehr intensiv. Und man kommt dabei sehr schnell – in England hatten wir ja nicht mehr als sechs Wochen Zeit – zum Orgasmus. Und nachdem man den Orgasmus hatte, verläßt man die Frau – wie Don Juan. Und im Theater habe ich es seit ungefähr dreißig Jahren ähnlich gehalten: Ich habe mich hingegeben bis zum Moment der Premiere. Und ich sage Ihnen etwas, wofür ich mich heute schäme: Ich habe es besonders gerngehabt, im Flugzeug die Kritiken zu lesen, nach dem Abschied.

Seit ich mit der eigenen Gruppe Theaterstudien treibe, weiß ich, daß den Premieren im normalen Theaterbetrieb eine falsche Wichtigkeit gegeben wird. Die Premiere ist eine sehr künstliche Geburt. Allmählich begann ich zu zweifeln an der Wichtigkeit dieses Premierenrummels – dabei zu sein ist ein Hit –, bis ich schließlich wußte, daß es ähnlich ist wie bei der richtigen Geburt: Die Arbeit muß progressiv vonstatten gehen. Deshalb haben wir in dieser permanenten (oder halbwegs dauerhaften) Gruppe darauf hingearbeitet, der Premiere, also dem magischen Termin, alles Dramatische zu nehmen. Wir machen vor der eigentlichen Premiere viele Durchläufe, erst vor Freunden, dann vor ganz normalem Publikum, dann gibt es sogenannte Voraufführungen, bis der Schauspieler gelassen auf die Premiere reagieren kann. Und selbst an diesem Tag achte ich darauf, daß nicht gleich alle Kritiker in der Aufführung sitzen. Auch in München, beim Gastspiel von *L'Homme qui*, habe ich darauf bestanden, ähnlich zu verfahren. *L'Homme qui* hatte keine richtige Premiere hier in Paris. Jede Premiere ist also eine allmähliche Geburt. Eigentlich sollte jede Aufführung eine Geburt sein – wie bei Konzerten. Jede Interpretation großer Dirigenten ist eine Uraufführung. Genauso möchte ich es beim Theater haben.

In einem Ihrer Essays sprechen Sie vom Unterschied zwischen Konzeption und Gespür.

Mit Gespür meine ich das, was man im Englischen *the formless haunch* nennt. Haunch heißt Intuition. Im Französischen nennt man es ein *présentiment*, eine Vorahnung. Das ist noch nicht die Ahnung, ist *formless*. Dieses *présentiment* ist für mich fundamental. Wenn man es nicht hat, ist man verloren. Wenn man eine Gruppe führen muß, dann braucht man diese Vorahnung. Wenn man eine Theaterarbeit beginnt, muß man dieses *présentiment* haben, sonst muß man gar nicht erst anfangen, denn dieses Gefühl gibt die Richtung der Arbeit an, den Weg.

Wenn ein Intellektualist mit einem Konzept kommt, dann zwingt er alle in dieses Konzept. Damit kommt man nicht weit, denn schließlich hat jeder Gedanken zu einem Text. Aber wenn man als Regisseur dieses *présentiment* hat, dann bekommt man *mit* den Schauspielern ein Gespür und damit eine Spur, die man verfolgen muß. Alle Hinweise, die wir während der Arbeit einander geben, um dem Gespür zu folgen, sind provisorisch – bis zu dem Augenblick, da die Form sich zeigt. Aus Erfahrung weiß ich: Wenn die Form sich zu früh zeigt, ist sie nicht gut. Diese zu frühe Form entsteht aus Angst. Alle Beteiligten haben so große Angst, auf einer Spur ohne Ziel zu sein, daß sie versuchen, etwas zu finden, was nach

Form aussieht, damit sie sich nicht verloren fühlen. Man braucht Mut, das ist das einzige. Nicht etwa eine Technik. Man braucht Mut, die formlose Spur so lange zu verfolgen, bis sich die richtige Form einstellt.

Aber wer weiß, wann es zu früh ist, wann die richtige Form entstanden ist?

Die Erfahrung lehrt, daß es besser ist zu warten. Es ist gut, sich zu sagen: Was auch immer das Ergebnis sein wird – denn natürlich hat man an jedem Tag in der Arbeit Ergebnisse –, alles ist erst einmal provisorisch.

Während viele Ihrer Kollegen sich überbieten mit technischem Aufwand auf der Bühne, Beleuchtungs- und Ausstattungsspektakeln, werden Sie immer knapper und klarer, Sie reduzieren Szene und Aufwand und verlassen sich ausschließlich auf den Schauspieler...

Ja. Meine Erfahrungen – ich habe zu Beginn ganz anders gearbeitet – haben mich gelehrt, daß das stärkste, das reichste Instrument der Mensch ist. Er ist das wahre Instrument. Was drum herum ist – auch in *L'Homme qui* –, ist nebensächlich. Wenn man im Theater alles benutzt, die ganze Technik, wenn man alles sieht, dann ist man an der Grenze zur Banalität, sehr schnell übrigens. Die Konzentration auf das Individuum ist nicht eine Frage des Stils, sondern das Ergebnis von Erfahrung: Entscheidend ist nur das Individuum auf der Bühne.

Sie sind gegen das ›Gesamtkunstwerk‹ im Sinne Wagners, warum?

Ich denke: Alles – Musik, Kostüme, Dekor, Licht – gehört an seinen Platz, meinetwegen auch an einen sehr auffallenden – aber trotzdem sind all diese Dinge sekundär, verglichen mit dem Menschen. Der Fehler in Wagners ›Gesamtkunstwerk‹-Denken ist, daß bei ihm all diese Dinge den gleichen Wert haben – wie in einem Orchester die Instrumente. Das ist nicht nur falsch, das ist schlimmer: Das ist gefährlich im Theater. Das Theater ist kein Orchester. Nichts kann ähnlich stark sein, wie die Personen es sind. Man liest ja immer wieder, daß die Oper die größte aller Künste ist, weil alle anderen darin enthalten sind. Das ist doch dumm. Das ist ja so, als wenn die beste Suppe jene wäre, in die man alles hineintut, was man hat.

Bei Thomas Bernhard, in dem Stück ›Am Ziel‹, steht, daß das Theater der letzte Ort sei, das Leben auszuhalten. Für Lessing ist die Bühne die aufklärerische Anstalt – was ist sie Ihnen? In einer völlig mediatisierten Welt, in der das Simulakrum, wie Baudrillard schreibt, vielen Menschen die Wirklichkeit ersetzt?

Das Theater ist ein Ort – ich sage nicht der einzige –, es ist ein ganz besonderer Ort, wo denen, die sich darin versammeln, geholfen werden kann, besser dem Leben zu trotzen, ihm die Stirn zu bieten. Vorausgesetzt, das Theater leistet alles, was es zu leisten vermag.

Das ist genau das Gegenteil von dem Bernhard-Satz. Die Medien helfen niemandem, sein Leben besser zu leben. Sie geben Informationen, sie bringen die Leute zum Lachen und zum Weinen, aber sie helfen nicht, besser sein eigenes Leben zu leben. Brechts Theater hilft allerdings sowenig wie das Theater, das Träume bereithält. Aber wenn es das Theater – sei es in Form der Tragödie, sei es als Freilichtspiel, in welcher Form auch immer – für einige Stunden wirklich schafft, die Zuschauer zu befreien von allem, was sie mit sich herumschleppen; wenn das Theater es schafft, daß die Zuschauer atmen und nicht nur die Widersprüche des Daseins leben, sondern auch die Koexistenz von allem, was schlecht ist; und all die anderen unendlichen Möglichkeiten zu leben, dazu alle möglichen Gefahren eines Lebens: Wenn das Theater dies als Realität zeigt, wenn es diese Erfahrungen zu vermitteln vermag, dann hilft es zwar nicht den Menschen, die nicht im Saal sind. Aber diejenigen, die im Theater sind, die an der Erfahrung teilhaben, sie haben die Chance, wenn sie wieder auf der Straße sind, ihr eigenes Leben besser zu leben als zuvor. Und wenn das auch nur für ein Prozent der Menschen zutrifft: Das Theater und alle, die darin arbeiten, müssen dieses Ziel haben. Das ist die Funktion des Theaters, dazu muß man den Theatermachern Mut machen. Das ist die Funktion, die die Gesellschaft braucht.

Der ganze Rest ist Geschwätz: Die Kultur ist Geschwätz, die Politik ist Geschwätz, die Theorie, die Konzepte, die Kunst – alles Geschwätz. Nur eines zählt: Wenn eine Gruppe von Menschen gemeinsam ein Klima herstellt, das erlaubt, die Probleme im Leben zu erkennen und zu ertragen, ihnen zu trotzen, wenn sie dabei alle ein bißchen erwachsener werden, dann ist das Gewinn.

Nun marschieren sie wieder

Schauspiel mit den Mitteln der dreißiger Jahre

Sie marschieren wieder. Die römischen und volskischen Heerscharen in Salzburgs Felsenreitschule. Was Peter Stein in seiner Inszenierung von Shakespeares *Julius Caesar* recht war, ist Deborah Warner in ihrem *Coriolan* billig. Von rechts kommen sie hereingestampft, in Reih und Glied, bereit zu schwören, bereit zu kämpfen. Stumm ist sie, die Masse, dumpf. Sehr geeignet für jene, die sie manipulieren wollen. Und nicht viel anders kommt das Volk dahergerannt, dahergeschlurft. Dumm ist es, und jedem glaubt es.

Wohl alle Regisseure reizt es, Massen zu choreographieren. In der Felsenreitschule, in der – wir haben es erlebt – auch Kammerspiele möglich sind, hat dieser Stil Tradition. Max Reinhardt inszenierte 1933 (bis 1937) hier seinen *Faust* mit Hunderten von Statisten in Salzburger Tracht. Und wenngleich er in dieser Inszenierung nicht so weit ging wie in seinen Berliner Aufführungen von *Julius Caesar* und *Ödipus* oder seiner Londoner *Mirakel*-Arbeit: Sicher ist, daß Reinhardt die Masse nicht individualisiert hat. (Er wollte ja nicht in der Meininger-Nachfolge arbeiten.)

Einige Jahre zuvor – 1927, zum zehnjährigen Jahrestag der Oktoberrevolution – schuf Sergej Eisenstein *Panzerkreuzer Potemkin*; zu gleichen Zeit zeigte Rudolf von Laban seine chorischen Tänze; in Hollywood drehte man die großen, aufwendigen Revue-Filme mit tausend Beinen. Doch anders als bei Reinhardt versuchten diese Künstler, in der Masse Mensch das Individuum zu charakterisieren (vielleicht mit Ausnahme von Busby Berkeley).

Das tat Reinhardt nicht, das tun Stein und Warner nicht. Und das taten auch die Nationalsozialisten nicht. Für sie ist Masse Masse. Frieda Grafe hat in einem Aufsatz über Leni Riefenstahls Filme festgestellt, daß Hitler eine richtige Empfindung dafür gehabt habe, wie inbrünstig »eine von der Technik veränderte Massengesellschaft nach neuen Kunstformen verlangte«. Und sie fährt fort: »Hitler stürzte sich auf das neue Medium und dessen Massen vereinende Kollektivrezeption. Es gab ihm die Möglichkeit, im Bild, symbolisch, die Einheit zu entwerfen, der an der Basis die Grundlage fehlte. Die wirtschaftlichen Widersprüche wurden formal gelöst, die Massen in Uniformen gesteckt, Arbeitsmänner als Bauernstatisten, das Parteivolk der NSDAP als ein Heer von Gefolgsmännern, dem anzugehören erstrebenswert schien.«

Das Volk bei Stein – Männer und Frauen in blauen Arbeitsanzügen; das Volk bei Frau Warner – Männer und Frauen in erdfarbenen Leinenanzügen: Menschengleichmacherei. Das Heer in Rüstungen, versteht sich, denn Soldaten trugen und tragen auf der ganzen Welt Uniform, sind qua Profession Manipulationsmasse. *Dagegen* läßt sich schwerlich etwas sagen. Nur: Daß Stein sich ausgerechnet für diese selten gespielten Römerdramen interessiert, die (auch) den (gerechten?!) Krieg verherrlichen, weist deutlich auf seine Haltung. Steins und Warners Theater versucht mit den gleichen Mitteln anzukämpfen gegen die Orientierungslosigkeit von Zuschauern und Machern, wie dies die Regisseure der späten zwanziger und der dreißiger Jahre taten. Es versucht – in Österreich, vor einem vorwiegend aus dem vereinten Deutschland angereisten Publikum, vor Zuschauern, die wissen, daß das Land durch das wirtschaftliche Ungleichgewicht so getrennt ist wie zuvor – Einheit zu stiften, die wirtschaftlichen Widersprüche in der Kunst aufzulösen. Die beiden merken, ahnen, wie andere Theatermacher auch, daß es heute schwerer ist als in den siebziger Jahren, ein Publikum zu gewinnen und zu fesseln. Schwerer, Position zu beziehen. Es fehlt der Feind, es fehlt der Freund, denn das sozialistische Vorbild gibt es nicht länger. In einer Welt, die unübersichtlich und aggressiv geworden ist, in der jeder überrumpelt wird von Meldungen und Meinungen, in der moralische Werte zusehends schwinden, in der die elektronischen Medien die Menschen verwirren, so daß sie die Wirklichkeit nicht mehr zu unterscheiden vermögen vom Simulakrum, mühen sich Stein und Warner, ihrem Publikum wieder Werte zu präsentieren. Werte, für die es sich – als ein Volk – zu leben, zu streiten, zu sterben lohnt. Gemeinsam sind wir stark! Gemeinsam können wir handeln! Gemeinsam können wir feiern.

Der Parteitagsfilm zeigte, wie man Feste feiert. Stein und Warner wollen zusammen mit ihrem Publikum gleichfalls ein Fest feiern, schließlich zelebrieren sie Fest-Spiele. Sicherlich ist ihr Ideal ein humanistisches Fest; gewiß wollen sie den Menschen mit dem Theater wieder zu sich selbst führen, ihm Mut machen, sich zu bestimmen – nichts anderes will ja auch Botho Strauß in seinem anämisch reaktionären *Gleichgewicht*. Allein: Sie kämpfen mit den ästhetischen Mitteln der dreißiger Jahre, statt in dieser gesellschaftlichen und künstlerischen Krisensituation neue Kunstformen zu erfinden, zu erproben.

Hinter diesem Rückschritt verbirgt sich eine ungeheure, eine gefährliche Arroganz. Wer das Volk so einschätzt, der dünkt sich ihm überlegen, der will es formen, führen. Stein, der auch öffentlich nicht eben sparsam und vorsichtig seinen Hochmut kundtut, zeigt als Schauspielchef der Salzburger Festspiele Flagge. Sie trägt vielleicht noch nicht die Farben Schwarz-Weiß-Rot, wie Claus Peymann angesichts der Strauß-Uraufführung vermutete, aber Schwarz-Rot-Gold ist es auch nicht. Denn Stein, der Linke, hat sich gewandelt – wie viele andere. Sein Statement, daß ihn das Theater als Ort der politischen Diskussion nicht interessiere, ist eine Ausflucht. Spätestens seit den Ideologiekritiken der 60er Jahre weiß man doch, daß nichts ideologiehaltiger ist als die angebliche Absenz von Ideologie. Und das bewahrheitet sich hier aufs neue: Selten waren Aufführungen derart deutliche Demonstrationen politischen Denkens wie diese. »Ohne Dialektik denken wir auf Anhieb dümmer; aber es muß sein: ohne sie!« formulierte schon Strauß. Stein und Warner demonstrieren diese Einfalt mit schon gefährlicher Naivität, zeigen diese neue, alte Geistesschlichtheit auf der Bühne. Diejenigen, die jetzt sich über die Werktreue freuen, sie haben nur nicht bemerkt – oder sie wollen es nicht bemerken –, daß der neue Salzburger Weg zurückführt zu einer Ästhetik, die deutlich präfaschistische Züge zeigt; zurückführt zum Proklamations- und Manipulationstheater.

Wie schwer es ist, ein Mann zu sein

Dieter Giesing inszeniert die deutschsprachige Erstaufführung von David Mamets *Oleanna* am Akademietheater in Wien

»It's upsetting to be a man in our society.« David Mamet hat die Nase voll. Von den nervigen Diskussionen um die politische Korrektheit, von den albernen Streitereien über Sexualität, von den verklemmten Debatten über die Rechte von Minderheiten, von den Quengeleien um den angemessenen, garantiert nicht diskriminierenden verbalen Ausdruck. Und die kämpferischen Feministinnen scheinen ihm ohnehin suspekt. Eindeutig schlug sich der Dramatiker jüngst mit seiner Bemerkung auf die Seite des Boxers, mischte sich ein in Mike Tysons Prozeß. Das war nach der Uraufführung von Mamets *Oleanna*, in dem er gleichfalls deutlich Stellung bezieht. Das Stück wurde allein deshalb – und nicht etwa wegen seiner literarischen Qualität – ein Erfolg. Feministinnen schimpften, dieser Dreiakter sei übertrieben kämpferisch, einseitig, vereinfachend. Und manch männlicher Kritiker gab ihnen recht.

Mamet führt vor, wie ein Hochschuldozent von einer Studentin fertiggemacht wird. Er verliert sein Ansehen, die bereits zugesicherte Anstellung als Professor auf Lebenszeit, sein Haus und wahrscheinlich auch seine Frau. Was hat er angestellt, der Mann?

Er hat eine Studentin getröstet, die verzweifelt zu ihm gekommen war, weil sie so gar nichts verstand in seinen Vorlesungen. Nur leider – und das wird ihm zum Verhängnis – seine *männliche*, seine intellektuelle Dominanz hat er auch in diesem Gespräch nicht abgelegt. Zusammen mit einer Gruppe, ihrer Gruppe, klagt Carol, so heißt sie, ihren Professor John beim universitären Berufungsausschuß an. Als »Elitist«, der kein Gespür habe für die Studenten, die sich nach Bildung und Wissen sehnten. Und natürlich waren die Hände, die Herr Professor auf ihre Schulter legte, auf sexistischen Abwegen.

Im zweiten Akt möchte er Carol überreden zur Rücknahme der Anschuldigungen. Da sie aber, inzwischen behütet, gefördert und gefordert von Mitstreiterinnen, nicht nachgibt, im Gegenteil, John auch noch der versuchten Vergewaltigung zu verklagen beabsichtigt, dreht der Mann durch. Im dritten Akt schlägt er sie und demütigt sie, sehr sexistisch. Sie reagiert beinahe gelassen. Aus ihrer Handtasche zieht sie eine Buchliste, verlangt eine Säuberung des Lehrplans, der auch Johns Veröffentlichungen zum Opfer fallen sollen. Und eine öffentliche Entschuldigung will sie außerdem. Der Text dafür ist schon aufgesetzt. John muß sich entscheiden.

In New York gab es Applaus, als der Professor die Studentin schlug. Der Skandal war perfekt. In London amüsierten sich die Zuschauer, denn ihnen war dieser Clinch fern, ein amerikanisches Problem. In Wien, wo jetzt im Akademietheater die deutschsprachige Erstaufführung gezeigt wurde, war es anders: still. Regisseur Dieter Giesing hatte es geschafft, sich rauszuhalten. Für keine der beiden Personen ergriff er Partei, oder anders formuliert: Er schuf ein empfindliches Gleichgewicht aus Antipathie und Sympathie. Wir mögen weder ihn noch sie sonderlich. Als am Ende Susanne Lothar und Ulrich Mühe ins Leere starren, müde vom Kampf, da wissen wir, daß keiner als Sieger das schäbige Büro des Professors (Bühne: Wilfried Minks) verlassen wird.

An der weißen Rückwand klebt immer noch das Foto vom strahlenden, jungen John, wie er am Schreibtisch sitzt. Davor steht ein anderer Mann, wirr, bleich, greis. Nichts ist ihm geblieben von der saloppen Arroganz, mit der er im ersten Akt dominierte. Aufgekratzt war er da, hellwach, beflügelt von pädagogischem Eros, angestachelt vom Ehrgeiz, auch dieses eher unwürdige Schauspiel zu einem die kleine Carol imponierenden Auftritt zu machen. Er wollte sie gewinnen. Nicht nur für den Stoff, das Studium, sein Buch – nein: (auch) für sich. Nach der ersten Demütigung kehrt Mühe den Intellektuellen heraus. Im grauen Flanell, nicht in Jeans wie zuvor, spricht er über den Fall, seinen und ihren; erklärt Banalitäten so gewichtig, langsam und aufwendig, als dozierte er über die Stoiker. Jedes Wort, jeder unfertige Satz: eine Machtdemonstration. Doch die Finger, die nervös mit sich selber spielen, offenbaren, wieviel Mühe John dieser Auftritt kostet. Am Ende fehlt ihm diese Kraft. Er kann seine Selbstzweifel, seine Angst vor dem Ruin nicht länger verstecken. Selbst die Stimme verrät ihn. Ulrich Mühe ist faszinierend stark. Wir schauen ihn sogar an, wenn er nur zuhört, wenn er reagiert mit den kleinsten Körperbewegungen und Sprechnuancen – einem Brauenzucken, einem müden Schmunzeln, einer aggressiven, sofort wieder zurückgenommenen Straffung des Körpers, einem Stottern.

Susanne Lothar fängt als graues, mißgelauntes, streitbares, verunsichertes Mäuschen an und wird emanzipiert, sicher, intellektuell. Sie macht deutlich, daß der Professor diese Carol schon am Anfang nicht richtig beurteilt hat. Sie ist nicht so verhuscht, unkritisch und manipulierbar, wie er glaubt. Auch die Lothar verläßt sich auf die kleinen Gesten. Geradezu minimalistisch entwirft sie diese Figur. So, daß jedes Schmollen, jeder Blick an Mühe vorbei, zur Decke; jede Handbewegung, zum Beispiel die wutverkrampfte Faust zwischen ihren Schenkeln, Ausdruck ihrer Empfindungen wird. Diese Göre in den schwarzen Jeans, dem billigen Kunststoff-Jäckchen und den Militärstiefeln hat sich, um im College zu bestehen, nur ruhiggestellt. Sie ist in Wahrheit eine Kämpferin. Wer Carol unterschätzt, hat sie bereits zur Feindin.

Den Leistungen dieser Schauspieler verdankt Mamets Stück seinen Wiener Premieren-Erfolg. Der Dialog ist eher dürftig, das Thema ist keines in Europa. Natürlich möchte Mamet mit *Oleanna* das Thema Macht und Machtmißbrauch diskutieren; selbstverständlich will er darauf aufmerksam machen, daß wir unfähig geworden sind zu kommunizieren. Aber *Oleanna* ist keine Auseinandersetzung mit den westlichen Gesellschaften am Ende dieses Jahrhunderts, bloß eine schnelle, pointierte Reaktion auf aktuelle amerikanische Vorfälle. Ein journalistisches Gebrauchsstück. Weit entfernt von Arthur Millers *Hexenjagd*, die McCarthys Kommunistenhatz zu einem Theater-Diskurs über Toleranz und Gedankenfreiheit, über Massenwahn und politische Verblendung verdichtete. Mamet bleibt an der Oberfläche. Während Millers Werk heute so brisant ist wie zur Zeit seiner Entstehung (es ist das bessere *Oleanna*), wird Mamets Dialog wahrscheinlich bald vergessen sein, nur noch ein Zeit-Dokument sein. Bestenfalls Stoff für zwei brillante Schauspieler wie Susanne Lothar und Ulrich Mühe.

Ihre Leichen leben noch

Jossi Wieler inszeniert
Elfriede Jelineks *Wolken. Heim.*
am Deutschen Schauspielhaus in Hamburg

Das nennen wir eine Überraschung: Elfriede Jelineks *Wolken. Heim.*, ein Text, der für das Theater so ungeeignet scheint, wie es selten einer zuvor war, erweist sich als boshafte, witzige, zeitkritische und zugleich äußerst bühnenwirksame Spielvorlage. Kein kleines Wunder – bemerkenswert allemal.

Der Weg in den Malersaal des Deutschen Schauspielhauses in Hamburg ist immer ein Abstieg in den Keller. Doch zuvor fand man dort eine Bühne. Diesmal sind wir im Bunker. Anna Viebrock hat ihn gebaut. Und wie die Zuschauer steigen auch die sechs Schauspielerinnen eine Treppe hinab, sie führt in der Tiefe des Raumes steil hinunter in einen seltsamen, verlassenen Ort.

Dämmrig ist er. Vier klobig große Schreibtische stehen herum, darauf Lämpchen und Aschenbecher. In jedem verglimmt eine Zigarre. An der einen Wand stehen graue Spinde, an die andere ist eine Kredenz gewuchtet. Die sechs – Marion Breckwoldt, Marlen Diekhoff, Gundi Ellert, Ulrike Grote, Ilse Ritter und Anne Weber – sie sehen sich um, betasten die Möbel, stöbern. Sie finden Bücher, Briefe, Waffen, Helme. Nein, diese Frauen sind keine Lemuren. Ihre Leichen leben noch! Und rasch, sehr rasch geben sie sich zu erkennen. Sie sehen aus, wie sie sprechen; und sie sprechen, wie sie aussehen. Die Füße in kernigen, klobigen Schuhen; die Körper in schwarzen Kleidern und sehr engen Kostümen. Markige Frauen. Deutsche Frauen. Alte Nazissinnen? Oder schon wieder neue?

Sie nehmen den Ort ein, den ihre Männer flohen. Der Kampf ist vorbei, die Schlacht geschlagen. Und doch: Diese sechs denken nicht daran aufzugeben. Jetzt erst recht nicht – jetzt erst recht wieder: »Wir brauchen Raum! Wir brauchen Ruhm!« Hier wollen sie heimisch werden. Feiern: Deutschland, die Deutschen, das Deutsche. Gedenken: Deutschland, der Deutschen, dem Deutschen. Streiten: für Deutschland, die Deutschen, das Deutsche.

Jelineks Deutschland-Deutschheit-Deutschsein-Monolog, dieses aus Texten von Fichte, Hegel, Hölderlin, Kleist, Heidegger kompilierte, mit Zitaten aus den Briefen der RAF versetzte, 1988 entstandene Werk, konnte ich mir aufgeführt gar nicht – und wenn, nur als gräßlich manierierte Veranstaltung – vorstellen. Vielleicht als einen Monolog für einen unbelehrbaren Mann, der raunt und staunt und mault. Eigentlich schien das Ganze – gut, weil kritisch dem deutschen Wesen auf der Spur – unerträglich. Auszuhalten allein als Lektüre oder vielleicht als Lesung. (Was nach dieser Hamburger Aufführung Barbara Nüsse auf brillante Weise auf einer CD gelang.) Doch Jossi Wieler zeigte gewiß nicht nur mir, daß es auch anders geht.

Die Aufführung hat einen grandiosen Einfall. Diese Wielersche Idee und ihre Umsetzung durch die Schauspielerinnen – oder sollen wir besser den musikalischen Begriff Durchführung wählen – macht diese Aufführung zum Ereignis: Die Aufteilung des Textes auf Frauen – die Hüterinnen der Ordnung – erweist sich trotz des konventionellen Zugriffs des Regisseurs als große Konzeption. Die sechs treffen sich zum gespenstischen Ting, zu einer Geister- und Geistesbeschwörung. Die Hinterbliebenen, Witwen wohl, sie reden sich an diesem Ort die Köpfe wütend. Und schon ist er da – der Haß auf alles Fremde, der Stolz auf die deutsche Identität. Also geht's los: Wir sind wir; und wir sind an und für sich; wir sind in uns; und wir sind in unserem Bewußtsein. Wie auch immer – ob mit Fichte oder Hegel oder Meinhof –, wir sind deutsch. Und wie. Die sechs, die zum Vorspiel von Wagners *Tristan* Pralinen essen, gleichen den Walküren im *Ring des Nibelungen*. Wie sie gehorchen, diese einsamen Versprengten dem Führer, wollen wie der sehr deutsche Wotan nur eines: das Ende. Und weil sie keine getöteten Sieger mehr nach Walhall schleppen können; weil die Zeit für die Heldenverehrung vorbei und noch nicht wieder zurückgekehrt ist, verrichten sie ihre Totenfeier an diesem Erinnerungsort. Ohne Leichen. Mit toten Texten.

Sie legen Blumen in den Spinden nieder, sie singen Durchhaltelieder; sie zelebrieren eine Messe für die Toten und die wenigen Lebenden, die sich ihnen, wie sie hoffen, vielleicht doch noch anzuschließen bereit sind. Sie demonstrieren auch für die Feigen, die sich nicht trauen, und jubeln sich selbst und die Gleichgesinnten in einen Machtrausch.

Wolken. Heim. – ein Alptraum. Eine Geschichtsstunde über das »Urvolk«. Ein schlimmer Abend könnte daraus werden. Doch Jossi Wieler und seinen Schauspielerinnen gelingt das Schwerste. Sie spielen die ironische Distanz; sie zeigen diese Rache- und Todesbiester und machen sich doch – wie nebenbei – über sie lustig. Sie offenbaren die Krankheit hinter der gesunden Maske. Das ist komisch und scharf. Wenn Marion Breckwoldt auf dem Treppenabsatz loslegt und Vaterlandsparolen knarzt, als müsse sie die Maiden unten im Saal endlich mit diesem Appell wieder zur Raison bringen; wenn Gundi Ellert – ich habe sie zuvor nie so präsent, so gespannt, so genau erlebt – Liegestützen vorführt, um die Körperertüchtigung bei all dieser Wörter- und Ideen-Akrobatik nicht außer acht zu lassen: Dann denunzieren die beiden damit diese Frauen – und »Deutschland, Deutschland über alles« gleich mit dazu.

Wieler findet ein Timing für diesen Jelinekschen Anti-Deutschland-Zettelkasten-Affront. Diese Aufführung fesselt durch einen faszinierenden Rhythmus. Wörter, Pausen, Musiken; selbst das Stolpern, das Gehen, das Turnen, das Fallen: Alles fügt sich ein in diese Körper-Wort-Komposition. Und dann, im Suff, sind die altenneuen BDM-Mädels gar nicht mehr zu halten. Dann wird gejodelt, was die deutschen Kehlen hergeben. Und zwischen den Strophen herrscht Ilse Ritter die Weiber an wie auf dem Exerzierfeld: »Zwei, drei, vier!« Sie feuert an; sie feuert los. Es geht nicht um den gemeinsamen forschen ersten Ton, es geht um »Deutschland!« Hojotoho!

Nie werde ich Ilse Ritters schönsten Auftritt vergessen. Immer wieder unterbricht sie ihre Mitstreiterinnen mit immer wieder derselben Frage, die gar keine ist, sondern eine von allen gut verstandene Beschimpfung. Auf der Lehne eines Sessels sitzend, die Beine übereinander, den linken Fuß beständig wippend, rauf und runter, eins, zwei, drei, fragt sie, spricht sie listig und gemein drei Worte: »Aber die Neger? – Aber die Neger! – Aber die Neger?!« (Hegel)

Amüsanter und zugleich bitterer als an diesem Abend ist Aufklärung im Theater höchst selten. Und daß Frank Baumbauer seine Hamburger Intendanz just mit dieser Wieler-Arbeit eröffnete, ist letztlich gleichfalls bemerkenswert. Er tat kund – und nicht allein mit dieser Produktion –, daß ihm zeitgenössische Texte wichtig sind; daß er sich mit der Schauspielkunst einmischen will in die politische Diskussion in diesem Land und daß er weiß, woran Republik und Welt gewiß nicht genesen werden. Dieses Intendanten-Lob hat die Wahl von *Wolken. Heim.* indes keineswegs beeinflußt. Aber der Wieler!

a, e, u, a! Philosophie, Juristerei

Christoph Marthaler
inszeniert *Goethes Faust* $\sqrt{1+2}$
am Deutschen Schauspielhaus in Hamburg

Das Deutsche Schauspielhaus hat wieder einen *Faust* – und was für einen! Am Ostersonntag anno 1957 hatte Gustaf Gründgens' Inszenierung Premiere; seitdem schwärmen jene Hamburger, die die Aufführung gesehen haben, und die anderen, die sie gern gesehen hätten, von einem Jahrhundert-Ereignis. Damals, so sagt die Mär, war die Theaterwelt der Hansestadt noch in Ordnung, post Gründgens begann der Niedergang. Deshalb wagte keiner seiner Nachfolger je ein *Faust*-Projekt. Frank Baumbauer traut sich was. Er klotzt kalkuliert. Der Tragödie beide Teile in zweieinhalb pausenlosen Stunden, inszeniert von Christoph Marthaler. Allein: Man erkennt den Text nicht wieder. Das mißfiel. Pfiffe, Buh-Geschrei, Türenschlagen schon während der Aufführung; Proteste danach. Zugleich frenetischer Applaus, Bravo-Rufe. Kein Skandal, ein Ereignis.

Den *Faust* in Deutschland neu zu deuten ist schwierig. Schon Goethe ahnte: »... auf unseren deutschen Bühnen probiert ein jeder, was er mag.« So haben wir eigentlich schon alles gehabt: Ausstattungsrevue und Weltgedicht (Thomas Mann), das *Faust*-Kabarett, das *Faust*-Requiem, den DDR-*Faust* und den dekonstruktivistischen *Faust* von Einar Schleef, 1990. Schleef rechnete damals mit der DDR ab, zeigte Scherben des *Faust*-Kosmos, verquickte in seiner Dekomposition das Zerrissene für ein sehr deutsches Memento mori.

Die Mittel Christoph Marthalers sind ähnliche. Auch er benutzt Musik (und wie!); auch er choreographiert Bewegungen; auch ihn interessiert die Psychologie der Figuren nicht. Doch im Gegensatz zu Schleef schert sich der Schweizer um das Deutsche im *Faust* grade soviel wie unvermeidlich. Marthaler erzählt eine andere Geschichte. Erzählt er eine?

Das Licht im Saal erlöscht, bis es nur noch schwach gelb funzelt. Der rote Vorhang wird angestrahlt. Jetzt geht's los. Durch den Schlitz fingert sich ein blasser Typ. Schlips, grauer Anzug, graues Gesicht. Langsam, verlegen, verklemmt, so als schäme er sich des Auftritts, der Worte und seiner Existenz gleich mit dazu. Nein, er spricht nicht die Zueignung. Er ist auch weder Goethes Theaterdirektor noch der Theaterdichter, noch die lustige Person. Er ist eine Entschuldigung.

Aus dem Vorspiel auf dem Theater hat Marthaler sich wenige Sätze rausgesucht. Die schönsten. Jene, die das Dilemma – *Faust* am Deutschen Schauspielhaus 36 Jahre danach – trefflich beschreiben: »Sagt, was ihr wohl von unserer Unternehmung hofft... Zwar sind sie an das Beste nicht gewöhnt, allein sie haben schrecklich viel gelesen... Die Masse könnt ihr nur durch Masse zwingen.« Die Worte lösen sich schwer von des Schauspielers Zunge; seine Arme baumeln herab, die Hände sind verkrampft. Kaum ist er verschwunden, schiebt sich die zweite Entschuldigung durch den Stoffspalt. Dieselben Worte, eine ähnliche Verlegenheit, ein ähnlicher Abgang. Entschuldigung Nummer drei hat den Gründgens-Sound drauf, und Nummer vier mag gar nicht zu Ende reden, so geniert sie sich. Der letzte Mann – Typ Katzenfuttervertreter – versteckt zuvor schon ängstlich das Gesicht hinter seiner schwarzen, ramponierten Aktentasche, als fürchte er Tomaten, Eier, Flüche.

Dann geht der Vorhang nicht auf. Sepp Bierbichler stampft groß, breit, stämmig an der Rampe entlang, eine Zigarre in der Hand, einen Zementsack unterm Arm. Faust der Unternehmer beim Landgewinn. Ihm folgt der kleine, dünne Siggi Schwientek, der immer so aussieht, als müßte man ihn aufbügeln. Gebeugt, gebeutelt, müde schlurft er hinterdrein. Ein kurzer Schwanz baumelt ihm am Hinterteil. Er ziert ungemein, denn er ist rot, und er ist enorm praktisch. Nach einem lauten Furz brennt er wie eine Lunte. Bierbichler grapscht ihn sich und zündet seine Havanna dran an. Dann hauen die beiden ab.

Der Vorhang geht auf. Langsam, ganz leise. Wir sehen in einen hohen, weißen Raum. Klassenzimmer, Bibliothek, Seziersaal – viele Assoziationen läßt Anna Viebrocks Erfindung zu, bloß gotisches Zimmer, Studierstube bestimmt nicht. Drinnen wuseln Männer in weißen Kitteln, untersuchen vertrocknete Tiere, Schädel; oben auf der Empore, in den Galerien, mühen sich Archivare vor riesigen, mit Buchstaben gekennzeichneten Wänden um irgendeine Ordnung. Und drei Männer in schwarzen Anzügen spielen Klavier. Aus einem in der Wand integrierten Klappbett kippen vier Großmeister der Wissenschaft vier grüngewandete Dirndl-Margarethen ins Geschehen. Faust und sein beschwanzter Freund – den Pakt haben sie längst vergessen – bringen sich selber ins Spiel, plumpsen aus einer Drehtür. Das Spiel kann beginnen.

Es heißt nicht *Faust*, sondern *Goethes Faust* $\sqrt{1+2}$. Es ist ein Traum über *Faust*, ein Traum von *Faust*. Eine Erinnerung. Verwandt dem Grüberschen an der Berliner Volksbühne zu Goethes 150. Todestag. Klaus Michael Grüber schaute mit den Augen des alten Goethe auf einen gescheiterten Mann. Marthaler sieht am Ende des 20. Jahrhunderts nur Gescheiterte und Gescheitertes. Ein vermasseltes Jahrhundert: Kriege, Auschwitz, Wissenschafts- und Fortschrittsüberheblichkeit, Männerwahn und Frauenunschuld, dumpfe Geilheit (mit einem de-Sade-Text) und eine Kultur, die zudeckt, was sie debattieren müßte.

Erhebt sich aus Marthalers vielstimmigem Chor einer, der erklären, aufklären will, so wird er niedergeschlagen, mundtot gemacht. Dann singen sie alle: Webers *Jägerchor*, Wagners *Tannhäuser* – Abendstern und »Steuermann, laß die Wacht«, ein versöhnliches Liedchen mit dem blöden Text (»Wir sitzen so fröhlich beisammen und haben uns alle so lieb«), das Mozartsche *Ave verum* oder der Dreißiger-Jahre-Immergrün »Ganz leise singt die Nacht ihr Lied« – ganz wunderbar von den vier Gretchen im Wiegeschritt vorgetragen.

Kultur (eben auch Goethes *Faust*) ist nur noch Zitat, Erinnerung von erschöpften, müden Sprücheklopfern, denen nichts Neues mehr einfällt. Ihnen ist fast alles abhanden gekommen: Individualität – Marthaler verteilt die Texte wahllos auf die Schauspieler und Gruppen, ohne Rücksicht auf Geschlecht, Logik, Verständnis –, Gegenwart und Zukunft. Geblieben sind ihnen allein Töne und Buchstaben, die in den hellsten Momenten dieser Lemuren zu Melodien und Sätzen sich verdichten, zu alten Gesängen und Texten. Bierbichlers Faust stottert vom Eingangsmonolog erst einmal nur die Vokale a, e, u, a, i, o, o, ie, u, bevor er langsam, ganz leise Konsonanten findet, schließlich zum »Hund« und »länger Leben«, zu »Magie ergeben« findet. Wenn er blökt: »Ich, Ebenbild der Gottheit«, dann ist das nur ein schlechter Witz. Ein ganz schlechter.

Denn während Bierbichler wie ein nasser Sack am Boden kauert (von wegen fröhlich beisammen!), während er vor sich hin stiert, leer im Kopf, allein, weil kein Schwanz sich um ihn kümmert, auch Schwientek ihm nirgendwo heimleuchtet, genießt Marthalers Gott noch ein gewisses Ansehen. Und vor allem: Er ist beweglich. In größeren Abständen fährt er im Aufzug herab. Wir hören ihn heruntersausen, sehen das Licht hinter den Türen und bemerken auch, daß er wütet. Stumm, neugierig, hintereinander aufgereiht, stehen die Menschen unten und schauen hinauf. Zeigt er sich? Gibt es ihn? Oder ist das nur ein programmierter Trick, damit das Elend auf der Erde ewig weitergehen kann?

Marthalers *Faust* ist ein Text-Trümmerhaufen und ein szenisches Kunstwerk. Das Chaos hat Form. Dem Regisseur gelingt es mit einem glänzenden Ensemble (darunter auffallend stark, ohne sich vorzudrängeln, Inka Friedrich, Ueli Jäggi und Ulrich Tukur), in das größte Tohuwabohu klärende Ordnung zu bringen. Der Musiker Marthaler komponiert Körperfugen, Wortchoräle, ein Oratorium des 20. Jahrhunderts aus *Faust*-Motiven. Nichts fehlt, denn um den mehrfach wiederholten Schlüsselsatz, »Ich sehe nur, wie sich die Menschen plagen«, hat Marthaler alles gruppiert, was in diesem Drama steckt. $\sqrt{1+2}$ reduziert das inkommensurabel Große auf die Ausgangsideen. Verkleinert ist die Tragödie dadurch gewiß, aber mit Gewinn. Marthalers Arbeit fordert von Zuschauern forschendes Erinnern, neue Betrachtung. Jetzt, hier – auch in Hamburg.

Den *Faust*, da haben die empörten Zuschauer recht, hat Marthaler ihnen indes verweigert. Er will ihn nicht erzählen, er will ihn sezieren. Über diese Sektion läßt sich trefflich streiten, auch darüber, ob man aus dem Zusammenhang greifen darf, was Goethe alles »hineingeheimnisset« hat. Wem Marthalers Vorgehen zu brutal, zu pietätlos erscheint, als ein Vergehen eben, der sei auf einen der ersten Goethe-Exegeten verwiesen. Zwei Jahre nach des Dichters Tod publizierte Dr. F. Deycks bei Bädeker in Koblenz *Andeutungen über Sinn und Zusammenhang* der Tragödie und warnte: »Ein Räthsel fordert unabläßlich auf zur Lösung, und diese versucht jeder nach seinem menschlichen und sittlichen Standpunkt auf seine Weise. Verwundern darf es Niemand, auf diesem Felde den abweichendsten Ansichten zu begegnen. So erscheint die erhabene Alpenkette anders dem Wanderer von Süden oder Norden, indeß ihre Kraft und Wesenheit durch die Jahrhunderte unerschüttert ruht.«

Marthaler, der Schweizer, blickt auf Goethe, den Frankfurter – und das in Hamburg. Es mußte so kommen. Ein Unglück ist dieser wurzelbehandelte *Faust* deshalb nicht. Eher ein kleines Wunder.

Ein Fest für Paris, für Frankreich – und für Europa

Das renommierte Festival d'Automne
setzt weiterhin auf Co-Produktionen:
Kann es Vorbild sein für Deutschland?

»Ich weiß«, sagt Marie Collin, verantwortlich für das Sprechtheater-Programm des Festivals, »Co-Produktionen sind in Deutschland nicht sehr beliebt. Aber ich denke, Sie werden sich daran gewöhnen müssen.« Ohne diese Co-Produktionen ginge in Paris nichts: 15 französische Theater eilen jetzt sogar den Deutschen zu Hilfe, beteiligen sich im kommenden Jahr mit einer nicht unbedeutenden Summe an der Schaubühnen-Produktion von Peter Handkes *Die Stunde da wir nichts voneinander wußten*, inszeniert von Luc Bondy, ausgestattet von Gilles Aillaud. Auch in diesem Jahr sind alle Aufführungen gemeinschaftlich finanzierte Projekte. Das hat nicht nur den Vorteil, daß die Kosten gedeckt werden können und jedes beteiligte Haus auf diese Weise spart, sondern: Die Aufführungen werden eben nicht nur an den Entstehungsorten gezeigt. Sie wandern durch Frankreich, manchmal durch Europa. »Sie haben doch in Deutschland eigentlich nur ein ernstzunehmendes Festival, das Theatertreffen in Berlin«, gibt Marie Collin zu bedenken, »Theater der Welt findet viel zu selten statt. Warum bleiben all die wichtigen Produktionen, zum Beispiel von Zadek, immer nur in einer Stadt? Das ist doch absurd.«

Marie Collin hat recht. Aber solange ein Burgtheater-Gastspiel pro Tag zwischen 350000 und einer halben Million Mark kostet, sind Gastspiele, selbst der (meist ungeliebte) Austausch von Produktionen, nur schwer möglich. Das Festival d'Automne kennt die Probleme und die immensen Forderungen. Marie Collin bemüht sich seit langem um Zadeks Wiener *Iwanow* – und scheiterte immer an der Finanzierung. Das Hebbel-Theater, der wichtigste deutsche Co-Produzent der Franzosen, und auch die Berliner Schaubühne lassen eher mit sich reden und feilschen. Die französischen Theatermacher sind weit zuvorkommender – und selten unverschämt in ihren Forderungen. Das Festival überlebt nur dank dieser Zusammenarbeit.

Dem Programm dieses Jahres fehlt zwar eine Linie, ein Konzept, das weiß Marie Collin, aber es kam ihr diesmal darauf an, französische Entdeckungen zu präsentieren. Also kein Autoren-Schwerpunkt (wie Beckett vor Jahren), keine fremde Kultur im Zentrum (wie einst Japan), sondern die Vielfalt. Das ist sicher auch eine Art Verschnaufpause vor den großen Projekten der kommenden Jahre: 1994 geht es um Kafka (unter anderem mit George Tabori), 1995 um Jean Genet (mit Robert Wilsons *Balkon* und Klaus Michael Grübers *Splendid's*).

Jean-Pierre Vincent zeigte also im Théâtre Rond-Point Büchners *Woyzeck* mit dem Publikums-Liebling Daniel Auteuil in der Titelrolle. Diese Aufführung ist sehr konventionell, sehr ordentlich und ein bißchen fad. Gewiß gefällt sie dem neuen Directeur du théâtre, Jacques Baillon, der in diesen Tagen die Verantwortung übernommen hat als Herr über alle französischen Theater. Die meisten Regisseure polemisieren schon jetzt gegen ihn; Marie Collin gibt ihm eine Schonfrist: »Er sitzt ja noch nicht einmal auf seinem Sessel. Es stimmt, er ist konservativ, und er kennt bestimmt nicht die neuesten Entwicklungen des französischen Theaters, geschweige denn des europäischen, aber man muß abwarten.«

Vincents Arbeit ist konservativ. Und kein Wort müßte darüber verloren werden, gäbe es nicht Lucio Fantis Bühnenraum. Ein Ort, der starke Inszenierungen unmöglich macht, weil er als eigenständiges Kunstwerk, als Environment, sprechender Menschen nicht bedarf. Vor der Rampe eine Ueckersche Nagel-Schilf-Fläche, die, gülden angestrahlt, das Rund des Theaters im Lichte vieler kleiner Sterne erglitzern läßt. Dahinter ein tiefer, nicht sehr hoher Raum, begrenzt von Holzwänden, die sich öffnen, verschieben, zu neuen Formen gruppieren; bedeckt von einer dreieckigen Schräge, die sich heben und senken läßt. Sie öffnet sich wie ein Adventskalender. Dann quillt aus Türchen, Mondsicheln, Sonnenrunden Nachtblau hernieder oder gleißende Hitze. Diese Erfindung ist wunderschön, aber sie lenkt alle Aufmerksamkeit auf sich – und fort von Woyzeck, Marie und den anderen.

Just das Gegenteil versucht Marc François. Er ist eine Ausnahmeerscheinung unter den jungen Regisseuren, in Deutschland, in Frankreich. Eine Aufführung ohne Musik! Ein knapp dreistündiger Abend ohne Pause. Eine Inszenierung, die auf einer kurzen Hamsun-Novelle (*Sklaven der Liebe*) basiert und mit anderen Texten experimentiert. François, der die Arbeiten von Christoph Marthaler gewiß nicht kennt, setzt seine Schauspieler, wie Marthaler dies so oft tat, in ein Wirtshaus. Hier treffen sie nun aufeinander, Männer und Frauen. Sie essen, trinken, streiten und flirten. Sie suchen Nähe und bauen Mauern auf, sich gegen die Angriffe (manchmal sind es nur Fragen) zu schützen. François schafft eine beängstigend alltägliche Atmosphäre in einer absoluten Kunstwelt, die durch Licht und Sprache entsteht. Marc François traut sich was. Vielleicht zu viel. Denn die Geschichten, die er erzählt, sind keine neuen; und deshalb muß der Zuschauer viel Geduld aufbringen, viel Neugier für jede Figur, die der Regisseur – schaut man genau hin – mit einer jeweils eigenen Vergangenheit ausstattet. Daß François diese Arbeit in diesem renommierten Festival zeigen durfte, ist Marie Collins Verdienst. Und Konzept. Also doch! Ihr sind die deutschen Produktionen von Frank Castorf (und seinen Epigonen) ein kleiner Graus.

»Man muß doch nicht immer die Schauspieler mit zum Kampf erhobenen Fäusten sehen, sie heulen hören: ›Aufgepaßt: Der Faschismus kommt!‹, damit man etwas begreift von unserer Gesellschaft.« Solche Typen wie bei Marc François hängen nachts in den Kaschemmen der Pariser Bahnhofsviertel herum. Sie reden, halluzinieren anderes, aber sie sind verlassen, verloren, allein wie Hamsuns Sklaven der Liebe und all die anderen Ausgestoßenen, die sich auf der Bühne des Théâtre de Gennevilliers versammeln.

Ausgestoßen auch das Tatoo Theater aus Sarajevo. Der Autor, Regisseur und Bühnenbildner Mladen Materic ist Serbe. Im Mai 1992 machte er sich von Sarajevo auf nach Belgrad, mit seiner Frau und seinen zwei Kindern. Von dort floh er zusammen mit seiner Familie nach Toulouse, wo er am Théâtre Garonne schon zuvor gearbeitet hatte. Man nahm ihn mit offenen Armen auf, sorgte sich um Unterkunft und Schule und Aufenthaltsgenehmigung und trug Materic eine neue Produktion an, finanziert vom Theater in Toulouse, einem Theater in Marseille, dem Festival d'Automne und der Fondation Art & Société. »Die einzige Möglichkeit, diesen Menschen zu helfen, ist doch, ihnen Arbeit zu geben und einen Ort zu leben«, sagt Marie Collin. Diese Inszenierung – ein stummes Spiel wie Handkes *Stunde* – kam in das Programm, nicht weil der Festival-Macherin Materics Thema und Ästhetik wichtig waren, sondern weil sie helfen wollte. Daß *Le Jour de Fête*, gezeigt im Théâtre de la Bastille, trotzdem ein Erfolg wurde, kann Marie Collin nur freuen. Materic und seine Schauspieler, alle aus seiner ehemaligen Kompanie, zeigen, wie Familien und Freundschaften erschüttert werden, zerbrechen durch politische Vorgänge; zeigen, wie Mißtrauen, Haß, Krieg entstehen. Am Ende stehen zwei Witwen an den Gräbern ihrer Männer. Die Wölfe – Schauspieler mit aschgrauen Tiermasken vor dem Gesicht – haben gewonnen. Und alles ist verloren.

Zu dieser Aufführung haben sich die meisten ausländischen Kritiker angesagt. Denn Wilsons *Orlando* (mit Isabelle Huppert), Giorgio Strehlers Ur-Alt-Produktion *La Baruffe Chiozotte*, Peter Sellars' *Perser* und auch Reza Abdohs *Hip Hop Waltz of Eurydice* und *The Law of Remains* waren schon an anderen Orten zu sehen. Aber wahrscheinlich wurden sie nirgendwo so gefeiert wie in Paris. Franzosen verehren Schauspieler; und sie lassen sich ein auf Wagnisse. Abdohs *The Law of Remains*, jenes krude Sex-and-Crime-Spektakel um den Massenmörder Jeffrey Dahmer, wurde nicht nur von den Zuschauern bejubelt. Auch die französischen Rezensenten erkannten die Kraft, die in dieser sehr amerikanischen Melange von Kitsch und Form steckt. Natürlich arbeitet Abdoh eklektizistisch, natürlich erkennen wir Bausch und Kantor und The Wooster Group. Dennoch: Die bösartige, aggressive, obszöne Show, in der die Welt eine schwarze Hölle ist und der Himmel eine weiße geschlossene Anstalt mit Madame Gott als Aufseherin, versucht, Stellung zu beziehen in Amerika. In einem Land, das, von Gewalt gezeichnet, auf der Straße und in den Medien, aufgeregt die stilistischen Formen der political correctness fixiert.

»Wir machen kein Festival für Kritiker«, kontert Marie Collin, wenn man sie auf diese bekannten Aufführungen hinweist. Trotzdem ist sie ein wenig traurig, daß die deutsche Presse dieses Kulturereignis, in dem es ja auch Novitäten zu entdecken gibt, »so verachtet« und statt dessen wallfahrtet zu Ariane Mnouchkine. Deren Erfolg in einigen seriösen deutschen Zeitungen sei »völlig verrückt«.

Da kann man ihr nicht widersprechen. Die Mißachtung der französischen Theaterszene – abseits von Mnouchkine und Chéreau – ist ein Problem. Es kann den französischen Theatermachern zwar nicht Trost sein, daß deutsche Kritiker zumeist bloß das deutsche Theater interessiert und viele deutsche Theatermacher allein das Thema Deutschland. Diese Ignoranz – welche Gründe sie auch haben mag – beweist, daß die Mehrheit der deutschen Intellektuellen, der Intendanten, Regisseure und Kritiker, nicht gerade neugierig ist auf das, was die anderen treiben. Als Nabel der Kulturwelt gilt ihnen Deutschland. Wie lange wird es dauern, wie dreckig muß es ihnen gehen, bis sie bemerken, daß ihr Selbstverständnis überheblich, ihre Weltsicht eingeschränkt, ihr Narzißmus schädlich ist? Wann interessiert sich eine deutsche Öffentlichkeit für die kulturellen Entwicklungen in den nicht-deutschsprachigen Ländern in ähnlichem Maße wie die Franzosen für deutschsprachige Literatur, deutsches Theater? In Paris gelingt es dem Übersetzer Heinz Schwarzinger in diesem Jahr zum siebtenmal, im Programm des Festivals eine gutbesuchte Woche des Österreichischen Theaters unterzubringen mit Autoren- und Schauspielerlesungen. Eine ähnliche Veranstaltung in Hamburg oder München oder Berlin würde ein Flop. Deutschland, Deutschland über alles. Wann, bitte, ist (wieder) Schluß damit – zumindest in der Kultur?!

1994

Papageno schießt Tore

Luc Bondy inszeniert Peter Handkes
Die Stunde da wir nichts voneinander wußten
an der Berliner Schaubühne

Die Überraschung ist nicht klein. So haben wir Peter Handkes *Die Stunde da wir nichts voneinander wußten*, dieses stumme Schauspiel auf dem Platz, dieses Kommen und Gehen von Männern und Frauen, mythischen und biblischen Figuren; dieses organisierte, auch mächtig pathetisch stilisierte Durcheinander noch nie gesehen. Weder bei Claus Peymann, der 1992 in Wien die Uraufführung von Handkes literarischen Szenenanweisungen inszenierte, noch bei Jürgen Gosch, dem ein knappes Jahr später in Bochum die deutsche Erstaufführung überraschend munter gelang. Peymann hielt sich sklavisch dienend an jedes Handkesche Detail, arrangierte die durch Pausen getrennten 13 Szenchen in Handkescher Langsamkeit; Gosch setzte auf Tempo und Witz. Er verließ die lichte Toskana, der auch Peymann huldigte, und siedelte das Geschehen, die feinsinnigen, ein wenig manierierten Beobachtungen des Dichters im eher düsternen Ruhrgebiet an. Von Handkes großem, pastos gemalten Finale, jenem kitschigen Sterben-Werden-Bild mit Moses und Kleinkind blieb nur ein ironisches Aperçu übrig. Und das war gut so. Peymanns Aufführung dauerte zwei Stunden, Goschs eineinhalb. Luc Bondy braucht hundert Minuten. Aber nur was die Dauer angeht, liegt er zwischen diesen beiden Produktionen. Sein Spiel ist weit entfernt von beiden.

Gilles Aillaud hat auf der breiten Bühne einen Platz gebaut, der, märchenhaft schön, nicht allein Italien evoziert. Zwar strahlt der große gemalte Himmelsprospekt in der Bühnentiefe südlich heiß;

zwar könnte das niedrige weiße Haus mit dem türlosen Eingang in jedem italienischen Dorf stehen; und das (ebenfalls gemalte) Meer dahinter sieht auch nicht nach gischtend kalter Nordsee aus. Aber das mit einer Plane zugedeckte Auto, eine Citroën-Diane, weist nach Frankreich; die sorgsam mit weißroten Bändern abgesicherte Baugrube nach Deutschland – anderswo geht man mit weniger Angst vor Unfällen und Schadenersatzansprüchen ans Werk. Und der graue ägyptische Tempelhund, der majestätisch auf einem Plexiglas-Sockel ruht, zeigt uns den Weg ins Museum, in die Kunst. Ein heller Gazevorhang rauscht von links nach rechts vor der Bühne entlang, ein Windstoß weht ihn fort. Schon sind sie da: Bondys Paare, Passanten.

Bereits die erste Szene macht deutlich, daß Luc Bondy so ganz stumm nicht bleiben will. Die Fuchteler und Hüpfer, die Schattenboxer und Dirigentinnen, die Hakenschlager und Springer, sie verweilen länger, als Handke sich das wünscht auf der Bühne. Sie kultivieren ihre kleinen Tricks – sie singen und summen. Tanzen. Ein Lufthauch, der Vorhang, die nächste Szene. Je länger das Spiel währt, desto freier bewegt sich Bondy in seiner eigenen Phantasie. Der Text dient ihm vor allem als Anregung.

Wir erkennen die Handkeschen Rollschuh- und Skateboard-Fahrer wieder, auch Papageno und den verlorenen Sohn, die deutschen Wanderer und den gestiefelten Kater, die Flaneure und Renner, die Geschäftsfrauen, die Manager und die Lufthansa-Crew. Doch Bondy inszeniert anderes mehr; mehr als Handkes akribisch genaue Personenbeschreibungen bieten. (Und er läßt einiges fort, zum Beispiel die billig diskriminierte Japaner-Gruppe, die blöd nichts anderes kann als fotografieren.) Das bedeutet: Der Rollschuh-Fahrer flitzt eben nicht flugs vorbei. Hans Diehl dreht elegante Runden, grinst eitel und selbstbewußt ins Publikum; und dann, wunderbar, streicht er sich durchs Haar. Seht her: Ich bin der Beste! Handke wünscht sich ein Flugzeug, Bondy präsentiert Helikopter-Lärm und einen Soldaten, der, nach dem geglückten Absprung, dankbar nach oben winkt. Der Skateboard-Fahrer umrundet nicht länger »etwas Imaginäres«, er umkreist – und wie locker! – die Hundestatue, die sich, plötzlich, samt Sockel bewegt und dem Fratz hinterherrollt. Der Junge versteht die Welt nicht mehr.

Papageno lugt aus dem Schiebedach des Autos. Später werden vier junge Mädchen aussteigen, kichernd, auf dem Weg zum nächsten Rendezvous. Das ferngelenkte Spielzeugauto muß nicht einsam über die Bühne brausen. Bondy lenkt's geschickt: Es verfolgt eine Hübsche, kurvt zwischen ihren Beinen. Die Baustelle ist Liebesnest, Falle und Grab. Der kurze Auftritt der Zirkusgruppe wird zum lebendigen Picasso-Gemälde, mit Hund: *Les Saltimbanques*. Der Radetzky-Marsch erklingt und, versteckt hinter einem knallig orangefarbenen Sonnenschirm, stakst eine tirolisch verkleidete Familie herein, verschämt, und wundert sich nicht schlecht über den Ort, den sie nun sehen: »Oij, oij, oij!«, staunen sie. Moses schleppt keine Gesetzestafel, er holt die Bibel aus dem Kofferraum des Autos, basta. Ein ungeschickter Basketball-Spieler gibt nach Versuchen auf, den Ball ins Netz zu kriegen, stopft das runde Dinge unters Hemdchen, kraxelt den Mast hoch, und schon gelingt dem Klammeraffen ein Tor nach dem andern. Und selbst Herrn Handke bringt Bondy in seinem phantastischen Märchen-Theater-Universum unter. Ein Schauspieler, geschminkt, frisiert, gekleidet wie der Meister, lustwandelt lesend über den Platz. Gedankenverloren. Zwutsch, da ist es passiert: Drei rüpelhafte Renner rempeln ihn zu Boden.

Bondys Welt ist größer, bunter, witziger als die Handkes – und gefährlicher, gemeiner. Bei ihm gibt es sogar Krieg auf der Bühne. Handkes Soldaten kommen »über den Platz gestürmt«, in Berlin schwingen sie sich aus dem Hauseingang in den Kampf, auf der Flucht und machen blutig Ernst. Alles Weihevolle, das der Dichter ausstellt, das Peymann übernahm, dem sich Gosch schon verweigerte, ist in dieser Inszenierung verschwunden. Sie ist ironisch, sie hat eine sehr französische, komödienhafte Leichtigkeit. Beschriebe man diese Aufführung Szene für Szene, es entstünde ein anderer Text als der, den Handke in seinem Schweigestück niedergeschrieben hat. Einer, der auch Worte enthielte und Noten, denn auf Musik wird nicht verzichtet. Bondy gleicht Papageno. Ihm muß man schon den Mund zubinden, damit er schweigt.

Ein amüsanter Abend. Ein teurer auch. Die vielen hundert Kostüme, die Susanne Raschig für die 33 Schauspieler hat schneidern lassen, sind erlesen, selbst wenn sie häßlich sind. Und manchmal ein faszinierender Abend: Die Darsteller – neben den Mitgliedern der

Schaubühne (Andrea Clausen, Tina Engel, Dörte Lyssewski, Werner Rehm und Peter Simonischek) Künstler aus Frankreich und Amerika – beherrschen Bondys Tempo, Bondys Rhythmus, Bondys Ironie. Sie machen uns oft neugierig auf diese Figuren, diese Opfer-Täter-Mitmacher. Sie schaffen es, unsere Aufmerksamkeit auf fast jede Geste, fast jeden Blick zu lenken. Weil wir hinter den Bewegungen Geheimnisse vermuten. Jede Begegnung könnte ja the beginning of a wonderful friendship werden – oder der Anfang eines Kampfes. Ein schöner Abend. Vielleicht sogar einer, der als Schule des Sehens und Dechiffrierens von Körperzeichen hellsichtig macht.

Die Bedenken gegenüber diesem Text aber bleiben. Er ist nicht unaufführbar, wie Handke vermutet. (Schon gar nicht, wenn ein Regisseur wie Bondy ihn mit der eigenen Phantasie auflädt, sich ihm widersetzt und sich nicht scheut, ihn zu entrümpeln.) Aber luxuriös überflüssig. Kein Zweifel, diese Co-Produktion der Schaubühne und des Festivals d'Automne wird wahrscheinlich in Paris ebenso gefeiert werden, wie sie es in Berlin wurde. Denn staunend kann man dem Schweigen lauschen und Bondys Phantasien weiterspinnen. Handke, der mit diesem Text eine Choreographie für das Theater schaffen wollte, hat das allergrößte Glück mit diesem Regisseur, gerade weil sich dieser von der Vorlage so weit entfernte. Die Erklärung ist einfach: Luc Bondy ist der bessere Choreograph.

Jean Genets verkehrte Welt – ein Traum

Klaus Michael Grüber inszeniert
die Uraufführung von Jean Genets *Splendid's*
an der Berliner Schaubühne

Eines Tages fand Jean Genet im Atelier von Alberto Giacometti zufällig unter dem Tisch eine der schönsten Skulpturen des Freundes. »Wenn sie wirklich gut ist, wird sie sich eines Tages zeigen, selbst wenn ich sie verstecke«, erklärte Giacometti dem erstaunten Gast. Diese Anekdote aus Genets *L'Atelier d'Alberto Giacometti* erinnert

Albert Dichy in seinem Vorwort zur französischen Ausgabe von Genets nachgelassenem, 1948 entstandenem Zweiakter *Splendid's*, der im vergangenen Jahr bei *L'Arbalète* in Paris erschien. Und natürlich hält der Genet-Biograph Dichy dieses Stück für eine ähnliche Kostbarkeit.

Gewiß verdient dieses frühe Werk Druck und Aufführung. Zunächst sollte es 1949 in der Nummer 14 der Revue *L'Arbalète* publiziert werden, aber diese Ausgabe wurde nie herausgebracht. Später mißfiel dem Autor eine Veröffentlichung, obwohl *Splendid's* viele Fürsprecher fand, zu denen auch Sartre gehörte. Genets Scheu ist ebenso verständlich wie Sartres Lob: *Haute Surveillance*, *Les Bonnes*, *Le Balcon* sind die besseren Texte, weil darin die Künstlichkeit des Mediums Theater benutzt wird für eine Dramaturgie, die die Welten der Bürger und Verbrecher zu Sprachritualen stilisiert. Aber alles, was wir an diesen Dramen schätzen, steckt auch schon in *Splendid's*: Travestie, Verrat und – vor allem – das Hohelied auf den gesellschaftlichen Außenseiter. Überdies sind diese zwei kurzen Akte witziger und ironischer als die späteren Arbeiten.

Es gibt also Gründe (genug), die Uraufführung zu wagen. Sie fand nicht in Frankreich statt, sondern in Berlin, an der Schaubühne. Also in einer deutschsprachigen Übersetzung von Peter Handke. Er hielt sich bis auf wenige Ausnahmen sehr genau an das Original. Weshalb allerdings die deutschen Ganoven Englisch sprechen können müssen, weiß Handke allein. Andere Veränderungen erklärt die Aufführung. Zum Beispiel diese: Während bei Genet der Radiosprecher im Nachrichtenjargon formulierte Phrasen verlautbart, rast Libgart Schwarz über beinahe unverständliche, extrem kurze Hauptsätze hinweg. Die letzten Reste Realismus gehen verloren. Genau dies will Klaus Michael Grüber. Er geht noch weiter als Handke, weiter als Genet. Versuchte der Autor, diesen Theaterkrimi zu brechen, den Weg einzuschlagen zum travestissement, will der Regisseur diese letzten Stunden einer Gangsterbande, gefangen in einem Luxushotel, wartend auf den Ansturm der Polizei, den Tod, die Verhaftung, zu einem (Alp-)Traum verdichten.

Der violettfarbene Gazevorhang teilt sich. Und wir staunen! Alles ist zu groß. Der Lüster, der tief in den halbrunden Raum hineinragt; die margaritenähnlichen rot-weiß-gelben Blumen auf der Tapete;

das giftgrün erleuchtete, in die Wand eingebaute kreisrunde Radio; das Tablett am Boden und die Kannen, die Tassen, die Jeroboam Veuve Cliquot. Nur die Statue des Diskuswerfers und die Glasvase mit dem quicklebendigen Fisch darinnen haben bekannte Ausmaße. Und die Marienstatue, die an der rechten Wand zu kleben scheint – weiß und bleich, gehüllt in Kleid und Schleier, eine Kerze in der Hand –, sie ist Eduardo Arroyo zu klein geraten. So verzerrt sind die Räume in unseren Träumen. So wie hier stehlen sich Menschen in unsere Nachtmahre hinein und wieder heraus. Die Schauspieler tanzen, stolzieren, parodieren – wir sehen sie, aber wir vernehmen keinen ihrer Schritte auf dem roten Teppich. Wir hören sie allein sprechen. Sprechen sie? Oder singen sie nicht vielmehr?

Sieben Diebe, sieben Mörder vielleicht – die Rafale-Gang – und ein Polizist, der sich freiwillig mit ihnen in diese siebte Etage des Luxushotels *Splendid's* flüchtete, warten auf das Ende: die Erstürmung ihrer letzten Bastion. Männer in Fräcken, Gentlemen, und der Flic in seiner Paradeuniform feiern den Untergang, den Verrat. Einige von ihnen sind geschminkt. Jean, der Anführer – zum ersten Mal gab Genet einer seiner Bühnenerfindungen den eigenen Namen –, und Scott, der kühle, kluge Kopf der Clique, tragen weißes, schwarzgestreiftes Kinn; Pierrot, dem Wahnsinn nahe nach dem Tod seines Bruders, zeigt seine Blessur: Die linke Hälfte seines Gesichts weiß, den Mund blutrot angestrichen, flirrt er umher. Er spricht zu seinen Kumpanen, aber nicht mehr mit ihnen. Auf der Suche nach dem anderen, dem geliebten Bruder, verliert er sich und findet ihn. Ulrich Matthes oszilliert zwischen Angst und Glück. Er leuchtet vor Freude, gelingen diesem Pierrot Gesten, Schritte, Blicke, die denen des Toten ähnlich sind. Und er erschreckt mit dieser Verwandlung die anderen. Pierrot überschreitet die Grenze zwischen Leben und Tod; und plötzlich sehen alle in ihm den Bruder, der wieder lebt. Matthes zelebriert diese Selbstaufgabe, die ein Liebesakt ist, mit der größten Grazie, mit einer verblüffenden Schönheit. Er ist einsam unter Einsamen.

Nie war diese Bande eine Gemeinschaft. Was sie zusammenhielt und bis zum letzten Moment zusammenhält, ist die Distanz und die Achtung, ein sehr bürgerlicher Respekt und eine distinguierte Höflichkeit. Hier ist sie: Genets verkehrte Welt. Der Verbrecher als der wahre Edelmann. Schon Genet wollte, daß es zwischen ihnen keine Berührung gibt, und Grüber hält sich daran. Daß diese sieben Männer durchaus auch Verlangen, sexuelle Gier und Begehren aneinander fesselt, verraten sie nur in wenigen Sätzen, manchmal in Blicken. Aber eigentlich führen sie alle Selbstgespräche, stilisieren sich und ihr Leben ein letztes Mal, allein für sich.

Bravo, der bleiche, schmale Große, der sich bezichtigt, das junge reiche Mädchen im Hotel ermordet zu haben, will seinen hohen Ton nicht aufgeben. Wolfgang Michael spricht, als müsse er – Führer, Verführer, Gott – eine gewaltige Menge sich verpflichten. Die Konsonanten knallen, die Vokale füllen und runden sich mit dem eigenen Echo. Und doch, ganz selten, wird Bravo übermannt von Furcht und Scham. Wenn er vom Ende spricht oder von der Nähe, die es nie gab zwischen ihm und denen, die er begehrt, dann schlottert dieser Kerl, als friere er; dann stottert er; dann verlieren seine Worte die Kothurne, mit denen er sie über die der anderen erhob. Jean, den sie Johnny nennen, hat die Kontakte zu den anderen schon lange aufgegeben. Er beharrt zwar darauf, der Chef zu sein, aber ein Träumer kann nicht befehlen. Er wird entmachtet und geopfert. Doch auch diese Selbstaufgabe ist Selbstfindung. In einem weißen Ballkleid, einen bräutlichen Schleier vor dem Gesicht, tritt er vor die Verräter. Er spielt das ermordete Mädchen, um die Polizisten und die gaffende Menge auf dem Platz vor dem Hotel zu besänftigen, sie zu täuschen. Jean wird, was er immer sein wollte: eine Frau. Sylvester Groth steigt die drei Stufen zum Balkon wie Maria Stuart auf das Schafott – und aus dem Radio tönt Mozarts *Agnus Dei.* Jean wird zur Retterin, zur Heiligen Maria. Er erlöst nicht die anderen, er erlöst sich. Des Polizisten Mord an ihm, an ihr, ist sehnsuchtsvoll erträumte Auferstehung. Ähnliche Wünsche, groß und schön und stark und frei zu sterben, beseelt auch die anderen: Bob (Sven Walser), den rabengleichen Traumtänzer; Rafale (Cornelius Obonya) und den hübschen, aufmüpfigen Riton (Ben Becker). Allein Peter Simonischeks Scott bleibt Räsoneur; realistisch, was die Einschätzung ihrer Situation angeht. Nur einen hat er falsch gewichtet: den Flic im Quatorze-Juillet-Ornat.

Mit dieser Figur gelingt Genet ein wunderbarer Coup und Grüber ein gemeines, treffliches Aperçu: Der Flic ist ein dämliches Dickerchen. Ein feiger Handlanger der Bourgeois. Er, der sich den Rafales angeschlossen, auf seine Kumpels geschossen hat, die unten auf der Straße um sein Leben bangten; er, der endlich einmal frei sein und nicht als Sklave der Herrschenden namenlos bloß benutzt werden wollte; er, der Johnny, das Mädchen, zärtlich liebkoste und sich damit bisher verheimlichte Wünsche wahr machte: Er schlägt sich im entscheidenden Augenblick wieder auf die Seite der Staatsmacht.

»Hände hoch!« brüllt Thomas Thieme. Das Wichtchen, das eben noch »Santa Lucia« quäkte und fistelte, erstarkt in Sekundenschnelle zu einem ganzen Mann. Der doppelte Verrat – die höchste Lust – hat ihn mutig gemacht. Und feig zugleich.

Vielleicht läßt sich Genets Spiel von einem anderen Regisseur in die Farce treiben – schrill, schräg, schrecklich; denn schließlich funktionierte es wie ein Operetten-Krimi, in dem die Figuren Filmnamen tragen. Aber es wird schwer sein, mit einem solchen anderen Konzept Grübers Klarheit, Grübers Schönheit zu erreichen. Sein Totentanz in der hitzigen Helle und der kalten Dunkelheit von Konrad Lindenbergs Licht dient Genets frühem Werk sehr. Indem der Regisseur ihm alle Wirklichkeiten nimmt und die acht Eingeschlossenen zu Metaphern macht für des Bürgers Sehnsüchte und Ängste, entdeckt er nicht nur Genets Poesie, sondern dazu eine Antwort auf die Frage, was denn *Splendid's* heute auf dem Theater zu suchen hat. Genets und Grübers Visionen über Freiheit, Feigheit, Anstand und Verrat sind der Stoff, aus dem unsere Träume sind – vorausgesetzt, wir haben sie uns noch nicht verboten. Aber selbst dann: Irgendwann werden sie sich zeigen.

Das offene Fenster oder: Jetzt!

Ein Porträt des Regisseurs Simon McBurney und des ›Théâtre de Complicité‹

Spät – aber nicht zu spät haben wir ihn entdeckt: Simon McBurney. Beim »Theater der Welt«-Festival im vergangenen Jahr in München wurde er gefeiert. Seine Adaption von Bruno Schulz' *Zimtläden*, die den Titel *Street of Crocodiles* trug, war neben Peter Brooks *L'Homme qui* und Luc Bondys *John Gabriel Borkman der* Höhepunkt dieses Theaterfests. Vor wenigen Wochen zeigte McBurney – Schauspieler, Regisseur und zugleich der künstlerische Direktor des ›Théâtre de Complicité‹ – seine neue Produktion: *The Three Lives of Lucie Cabrol* (nach einer gleichnamigen John Berger-Novelle), und die englischen Kritiken waren hymnisch. Wer ist dieser Simon McBurney? Woher kommt er? Wohin will er?

Im Norden Londons, U-Bahn-Station Halloway Road, untergebracht in einem zweigeschossigen Loft, arbeitet und probt er. Die Eingangstür ist verspiegelt, die Sprechanlage funktioniert. Er wartet in einem alten Sessel. Sechs-Tage-Bart, große Augen, ein bißchen müde. Es ist schwierig, mit Simon McBurney über Simon McBurney zu reden; viel lieber redet er über das Theater. Was heißt: über das Theater? Was heißt: reden? McBurney doziert – langsam, wohlformuliert. Über das Theater nachzudenken bedeutet für ihn stets, auch über die Gesellschaft zu diskutieren.

1957 wurde der Sohn eines Archäologen in Cambridge geboren; Studium der Literatur, dann Schauspielerausbildung bei Jacques Lecoq in Paris (1980 bis 1982), erstes Engagement bei Jérôme Deschamps (1983) und noch im selben Jahr Gründung des ›Théâtre de Complicité‹, das seitdem 23 Inszenierungen herausgebracht hat und damit auf Tournee ging. Erst in Großbritannien nur, später auf den Kontinent und mit *Street of Crocodiles* weltweit. Die Gruppe, weder Fringe- noch Stadt- oder Staatstheater, ist eine *touring company*, die pro Saison 100000 Pfund Subventionen erhält und den Rest sich erspielen muß: immerhin weitere 600000. »Wir können eine Produktion pro Jahr herausbringen; manchmal wünschten wir, wir könnten noch eine zweite erarbeiten, aber wir haben nicht die Zeit und nicht das Geld. Gern würden wir weniger reisen, denn es ist ermüdend, aber ich glaube, es wird sich nichts ändern in der nächsten Zeit. Das Theater hat in diesem Land keine Zukunft.«

Wo, bitte, hat Theater Zukunft? In Deutschland debattiert man Schließungen, Etatkürzungen. Intendanten verlassen ihre Häuser, wie Ratten es bei sinkenden Schiffen zu tun pflegen. »Richtig. Theater funktioniert nicht wie unsere kapitalistische Konsumgesellschaft. Da heißt es immer nur: Wenn du das machst, bekommst du das. In unserer Gesellschaft – und das war noch nie zuvor so – gibt es nur ein Ziel: Geld, Reichtum. Theater paßt nicht in so eine Welt, denn es wirft kein Geld ab, es kostet. Theater zu schließen oder sie so gering zu unterstützen, daß sie eingehen müssen, ist ein politischer Akt. Es ist Abwehr gegen eine Einrichtung, die das Ziel der Gesellschaft, Geldmachen, ablehnt.«

Und schon läßt Simon McBurney sich nicht mehr unterbrechen. Zwischenfragen sind ihm eher lästig. Hinter seiner Arbeit – und dazu gehört auch dieses lange Gespräch – versteckt sich alles andere als Publicity-Sucht und Karriere-Streben. Ihm ist es eher peinlich, daß man ihn mit Peter Brook verglichen hat, wenngleich er die Ähnlichkeiten der Arbeitsweisen sieht. »Theatermacher sind weit stärker miteinander verbunden, als die meisten Menschen glauben. Brook nahm viel von Grotowski auf, und seine Reisen nach Indien und überall hin, sie prägten seine Suche, seine Erforschung und seinen neuen Theaterstil. – Ich will nicht als der Neue, der Wundervolle gefeiert werden, ganz einfach deshalb nicht, weil ich mir noch riesige Flops erlauben möchte. Ohne Fehler kann man keine großen schönen Sachen schaffen. Theaterereignisse für den Augenblick.«

Das ist McBurneys Lieblingsthema. Obwohl er sich vorstellen kann, irgendwann einmal einen Film zu drehen, das Faszinosum am Theater ist seine Vergänglichkeit oder anders formuliert: die absolute Flüchtigkeit dieses Mediums: »Film als Form handelt von der Zukunft, es ist eine Vorwärtsbewegung, die die Neugierde immer wieder auf das Kommende konzentriert. Betrachtet man eine Serie von Fotos, dann ist das Interesse ausschließlich in die Vergangenheit gerichtet. Aber das Theater ist Gegenwart, ist das Jetzt. Deshalb ist es in dieser Gesellschaft, die die Gegenwart aussperrt und in der sich die Menschen immer nur fragen nach dem zukünftigen Ertrag einer in der Vergangenheit investierten Anlage, so schwer, Theater zu machen. Das Jetzt ist aus dem Leben verbannt; es kommt nur noch im Theater vor. Dieses Spielen erweitert die gegenwärtige Zeit: Theater macht ein Fenster auf in der Gegenwart für die Gegenwart. Es reflektiert den Menschen in genau den wenigen Minuten, in denen das Spiel gespielt wird – und dann ist es fort, für immer.«

Damit aber dieses Fenster sich öffnet, braucht Simon McBurney – wie Peter Brook und einige wenige andere Regisseure – Zuschauer, die den Schauspielern und sich selbst dabei helfen, dieses Erlebnis herzustellen. Er und seine Schauspieler brauchen Komplizen. Der Name der Gruppe ›Théâtre de Complicité‹ ist Programm. »Theater muß die Zuschauer dazu bringen, Kollaborateure zu sein. Wir spielen etwas, das nicht da ist – Wind, Feuer, Wasser, Erde –, und wir wünschen uns, daß wir *und* die Zuschauer daran glauben, daß diese Elemente wirklich da sind. Wenn das Theater überleben will, dann muß es seine eigene Sprache behaupten. Bisher hat es meist aus Existenzangst versäumt, auf die Konkurrenz von Fernsehen und Film zu reagieren. Entweder floh es in eine intellektuelle Enklave oder in anbiederische Volkstümlichkeit oder in fernsehähnliche Unterhaltung oder manchmal nur in Bilder wie bei Wilson; aber wir müssen einsehen, daß wir eine eigene Sprache haben.«

Simon McBurney spricht sie. Er hat begriffen, daß Theater am besten ist, wenn es von überall stiehlt wie Molière von der Commedia dell'arte, wie Shakespeare, der den Stoff sich von anderen Autoren holte. Zugleich weiß er, daß die Ansammlung lauter exzellenter Künstler keineswegs einen großen Abend garantiert. Er arbeitet in und mit einer Gruppe von Menschen, denen er nicht allein wegen ihres artistischen Könnens vertraut. Er schätzt den Instinkt seiner Schauspieler, ihre eigene Kreativität und Intellektualität; und ihren Fleiß. Er wünscht sich nicht die perfekten Rolleninterpreten, sondern Schauspieler, die »Erfinder, Autoren« sind. Einige der Darsteller sind wie er Schüler von Jacques Lecoq gewesen. »Lecoqs Hauptarbeit – und das wird immer unterschätzt – ist die Anregung der menschlichen Phantasie in all ihren Formen.« Wer die Aufführungen von Brook, Ariane Mnouchkine,

Giorgio Strehler, Dario Fo und Luc Bondy sieht, erkennt, mal mehr, mal weniger, diesen Lecoqschen Einfluß.

Wer Simon McBurneys letzte beiden Inszenierungen gesehen hat, ist erstaunt, verblüfft, was Schauspieler vermögen: Sie werden – in der Phantasie der Zuschauer – zu Bäumen, Sträuchern; ihre Finger scheinen wie Kletten zu kleben und voller Beeren zu hängen; in ihren Augen sehen wir, wovon sie sprechen: den Eiffelturm, die Gebirgskette, Geschäfte. Planken verwandeln sich in unerstürmbare Festungen oder in einen alles niederreißenden Sturm. Mit den einfachsten Mitteln erschaffen die Schauspieler die kompliziertesten Welten.

Doch bis dieses Wunder zu sehen ist, probt Simon McBurney monatelang. Nicht nur mit und am Text. Wie Brook begibt er sich mit den Schauspielern – gleichberechtigt alle – auf Erkundungsfahrten. Und sehr genau sucht er aus, wer in welcher Aufführung mitmachen soll. Für John Bergers Text, der in dem französischen Bergdorf Brine spielt, im Milieu von Bauern, war es ihm wichtig, daß alle diese Welt zumindest ein wenig kennen. »Die Schauspieler sollen ihre Geschichten und ihre Geschichte mitbringen.« Die meisten von ihnen sind in Bauernfamilien großgeworden oder hatten Großeltern, die sich mit Landarbeit ihr Geld verdienten. »Sie mußten wissen, wovon John erzählt: vom Gefühlsverlust in unserer Gesellschaft.«

Lange bevor man sich dem Text zuwandte, begannen Proben, die manchen in der Gruppe verunsicherten. Einige verstanden nicht, warum sie tagelang mit landwirtschaftlichen Geräten hantieren, warum sie graben, dreschen und melken mußten; warum sie McBurney zu den Themen Wasser, Feuer, Erde, Wind stundenlang improvisieren ließ. Und wenn sie ihn fragten, dann hatte der Regisseur, der in der Aufführung den Erzähler spielt, nur eine Antwort: »Ich weiß es nicht.« Heute sagt er: »Wir wollten herausfinden, was elementar ist an Johns Text.« McBurney hat nie ein Konzept – und er hat kein Theatersystem. »Wir sind sehr offen in unserer Forschungsarbeit; wir lassen viel zu. Das heißt: Wir wissen am Anfang alle nicht, was am Ende sein wird. Aber wir vertrauen diesem Prozeß, selbst dann, wenn er nicht immer zum Erfolg führt.« Zum Trost erzählt Simon McBurney dann seinen Schauspielern wohl die

Geschichte von seinem Vater, dem Archäologen, der bei seinen kostspieligen Grabungen ja auch nie wissen konnte, ob er einen womöglich aufsehenerregenden Fund machen oder mit leeren Händen und leerem Beutel würde aufgeben müssen.

Warum hat dieser Regisseur soviel mehr Phantasie als viele andere? »Ich mache Theater, weil ich ohne Fernsehen aufgewachsen bin. Ich spielte schon als Kind Theater. Und ich denke, wenn ein Schauspieler vergißt, was er als Kind gespielt hat, dann ist er für den Beruf ungeeignet. Es gibt im Theater – oder es sollte sie geben – eine kindliche Phantasie. Keine kindische! Kindisch ist die Gesellschaft, die nicht sieht, daß Geld nicht Lebensziel sein darf und der Tod, ausgesperrt wie er jetzt ist, zum Leben gehört. Es geht darum, die Fähigkeiten, die ein Kind besitzt, zu erhalten und zu reproduzieren.« Das ›Théâtre de Complicité‹ will gemeinsam mit den Zuschauern diese Phantasie feiern – und dann, so hofft McBurney, »passiert etwas mit uns und mit den anderen. Wir sehen einander; wir sehen die Verluste; und wir entdecken Hoffnung.«

Wie soll es weitergehen? Will er vielleicht Intendant und Regisseur an einem hochsubventionierten Haus werden, das National Theatre leiten? »Ich weiß nicht, was ich machen werde. Jeden Tag habe ich den Traum, einmal etwas anderes zu machen in diesem Leben. Aber Intendant will ich nicht werden. Ich bin ja ohnehin nur Regisseur geworden, weil ich als Schauspieler nie das Theater erlebt habe, das ich sehen wollte. Aber Intendant – nein. Jetzt nicht. Alle reden in unserer Kultur von der Jugend. Ich mag lieber ältere Menschen. Denn sie besitzen Weisheit. Die Obsession Jugend ist paradox. Wenn man mir mit Sechzig so eine Position anbietet, dann vielleicht.«

Und doch: Theater? »Es stimmt, manchmal ist es blöd. Und oft, sehr oft langweile ich mich im Theater. Aber ich will mit dieser alten Form auf neuen Wegen von Dingen erzählen, die mich berühren.«

Cocadrille sammelt Beeren, Liebe, Leben

Simon McBurney inszeniert
The Three Lives of Lucie Cabrol
in London

Der Raum ist klein. Von der Tribüne schauen wir auf ein Fleckchen brauner Erde. Ein Holztisch, einige Stühle, ein kleiner Ofen, eine alte Wanne, eine Schubkarre, eine Holzschindelwand und fünf Paar schwarze, schmutzige Stiefel – mehr gibt es nicht, mehr wird es an diesem 140minütigen Abend nicht geben. Plötzlich sind sie da: sechs Schauspieler, von denen im Programmheft zu lesen ist, daß sie nicht allein Menschen spielen werden, sondern auch »the land, the animals and the dead«. Simon McBurney spricht als erster: Er ist der Erzähler Jean, jener Mann, der in dem französischen Bergdorf Brine geboren und aufgewachsen ist, nach Amerika ging, um Karriere zu machen, und zum Sterben in die Heimat zurückkehrt. Er gibt den Schuhen Namen; und schon kommen sie langsam näher, vier Männer und eine Frau: die Familie Cabrol. Die Hauptperson, Lucie, fehlt. Denn sie ist noch nicht geboren. Minuten später erst rollt sie – Glieder, Kopf zusammengeknautscht zu einem Bündel – aus einer kleinen Wanne, die viel später auch ihr Sarg sein wird. Lilo Baur, in *Street of Crocodiles* eine Schönheit, scheint geschrumpft zu sein; und häßlich geworden ist sie auch. Ein Kopftuch, aus dem nur die Ohren herausschauen und -hören, über den dunklen Haaren, den Leib in einem weißen Kleidchen, kullert sie auf die Beine, bleibt in der Hocke und blickt verwundert, mit großen, neugierig-wachen Augen umher. Ihre Bewegungen sind abrupt, der Kopf ruckt wie bei einem Huhn von einem Menschen zum anderen. Lucie entdeckt die Welt; und sie verrät sich schon im ersten Moment. Jetzt wissen wir, warum das Mädchen, das nicht wachsen und im Leben von niemandem geliebt werden wird, den Spitznamen ›Cocadrille‹ erhält. Sie gleicht jenem Federvieh, das aus einem Hahnenei kriecht, im Misthaufen ausgebrütet. Sie ist die Fremde in diesem Dorf: ein häßliches Hühnchen.

Und eine starke Frau. Sie weiß, was sie will. Einen Mann und Geld. Wunderbar, wie sie Jean verführt! Die Brüste bloß, benäßt mit Milch, stellt sich Lilo Baur vor Simon McBurney. Jean ist erschreckt erst, dann verblüfft, schließlich schleckt er diesen Leib, Sekunden nur, denn schon verbergen tanzende Wandlatten uns diese Liebesszene. Die Familie Cabrol, der Dorflehrer André Masson, sie werden Haus und Hof und Hochzeitsgäste. Mit den einfachsten Gesten erschafft der Regisseur diese Dorfwelt. Gehen die Männer auf die Alm, dann schultern die Schauspieler die Stühle wie Kiepen, stapfen durch die braune Erde, als erstiegen sie den Berg. Sie kommen nicht vom Fleck, endlich springen sie auf den Tisch. Man hört sie atmen, glaubt ihren Schweiß zu riechen, dann schauen sie hinab auf das Tal, bewundern die Aussicht, schwärmen in Schwyzerdeutsch vom Blick. Geht die Cocadrille Heidelbeeren klauben, die sie in der nahen Großstadt für teuer Geld verkauft, wie die Pilze auch und die Mistelsträuße, dann legen sich die anderen Schauspieler auf den Boden, recken die Arme, spreizen die Finger. Von dort pflückt sich Lilo Baur die kleinen Früchtchen; manchmal tritt sie einen Arm nieder, der Ast hindert sie bei ihrer Arbeit. Erzählt Emile von seinem Paris-Aufenthalt und vom Tour Eiffel, dann sitzt die ganze Familie um den Tisch, starrt auf das kleine Modell des Turms, das der Bruder der Schwester (auch bei Berger) zum Geschenk macht – und schon glauben wir in den staunenden Augen der Cocadrille den Lift zu sehen, der die Touristen nach oben fährt, meinen das Maschinengesumm mit Mélanie Cabrols Ohren zu hören.

Simon McBurney und seine Schauspieler, sie entführen uns aber nicht nur in dieses Dorf und auf die Berge; sie schicken uns auch auf die Reise in Thanatos' Reich. Denn die Cocadrille hat ja drei Leben: eines als Kind und Jugendliche; eines, abgeschoben von den Brüdern in eine einsame Hütte, von wo aus sie ihre Raubzüge in die Natur unternimmt; wo sie, Grenzen überschreitend, handelnd, ihr Vermögen macht. Das dritte Leben beginnt mit ihrer Beerdigung: Cocadrille wurde erschlagen, kurz nachdem sie Jean, als Witwer zurückgekehrt aus der Fremde, einen Heiratsantrag gemacht hatte. Das Dorf trägt sie zu Grabe. Vier Männer haben die Wanne mit dem Leichnam geschultert, da steckt Lilo Baur das spitze Köpfchen wieder über den Rand: »Willst du wissen, wer der Mörder war?« Jean erstarrt – die Tote spricht, nur er hört sie. Auch dann noch, als sie begraben ist – über die Wanne wird der Tisch gestellt. Cocadrille gibt nicht auf. Sie verführt Jean ein zweites Mal. Er folgt ihr in lichte Höhen; gemeinsam ersteigen sie die Schindelwand.

Natürlich kommen sie wieder an auf der braunen Erde, im Dorf. Aber wir alle wissen, daß dieser Ort ein anderer ist: ein Totenreich, wo die Auferstandenen fröhlich den beiden ein Haus errichten. »Look!« flüstert Cocadrille und lächelt, glücklich. Er sieht die Freunde seiner Jugend, staunt und strahlt. Zärtlich schließt Jean Lucie in seine Arme – und küßt sie. Endlich ein Paar. Das dritte Leben, der Tod, ist Lucies Reich des Glücks. Und Jean begreift, daß er alles falsch gemacht hat. Nie im Leben hätte er seine Lucie um Bedenkzeit bitten dürfen. War es nicht ihr Ruf, dieses begehrende »Jean!«, waren es nicht diese warmen, vom Arbeiten rissig-rauhen Hände, die sich auf die seinen legten, die ihn zwangen, auf ein verpfuschtes Leben zu schauen und sich seine Liebe zu diesem verachteten Geschöpf einzugestehen? Doch das Glück währt nicht. Lucie läuft fort, den blühenden Kirschzweig, das Hochzeitsgeschenk, in den Händen. Jean purzelt den Berg hinab. Am Ende sitzt er wieder vor seinem Ofen. Die Schindelwand fällt, der Himmel öffnet sich: »Es gibt Augenblicke«, sagt Jean, »wenn ein blauer Himmel mich an Lucie Cabrol erinnert.«

Lucie wurde 1900 geboren; sie starb 1967. Sie erlebt beide Weltkriege. Auch die inszeniert Simon McBurney. Der Krieg: Männer, Knüppel in den Händen haltend wie Sensen, richten und töten; flüchtende Widerstandskämpfer, die von Lucie gepflegt und bemuttert, von ihren Brüdern verraten werden. McBurney erzählt eine rührende Liebesgeschichte und zugleich eine verstörende Anklage gegen eine Gesellschaft, die nicht sieht, nicht wahrhaben will, daß sie die Welt vernichtet, weil ihr Profit und Machtstreben wichtiger sind als Menschlichkeit. Im Programmheft schreibt John Berger über diese Produktion, das Theater sei eine Konterbande – nicht zuletzt, weil es Hoffnung ins Denken der Zuschauer einschmuggele, sie zu Plätzen führe, die ihnen einen neuen Blick auf ihr Leben ermöglichten. Selten erreicht ein Theater dieses Ziel aller Theaterarbeit. Simon McBurney kommt ans Ziel. Wie Peter Brook. Mit Schauspielern, die so reich sind wie wenige. Neben Lilo Baur und McBurney: Hannes Flaschberger, Hélène Patarôt (war schon bei Brooks *Mahabharata* dabei), Stefan Metz, Tim

McMullan und Mick Barnfather; sie sprechen englisch, deutsch und französisch. Mit wenigen Musiken von Schnittke, Pärt, Garbarek und Tallis. Mit einem freien Theater, das seit 1983 dreiundzwanzig Produktionen herausgebracht hat, ohne festes Haus; mit Subventionen, die deutsche Theater als eine Beleidigung empfinden würden.

Ein Zeitstück von 1932

Daniel Karasek inszeniert Hermann Brochs
Die Entsühnung am Schauspielhaus in Zürich

Es hätte ein fürchterlicher Abend werden können – es wurde ein spannender. Eine doppelte Überraschung.

Die erste: die Lektüre der Zürcher Fassung. Regisseur Daniel Karasek und Dramaturg Bruno Hitz haben in monatelanger Arbeit Hermann Brochs eher mißlungenen Text *Die Entsühnung* bearbeitet. Mit Kürzungen ist dieses Werk, 1932 entstanden, nämlich nicht zu retten. Sie haben sich von Brochs sentimentalem Mutter-Kitsch verabschiedet und damit auf viele Rollen verzichtet; und – wichtiger noch – sie vereinheitlichten den Brochschen Stil. Natürlich bedeutet dies eine Vereinfachung, Reduktion. Aber man ist dankbar, daß nur der realistische Ton übrigbleibt, es nicht mehr expressionistisch raunt, proletarisch brechtelt, attisch deklamiert. Auf den Epilog wurde in Zürich schon bei der Uraufführung 1934 verzichtet: Das Mysterienspiel findet also nicht statt, erlöst wird niemand, und die Menschen flennen nicht.

Die zweite Überraschung: die Aufführung. Daniel Karasek hat nichts unternommen, diesen wahrhaft aktuellen Stoff zu aktualisieren. Die Arbeiter, die gegen Fabrikschließungen demonstrieren; die Arbeitslosen, die für den Niedergang des Kapitalismus streiten und die Verräter in den eigenen Reihen abknallen, jene Anpasser, die auch noch zu Billiglöhnen schuften wollen: Sie sehen aus wie die armen Kerle in Dudows *Kuhle Wampe*. Und die Fabrikbesitzer in ihren Fräcken und Smokings machten gute Figur bei jedem Hindenburg-Empfang.

Sie treffen aufeinander in einem Raum, der, von Raimund Bauer in größter Einfachheit gebaut, die raschesten Verwandlungen zuläßt. Denn das bühnenhohe Relief, das eine Fabrikenlandschaft zeigt, wie aus Gold gegossen, es hat bei Friedrich Johann Filsmann und den Seinen – den Gönnern und Direktoren und Aufsichtsratsvorsitzenden der Filsmannwerke – die Funktion eines gigantischen, protzigen Raumschmucks. Für die Arbeiter aber ist diese Wand der Ort ihrer Arbeit, dahinter dröhnt der Maschinenlärm. Dahinter verbirgt sich ihre Welt und ihr Schicksal: Ausbeutung oder Entlassung. Mit wenigen Möbeln, Versatzstücken kennzeichnen Bauer und Karasek den Ort.

Es gibt keine längeren Umbaupausen; und deshalb entwickelt sich dieses Drama, das sich aus vielen wie im Film gegeneinander geschnittenen Kurzszenen zusammensetzt, in einer schnellen Spannung. Fast wie ein Krimi. Daniel Karasek schafft etwas Ungewöhnliches mit seinem Ensemble: Aus Brochs Ideenträgern – den kommunistischen und den faschistischen Wirrköpfen, entschlossen zu den rabiatesten Heilskämpfen; aus den starrsinnigen Reichen und den ebenso starrsinnigen Armen, die alle eher Haltungen beschwören als Leben – werden Menschen. Menschen mit Leidenschaften und Ängsten und Sehnsüchten. Ein Stück über eine Krisenzeit in einer Krisenzeit; Analogien sind möglich, und auch deshalb wurde diese Ausgrabung gewagt. Doch diese Inszenierung will nicht besserwisserisch kommentieren, sie zeigt, was ist. Zeigt, daß Zeiten wie diese – 1930 und 1994 – gefährlich sind, weil wirtschaftlicher Niedergang immer auch die Hochzeit ist für politische Aufwiegler, linker und rechter Couleur.

Karasek fordert den Zuschauer auf, genau hinzusehen und hinzuhören. Dann entdeckt er, wie schwierig es ist, auf Recht zu bestehen oder Unrecht zu geißeln – denn die Welt ist komplizierter, als die Fanatiker sie darstellen. Dann erkennt er in dem feisten Vertreter, der zum Erpresser wird, den Jedermann: den braven Bürger, der sich nichts zuschulden kommen läßt, aber schuldig ist. (Oswald Fuchs stattet diesen Biedermann Jeckel mit einer sehr gewöhnlichen, weil alltäglichen Widerlichkeit aus, daß man lacht über diesen miesen Typen und erst dann erschrickt.) Dann begreift er, daß die Möchtegernerlöser zwar vom richtigen Leben schwafeln und von der Menschheitsliebe philosophieren, aber nicht bemerken, wenn sie geliebt werden. Und lieben können sie schon überhaupt nicht. Egoisten alle.

Die Ausnahmen sind die Frauen. Broch gelten sie als die eigentlichen Helden. Und Karasek schließt sich ihm an. Wenn die alte Frau Filsmann (charmant, resolut: Renate Steiger) sinniert, läßt er – für Augenblicke nur – Sphärenmusik ertönen und das Gesicht der Frau sanft ausleuchten. Diese besondere Szene hat nichts Peinliches, und niemand kann mißverstehen, was der Regisseur will. Kein Zeigefinger reckt sich da, Karasek inszeniert eine Liebeserklärung. Frau Filsmanns Worte signalisieren, so pessimistisch sie auch sind, Hoffnung: »Es kann nicht gut werden. Wir Alten, die noch ein Ziel hatten, wir sehen, daß es nicht gut werden kann. Die Jungen sehen's nicht, sie wissen nicht einmal, daß sie kein Ziel mehr haben. Sie sind nicht dümmer als wir. Vielleicht sogar sind sie klüger, aber sie können mit all ihrer Klugheit nichts anfangen. Sie irren nicht, und doch ist ihr Leben Verwirrung und Irren. Sie lieben diese Welt nicht, sie lieben ihr Leben nicht, ach, wie können sie es auch lieben?«

Dem Zürcher Schauspielhaus, dem zu Beginn der Intendanz von Gerd Leo Kuck der ästhetische Abstieg vorausgesagt wurde, ist mit dieser Aufführung – neben *Oleanna* – eine weitere wichtige, richtige und schöne Arbeit gelungen. Eine, in der man spürt, daß das Ensemble (darunter auch Dieter Kirchlechner, Hans Dieter Zeidler, René Scheibli, Katharina Abt und Katrin Thum) zusammenwächst; daß die Schauspieler in der gemeinsamen Arbeit ihre individuellen Stärken entdecken und entwickeln. Letztlich beweist diese mutige Wiederentdeckung, daß es deutschsprachige Zeitstücke gibt, eine Gebrauchsdramatik – entstanden vor über sechzig Jahren. Damals trug das Stück den Titel »Denn sie wissen nicht, was sie tun«!

Götterdämmerung im Hause Gerlach

Matthias Hartmann inszeniert
Jean-Paul Sartres *Die Eingeschlossenen*
am Bayerischen Staatsschauspiel in München

Der Raum: eine Gruft. Eine von der luxuriösesten Art. Schwarz sind die Wände, die Sockel der Säulen dieses Hallenovals glänzen gülden, der Holzboden und die Stufen, die hinaufführen in ein seltsames Verlies, schimmern matt wie Bernstein. Hier, in Momme Röhrbeins großbürgerlichem Interieur, herrscht der Werftenbesitzer Gerlach mit seiner Familie. Hier leben fünf Menschen, wenige Tage nur noch. Und ob sie je wirklich am Leben waren, ob sie nicht bloß Leben spielten, simulierten – wer weiß es?

Sterbensmüde, schlaff hängt der Junior Werner (Thorsten Nindel) in einem Art-déco-Stuhl; seine Frau Johanna (Juliane Köhler), Meter von ihm entfernt und in ihren Gedanken, ihren Sehnsüchten Jahrhunderte von ihm getrennt, harrt in einem anderen aus. Sie warten auf den Vater, den Schwiegervater. Auf den Familienrat, an dem auch Leni teilnehmen wird, Werners Schwester.

Ganz in Schwarz, leichtfüßig, schmal, die lockig rotblonden Haare hochgebunden, steht sie da: Barbara Melzl. Sie ähnelt der jungen Erika Mann. Der Körper ist ruhig, gespannt, doch der Ton ihrer Stimme verweigert Gelassenheit. Aggressiv, schneidend zerstört er die trügerische Ruhe der Eheleute. Und wenn der Vater erscheint, seinen letzten Willen verkündet, bricht Barbara Melzl in ein hysterisches Lachen aus. Da will sich jemand totlachen.

Diese Frau – sie als einzige – weiß schon jetzt, daß es in diesem Geisterhaus für niemanden eine Erlösung geben wird. Sie ist die Geschichten vom Morden leid; sie will das Martern und Lügen, das Kämpfen, Verlieren und Gewinnen beenden. Nicht einmal die inzestuöse Liebe zu ihrem Bruder Franz, der in selbstgewählter Isolation seit Jahren in dieser Villa vegetiert, ist ihr Trost. Leni will das Ende schon am Anfang. Und wenn sie schließlich – nachdem der Vater und Franz nach einem letzten Adieu in den Porsche gestiegen sind, um in den Tod zu rasen – mit einem Benzinkanister durch die Halle geht, beinahe heiter um die beiden Stühle Rinnsale gießt, den Boden benetzt und die Stufen: Dann sehen wir, daß diese Leni wie Wagners Wotan entschlossen ist zum Letzten. Sie inszeniert das Sterben einer deutschen Familie, die schuldig wurde im Zweiten Weltkrieg und dennoch in der Wirtschaftswunder-Bundesrepublik wieder zu Geld und Reputation gelangte. Sie vernichtet Vergangenheit, Gegenwart und Zukunft. Noch einmal macht sie sich die Hände schmutzig. Götterdämmerung im Hause Gerlach.

Endlich erklärt Matthias Hartmann, warum Johanna immer wieder rauchen muß. Auch jetzt. Er braucht Feuer. Bevor Johanna geht, erschöpft vom Kampf um Franz, schaut sie sich ein letztes Mal um in diesem Saal, der ihr stets verhaßt war. Sie öffnet das Etui, entnimmt ihm eine Zigarette. Sie zückt das Feuerzeug. Langsam schiebt sich der Vorhang von beiden Seiten vor dieses apokalyptische Bild.

Matthias Hartmann inszeniert eine Auslöschung. Einen Totentanz. Wer in dieser Aufführung des stark gestrichenen Textes noch nach Sartres philosophischen Auslassungen sucht, gar nach seinen assoziativen Verknüpfungen der deutschen Verbrechen während des nationalsozialistischen Regimes mit den Vergehen der Franzosen während des Algerienkrieges; wer wartet, ob die gewiß beeindruckende Diskussion, was denn den Unterschied ausmache zwischen einer freudig oder einer mit größter Distanz, gar mit Ekel begangenen Tat; wer hören will, wie Franz in seinem einzigen und letzten Gespräch mit dem Vater deutlich macht, daß nicht die Gedanken zählen, sondern die Taten, der wird enttäuscht. Gestrichen ist Franz' Frage: »Hitler – wir haben ihn gehaßt, andere haben ihn geliebt. Du hast ihm Kriegsschiffe geliefert und ich Leichen. Sag mir bitte, was hätten wir tun können, wenn wir ihn angebetet hätten?«

Aber dennoch hat Hartmann das Thema nicht ausgespart, er hat es nur in einen neuen Kontext gestellt. Er will mit seiner Arbeit nicht unbewältigte Vergangenheit thematisieren; auch eine Debatte über die Kollektivschuld der Deutschen interessiert ihn nicht. Mit großer Vorsicht und zugleich entschlossen versucht er, die Zerstörung und die Selbstzerstörung dieser Menschen zu erklären; zu offenbaren, wie es und warum es zu Auschwitz und zu Stalingrad kommen konnte. Er nähert sich den Menschen – und findet Geschichte und Gegenwart.

Joachim Kaiser schrieb vor 34 Jahren nach der deutschen Erstaufführung der *Eingeschlossenen* an den Münchner Kammerspielen – damals inszenierte August Everding –, daß dieser Text »ein Lesedrama« sei. Man kann ihm nur recht geben. Das Stück ist nicht eben genialisch gebaut und in Gänze unaufführbar. Niemand hat es je versucht, niemand wird es sich je trauen. Warum auch? Sartres theoretische Texte sind stärker als dieses anämische Werk, in dem die Figuren verdammt sind, umständlich zu philosophieren. Weshalb Hartmann sich dennoch des seit 1960 in Deutschland verschollenen Werkes angenommen hat, erklärt er mit seiner Aufführung.

Zum einen – dies ist eine Unterstellung – möchte er wohl all denen, die ihn als den humorigen Hanswurst des neuen deutschen Regietheaters abtun, beweisen, daß er sein Handwerk beherrscht. Daß er inszenieren kann: ohne Effekte, Einfälle, Eitelkeit. Vom Blatt, wie ältere Kritiker gern formulieren. Der Beweis glückte. Zum anderen fasziniert ihn wohl an diesem Drama das enge, desaströse Beziehungsgeflecht. Und darin – vor allen anderen – die Vaterfigur.

Wolfgang Hinze habe ich seit seinem Professor Bernhardi in Düsseldorf nie so konzentriert erlebt. Und endlich einmal zeigt er, daß er nicht nur die guten Opfer mit Herzflattern und bibbriger Stimme spielen kann, sondern auch taugt für einen eiskalten Widerling. Gerlachs erster Auftritt: Der zynische Herrenmensch befiehlt. Gefühle läßt er nicht zu. Noch bevor sich die Hände Werners auf seine Schulter legen, verweigert Hinzes Körper Nähe. Das Gesicht: eine Maske der Abwehr; und das harsche Verbot knallt wie eine Peitsche auf den Sohn herab. Er geht – gedemütigt, vernichtet. Er kennt seinen Platz. Und der ist nicht neben dem Vater.

Denn daß Werner, dem eher timiden Rechtsanwalt, jetzt, ein halbes Jahr vor dem sicheren Krebstod des Vaters, nicht nur die Führung über das Werftimperium zufällt, sondern auch die Rolle des Familienoberhauptes, war nicht geplant. Werner wurde zum Blumentopf erzogen, nicht zum Nachfolger des Vaters. Kronprinz sollte sein Bruder Franz werden, gebildet nach des Vaters Vorbild.

Der junge wie der alte Gerlach: Machtmenschen, opportunistisch und bereit, für die Karriere und das Gewaltmonopol in Familie und Gesellschaft zu kämpfen, zu töten. Sie sind rücksichtslos, immer. Der Alte verkaufte nicht bloß den Nazis Grund zum Bau eines Konzentrationslagers und verriet einen polnischen Rabbiner an die deutschen Schergen: Er verunstaltet auch seine Kinder. Die drei sind lebens- und liebesunfähig. Sie haben sich installiert in einem Lügengespinst.

Allein Franz, der in Rußland Gefangene gefoltert hat, weiß genau, was er getan hat; weiß, was er tut. Er will büßen für die alte Schuld. Und lädt sich, ebenso bewußt, neue auf. Hemmungslos nutzt er wie sein Vater die Geschwister und die Schwägerin aus, belügt und betrügt. Er mag verrückt sein, wenn er in dem grauen leeren Raum zu den Krebsen spricht, die er in dem großen schmutzigen Tuch unter der Zimmerdecke vermutet und mit denen er seinen Prozeß durchspielt. Er mag bedauernswert sein, weil er den Untergang Deutschlands nicht miterleben *will* und die neue Blüte dieses Landes nicht mitansehen *kann*. Aber Oliver Stokowski erspielt dem Egoisten kein Mitleid.

Eine alte Soldatenjacke, dekoriert mit Schokoladenorden, über der dreckiggrauen Hose schlüpft Stokowskis Franz in immer neue Rollen. Er mimt den Knaben, der sich bedauern und verwöhnen läßt. Er gibt den Mann, der von beiden – Leni und Johanna – geliebt werden will; und dabei kümmert es ihn wenig, ob Leni dabei draufgeht, ob Johanna ihren Mann verliert. Er spielt den Gebieter, der empfängt und verstößt. Er will Gewalt haben über die Krebse und über die Frauen. Stokowski gelingt es, diese von Sartre höchst konfus angelegte Rolle in aller Konfusion so zu gestalten, daß man versteht, was in diesem jungen Mann vorgeht. Er flieht die Realität, er will verrückt sein, wimmert und winselt, er bellt und blökt. Da versucht jemand, aus seiner Haut zu schlüpfen und seinen Gedanken, seinen Erinnerungen davonzustürmen.

Stokowskis Leistung ist groß. Er verrät diesen Franz nicht, er verkleinert ihn nicht zum blöden Spinner und vergrößert ihn nicht zum monströsen Bösewicht. Franz wirkt trotz aller Macken sehr normal. Widerlich wird er durch sein Kalkül. Von allen als Ausgeschlossener akzeptiert, nutzt er seine Sonderrolle schamlos aus. Er wird verehrt als lebenslanger Flüchtling, lebenslanger Selbstbetrüger. Er genießt diese Stellung. Sein Spiel mit den Frauen ist falsch, Stokowski verheimlicht das nie. Doch Franz' Leiden am eigenen

Fehlverhalten ist wahr. Er vermag seine Schuld nicht zu tragen, wenn sie nicht wenigstens von dem Land, für das er getötet hat, gesühnt wird. Er braucht für sich die Vorstellungen von einem erniedrigten Deutschland in Schutt und Asche.

Franz hätte sich sein Weiterleben wahrlich einfacher machen können. Er hätte die Wirtschaftsmacht Deutschland akzeptieren, die eigenen Verbrechen verschweigen und sich zum Beispiel wie Syberberg trösten können. Der glaubte, die Teilung Deutschlands sei als Strafe für die deutschen Vergehen zwar angemessen, konnte sich aber nach dem Mauerfall freuen, daß nun die Ächtung für Auschwitz beendet sei. Franz Gerlach denkt komplizierter. Und als er endlich die Wahrheit erfährt, handelt er. Stokowskis Franz wird plötzlich erwachsen.

Nüchtern erkennt er, was zu tun bleibt. Sterben. Doch nicht allein. Er nimmt seinen Vater mit in den Tod. Beide tanzen – voreinander fort. Hinze wiegt sich wie ein verlassener Beau, Stokowski krabbelt aufrecht wie ein zweibeiniger Krebs. Dann verlassen sie hintereinander den Raum, steigen in den Porsche. Und sie wissen, daß weniger ihre Taten sie verdammen als vielmehr ihre Existenz. Sie löschen sie aus.

Hartmann verzichtet klug auf Franz' Verfluchung des Jahrhunderts. In dieser Aufführung haben nämlich nicht Mächte aus Menschen Monster gemacht, sie haben ihr Los gewählt, sich das Leben selbst zur Hölle gemacht – und die drei anderen mit hineingezogen in dieses irdische Fegefeuer. Hartmann entdeckt in Sartres *Eingeschlossenen* Ibsen und Strindberg, ja selbst Albee. Die Aufführung ist spannend wie ein Krimi; daneben, auf eine sehr französische Art, amüsant. Und frei von jeder ideologischen Bevormundung.

Ein solches Konzept, das psychologische Erklärungen anstrebt, es muß getragen werden von Schauspielern, die in keiner Minute an Intensität und Kraft nachlassen, die selbst im stummen Spiel ständig aufeinander reagieren, die alle Ausbrüche der Wut, der Verzweiflung, der Liebe und der Verlassenheit als Ausdruck einer trostlosen, gottlosen Existenz behaupten.

Daß dem jungen Ensemble diese Leistung gelang, war die große Überraschung und das Vergnügen am umjubelten Premierenabend im Münchner Cuvilliéstheater. Noch größer aber war die Freude, daß Sartres Stück sich in dieser Fassung als spielbar und äußerst theaterwirksam erwies. *Die Eingeschlossenen* müssen kein dröger, philosophischer Existentialismus-Diskurs über deutsche oder französische Schuld sein. Matthias Hartmann entdeckt ohne jede Aktualisierung: Die Flucht vor der Realität macht Menschen zu Eiferern und ideologischen Phantasten; Hybris und der Schlaf der Vernunft gebären Gewalt – und die Tyrannei in der Familie ermöglicht erst den Terror in der Gesellschaft. In ihrem Denken kennen Eingeschlossene keine Toleranz. Weiter kann man Sartres Text schwerlich in die deutsche Gegenwart treiben.

Entwürfe, Skizzen – keine Gemälde

Wie und wo findet man heute
12 bemerkenswerte Aufführungen
Theatertreffen 1994 – Jurydiskussion

So war es immer – so wird es immer sein: Kaum ist die Liste der zum Berliner Theatertreffen eingeladenen Aufführungen veröffentlicht, geht das Gezeter los: Nicht mutig genug, stockkonservativ, an den wichtigen Inszenierungen vorübergegangen, Gemischtwarenveranstaltung und andere Vorwürfe mehr. Wer nicht in dieser Jury sitzt, kann sich die Kritiker-Kollegen nur als taube, blinde Schacherer vorstellen, die vor allem eines im Sinn haben: möglichst eklatante Fehlentscheidungen zu treffen.

Wir wollen an diesem Vorurteil nicht rütteln – es ist zu alt und zu schön! Und wir wollen uns nicht rechtfertigen! Weil wir es nicht müssen! Hier soll allein der Versuch gemacht werden, die gegenwärtige Theaterszene zu reflektieren. Dann wird manchen vielleicht klar, warum das diesjährige Programm so aussehen *muß*, wie es aussieht.

»Mehr geht nicht mehr!« sagte Thomas Langhoff vor knapp einem Jahr in einem Fernsehinterview. Er meinte nicht die Subventionen, er beschrieb damit die ästhetische Situation. Plädierte für eine neue Einfachheit. Die Theater könnten nicht länger mithalten mit den aufwendigen Bühnen-Lightshows der Popstars, nicht konkurrieren gegen Videoclip- und Fernsehästhetik. Sie, die zusehends verarmen, weil die öffentlichen Haushalte verschuldet sind und die meisten Politiker ihre Pflicht zur Kulturförderung vor lauter Sparwut aus den Augen verlieren, stehen also vor neuen Herausforderungen. Zum einen müssen sie sich besinnen, daß ihnen für ihre Arbeit nicht mehr zur Verfügung steht als Texte, Räume, Schauspieler. Zum anderen erkennen sie, daß sie in einer Gesellschaft agieren, die sich zwar um den Wirtschaftsstandort Deutschland sorgt, aber den Kulturstandort vergißt. Und zum dritten fehlt den Theatermachern der politische Gegner ebenso wie ein politischer und ästhetischer Entwurf.

Das war in den sechziger und siebziger Jahren anders. Damals begründeten jene Herren, die jetzt Theater leiten und ihren Ruf diesen frühen Arbeiten verdanken (und mit den späteren oft nicht anzuknüpfen vermochten an die Jugend- und Midlife-Erfolge), das, was später mit dem Label Regie-Theater etikettiert wurde. Claus Peymann, Jürgen Flimm, Peter Stein, Peter Zadek, auch Dieter Dorn, sie feierten Triumphe. Auch in Berlin, beim Theatertreffen. Sie konnten sich auflehnen, sich zur Wehr setzen gegen die alten Zöpfe: in der Politik und im Theater. Sie waren aufmüpfig und erfinderisch. Sie zogen zu Felde gegen die Kollegen, die auch schon während der Naziherrschaft inszenierten; sie engagierten sich, als überzeugte Linke, für neue Inhalte auf dem Theater und für neue Formen, entdeckten Peter Weiss, Edward Bond und fanden in alten Texten – auf verblüffend einfach anmutende Weise – die Gegenwart. Es war die große Zeit der deutschen Dramaturgie und der deutschen Regisseure – und die Schauspieler blieben ein bißchen auf der Strecke.

Damals wurden die Deutschen beneidet um ihre innovative, reiche Theaterkunst. Damals, in einer reichen bundesrepublikanischen Gesellschaft, entstanden jene großen Aufführungen, die nach Berlin zu laden es keiner Jury bedurft hätte. Das waren die Zeiten, von denen jene, die sie erlebt haben, träumen und reden. Kunst aber – wir wissen es – entwickelt sich nicht abseits der gesellschaftlichen Vorgänge kontinuierlich zum Besseren, zum perfekt Genialen, zum immer wieder überraschend Neuen.

Kunst ist zuweilen auch erschöpft. Je saturierter die Theater wurden – und da ging es diesen Institutionen wie allen anderen –, desto selbstverliebter beschäftigten sie sich allein mit sich selbst. Das neue Deutschland unter Kohls christdemokratischer Herrschaft – feist, selbstgenügsam und zunehmend unkritisch – hätte Stoff genug geboten für Autoren und Regisseure. Aber die Schriftsteller (mit Ausnahme von Thomas Bernhard, dessen Aufstieg als Dramatiker zu dieser Zeit ja erst begann) hatten nicht mehr viel zu sagen. Und ihren Interpreten ging es ähnlich wie dem Rest des Volkes: Sie waren des Lebens zufrieden, glücklich über die durchaus luxuriösen Arbeitsbedingungen, sie machten business as usual – und mit linken Positionen war spätestens Mitte der achtziger Jahre nichts mehr zu gewinnen.

Die späten achtziger, die frühen neunziger Jahre sind die mageren Zeiten der Theaterkunst. In jeder Hinsicht: Die großen, inzwischen alt gewordenen Stars, Peymann und die anderen, taten und tun so, als sei nichts geschehen. Nach dem Motto: einmal gut, immer gut. Der Nachwuchs, um den sich diese Herren wenig gekümmert hatten, versuchte und versucht zur gleichen Zeit, sich aus dem Dunkel der Provinz in die immer noch als Zenit betrachteten berühmten Staats- und Stadttheater emporzuinszenieren, den Blick starr auf die überregionalen Feuilletons gerichtet. Doch dort sitzen meist Kritiker, die die aufsehenerregenden Aufführungen vermissen, weinen, nörgeln, ignorieren und sich ein bißchen selbstherrlich begnügen mit dem Befund für ihre Leser: keine Verschlimmerung, keine Verbesserung – eigentlich ist alles mies. Allein, das Publikum ging weiter ins Theater. Culture as usual.

Viel wurde geschrieben, geredet: palavert über die Krise des Theaters und die Krise der Kritik. Bloß die Zuschauer, sie schienen nie krisengefährdet, nicht einmal krisenverdächtig. Und sie sind es auch nicht. Wer die von der Kritik geschmähten Aufführungen in der Provinz oder in den Metropolen besucht; wer Theater in Mannheim, Ulm, Düsseldorf, Frankfurt, Hamburg, Leipzig, Schwerin, Berlin oder München besucht, muß überrascht sein, wie enthusiastisch die Zuschauer feiern, was einigen überregionalen Zeitungen nicht einmal einen Verriß wert ist und den anderen wenig mehr als ein arrogantes Aperçu.

Zwei Möglichkeiten gibt es für den Kritiker, auf die gegenwärtige Situation zu reagieren. Entweder mit professioneller, allerdings arg ignoranter Mißachtung oder mit neugieriger Verwunderung. Die Jury hat sich entschlossen, genau hinzusehen, den Umbruch, der sich schon seit Jahren andeutet, wahrzunehmen. Und das heißt auch, daß es nicht genügt, zynisch alles Unperfekte als Abonnenten-Futter abzutun und allein nach dem Hochwertigen, also dem Regie-Raum-Schauspieler-Luxus Ausschau zu halten. Wir waren entschlossen zu bemerken, was bemerkenswert ist: Es gibt sie, die unbekannten Regisseure, die mit Schauspielern an kleineren oder mittleren Häusern Aufführungen zustande bringen, die uns das Staunen lehren. Gewiß fehlen dort Darsteller, wie man sie an den Münchner Kammerspielen, am Deutschen Theater in Berlin, an der Wiener Burg bewundert; gewiß sind diese Produktionen keine genialen Monolithe, keine Geniestreiche wie jene, für die ich während meines Studiums nach Berlin pilgerte, um zu sehen, was die Königs-Regisseure uns da beschert haben.

Sie fehlen heute. Überall im deutschsprachigen Raum. (Und selbst der Blick über die Grenzen, ins nicht deutschsprachige Ausland, findet wenig; aber immerhin drei Regisseure, um die man die Zuschauer [und Kritiker] in Frankreich, Großbritannien und Rußland beneiden kann: Peter Brook, Simon McBurney und Pjotr Fomenko.) Doch wir sehen Versprechen, Anfänge. Sie sind aufregend. Schön, verstörend, trotz ihrer Unfertigkeit verblüffend genau gearbeitet. Sie sind nicht perfekt – aber, auch dies gilt es zu bedenken –, was ist langweiliger als Perfektion ohne Genie? Handwerk.

Theater spiegelt die Gesellschaft, Theater darf aber nicht allein Spiegel sein – das am besten nie: Es muß die Wirklichkeit verzerren, vergrößern, verkleinern; muß dieser Wirklichkeit begegnen mit einem Gegenentwurf, mit einer Utopie (einmal sei dieses inflationär gebrauchte Wort gestattet). Letzteres fällt allen Künstlern heute schwer; woher nehmen? Nach der Wiedervereinigung beschäftigten sich die meisten mit dem Blick zurück: Deutsche Geschichte wird aufgearbeitet wie bei Jo Fabian; wird erinnert und als Warnung genutzt wie bei Jossi Wielers Interpretation von Elfriede Jelineks *Wolken. Heim.* Die Sorge um die deutsche und die europäische Zukunft wird auf den Bühnen Wort und Bild. Die Regisseure debattieren auf dem Theater Moral und Zukunft. Und sie suchen nach Formen, die, weit entfernt von den Ästhetiken der anderen Medien, die Notwendigkeit von Theater beschwören und beweisen.

Christoph Marthaler zählt gewiß zu ihnen. Andere Regisseure, die diesmal nicht mit Inszenierungen eingeladen wurden, aber bei früheren Theatertreffen schon dabei waren, haben das nämliche Ziel: den Zuschauern mit den Mitteln des Theaters Phantasie zurückzugeben, damit sie sich ihrer wieder erfreuen, sie erleben können. Auch bei Frank Castorf, bei Matthias Hartmann, bei Luc Bondy, bei Leander Haußmann, bei Klaus Michael Grüber kann der wache, aufmerksame Zuschauer Entdeckungen machen, die er sich nie zugetraut, nie gewagt hätte. Er kann Aufführungen weiterdenken – und erfährt so aufs spielerischste, was die Welt vielleicht im Innersten doch noch zusammenhält.

Die Bilder vom falschen Sein, vom gefährdeten und gefährlichen Sein, von Macht und Mißbrauch, von Betrug und Täuschung – *Othello*, *Oleanna*, *Walpurgisnacht*, *Hedda Gabler* – sie sind keine Meisterwerke. In Berlin werden Entwürfe, Skizzen zu sehen sein, Ahnungen von Gemälden, die die ausgewählten Regisseure vielleicht einmal zustande bringen werden. Und das gilt sogar für jene, die keineswegs mehr Anfänger sind: Dieter Giesing und Andrea Breth. Denn so »fertig« die Schaubühnen-*Hedda* auch zu sein scheint: Dem großen, eindrucksvollen, akademischen Tableau fehlt doch noch jene vielleicht erst im Alter zu erringende selbstverständliche Leichtigkeit, mit der George Tabori in *Requiem für einen Spion* die Welt, den Irrsinn und das Wunder Leben beschreibt, kommentiert und feiert.

Also: kein Grund zum Lamentieren. Das diesjährige Theatertreffen zeigt, wie die Bühnen ihren Standort suchen in einer desorientierten Gesellschaft; spiegelt ihr Bemühen, sich auseinanderzusetzen mit dem, was war, was ist, und immer wieder zu warnen, was werden könnte: Zwölf Aufführungen werden beweisen, daß es keinen Ersatz gibt für das Theater; zwölf Aufführungen werden auf ästhetisch sehr verschiedene Weise proklamieren: Es gibt kein richtiges Leben im falschen.

Daran können die Kritiker der Auswahl, die die diesjährige Jury des Berliner Theatertreffens getroffen hat, zweifeln, können sich ziemlich welt- und theaterfremd darüber wundern, daß Stadttheater nicht jeden Abend Brook- und Tabori-Wunder präsentieren. Bitte. Nur sollten sie bedenken, was auf dem Spiel steht: nicht allein das Theatertreffen als das wichtigste deutschsprachige Festival, sondern die deutschsprachige Theaterkultur. Wenn die Nein-Sager auch in der Kultur dominieren, dann haben die Bühnen nur eine Lobby gegen jene zu allen Schließungen bereiten Politiker: die Zuschauer. Sie aber werden verstehen.

Heile Familie, heile Welt? Von wegen!

Jürgen Flimm inszeniert Ibsens *Die Wildente* bei den Wiener Festwochen

Das nennen wir einen Triumph: eine Viertelstunde Jubel im Ronacher. Jürgen Flimm und sein Ensemble vom Hamburger Thalia Theater gelang im Ausland ein Erfolg, den diese Bühne zu Hause bitter nötig hätte. Schon jetzt kann man aber voraussagen, daß diese Co-Produktion des Thalia mit den Wiener Festwochen auch von den Hanseaten gefeiert werden wird. Obwohl oder gerade weil sie von einer frappierenden Einfachheit ist.

Jürgen Flimm hat nichts an diesem Text entdeckt, was nicht schon andere zuvor gefunden haben. Er hat den fünf Akten keine eigene Sicht aufgedrängt, nicht aktualisiert, nicht verfremdet. Sich nicht vor den Autor gedrängt und ebensowenig sich stark gemacht für eine der Personen. (Daß auch er den Frauen besondere Sympathie schenkt, hat Ibsen bereits bestimmt.) Er hat klug gestrichen. Vor allem aber ließ er sich ein auf das zweifache Familiendrama – in der Villa Werle *und* in der Dachwohnung Ekdal; ließ sich ein auf das Wagnis, Leben als eine Lächerlichkeit, ein Maskenspiel zu zeigen.

Die Inszenierung hat ein Konzept; und es wird getragen von einem herausragenden Ensemble. Flimm beschreibt sensibel Entwicklungen. Und das sind Verluste. Alle verlieren ihre Masken, bis sie schließlich im fünften Akt nackt und bloß vor uns stehen: Lügner. Es gibt nicht mehr den einen, der in seinem idealistischen »Rechtschaffenheitsfieber« den schwachen Wirklichkeitsflüchtigen und Selbstbetrügern ihre Lebenslügen nimmt. Gregers Werle treibt nicht Menschen- oder Wahrheitsliebe. Er lenkt (von) sich ab mit der selbstgestellten Aufgabe, seiner »Bestimmung«, die eine Familie zugrunde richtet. Dieser Misanthrop müßte einen Arzt aufsuchen. Das wäre schmerzhaft. Also versucht er, andere zu kurieren. Das muß schiefgehen.

Bei Flimm offenbaren die Frauen am Ende alle, daß sie stärker sind, als sie sich gaben, um zu gefallen, um geliebt zu werden. Die Männer schnurren zusammen, mickrig. Den Frauen werden die Masken der Anpassung, der Unterordnung, der Liebedienerei zu klein, weil ihr Leid sie stark und groß macht. Den Männern aber sind die Masken der Herrschaft, der Intelligenz, der Männlichkeit bald zu schwer. Weil es ihnen nicht länger gelingt, sie auszufüllen und zu präsentieren, ist die Luft aus ihren Hirnen und Pausbäckchen erst einmal raus: Aus Gernegroß wird Klitzeklein. Die Frauen verstummen, die Männer aber tönen weiter – sehr hohl. Am Ende stehen Heldinnen albernen Wichten gegenüber.

Auch Gregers Werle gehört dazu. Noch einmal schaut sich Hans Christian Rudolph in dem großen, kaum möblierten Dachstuhl der Ekdals um. Stumm steht er da, wie versteinert. Glücklich wirkt er nicht, doch zufrieden. Er hat seine Mutter gerächt; er hat seinen Vater gedemütigt, der mit Gina Ekdal ein Verhältnis hatte und jene Hedvig zeugte, die Hjalmar für sein Eigen hielt und die mit ihrem Tod ein Liebesopfer brachte. Gregers ist zufrieden. Er hat gute Arbeit geleistet. Oft gefällt sich Rudolph in der Rolle eines Regisseurs. Manchmal sitzt er in einer Ecke und beobachtet, ob alles so läuft, wie er sich das vorstellt. Es lief gut. Allein, er hat verloren.

Auch seine Stiefschwester Hedvig, die er zweimal herzlich, liebevoll in den Armen hält. Dieses Wesen hatte ihn verzaubert, und es betörte mit seiner Naivität, seiner kindlichen Unschuld auch die anderen. Nur mit Hedvig können diese Menschen noch körperlichen Kontakt wagen und genießen; miteinander taugen ihnen nur noch Worte, Schreie und Flüstern; den Händen, Fingern, Augen, die streicheln wollen und um Nähe betteln, weichen sie aus.

Ohnehin hängt im Haus Ekdal der Segen schief. Schon vor Gregers' Aufklärungsfeldzug. Hildegard Schmahls Gina schuftet für Hjalmar, weil sie froh ist, ein Zuhause zu haben, nicht aus Liebe. Sie funktioniert für ihr Kind. Diese Frau weiß längst, daß ihr Mann faul ist und es seine Erfindung nicht geben wird. Die Schmahl – und ihr zur Seite Ignaz Kirchner und die blutjunge, hübsche, faszinierend frische und reine, jede Seelenbewegung in einer frappierenden Einfachheit offenbarende Sandra Henkel –, sie drei schaffen das Schönste. Ohne jede Forciertheit bemächtigen sie sich ihrer Figuren, finden deren Gefühle, Gedanken, Gebrechen.

Ignaz Kirchner (als Gast vom Deutschen Theater dabei) charakterisiert Hjalmar schon beim ersten Auftritt. Nach dem Essen kommt der Fotograf mit seinem Jugendfreund Gregers in den hohen, blauen, großbürgerlichen Salon der Werles, den Erich Wonder luxuriös entworfen hat. Die beiden stehen sich gegenüber. Gregers, sehr zugeknöpft, kalt und souverän, horcht den Gast aus. Hjalmar weiß kaum, wann er lachen, wann er schweigen, wann er reden soll. Ignaz Kirchner sieht albern aus in dem etwas zu kleinen Frack. Die Hände verraten ständig Unsicherheit. Mal zupfen sie an der Weste, mal verschränken sie sich hinter dem Rücken, mal rettet er sie in die Hosentaschen. Daheim schlüpft er denn schnell in die blaue Jacke, zieht die Schuhe aus und ist wieder obenauf: der Pascha, der sich die Butter vom Brot mit dem Zeigefinger holt.

Wunderbar, wie Kirchner Hjalmar zeichnet. Er wird zum unerzogenen Kind, zum Tyrannen, zum Despoten, zum bösen Rumpelstilz, zum Rächer. Hjalmar ist alles, nur nicht erwachsen. Immer bleibt er ein Egoist. Und ein widerlicher Popanz. Doch eben weil er nicht weiß, was er tut, das Richtige nicht vom Falschen, das Sein nicht vom Schein zu unterscheiden gelernt hat, bedauernswert. Man lacht über diesen miesen Kerl, aber man lacht ihn nicht aus.

Flimm hat Mitleid mit diesen Kreaturen, die nicht anders sein können, weil man sie nicht lehrte, was Ibsen in seinen Aufzeichnungen zur *Wildente* formulierte: »Befreiung besteht darin, dem Individuum das Recht der Befreiung nach eigenem Bedürfnis zu verschaffen.«

Schuldig sind also die Väter: Direktor Werle und der alte Ekdal. Will Quadflieg, stattlich und beherrscht, läßt keine Zweifel daran, daß Werle sich seiner Schuld bewußt ist, aber sie hat ihn nicht niedergedrückt. Er hat sich freigekauft. Und wer sich nicht kaufen läßt, dem schenkt dieser Kapitalist auch nichts. Er läßt nicht mit sich abrechnen, er präsentiert Rechnungen – und zahlt. Understatement der feinsten Art ist Quadflieg die einfachste Übung. Der alte Ekdal ist indes zahlungsunfähig. Er muß die Menschen anders in den Griff bekommen. Also verführt er sie: zum Spielen, zum Träumen. Seine Jagden auf Kaninchen im Dachboden sind rettender Spleen für die ganze Familie. Fritz Lichtenhahn kehrt nicht den greisen Wirrkopf heraus; verschmitzt und sehr geistesgegenwärtig spielt er einen trotteligen Säufer – und dominiert weiterhin. Gegen ihn geht nichts im Haus.

Wie Zadek 1975 am Hamburger Schauspielhaus gelingt Jürgen Flimm mit seinem Ensemble (zu dem auch Angelika Thomas als feinsinnige, energische Frau Sörby und Sven-Eric Bechtolf als versoffener Philosoph Relling zählen), die spätbürgerliche Tragödie zu einer dunklen Komödie zu verkleinern. Zadek wollte bis zur Groteske vorstoßen, Flimm genügt zu Recht eine heitere Bitterkeit. Dadurch wird die *Wildente* sehr heutig. Man schreit nach Idealen und meint Geld. Man reklamiert Moral und Anstand und sehnt sich nach Vorteilen. Heile Familie, heile Welt? Von wegen! Man lebt im Falschen und fordert öffentlich das richtige Leben. Lachhaft. Flimm und seine Schauspieler plagt kein »Aufklärungsfieber«, sie plagt die Welt. Doch sie überschätzen sich nicht, und deshalb spielen sie, statt zu dozieren. Niemand sollte sich täuschen lassen: Sie meinen es ernst. »Wir haben alle, einer wie der andere, nichts anderes und besseres zu thun, als im Geist und in der Wahrheit uns selbst zu realisieren«, schrieb Ibsen vor 110 Jahren in einem Brief an Theodor Caspari. Das Thalia Theater Jürgen Flimms erinnert uns an diese Utopie.

Madame Aischylos oder: Der gerechte Friedhof

Ariane Mnouchkine und ihr Théâtre du Soleil feiern ihr 30jähriges Bestehen mit einer zweitägigen Uraufführung in Paris

»Ariane – Theaterkönigin«, hieß am vergangenen Donnerstag die Farbzeile von *Le Monde*; und in der Beilage »Arts et Spectacles« widmete man Ariane Mnouchkine und ihrem Théâtre du Soleil, das seit 1970 sein festes Domizil in der Cartoucherie von Vincennes hat, gleich mehrere hymnische Seiten. Und es stimmt: Die Mnouchkine und ihre Schauspieler haben uns in den späten sechziger, in den siebziger und achtziger Jahren verzaubert. *1789*, *L'Age d'Or* (oh! war das schön und gemein!) und Klaus Manns *Mephisto*, auch ihr Shakespeare-Zyklus, der beim Festival d'Avignon und danach überall in der Welt zu sehen war, wurden zu Triumphen. Man pilgerte zu Mnouchkine-Inszenierungen. Der starke stilistische Wille der Regisseurin, ihr Talent, die Schauspieler zu den größten (und sinnvollen!) akrobatischen Bewegungen zu animieren; ihre Vorliebe für asiatische Ästhetiken und Musiken, ihr Spiel zur Rampe, ihre Musikalität wurden berühmt und gefeiert.

Mit der Uraufführung von Hélène Cixous' *L'Histoire terrible mais inachevée de Norodom Sihanouk*, 1985 gezeigt, begann der langsame, aber unaufhaltsame Niedergang der Truppe. Viele der besten Schauspieler verließen ihre Entdeckerin, weil ihnen der Meisterin autoritäres und elitäres Gebaren nicht länger behagte – Philippe Caubère machte sich in mehreren Solo-Arbeiten gar über sie lustig. Sie selber blieb stehen, wo sie angelangt war. Zufrieden. Sie inszenierte Cixous wie Shakespeare, Shakespeare wie Aischylos, Aischylos wie Euripides: Wir waren immer auf Java oder in Thailand, Musiker schrummten auf Celli und Geigen, trompeteten und flöteten. Kein Wort wurde uns entgegengeschrien oder gegreint, das nicht musikalisch seinen Unterbau bekam. Bloß einige deutsche Rezensenten fanden noch Gefallen an ihrer großen, mehrtägigen Produktion *Les Atrides*. In Frankreich machte sich respektvolle Enttäuschung breit – bei den Kritikern und den Zuschauern. Ariane Mnouchkine lebte nur mehr von Selbstzitaten. Sie hatte ihren Stil gefunden, läßt sich positiv formulieren. Doch das heißt: Ariane Mnouchkine, die in diesem Jahr 55 Jahre alt ist, sie ließ sich nicht mehr ein auf Texte, auf Schauspieler, sondern verfiel einer gefährlichen Gleichmacherei. Natürlich gab es immer wieder anrührende Szenen, Momente von poetischer Schönheit, aber die große Interpretation gelang ihr nicht mehr. Ihr zerfielen die Dramen in getanzte, geturnte Tragödchen.

Nun, zum Jubiläum, mit einem für die Truppe geschriebenen Stück von Mnouchkine-Freundin Hélène Cixous würde die »Theaterkönigin« – so hofften wir – vielleicht Neues wagen. Viel war über das Werk nicht herauszubekommen: Es ginge, so hieß es aus Mnouchkines Presseabteilung, um den Aids-Skandal in Frankreich, also um das verseuchte Blut, mit dem man Hämophile (zu Tode) behandelt hatte. Aber natürlich würde das keine Reality-Show, nicht schlichte Aufarbeitung eines medizinischen und politischen Skandals, nein: Madame Cixous handle von Größerem. Ein Text war nicht aufzutreiben – die Druckerei wurde nicht fertig, und Kopien wollte man nicht hergeben. Ein Programmheft gab's auch nicht – die Druckerei wurde nicht fertig. (Jubiläen kommen halt sehr überraschend.) Aber immerhin, ein Besetzungszettel und ein DIN-A4-Blatt mit einigen grundsätzlichen, arg verschmockten Cixousschen Gedanken zum Blut an sich, dem besonderen Saft – ohne Goethe –, dafür mit Aischylos-Zitat, konnten wir für 25 Francs erstehen.

Erst einmal scheint alles wie immer: Es riecht nach Essen, österreichische Walzer tönen zum Ingwerhühnchen; Ariane begrüßt und wird geküßt. Doch dann, auf dem Weg in die Halle, überrascht uns dumpfer Schrecken. Wir hören traurigtiefes Gegrummel und sehen auf meterhohe, mit Stacheldraht bewehrte Wände. So sah es in Konzentrationslagern aus, bloß waren da die Scheinwerfer nicht so hübsch bunt. Durch eine eiserne Pforte, und schon erkennen wir, daß wir alle – die Zuschauer auf der Tribüne, die Schauspieler auf dem sandfarbenen Podest – Gefangene sind auf einem Friedhof. Müde schleppen sich Lemuren, Erdklumpen gleich, auf die Szene, machen es sich gemütlich vor ihren Gruften oder kriechen hinein in ihre Katakomben, die Bühnenbildner Guy-Claude François beschriftet und bemalt hat. Hier ruhen Juden neben Christen friedlich nebeneinander. Plötzlich kommt eine Frau hereingestürmt: »Meine toten Kinder rufen mich«, schreit sie beinerweichend. Und erreicht die Herzen der Gebeine. Alle Ruh' ist hin. Und als die Frau gleich darauf droht: »Ich weiß nicht, was ich gegen die Stadt unternehmen werde, aber ich werde etwas tun!«, sind sie alle hellwach. Renata Ramos Maza ist außer sich, und die toten Lebendigen sind es auch. Ebenso wie ihre Friedhofswärterin, die auf den schönen Namen Aischylos hört.

Langsam erfahren wir, worum es geht. Eben doch um den Skandal, um die Doktoren Michel Garretta, Bahman Habibi und Jean-Pierre Soulier vom Centre National de Transfusion Sanguine, um deren Anwälte, um Politiker, um Fabius und Mitterrand. Aber Hélène Cixous hat sie mächtig camoufliert, ihnen andere Namen verpaßt und sie zu rechten Bösewichtern karikiert. Blutsaugerische Karrieristen, intrigante Präsidentenschranzen, geldgeile Kapitalisten. Der Präsident ist ein König, und sein Berater, ein relativ ehrenwerter Mann, der sich weigert, noch länger die Sicherungen im maroden Palast auszutauschen, weshalb es minutenlang sehr duster ist in der Cartoucherie, arbeitet als Elektriker. Dieser miesen Männerclique steht die arme Frau hilflos gegenüber. Aber sie hat Freunde: die Toten vor allem. Zu Hilfe eilen oder schlurfen außerdem: Frau Aischylos eben; dazu eine tapfere Medizinerin, die Professor Lion heißt und sich wirklich wie eine Löwenmutter vor die fremden Kleinen wirft, die getöteten Kinder; eine ziemlich tapfere, aber doch letztlich mehr an der Macht als an mütterlicher Solidarität interessierte Königin und drei Erinnyen. Frauen gegen den Rest der Welt.

Mit dem Auftreten der Rachegöttinnen wird dann auch der Untertitel dieses knapp siebenstündigen, zweiteiligen Spektakels erklärt: *La ville parjure ou Le Réveil des Érinyes* (*Die meineidige Stadt oder: Das Erwachen der Erinnyen*). Diese schwarzen, blutigen Furien bemerken sofort: »Nichts hat sich geändert!« Und deshalb kommen sie, Rache zu nehmen. Doch die edle Mutter will keine Schlachten, sie wünscht sich, daß die Schuldigen ein Schlag der Scham trifft, daß sie »Pardon« sagen. Tun sie aber nicht. Sondern kämpfen mit ihren Anwälten, mit Tricks und Bauernopfern weiter gegen sie. Schließlich geht es den Politikern (darunter der schurkische Bösewicht Forzza) um Stimmen und Positionen.

Wie viele Akte dieses Werk hat – wer weiß es. Sicher ist, es hat viel zu viele mögliche Schlüsse. Und der richtige, am zweiten Abend, eine knappe Stunde vor Mitternacht, überrascht deshalb um so mehr. Bis sie aber endlich – die Toten und die Mutter und die wiederauferstandenen oder immer noch toten oder halblebendigen Söhne – in den Sternenhimmel schauen und die Erde kreisen sehen, wird viel, viel geredet und musiziert. Geredet von Gerechtigkeit und Gewissen und davon, daß wir im Tod alle gleich sind, und andere Gemeinplätze. (»Das Volk ist für die Politiker nur Stimmvieh und im Krieg Munition.«) Und wenn schon mal Mord verhandelt werden soll, dann dürfen natürlich die nationalsozialistischen Kindermorde nicht fehlen. Cixous zitiert Goethe und Shakespeare und Aischylos – und Euripides (den Mann von der Frau oder die weibliche Inkarnation) sowieso. Eine schlichte Verabredung für 11 Uhr tönt bei der Cixous und der Mnouchkine wie Don Giovannis Einladung an den Komtur.

An Pathos – beim Styx – mangelt es dieser Aufführung nicht. Und nicht an Kitsch. Im Schlaf erscheinen dem tapferen Mütterchen gleich zweimal die Knaben. In den Händen halten sie jeder eine kleine gelbe Marionette, deren Holzpatscherchen die Mutter zum wunderbaren Sang der Wiener Sängerknaben zärtlich streicheln. »Lascia ch'io pianga« singen sie aus Händels *Rinaldo*; und während wir zuhören, fragen wir uns: Kommen die Kinder, denen schwarze Schutzengel folgen (oder sind es böse Aufpasser?), als tote Seelen, oder sind sie lebendig und manövrieren nur ihre toten Seelchen. Gleichviel. Wir werden es nicht herausfinden und wollen es auch nicht.

Die Hoffnung, daß Ariane Mnouchkine uns endlich wieder einmal beglücken würde, zerstob. Keine Verbesserung, keine Verschlimmerung. Alles wie immer. Aber nie zuvor hat sie sich an ein schlechteres Stück gewagt. *La ville parjure* ist nicht zu retten. Geschwätzig, eklektizistisch tönt es hohl von Welt, Raum, Orkus. Und als die Not am größten – und weil jedes Stück ja mal enden muß –, rettet sich die Stückschreiberin in das Märchen und die Regisseurin in die Nacht. Gerade hat sich Forzza durch einen Mord seinen Weg geebnet zum Thron, bereit, das Treiben auf dem Friedhof niederzuschlagen, da stehen sie alle vorm Firmament, wollen »Luft essen«

und einen »Tempel der Stille« oder ein »Theater der Stille« bauen. Aber, so bemerken sie sofort: »Wo geschwiegen wird, kann niemand mehr für Gerechtigkeit streiten.« Also nix Stille. Solange diese Produktion laufen wird, wird also gerannt und geschrien, musiziert ohne Unterlaß (Jean-Jacques Lemêtre) und palavert: »Nicht töten heißt: Alles zu tun, nicht zu töten!«

Ariane Mnouchkine hat es gut gemeint. Und der höfliche Applaus in der keineswegs ausverkauften Halle belohnte vor allem ihre gute Gesinnung vom Schlage der 68er. Solange es Künstler wie Ariane Mnouchkine gibt, ist das »Gewissen Europas«, das immer wieder von Hélène Cixous beschworen wird, kaum in Gefahr. Genau dies sollte demonstriert werden. Der kurze Jubel galt besonders den Schauspielern – darunter als Protagonisten: Juliana Carneiro da Cunha, Myriam Azencot, Jocelyn Lagarrigue, Nirupama Mityanandan und Shahrokh Meshkin Ghalam, der düster, dünn und fistelstimmig die Nacht spielte, eine unterernährte Fledermaus.

Sie alle donnerten und strahlten und schonten sich nie. Löffelten in den Pausen gar noch den Zuschauern den Reis in die Blechnäpfe. Allein, sie konnten die Freundinnen nicht retten. Nicht Ariane Mnouchkine, die einmal europäische Theaterkönigin war. Nicht Hélène Cixous, die ein wichtiges Thema kleinlich verspielte, weil sie es unter- und sich selbst überschätzte. Madame Eschyle, die Erzählerin, die sich immer wieder ans Publikum wendet, ist Cixous' Alter ego. Vielleicht hätte sie sich einen anderen Namen ausdenken sollen. Nicht aus Respekt. Vorsichtshalber.

Wider das dumm-dreiste Vergessen

Thomas Langhoff inszeniert Friedrich Hebbels *Kriemhilds Rache* für die Wiener Festwochen

Hebbels *Nibelungen* lesen, ist immer Tortur. Ärgerlich, angewidert folgt man dem mythelnden Lieben und Verraten, dem Hauen und Stechen der zu Heroen aufgedonnerten Recken, den Morden und

Metzeleien. Wenn jeder jeden endlich erschlagen, geköpft, gespießt hat, folgt dann auch noch eine christliche Heilsbotschaft, so als wäre jeder Krieg irgendwie doch zu was nütze und immer the beginning of a wonderful friendship zwischen Sippen, Völkern, Nationen. Hebbel hatte Hegel gelesen und ihn mit christlicher Hoffnung versetzt; der Gedanke, daß »die Geschichte über die Vernichtung hinweg immer wieder zu neuen, sinnvollen Welten weiterschreitet«, faszinierte ihn.

Hebbels *Nibelungen*-Trilogie will man in Gänze, als Sagen-Spektakel, nicht auf der Bühne sehen. Nicht nach dem Holocaust, nicht während in Jugoslawien sich Menschen abschlachten und in Deutschland sich ein gefährlicher Wir-sind-wieder-wer-und-so-schlecht-waren-wir-gar-nicht-Nationalismus starkmacht. Erträglich erschien dieses Werk nur dann, wenn es bearbeitet und – wie zum Beispiel von Wolfgang Engel 1988 in Dresden – als Material benutzt wurde. Wenn mit Hebbel an Hebbel und dem deutschen National-Mythos Kritik geübt, ins Gericht gegangen wurde mit Gründerzeit-Optimismus und der Behauptung, daß aus dem Bösen das Gute erwächst, die Menschheit aus der Geschichte lernt und über Leichen fröhlich zum Wahren, Guten, Schönen findet und zur gerechten, starken Nation gleich noch dazu. Wenn also ein Regisseur das Falsche als falsch, das Verlogene als verlogen denunzierte.

Als die Wiener Festwochen die Hebbel-Koproduktion mit dem Deutschen Theater in Berlin ankündigten, Thomas Langhoffs Inszenierung der dritten Abteilung des »deutschen Trauerspiels«, *Kriemhilds Rache*, war klar: Das würde keine Jubelfeier werden. Langhoff hat es immer verstanden, Texten, die bis dahin für unaufführbar galten und vom Spielplan verschwunden waren, zu einer Aktualität zu verhelfen, die verblüffte und erfreute, weil der Regisseur das Theater wieder zur Pflicht rief, mit der Kunst Stellung zu beziehen. Langhoff palavert nicht von der moralischen Anstalt, er etabliert sie. Immer wieder. Und wer sich sorgte, ob es denn klug sein könne, allein den letzten Teil zu inszenieren, der ohne die Vorgeschichte eher schwer verständlich ist – schließlich gibt es ja nicht nur Mediävisten, Wagnerianer und Hebbel-Kenner –, der wurde schon in der ersten Szene beruhigt.

Eine Kerze glimmt im Dunkel. Auf der leeren Bühne Dunkelmänner. Stumm warten sie. Plötzlich donnert jemand an eine Tür, überlaut. »Wer klopft?« fragt der Kaplan, der aussieht wie ein Jünger vom Ku-Klux-Klan. Wenige Minuten später wird der aufgebahrte Leichnam Siegfrieds hereingebracht. Langhoff beginnt mit der neunten Szene von *Siegfrieds Tod*. Macht gleich am Anfang deutlich, worum es geht. Doch damit nicht genug: Er führt eine »Erzählerin« ein, die aus einem dicken Buch die Mär von den Nibelungen vorliest; er läßt Schlüsselszenen aus den anderen zwei Teilen spielen. Siegfried und Brunhild erscheinen, von allen Beteiligten unbemerkt. Geschickt erzählt Langhoff die ganze Tragödie wie ein Nibelungen-Puzzle. Er stiftet dadurch nicht allein die nötigen Sinnzusammenhänge: Gerade die liebe, sehr ernste Märchentante, gespielt von Bärbel Bolle, verlangsamt den Spielverlauf, hält ihn an. Fordert Reflexionen über das, was wir mitansehen. Sie legt den Widerspruch frei zwischen der Nibelungen-Realität und der Nibelungen-Dichtung. Was zunächst nichts weiter zu sein scheint als nachgelieferte Handlung, wird (auch) zur Kritik an der Rezeption dieses Sagen-Mythos in Deutschland.

Hehr, heroisch, ehrenhaft, männlich und groß ist bei Langhoff nichts mehr. Ausgerechnet mit *Kriemhilds Rache* wehrt er sich gegen die dreiste Dummheit, vergessene Geschichte für die bessere Geschichte zu halten. Es gibt sie nicht, die Stunde Null für die Spätgeborenen. Und deshalb läßt Langhoff einen Sturm die versöhnliche christliche Utopie des Hebbelschen Oberhelden und politisch-moralischen Saubermanns Dietrich von Bern verwehen. Zwei Alte, die das Beste wollten und das Schlimmste nicht verhindert haben, sind am Ende. König Etzel und Dietrich schauen auf die Leichen zu ihren Füßen und wiederholen stets aufs neue die gleichen Sätze. »Herr Dietrich, nehmt mir meine Kronen ab / Und schleppt die Welt auf Eurem Rücken weiter«, murmelt Dietrich Körner; und Friedo Solter brummelt: »Im Namen dessen, der am Kreuz erblich!« Das Ausrufezeichen spricht er nicht, auch kein Fragezeichen. Nur eine Formel ist's. Worte ohne Kraft. Dietrich von Bern hat den Glauben an Gott verloren; Etzel den an die Menschheit. Beide haben versäumt, einzugreifen, »Schluß!« zu rufen. Sie sind schwach wie alle anderen.

Langhoff arbeitet wie ein Archäologe und findet unter der Oberfläche des Hebbelschen Textes deutsche Geschichte – bis zur Gegenwart. Er entdeckt sie alle: die Führer, die Verführten, die Mitmacher, die Opferbereiten, die Verantwortungslosen, die Gedemütigten, die Geschundenen. Findet deutsche Phrasen, deutsche Lügen, deutsche Verbrechen.

Hagen und der Kaplan, sie sind gelassen, ruhig, wenn sie sich respektiert, geachtet wissen und die Situation beherrschen. Aber wehe, es regt sich Widerspruch, dann geht das Gebrüll los. Michael Walke kümmert dann nicht mehr das Kruzifix, das ihm über dem Bauch hängt, er fährt aus der Haut und fordert Gehorsam im Goebbels-Ton. Und Hagen Tronje weiß immer, wie er seine Mannen wieder sich verpflichten kann. Mal räsoniert Jörg Gudzuhn wie ein Staatsmann; mal wirft er sich in Führer-Pose und fordert Gefolgschaft. Und die Burgunder kuschen. Langhoff hat ihnen die Sprache genommen. Sie sind alle, auch König Gunther (Götz Schubert), willfährige, beinahe verstummte Opportunisten; Schlappschwänze, die sich nicht auflehnen, nicht einmal Widerspruch formulieren. In ihren langen, dunkelroten Mänteln über den glitzernden Kettenröcken schlurfen sie Hagen hinterher und tun, was sie ihre Ehre, ihre Pflicht zu nennen sich gewöhnt haben. Treu bis zum Tod stehen sie an seiner Seite. Sie opfern nicht den einen, der sich schuldig gemacht hat durch den Mord an Siegfried. Weder für das Wohl des Volkes noch für das eigene Überleben. Sie wollen den totalen Krieg. Dabei wissen sie, daß Hagen zu opfern gerecht wäre, aber sie wagen keinen Widerstand. Sie lassen die Köpfe hängen, wenn Kriemhild sie daran erinnert, wie schwach ihre moralische Position ist; wie rasch sie Treue gegen Treue ausspielen, weil sie immer nur den Mächtigen sich beugen; wie unehrenhaft ihre Ehre sich den Winden anpaßt. Wendehälse überall. Wenn keine Wende mehr geht, wenn keine Halse gelingt, dann bleiben ihnen immer noch die Ideale Leid, Opfer und Tod. Das (Wotansche) Ende, die Vernichtung, die Selbstvernichtung, gilt ihnen als das höchste, das letzte Ziel.

Selbst der Frau. Kriemhild kann in so einer Männergesellschaft gar nichts anderes werden, als sie ist: ein femininer Macho. Ihre Argumente werden nicht erhört; ihre Tränen nicht gesehen; ihre Umarmungen abgewehrt. Dagmar Manzel offenbart, wie dieses

Wesen erst allmählich die Rolle der Rächerin annimmt. Bei Etzels Werbung um ihre Hand jubelte sie noch, verschmitzt wie ein Kind, daß sie jetzt wohl den Mörder Siegfrieds wird fassen können. Es geht ihr nur um ihn. Erst als alles Bitten und Betteln vergebens, fordert sie das Blut der Welt. Wie tot sitzt sie in Pieter Heins leerem Raum, der nur durch Licht und verschiedene Rückwände verändert wird, so daß weder Umbauten noch Pausen stören. Sie spielt nervös mit zwei Eisenkugeln. Die eine ist ihr Los, die andere das der Feinde. Sie hat keine Freunde mehr. Selbst Etzel, der in dieser Aufführung ein aufgeklärter Absolutist ist und die sympathischste, die menschlichste Figur überhaupt, er hat sich ihr abgewandt. Der Heide, der christliche Barmherzigkeit kennt und (Gast-)Recht nicht verletzen will, er sitzt das Ende aus. Er schaut weg, wenn Kriemhild geschlachtet wird. Aber er hört, wie beide Kugeln fortrollen.

Auch mit ästhetischen Mitteln legt Langhoff am Theater an der Wien Spuren: Leni Riefenstahl und die Wochenschau werden zitiert. Und wenn aus einem kleinen Türspalt in einer weißen Wand sich die massakrierten, blutbeschmierten Kämpfer zum Sterben auf die saubere Bühne schleppen, dann assoziiert Langhoff die Fernsehbilder vom Krieg, die in aufgeräumte Wohnzimmer flimmern, wo das Grauen konsumiert wird wie ein Western. Langhoff ist der Wirklichkeit dann ganz nah und kommentiert sie zugleich.

Nicht besserwisserisch, nicht propagandistisch. Er zeigt, was war – und dazu gehört auch die DDR –; er zeigt, was ist. Die Aufführung, getragen von einem starken Ensemble (darunter Guntram Brattia als Giselher und Klaus Piontek als Markgraf Rüdiger), bewegt durch ihre karge Strenge. Auf hohem intellektuellem Niveau, leidenschaftslos, sensibel liefert Thomas Langhoffs Theater einen Beitrag zu den Diskussionen, die Deutschland heute beherrschen: Man kann nicht »unverkrampft« mit deutscher Geschichte umgehen, wenn man sie nicht erst einmal annimmt. Langhoffs Hebbel ist Trauerarbeit.

Leeres Theater – gutes Theater?!

Ein polemisches Plädoyer für ein neues Verhältnis zwischen Kunst, Kommerz und Kritik

Wie in keinem anderen Land der Welt gilt in Deutschland das leere Theater als das bessere. Was im Feuilleton ankommt, ist vielen Intendanten weit wichtiger als der Publikumserfolg. Und wenn ein Theaterleiter es gar fertigbringt zu sparen, dann sind die Kollegen ganz aus dem Häuschen, schimpfen, daß sich da einer mit den Politikern gemein mache, sich anbiedere; und die Kritiker wenden sich ab mit Grausen. Kultur – das ist in Deutschland abgemachte Sache – muß teuer sein. Und sie muß schwierig daherkommen, ernst: je komplizierter, desto besser. Ein amüsanter Abend gehört sich nicht. Gebrauchsstücke sind gräßlich. Hundertprozentige Platzausnutzung, klar: Das ist der größte Makel.

Gerd Leo Kuck, Intendant am Zürcher Schauspielhaus, bringt's auf den Punkt: »Nur die Feuilletons finden es schlimm, wenn ein Theaterintendant sich entschließt, zu sparen und einen Spielplan anzubieten, der ein großes Publikum findet.« Die Feuilletons und einige Kollegen, denen es abenteuerlich vorkommt, wenn die Kunst nach Brot geht. Wenn einer der ihren mit Co-Produktionen billiger zu produzieren versucht und nach Sponsoren Ausschau hält – und dabei Waffenhändler keineswegs akzeptiert.

Kuck, dem es gelungen ist, das Zürcher Haus aus den roten Zahlen zu spielen und zugleich Neugier für die Produktionen zu entfachen, weiß, wovon er spricht. Obwohl er renommierte Regisseure an sein Haus zu binden vermochte, dazu Gast-Schauspieler, von denen andere Theater nur träumen können; obwohl seine Aufführungen überregionale Kritiker interessieren und Jens-Daniel Herzogs *Oleanna*-Inszenierung gar zum Berliner Theatertreffen eingeladen wurde, mosert ein Zürcher Blatt, daß der Kommerz die Kunst vertrieben habe. So ist es nicht. Aber diese Reaktion ist typisch: in Deutschland, in der Schweiz und in Österreich.

Publikumserfolg hat einen Hautgout. Das Hamburger Schauspielhaus wurde von einer Kritikerauswahl der Zeitschrift *Theater heute* zum »Theater des Jahres« gewählt. Und es stimmt: Frank

Baumbauers Start mit Marthaler, Jelinek und Goetz war fulminant. Die Großkritiker reisten an; die Feuilletons waren voll – nur das Schauspielhaus blieb ziemlich leer. Baumbauers Spielplan war (und ist) einer, der den Feuilletons gefallen will. Des Intendanten Rechnung geht auf: Was zählt bei den Kulturpolitikern, ist weniger das volle Haus als vielmehr der überregionale Erfolg, Prestigezuwachs.

Ganz anders arbeiten Kuck, Jürgen Flimm, Claus Peymann, Dieter Dorn und Eberhard Witt. Sie kümmern sich zunächst um ihre Arbeit, dann ums Publikum; die Kritiker, die sie durchaus gern in ihren Häusern sehen, rangieren wohl eher dahinter. Sie alle haben stets sehr gut verkaufte Vorstellungen und ein auffallend junges Publikum – und keineswegs eine dieser Haltung angemessene gute Presse.

Die meisten Feuilletonisten interessiert allein die Kunst. Der Kommerz ist ihnen herzlich egal, und die Produktionsbedingungen wollen sie schon gar nicht durchschauen. Sie protestieren gegen Theaterschließungen und Sparmaßnahmen, solidarisieren sich mit larmoyanten Theatermachern und fordern mit diesen, daß alles so bleiben muß, wie es ist. Keine Frage: Die subventionierte Kunst, das Staats- und Stadttheater-System hat in Deutschland Tradition; alle Künstler der Welt beneiden uns darum. Das Kulturleben in diesem Land braucht die finanzielle Unterstützung durch die Gesellschaft. Andererseits wird deutlicher denn je, daß die Subventionen nicht mehr zu erhöhen sind. Im Gegenteil: Sparen ist angesagt.

Und nicht nur das. Statt weinerlich auf alten Positionen zu beharren, sollten die Theatermacher endlich agieren. Offensiv. Allen, die heute ein Theater leiten, ist klar, daß Strukturen verändert werden müssen. Daß die allmächtigen Gewerkschaften nicht länger sinnvolle, kostensparende Verbesserungen blockieren dürfen. Daß die Häuser eigenverantwortlich – ob als GmbH oder als Aktiengesellschaft –, befreit von lähmender Kameralistik, effektiver arbeiten können. Leander Haußmann, designierter Bochumer Prinzipal, sagt deutlich, daß ein Intendant, der einen mittelständischen Betrieb leitet, nicht länger hinnehmen mag, in der jetzt bestehenden Abhängigkeit gehalten zu werden. Er fordert (zusammen mit dem Verwaltungsdirektor) absolute Hoheit über dic Finanzen, eigenverantwortliches Ausgeben und Einnehmen.

Zum anderen wäre es klug, die Tarifverträge endlich so zu gestalten, daß nicht mehr ausgegeben werden muß als nötig. August Everding kämpft seit Jahren darum. Alle Verantwortlichen, auch die einflußreichen Gewerkschafter, wissen, daß an vielen Theatern mit weniger Technik gearbeitet, daß die Probenzeiten verkürzt werden könnten. Daß die Schichtdienste kontraproduktiv sind. Daß Schließtage keine Theaternotwendigkeit sein müßten, wären die Künstler, also vor allen die Regisseure, ein wenig einsichtiger. Daß die Unkündbarkeitsklausel in künstlerischen Verträgen viele Theater lähmt. Daß Geld verschwendet wird, auch an Schauspieler.

Denn natürlich arbeiten an einem großen Haus nicht alle Akteure wöchentlich vierzig Stunden. Ganz einfach deshalb nicht, weil unmöglich alle zugleich abends spielen und morgens proben. Künstler haben sich daran gewöhnt, daß ihnen a priori größere Freiheiten, höhere Honorare eingeräumt werden als Menschen, die in anderen Berufen sich abrackern. In der Schweiz, wo, zugegeben, kapitalistischer gedacht und gehandelt wird als in Deutschland und die Gewerkschaften einen schweren Stand haben, hat sich längst der ja nicht ganz dumme Gedanke durchgesetzt, daß es den Mitgliedern des Schauspielhauses nicht besser und nicht schlechter gehen darf als der übrigen Bevölkerung. Hier soll nicht behauptet werden, Schauspieler, Regisseure, Bühnenbildner und Intendanten verdienten sich auf Kosten der Steuerzahler goldene Nasen: Doch es gab und gibt Exzesse, niemand wird das bestreiten. Schließlich kam der Vorwurf, die Theater seien jahrelang »Selbstbedienungsläden« gewesen, nicht von Politikern oder Kritikern, sondern von Jürgen Flimm, dem Thalia-Theater-Chef.

Und wir erinnern uns, daß Bernhard Minetti – hochdotierter Schauspieler des Schiller-Theaters – dort relativ selten auftrat, sich aber überall in der Republik ein Zubrot verdiente. Wir gönnen es ihm und vielen anderen, vor allem den genialen Künstlern. Aber ist es wirklich integer, für einfache Arbeit dreifache Gagen anzunehmen? Müssen wirklich alle Theater große Ensembles haben, oder ist das Zürcher Modell, dem kleinen Ensemble, das absolute Vollbeschäftigung genießt, wenn nötig, Gäste – Edgar Selge, Cornelia Schmaus zum Beispiel – an die Seite zu stellen, so dumm nicht?

Wir wissen, daß der Beruf des Bühnentechnikers, des Schauspielers, des Regisseurs, des Intendanten aufwendig, nervig ist. Daß viele

Abende draufgehen, daß Samstag- und Sonntagdienste die Regel sind. Aber der Entschluß, am Theater zu arbeiten, war und ist doch für alle ein freiwilliger; die Belastungen waren und sind vorhersehbar. Und – mit Verlaub – gibt es einen schöneren Arbeitsplatz als das Theater? Wer beschäftigte sich nicht gern ein Leben lang beruflich mit Literatur, Musik, Bildern. Genau darum ist es vermessen, sich die Unannehmlichkeiten zusätzlich bezahlen zu lassen. Kritiker bekommen für ihre Arbeit ebensowenig eine Nacht- oder eine Ekelzulage wie Metzger einen Blutzins verlangen können. »Die Lebensqualität ist nicht das Geld, sondern der Arbeitsplatz«, weiß Kuck und erklärt, daß alle an seinem Haus dies längst begriffen haben.

Die Gewerkschaften sind zu stark, sie lassen nicht mit sich reden, tönt es aus vielen Kehlen. Wer sagt, daß man sie nicht mit Vernunft zur Vernunft nötigen kann. Beispiel Zürich. Die Stadt stellte die Gewerkschaft vor die Wahl: Entweder geht das Schauspielhaus – eine Aktiengemeinschaft – bankrott oder ihr ändert die Verträge. Es gibt das Schauspielhaus noch! Bevor man weitere Schließungen überlegt, sollte man also auch in Deutschland eine ähnliche Diskussion führen. Eine große Zahl von Wählerstimmen werden die politischen Parteien dabei nicht einbüßen; die Zahl der Betroffenen ist klein; und in der Bevölkerung gibt es wohl wenig Verständnis für die Privilegien der Bühnenangehörigen. Es muß doch möglich sein, die Gewerkschaften wieder an ihre ureigenste Aufgabe zu erinnern: Arbeitsplätze zu erhalten!

Und die meisten deutschen Theatermacher müssen zuerst einmal lernen, daß sie eine Dienstleistung für die Gesellschaft erbringen, die sie finanziert. Warum begreifen sie ihren Beruf nicht als ein Glück statt als hochbelohnte Qual? Warum mögen sie nicht einsehen, daß bei einem mittleren Budget von 30 Millionen Mark eine Million sich durchaus einsparen läßt – und zwar ohne Palaver, ohne Lamento. In Zeiten wie diesen kann sich niemand mehr Mißwirtschaft leisten; und das bedeutet auch, den Betrieb nach ökonomischen Kriterien zu sichten und zu ordnen. »Vielleicht«, sagt Kuck, »muß es den deutschen Theatern noch mieser gehen, damit sie endlich kapieren, daß es Zeit ist zu handeln statt zu fordern.« Vielleicht sollten die Theaterleiter mit ihren Problemen auch an die Öffentlichkeit gehen. Veröffentlichen, was ihnen die Arbeit unmöglich macht. Dann würden wir zum Beispiel erfahren, warum es manchen Theaterleitern nicht gelingt, jene Schauspieler und Regisseure an ihr Haus zu binden, die Kritiker so gern dort sähen. In den meisten Fällen scheitern Engagements an Gagen- oder Rollenforderungen.

Aber dafür müßten Intendanten und Künstler ihren Kritikern, bei allen gegensätzlichen Meinungen über Produktionen, Inszenierungen und Projekte vertrauen. Das tun sie nicht. Die Kluft zwischen den Künstlern und der Kritik ist größer denn je. Die zwischen Publikum und Kritik gleichfalls. Mißverständnis, Unverständnis, Desinteresse. Wenn es aber darum geht, das deutsche Subventionstheater zu erhalten, müßten Künstler und Bürokraten und Funktionäre und Feuilletonisten in einer konzertierten Aktion beraten, was zu tun ist.

Vorurteile abbauen heißt auch, sich verabschieden von der schlichten Gewißheit, Minderheitenprogramme, Aufführungen unter Ausschluß der Öffentlichkeit, die sich verweigert, seien Garanten für Qualität, Fortschritt, Avantgarde. Kunst darf verkäuflich sein! Und sie muß deshalb nicht schlecht sein. Was beliebt, ist durchaus erlaubt. Was ja nicht bedeutet und nicht bedeuten darf, daß Schwieriges, Unbeliebtes verschwinden muß von deutschen Bühnen. Aber welch feuilletonistischer Hochmut, Aufführungen, die einem mißfallen, als »Abonnentenfutter« niederzuschreiben. Was auch immer gegen Abonnenten spricht, eines zeichnet sie aus: Sie lernen über Jahre sehen, zuhören, erkennen. Und wenn sie sich an einem Theater wie dem Zürcher Schauspielhaus, dem Münchner Residenztheater, dem Hamburger Thalia, der Wiener Burg, den Münchner Kammerspielen eingeschrieben haben, so lernen sie etwas dazu. »Sie werden Connaisseure«, behauptet Kuck. Nicht viel anders spricht Dieter Dorn. Welch ein Zynismus, Theater für Kritiker zu machen! Welche Dummheit, Besitzstände wahren zu wollen und damit Arbeitsplätze und Kunst zu gefährden! Welche Vermessenheit, sich klüger zu dünken als der Zuschauer! Das deutsche Theater ist gefährdet. An der Misere sind alle schuld: die Kritiker auch, leider. Wir könnten jetzt zusehen, wie das Theater eingeht, oder – viel besser – handeln. Wie Becketts Winnie nur untätig zu hoffen, geht nicht mehr: Von wegen keine Verschlimmerung, keine Verbesserung.

Nachweis der Erstveröffentlichungen

1980

Wundersames, poetisches Theater. In: »Süddeutsche Zeitung« (im folgenden: SZ), 9. 12. 1980.

1982

Nicklisch, Mond und Sterne. In: SZ, 1. 2. 1982.
Keine Heimat für Viola und Richard. In: SZ, 23. 7. 1982.
Rettung? – Warten auf den Untergang. In: SZ, 12. 11. 1982.

1983

George Taboris Chuzpe. In: SZ, 1. 2. 1983.

1984

Die Fledermaus im Park. In: SZ, 6. 11. 1984.

1985

Lassen wir die Präsidentin sterben. In: SZ, 27. 4. 1985.
Triumph des Theaters. In: SZ, 13. 5. 1985.
Das wundersame Märchen vom Untergang. In: SZ, 22. 7. 1985.
Lustvolle Zerstörungsarbeit. In: SZ, 19. 8. 1985.
Von Schuld und Angst und Traurigkeit. In: SZ, 6. 11. 1985.

1986

Environment mit Boxern. In: SZ, 4. 2. 1986.
Wie in der Erbärmlichkeit überleben? In: SZ, 5. 5. 1986.
Leidenschaft, die tötet. In: SZ, 4. 10. 1986.
Zum Traum wird hier das Ende. In: SZ, 3. 11. 1986.
Jeanne, unvergeßbare Zerline. In: SZ, 10. 12. 1986.

1987

Frauenkämpfe als Schau-Spiele. In: SZ, 19. 1. 1987.
Triumph der Technik. In: SZ, 2. 3. 1987.
Schlomo und Adolf im Blutgassen-Asyl. In: SZ, 8. 5. 1987.
Freyers Bretter – Kantors Visionen. In: SZ, 23. 6. 1987.

Reisen durch die Welt und durch die Seelen. In: SZ, 25./26.7.1987.
Aus dem Lichtstrahl in die Helligkeit. In: SZ, 27.10.1987.
Abkehr von der Verklärung. In: SZ, 13.11.1987.
Aufbegehren mit einer Kunstübung. In: SZ, 16.11.1987 (Paris) / 27.6.1988 (München).

1988

Lulu – ein Weib, ein Kind, eine Utopie. In: SZ, 15.2.1988.
Ist's vorüber, lacht man drüber? In: SZ, 22.6.1988.
Notwendige Wahrheit, gefährliche Provokation. In: SZ, 7.11.1988.
Von Wagner zu Hauptmann zu Hitler. In: SZ, 25.11.1988.

1989

Gott ist tot – der Mensch ist frei. In: SZ, 25.4.1989.
Die Hölle, der Himmel und Jeanne Moreau. In: SZ, 22.7.1989.
Danton – ein Traum, ein Erinnern. In: SZ, 28.9.1989.

1990

Acht Stunden in Helsingör. In: SZ, 26.3.1990.
Frankreich entdeckt einen neuen Brecht. In: SZ, 16.4.1990.
Elf Fäuste für einen Fliegengott. In: SZ, 2.7.1990.
Am Anfang war der Sand. In: SZ, 18.9.1990.

1991

Erlösung von Dummheit und Leere. In: SZ, 23.1.1991.
Ein mageres Jahr. Kein Trost. Aber ein Hoffnungsschimmer. In: Theatertreffen Magazin, Mai 1991.
Ein leerer Raum für Phantasie und Intellekt. In: SZ, 16.7.1991.
Im verlorenen Paradies. In: SZ, 2.10.1991.
Kein Halt, nirgends: lächerlich. In: SZ, 11.10.1991.
Der einfallsreiche Vereinfacher. In: SZ, 28.10.1991.

1992

Frieden? – Das ist eure Gewalt! In: SZ, 12.6.1992.
Krise in den öffentlichen Wärmestuben. In: SZ, 18.9.1992.
Scharfe Weiber, geile Sprüche. In: SZ, 5.12.1992.
Am Anfang war das Wort. In: SZ, 23.12.1992.

1993

Nasos Liebes-Metamorphosen. In: SZ, 16./17.1.1993.
Deutsche Treue und deutscher Sang. In: SZ, 18.1.1993.
Brillantes Spiel von Liebe und Zufall. In: SZ, 28.1.1993.
Vom Zauber des Nicht-Verstehens. In: SZ, 13./14.3.1993.
Das stärkste und reichste Instrument ist der Mensch. In: SZ, 12./13.6.1993.
Nun marschieren sie wieder. In: SZ, 11.8.1993.
Wie schwer es ist, ein Mann zu sein. In: SZ, 9.10.1993.
Ihre Leichen leben noch. In: Theatertreffen Magazin, Mai 1994.
a, e, u, a! Philosophie, Juristerei. In: SZ, 6./7.11.1993.
Ein Fest für Paris, für Frankreich – und für Europa. In: SZ, 9.12.1993.

1994

Papageno schießt Tore. In: SZ, 5.2.1994.
Jean Genets verkehrte Welt – ein Traum. In: SZ, 11.3.1994.
Das offene Fenster oder: Jetzt! In: SZ, 2.4.1994.
Cocadrille sammelt Beeren, Liebe, Leben. In: SZ, 26.2.1994.
Ein Zeitstück von 1932. In: SZ, 14.4.1994.
Götterdämmerung im Hause Gerlach. In: SZ, 3.5.1994.
Entwürfe, Skizzen – keine Gemälde. In: Theatertreffen Magazin, Mai 1994.
Heile Familie, heile Welt? Von wegen! In: SZ, 20.5.1994.
Madame Aischylos oder: Der gerechte Friedhof. In: SZ, 30.5.1994.
Wider das dumm-dreiste Vergessen. In: SZ, 11.6.1994.
Leeres Theater – gutes Theater?! In: SZ, 5./6.11.1994.

Register

Theater

Arthur Miller
Ein Blick von der Brücke
Band 10399
Hexenjagd
Band 7108
Tod eines Handlungsreisenden
Band 7095

Andres Müry
Minetti ißt Eisbein
Lob der Hinterbühne
Band 11376

Gerhard Roth
Lichtenberg / Sehnsucht / Dämmerung
Band 7068

Stefan Schütz
Wer von euch
Stücke nach der Antike
Band 11427

Peter Shaffer
Amadeus
Band 7063

Neil Simon
Ein seltsames Paar
Plaza Suite
Der letzte der feurigen Liebhaber
Band 11986
Komödien 2
›California Suite‹, ›Sunny Boys‹, ›Gerüchte... Gerüchte...‹
Band 12456

C. Bernd Sucher
Das Theater der achtziger und neunziger Jahre
Band 12690

George Tabori
Theaterstücke I
Band 12301
Theaterstücke II
Band 12302

Theater Theater
Aktuelle Stücke 1
Band 10717
Aktuelle Stücke 2
Band 11178
Aktuelle Stücke 3
Band 11741
Aktuelle Stücke 4
Band 12189
Aktuelle Stücke 5
Band 12737

Ulrich Woelk
Tod Liebe Verklärung
Stück
Band 2372

Fischer Taschenbuch Verlag

fi 304 / 24 b

Eugene O'Neill

Alle Kinder Gottes haben Flügel
Deutsch von
Leopardi & Eckstein
Band 10641

Alle Reichtümer der Welt
Deutsch von
Michael Walter
Band 11144

Der Eismann kommt
Deutsch von
Leopardi & Eckstein
Band 7155

Gier unter Ulmen
Deutsch von
A. F. Hoffmann und
Hannelene Limpach
Band 10184

Hughie
Deutsch von
Leopardi & Eckstein
Band 10639

Der Große Gott Brown
Deutsch von
Michael Walter
Band 10640

Der haarige Affe
Deutsch von
Peter Stein
Band 10629

Jenseits vom Horizont
Deutsch von
Leopardi & Eckstein
Band 10642

Kaiser Jones
Deutsch von
Michael Walter
Band 10278

Eines langen Tages Reise in die Nacht
Deutsch von
Chr. Enzensberger
Band 7152

Ein Mond für die Beladenen
Deutsch von
Leopardi & Eckstein
Band 10182

O Wildnis!
Deutsch von
Inge Greiffenhagen
und Bettina von
Leoprechting
Band 10471

Seltsames Intermezzo
Deutsch von
Michael Walter
Band 10638

Trauer muß Elektra tragen
Deutsch von
Michael Walter
Band 7154

Fischer Taschenbuch Verlag

fi 751 / 9

Arthur Miller

Ein Blick von der Brücke
Band 10399

Hexenjagd
Ein Drama in zwei Akten
Band 7108

Tod eines Handlungsreisenden
Band 7095

Zwischenfall in Vichy
Ein Theaterstück
73 Seiten. Ppbd., S. Fischer

Laßt sie bitte leben
Short Stories
Band 11412

Zeitkurven
Ein Leben
812 Seiten. Leinen und als
Band 5685

Theater

Jean Giraudoux
Kein Krieg in Troja
Die Irre von Chaillot
Zwei Stücke
Band 7033

Hugo von Hofmannsthal
Elektra
Tragödie in einem Aufzuge
Band 12366
Jedermann
Band 10871
Der Schwierige
Band 7111
Der Turm
Band 11729
Der Unbestechliche
Band 7112

Eugène Ionesco
Die Nashörner
Band 7034

Arthur Schnitzler
Reigen/Liebelei
Zwei Stücke
Band 7009

Franz Werfel
Jacobowsky und der Oberst
Band 7025

Thornton Wilder
Die Alkestiade
Band 7076
Einakter und Dreiminutenspiele
Band 7066
Unsere kleine Stadt
Band 7022
Wir sind noch einmal davongekommen
Band 7029

Tennessee Williams
Endstation Sehnsucht
Band 7120

Tennessee Williams
Die Glasmenagerie
Band 7109
Die Katze auf dem heißen Blechdach
Band 7110
Die Nacht des Leguan
Band 11985
Die tätowierte Rose
Band 10542

Carl Zuckmayer
Der fröhliche Weinberg/Schinderhannes
Zwei Stücke
Band 7007
Der Hauptmann von Köpenick
Band 7002
Der Rattenfänger
Band 7114
Des Teufels General
Band 7019

Fischer Taschenbuch Verlag

fi 285 / 19